中央司法警官学院社区矫正研究中心／组织编写
张　凯／主　编　　贾晓文／副主编

社区矫正对象法治教育

SHEQU JIAOZHENG DUIXIANG
FAZHI JIAOYU

法律出版社
LAW PRESS · CHINA
北京

图书在版编目(CIP)数据

社区矫正对象法治教育 / 中央司法警官学院社区矫正研究中心组织编写；张凯主编；贾晓文副主编. -- 北京：法律出版社，2024

ISBN 978-7-5197-8992-3

Ⅰ. ①社… Ⅱ. ①中… ②张… ③贾… Ⅲ. ①社区-监督改造-法治教育-中国 Ⅳ. ①D926.7

中国国家版本馆CIP数据核字(2024)第068882号

社区矫正对象法治教育
SHEQU JIAOZHENG DUIXIANG FAZHI JIAOYU

中央司法警官学院社区矫正研究中心 组织编写
张 凯 主 编
贾晓文 副主编

责任编辑 冯高琼
装帧设计 鲍龙卉

出版发行 法律出版社
编辑统筹 法规出版分社
责任校对 张红蕊
责任印制 耿润瑜
经　　销 新华书店

开本 A5
印张 15　**字数** 432千
版本 2024年6月第1版
印次 2024年6月第1次印刷
印刷 固安华明印业有限公司

地址：北京市丰台区莲花池西里7号(100073)
网址：www.lawpress.com.cn
投稿邮箱：info@lawpress.com.cn
举报盗版邮箱：jbwq@lawpress.com.cn

销售电话：010-83938349
客服电话：010-83938350
咨询电话：010-63939796

书号：ISBN 978-7-5197-8992-3　**定价**：59.00元

凡购买本社图书，如有印装错误，我社负责退换。电话：010-83938349

编写说明

这是一本为社区矫正对象编写的法治教育图书。法治教育是预防社区矫正对象再犯罪，帮助其成为守法公民，促进其顺利回归社会的重要教育形式。《社区矫正法》明确规定，加强社区矫正对象法治教育。为提高教育矫正质量，提升社区矫正对象自主学习能力和动力，结合社区矫正工作及社区矫正对象的实际情况，我们组织编写了本书。

本书由中央司法警官学院社区矫正研究中心组织编写。中央司法警官学院是国内首个申请并获批设置社区矫正本科专业的警官院校，主办刊物《社区矫正理论与实践》，设有社区矫正研究中心。本书的编写分工如下：

张凯（中央司法警官学院社区矫正研究中心主任，教授，法学博士），第一、九章、合写第八、十章。

贾晓文（司法部预防犯罪研究所监狱工作研究室主任，法学硕士），第二章。

胡文宇（中央司法警官学院法学院讲师，法学博士），第三章。

齐蕴博（中央司法警官学院法学院副教授，法学博士），第四章。

刘冷（中央司法警官学院法学院讲师，法学博士），第五章。

赵亮（中央司法警官学院法学院副教授，法学博士），第六章。

宋久华（中央司法警官学院监狱学学院讲师，法学博士），第七章。

王慧姝[中共吉林省委党校(吉林省行政学院)教授,社会学硕士],合写第八章。

王锐园(中国刑事警察学院禁毒与治安学院副教授,法学博士),合写第十章。

在编写过程中,获得实务部门及司法警官职业学院的大力支持,主要有河北省司法厅社区矫正管理局局长王淑光,吉林省司法厅社区矫正管理局副局长江涛,江西省司法厅社区矫正工作处副处长李国栋,吉林省长春市社区矫正管理局局长杨智超,吉林省女子强制隔离戒毒所所长何俊峰,内蒙古自治区女子强制隔离戒毒所所长赵杰华,辽宁省辽阳市北郊监狱副监狱长蒋智,广东省佛山监狱政治处副主任朱宝,河南司法警官职业学院教授连春亮,河北司法警官职业学院教授吴艳华,吉林司法警官职业学院副教授孔祥鑫,山东司法警官职业学院副教授邢文杰。他们对本书的结构设计、体例安排、案例选取、写作风格等方面提供了指导与建议。中央司法警官学院法律硕士研究生彭美云、谢婷、宁鑫彤、朱鹏飞、胡云鹏做了文字校对工作。在写作过程中,编者们参阅、借鉴、引用了大量国内专家、学者及实务工作者的研究成果,在此表示真诚的感谢!最后,对法律出版社策划和信任表示衷心的感谢。

前　言

亲爱的学员：

你好！

作为一名社区矫正对象，在生活中，你可能仍不能原谅自己过去的过错，可能仍沉浸于感叹、惋惜、悔恨或伤感之中；可能在生活中遇到这样或那样的问题时，感觉束手无策，不知从何做起。我们对上述境遇深感同情。但每个人背后都掩藏着一段坎坷，每个人的成长都留下了历史的痕迹。无论种种，你应该体会到一种不脱离家庭、不断裂关系、不丧失自由的幸福，也应该感觉到国家的司法宽容。社区矫正，是一条飘动着的黄丝带，温暖的不仅是你的心，更透射出社会的和谐和关爱。因此，你应当放下包袱，突破自身障碍，在面临生活中各种逆境时，做一名善于敢于挑战、重塑自我的勇士。正如鲁迅先生所言，“真正的猛士，敢于直面惨淡的人生，敢于正视淋漓的鲜血”。

奥斯特洛夫斯基曾言：“光阴给我们经验，读书给我们知识。”《社区矫正对象法治教育》是《阳光之路——社区矫正对象学习读本》的升级版。它更集中地在法治教育方面为学员们排忧解难，给那些沿着回归道路前进的“勇士”以导向和启示。通俗性与实用性是本书的特色，其内容是以知识介绍、案例解读、法条链接和延伸阅读为主，易于理解与消化；在每个学习节点后都附有试题演练，以检验我们的学习效果，个人感悟部分，可以记录学员的学习收获与启示。从这里,你可以了解社区矫正制度,明确认罪悔罪的标准,培养自身的法治思维,熟悉《社区矫正法》《治安管理处罚法》《刑法》《监狱法》等重点法律知识,明确社区矫正对象的权利义务、考核奖惩,学习自我保护的方法,等等。这些有助于你认知罪犯身份,明确回归目标,规范行为举止,预防重新犯罪,走出思想误区,跨越重重阻碍,重塑美好人生。

凤凰涅槃,浴火重生。新生,从学习与实践开始。当你遇到困惑,感到迷茫之时,可以阅读本书,希望其中的内容能够给你启迪,引你反思,促你进步,这也是对编者的鼓励;也可以求助社区矫正工作者,从进入社区第一天开始,我们的社区矫正工作者就承担起帮助你回归的责任。面对冷漠、怀疑、失落和彷徨,他们会给予你尊重、真诚、信任和力量。我们相信每个人都有改变自己的能力和发展自我的优势,我们希望你们能找到人生的方向,找回阳光和真情。

法国先哲伏尔泰说:“任何有益的书,一半的益处是由读者本人去创造的。”我们奉献这本书的同时,也真诚地希望它能成为各位读者的“良师益友”,成为相伴你们通往新生活道路上的一抹阳光。

古语云:苟日新,日日新,又日新。尽管我们最大限度地感同身受,深入浅出地介绍法治的相关知识,但书中仍会存在不足与缺陷,我们真诚地欢迎各位读者提出宝贵的意见和建议,请发送邮件(电子邮件地址:shequjiaozheng2003@163.com),下次修订时得以采撷群言,以便其更加完善。这是对我们的信任和鼓励,也是编者们莫大之荣幸。

全体编者
2024年3月20日

目　　录

第一章

初 识 环 境

社区矫正是一种开放性的刑事执行制度，也是现代社会刑罚执行人道化、文明化、理性化的主要体现，更是行刑社会化的重要方式。社区矫正能够克服监禁刑过程中产生的“交叉感染”“标签效应”等弊端，能够帮助社区矫正对象适应社会生活，顺利回归社会。因此，社区矫正制度得到各界认可并在近些年迅速发展。社区矫正的开放性决定了社会力量有条件参与其中。目前，我国社区矫正工作队伍由社区矫正机构工作人员、社会工作者和社会志愿者构成。他们承担着矫治罪犯和预防犯罪的重要职责，从事着传递阳光和幸福的事业，被誉为“特殊园丁”。

社区矫正是国家治理特殊社会群体的创新方式，体现了国家司法的宽容、文明和理性，希望社区矫正对象能够珍惜这次“重生”的机会。在社区接受矫正的对象既不同于监狱服刑人员，也不同于社区居民，希望社区矫正对象能够在工作者的帮助下正确认知和实践自身的角色。矫正的过程是接受惩罚的过程，也是学习的过程，希望其能够认真学习符合社会主流的价值观念、道德标准和行为方式，尽早地融入社会群体中。矫正的过程还是一次“新生苦旅”，需要保持“活在当下”的平和心态，以实现“浴火重生”。总之，进入社区矫正程序后，社区矫正对象应当尽快熟悉和适应新的环境。

重点提示：

1. 什么是社区矫正？
2. 社区矫正与监狱矫正有哪些区别？
3. 如何理解社区矫正制度的优越性？
4. 社区矫正工作的内容和程序是什么？
5. 社区矫正工作者包括哪些人？他们主要承担哪些职责？
6. 社区矫正对象与监狱服刑人员、守法公民的区别是什么？
7. 在接受矫正期间，社区矫正对象如何进行角色实践？
8. 如何理解“矫正过程是接受惩罚的过程，也是学习的过程”？
9. 在接受矫正过程中应当保持什么样的心态？

一、社区矫正：高墙电网外的新生

（一）什么是社区矫正

社区矫正，是社区矫正机构或其委托司法所依法在社区中监督管理、教育帮扶社区矫正对象的非监禁刑事执行制度。

我国社区矫正制度主要经历了以下发展过程：

2003年7月10日，最高人民法院、最高人民检察院、公安部、司法部联合发布《关于开展社区矫正试点工作的通知》（已废止），确定北京、天津、上海、江苏、浙江和山东为第一批进行社区矫正工作的试点省（市），从此拉开了我国社区矫正制度的序幕。

2005年1月20日，最高人民法院、最高人民检察院、公安部、司法部联合发布《关于扩大社区矫正试点范围的通知》（已废止），将河北、内蒙古、黑龙江、安徽、湖北、湖南、广东、广西、海南、四川、贵州、重庆共12个省、自治区、直辖市作为第二批社区矫正试点地区，进一步推进社区矫正试点工作的开展。

2009年9月2日，最高人民法院、最高人民检察院、公安部、司法部联合发布《关于在全国试行社区矫正工作的意见》（已废止），决定在全国试行社区矫正制度，社区矫正工作也由试点转入试行阶段。

2011年2月25日，第十一届全国人民代表大会常务委员会第十九次会议通过《刑法修正案（八）》①，规定"对判处管制的犯罪分子；宣告缓刑的犯罪分子，在缓刑考验期限内；假释的犯罪分子，在假释考验期限内，依法实行社区矫正"。这是首次在刑事基本法律中确立社区矫正制度。

2012年3月14日，第十一届全国人民代表大会第五次会议通过《关于修改〈中华人民共和国刑事诉讼法〉的决定》，对被判处管制、宣告

---

① 为便于阅读，本书中的法律、法规均使用简称。——编者注

缓刑、假释或者暂予监外执行的罪犯,依法实行社区矫正,由社区矫正机构负责执行。刑事程序法进一步明确了社区矫正制度的适用范围和执法主体。

2014 年 8 月 27 日,最高人民法院、最高人民检察院、公安部、司法部联合发布《关于全面推进社区矫正工作的意见》。该意见强调充分认识全面推进社区矫正工作的重要性和必要性,明确全面推进社区矫正工作的指导思想和基本原则,确定全面推进社区矫正工作的主要任务,切实加强对全面推进社区矫正工作的组织领导,标志着我国社区矫正制度进入全面推进阶段。

2019 年 12 月 28 日,第十三届全国人民代表大会常务委员会第十五次会议表决通过《社区矫正法》,并于 2020 年 7 月 1 日起正式实施。《社区矫正法》作为我国第一部全面规范社区矫正工作的法律,全面总结、提炼了 17 年来社区矫正工作改革、发展、创新所取得的成果和积累的经验;进一步确立了社区矫正制度的法律地位和基本框架,强调了社区矫正工作要坚持监督管理与教育帮扶相结合的原则,体现了专门机关与社会力量相结合的原则,明确了坚持依法管理与尊重和保障人权相统一的原则;在完善社区矫正制度、推进社区矫正工作高质量发展、健全我国刑事执行制度、推动国家治理体系和治理能力现代化、深入贯彻落实全面依法治国的基本方略、保障公正司法等方面都具有重要意义。

2020 年 6 月 18 日,最高人民法院、最高人民检察院、公安部、司法部联合发布《社区矫正法实施办法》。作为与《社区矫正法》同步配套的规范性文件,进一步明确了刑事司法机关在社区矫正工作中的具体职能,规范了社会调查、入矫接收、监督管理、教育帮扶、解除矫正等工作环节,提升了社区矫正法治化、规范化水平。

法条链接:

《刑法》(2023 年 12 月 29 日修正)

第三十八条第三款　对判处管制的犯罪分子,依法实行社区矫正。

第七十六条　对宣告缓刑的犯罪分子,在缓刑考验期限内,依法实行社区矫正，如果没有本法第七十七条规定的情形，缓刑考验期满，原判的刑罚就不再执行，并公开予以宣告。

第八十五条　对假释的犯罪分子，在假释考验期限内，依法实行社区矫正，如果没有本法第八十六条规定的情形，假释考验期满，就认为原判刑罚已经执行完毕，并公开予以宣告。

《刑事诉讼法》（2018 年 10 月 26 日修正）

第二百六十九条　对被判处管制、宣告缓刑、假释或者暂予监外执行的罪犯，依法实行社区矫正，由社区矫正机构负责执行。

《社区矫正法》（2019 年 12 月 28 日公布）

第二条　对被判处管制、宣告缓刑、假释和暂予监外执行的罪犯，依法实行社区矫正。

对社区矫正对象的监督管理、教育帮扶等活动，适用本法。

（二）社区矫正与监狱矫正的比较

社区矫正与监狱矫正既有相同之处，又存在显著差异。

1. 两者的相同点

（1）性质相同。两者都是以权力机关作出的发生法律效力的判决、裁定或决定为依据，以国家强制力为保障的刑事制裁措施。

（2）目的相同。两者都是以将罪犯改造成为遵纪守法的公民、预防和减少犯罪、维护社会稳定为最终目的。

（3）手段相同。两者都是将管理、教育、劳动和心理辅导作为主要矫正手段。

（4）保障相同。两者都是以国家强制力为保障，监狱、社区矫正机构依法对监狱服刑人员、社区矫正对象实施强制性的管理和教育工作。

2. 两者的不同点

（1）矫正环境不同。监狱矫正是在封闭性的监禁环境中进行矫正，它是以剥夺服刑人员的人身自由为前提。社区矫正则是将矫正对象置于开放性的社区环境中进行矫正；它是以限制矫正对象的人身自由为基础，并不割裂其与社会的联系。

（2）矫正主体不同。监狱矫正的主体是监狱人民警察，而社区矫正的主体是社区矫正机构工作人员、社会工作者和志愿者。

（3）矫正对象不同。监狱矫正的对象主要是依法被判处有期徒刑、无期徒刑、死刑缓期执行的罪犯；社区矫正的对象主要是管制犯、缓刑犯、假释犯和暂予监外执行犯。

（4）矫正方式不同。监狱矫正主要运用监狱内部的资源和力量，对监狱服刑人员进行惩罚与改造；社区矫正可以整合社会的资源和力量，对社区矫正对象进行监督管理和教育帮扶。

（三）社区矫正的优势

与监禁刑相比，社区矫正制度具有如下优势：

1. 有利于保障罪犯权利

保障罪犯权利是我国《宪法》“尊重和保障人权”的具体要求。我国《宪法》第 33 条明确规定，“国家尊重和保障人权。任何公民享有宪法和法律规定的权利，同时必须履行宪法和法律规定的义务”。据此，罪犯的人权也需要保障。非监禁性是社区矫正与监禁刑的区别之一，其为保障社区矫正对象权利提供了空间与条件。剥夺自由是监禁刑的显著特征。在封闭的条件下，因自由受限，服刑人员的生育权、通信权等诸多权利难以实现。剥夺自由无疑导致其权利受损。而社区矫正对象在不脱离家庭环境、不断裂社会关系、不影响正常工作生活的情况下接受矫正，除被剥夺或限制的权利外，其他权利均有条件实现，与守法公民差异不大。在社区矫正过程中，除享有生命健康权、隐私权、受教育权、获得物质帮助权等一般权利外，社区矫正对象还享有知情权、减刑权、按期解除矫正权等特殊权利。总之，在开放性的社会环境中接受矫正，有利于保障社区矫正对象的合法权利。

《社区矫正法》为社区矫正对象权利保障提供了根据。例如，《社区矫正法》第 4 条第 2 款规定，“社区矫正工作应当依法进行，尊重和保障人权。社区矫正对象依法享有的人身权利、财产权利和其他权利不受侵犯，在就业、就学和享受社会保障等方面不受歧视”。第 26 条第 2 款规定:“社区矫正机构开展实地查访等工作时,应当保护社区矫正对象的身份信息和个人隐私。”第 34 条第 1 款规定:“开展社区矫正工作,应当保障社区矫正对象的合法权益。社区矫正的措施和方法应当避免对社区矫正对象的正常工作和生活造成不必要的影响;非依法律规定,不得限制或者变相限制社区矫正对象的人身自由。”这些规定都是社区矫正对象权利保障的具体体现。

2. 有利于避免监狱弊害

监禁刑对服刑人员产生的弊害不言而喻,且不可避免。监狱是国家刑罚执行机关,虽然其在维护社会安全、惩治刑事犯罪、改造服刑人员等方面发挥着积极作用;但是,监禁刑对服刑人员产生的不良影响难以克服,监禁刑的弊端早已暴露。以附条件执行监禁的缓刑、缩短监禁期的假释为代表的社区矫正是避免监禁弊害的有效方法。

监禁刑对服刑人员产生的弊害主要体现在以下三个方面:(1)交叉传染。在监狱中,虽然监狱人民警察限制服刑人员之间交流犯罪情况,但是服刑人员日常生活、学习、劳动都在一起,难免传习犯罪伎俩,感染犯罪恶习。正如著名犯罪学家龙勃罗梭指出的,“监狱是犯罪的学校,特别是结伙犯罪的学校,而这类犯罪是所有犯罪中最危险的犯罪”①。(2)标签效应。刑满释放后,“罪犯”的烙印会深深地刻在服刑人员身上,难以“撕毁”,并掩盖其入狱前的社会角色,甚至占据其主要社会角色。大部分社会公众,特别是持“重刑主义”观念的公众,仍会将已经释放的服刑人员视为罪犯,戴“有色眼镜”追溯他们的既往经历,持“罪犯标签”预测他们的未来。在“罪犯标签”的持续影响下,监狱服刑人员会形成自我认同,将自己看成一名罪犯,无论其是否出狱。可见,“罪犯标签”对服刑人员回归社会会产生极大的消极影响。同时,监狱矫正的经历及罪犯的身份标签会损害服刑人员的名誉,阻碍其再社会化进程。(3)损害身心。长期封闭式的监禁及其负向的“监狱亚文化”浸染,会损害服刑人员特别是未成年人的身体及心理,严重影响他们回归社会

---

① [意]切萨雷·龙勃罗梭:《犯罪及其原因和矫治》,吴宗宪等译,中国人民公安大学出版社 2009 年版,第 342 页。

后的正常生活、学习及工作。

在接受社区矫正的过程中，矫正对象不需要进入监禁刑体系或继续接受监禁，自然可以避免上述监禁刑附随的各种弊端。

3. 有利于降低行刑成本

降低行刑成本，契合刑罚经济性要求是社区矫正兴起与发展的重要动力之一。刑罚是社会控制的重要手段，在维护社会安全、制裁刑事犯罪方面发挥着不可替代的作用。刑罚的执行不仅要考虑其目的是否实现，还要考量其经济效益。国家的刑罚资源有限，监禁刑是一种投入很大的刑罚执行方式；如果监狱刑消耗过多，无疑会增加国家投入。而社区矫正可以减少建设监管设施、治疗服刑人员疾病、供给服刑人员生活等费用，在降低行刑成本方面具有优势。

监禁刑是一种成本高昂的行刑方式。国家不仅要建设监狱及配套设施，还要配备一定数量的警察及警戒人员，还要支付工作人员工资以及服刑人员生活、医疗等方面的费用。在英国，仅在2000年至2001年，关押一名服刑人员的费用情况是：在青少年监狱（关押15～17岁的服刑人员）是47,500英镑；高度警备监狱是41,500英镑；女性地方监狱是30,700英镑；男性地方监狱是23,700英镑；关押男性C类服刑人员（危险程度较低的服刑人员）训练监狱是18,200英镑；男性开放监狱是17,500英镑；安全训练中心（关押15～17岁的男性服刑人员）是130,000英镑。[①] 在西方发达国家，监狱的费用都要由公民的税收来支付，监狱每年的经费支出都要告知公民，因此公民强烈反对过量地扩建监狱，支持社区矫正项目的发起。[②] 因此，借助社区资源，节约行刑成本的社区矫正制度得到普遍认可，并得以推广。

在我国，监禁刑的成本也是高昂的。“国家对监狱系统的财政拨款虽然逐年增加，由1992年的14亿元人民币增加到2001年的108亿元

① 翟中东：《社区性刑罚的崛起与社区矫正的新模式——国际的视角》，中国政法大学出版社2013年版，第6～7页。

② 刘强主编：《社区矫正制度研究》，法律出版社2007年版，第52页。

人民币,9 年增长了 7.7 倍,但仍不能满足实际需要”。[1] 根据 2002 年 12 月 3 日发布的《监狱建设标准》的投资估算,北方地区每多关押一名服刑人员,国家需要增加 54,620 元的建设投资;如果加上服刑人员每年的生活费用,包括食物、服装、医疗费,以及干警每年的工资支出、服装费用、办公费用、装备费用,国家每年至少还需要支出 3179 元。[2] 有学者粗略估计,目前我国每监禁一名罪犯的年度平均费用(监狱经费总额除以监狱罪犯总数后的金额)为 4 万元人民币左右。[3] 根据司法部统计,社区矫正的人均执行成本只有监狱的 1/10。[4] 可见,社区矫正制度的适用可以节约大量的行刑成本。

4. 有利于增进社会和谐

社区矫正是创新治理特殊社会群体的重要手段,也是缓解社会关系、促进稳定的重要方式。具体表现为:

一方面,社区矫正可以缓解犯罪人及其家庭与社会、政府之间的对立。惩治刑事犯罪、化解社会矛盾、维护社会稳定是刑事司法工作的根本目的,也是刑事司法机关的职能。惩治轻微的刑事犯罪,对犯罪人适用社区矫正,可以避免短期监禁刑造成的标签效应和监狱化现象。“打击”“镇压”等惩治手段,只能短时间内维护社会秩序,保持社会稳定;但不能从根本上消除犯罪人对被害人以及社会的怨恨,甚至加剧犯罪人的仇恨情绪,也可能引发社会公众对犯罪人的怜悯情绪,进而失去社会公众的支持。与监禁刑不同,社区矫正强调恢复和回归,弱化惩罚和隔离,并重视解决社区矫正对象的问题和困难,能够缓解犯罪人及其家庭成员的报复心理和仇恨情绪,真正帮助他们恢复心灵的宁静和情绪的平和,消除人们之间的矛盾与对抗,减少社会冲突与对立。

---

① 张学超主编:《社区矫正实务教程》,中国人民公安大学出版社 2013 年版,第 28 页。

② 翟中东:《社区性刑罚的崛起与社区矫正的新模式——国际的视角》,中国政法大学出版社 2013 年版,第 8 页。

③ 吴宗宪主编:《社区矫正导论》(第二版),中国人民大学出版社 2020 年版,第 13 页。

④ 王爱立、姜爱东主编:《中华人民共和国社区矫正法释义》,法律出版社 2020 年版,第 49 页。

另一方面,社区矫正可以维系社区矫正对象的家庭和谐。大部分社区矫正对象是家庭的重要劳动力和经济收入的主要创造者。一旦他们被判处监禁刑,势必影响其家庭收入,可能导致家庭贫困、离婚、无力赡养老人等一系列问题,需要社会及时跟进、救助;这无疑会消耗社会资源及资金,增加社会负担。但是,在实施社区矫正的情况下,矫正对象可以继续正常工作、学习和生活,继续承担家庭经济、教育及养育等责任,维护和谐夫妻关系,避免出现家庭经济恶化及未成年子女因教育缺失而产生行为偏差、越轨甚至走上犯罪道路等情况。

(四)社区矫正的内容

将社区矫正对象改造成为守法公民是社区矫正的目的。社区矫正机构的工作是围绕这一目的展开的,是为把社区矫正对象改造成守法公民而服务的。明确了社区矫正的目的,社区矫正对象就没有必要对社区矫正心存戒备,也不必背上"无形的包袱"。他们只需配合社区矫正工作者的监管和教育,放下包袱,摆正心态,树立回归社会的信心,积极面对矫正生活。根据社区矫正法律法规及规范性文件,对矫正对象来讲,社区矫正的具体内容可以概括为两部分。

1. 服从监督管理

监督管理是控制社区矫正对象的基础。与监狱矫正相比,社区矫正的人道化和轻缓化更加明显,但惩罚仍是其本质属性。对社区矫正对象的监督管理是惩罚的集中体现。社区矫正机构依据生效的判决、裁定或决定,依法限制社区矫正对象的人身自由或权益,从而使其受到法律的制裁。以监督管理为核心的惩罚是"向后看"的行为,即对社区矫正对象实施的犯罪行为进行惩罚。既然社区矫正对象已经实施了犯罪行为,就应该承担相应的法律后果,接受相应的惩罚,这样才能体现公平、正义。通过严格的监督管理,社区矫正对象也能够认识到法律的严肃性、权威性,以防再犯。

社区矫正对象要服从监督管理。对社区矫正对象的监督管理体现在社区矫正整个过程之中,涵盖多方面内容。例如《社区矫正法》第23

条规定了社区矫正对象的义务,第27条规定了社区矫正对象的外出与变更居住地,第29条规定了使用电子定位装置的情形;《社区矫正法实施办法》第24条规定了社区矫正对象的定期报告义务以及暂予监外执行犯提交病情复查的义务,第25条规定了禁止接触特定对象的义务,第26~29条规定了外出的条件与程序,第30条、第31条规定了变更执行地的条件与程序,第33~36条分别规定了表扬、训诫、警告、治安管理处罚的适用条件,第46条、第47条、第49条分别规定了撤销缓刑、撤销假释、收监执行的条件。社区矫正对象要认真学习这些法律规定,在日常矫正过程中严格遵守监督管理规定的要求,否则会受到严厉的惩罚。

要告别过去,实现自新,改掉自身的行为恶习,服从管理是基础。服从管理就是要严格遵守法律法规及社区矫正规章制度。服从管理无疑是对社区矫正对象的约束,但没有约束又怎么可能有进步呢?服从管理对改掉生活散漫、无所事事、自由放纵、行为冲动等不良习惯具有积极作用,对社区矫正对象保持操守、避免重蹈覆辙意义重大,也能为社区矫正对象真正地融入社会打下良好的基础。

法条链接:

《社区矫正法》(2019年12月28日公布)

第二十三条　社区矫正对象在社区矫正期间应当遵守法律、行政法规,履行判决、裁定、暂予监外执行决定等法律文书确定的义务,遵守国务院司法行政部门关于报告、会客、外出、迁居、保外就医等监督管理规定,服从社区矫正机构的管理。

第二十七条　社区矫正对象离开所居住的市、县或者迁居,应当报经社区矫正机构批准。社区矫正机构对于有正当理由的,应当批准;对于因正常工作和生活需要经常性跨市、县活动的,可以根据情况,简化批准程序和方式。

因社区矫正对象迁居等原因需要变更执行地的,社区矫正机构应当按照有关规定作出变更决定。社区矫正机构作出变更决定后,应当通知社区矫正决定机关和变更后的社区矫正机构,并将有关法律文书抄送变更后的社区矫正机构。变更后的社区矫正机构应当将法律文书转送所在地的人民检察院、公安机关。

第二十九条　社区矫正对象有下列情形之一的，经县级司法行政部门负责人批准，可以使用电子定位装置，加强监督管理：

（一）违反人民法院禁止令的；

（二）无正当理由，未经批准离开所居住的市、县的；

（三）拒不按照规定报告自己的活动情况，被给予警告的；

（四）违反监督管理规定，被给予治安管理处罚的；

（五）拟提请撤销缓刑、假释或者暂予监外执行收监执行的。

前款规定的使用电子定位装置的期限不得超过三个月。对于不需要继续使用的，应当及时解除；对于期限届满后，经评估仍有必要继续使用的，经过批准，期限可以延长，每次不得超过三个月。

社区矫正机构对通过电子定位装置获得的信息应当严格保密，有关信息只能用于社区矫正工作，不得用于其他用途。

《社区矫正法实施办法》（2020年6月18日公布）

第二十四条　社区矫正对象应当按照有关规定和社区矫正机构的要求，定期报告遵纪守法、接受监督管理、参加教育学习、公益活动和社会活动等情况。发生居所变化、工作变动、家庭重大变故以及接触对其矫正可能产生不利影响人员等情况时，应当及时报告。被宣告禁止令的社区矫正对象应当定期报告遵守禁止令的情况。

暂予监外执行的社区矫正对象应当每个月报告本人身体情况。保外就医的，应当到省级人民政府指定的医院检查，每三个月向执行地县级社区矫正机构、受委托的司法所提交病情复查情况。执行地县级社区矫正机构根据社区矫正对象的病情及保证人等情况，可以调整报告身体情况和提交复查情况的期限。延长一个月至三个月以下的，报上一级社区矫正机构批准；延长三个月以上的，逐级上报省级社区矫正机构批准。批准延长的，执行地县级社区矫正机构应当及时通报同级人民检察院。

社区矫正机构根据工作需要，可以协调对暂予监外执行的社区矫正对象进行病情诊断、妊娠检查或者生活不能自理的鉴别。

第二十五条 未经执行地县级社区矫正机构批准,社区矫正对象不得接触其犯罪案件中的被害人、控告人、举报人,不得接触同案犯等可能诱发其再犯罪的人。

第二十六条 社区矫正对象未经批准不得离开所居住市、县。确有正当理由需要离开的,应当经执行地县级社区矫正机构或者受委托的司法所批准。

社区矫正对象外出的正当理由是指就医、就学、参与诉讼、处理家庭或者工作重要事务等。

前款规定的市是指直辖市的城市市区、设区的市的城市市区和县级市的辖区。在设区的同一市内跨区活动的,不属于离开所居住的市、县。

第二十七条 社区矫正对象确需离开所居住的市、县的,一般应当提前三日提交书面申请,并如实提供诊断证明、单位证明、入学证明、法律文书等材料。

申请外出时间在七日内的,经执行地县级社区矫正机构委托,可以由司法所批准,并报执行地县级社区矫正机构备案;超过七日的,由执行地县级社区矫正机构批准。执行地县级社区矫正机构每次批准外出的时间不超过三十日。

因特殊情况确需外出超过三十日的,或者两个月内外出时间累计超过三十日的,应报上一级社区矫正机构审批。上一级社区矫正机构批准社区矫正对象外出的,执行地县级社区矫正机构应当及时通报同级人民检察院。

第二十八条 在社区矫正对象外出期间,执行地县级社区矫正机构、受委托的司法所应当通过电话通讯、实时视频等方式实施监督管理。

执行地县级社区矫正机构根据需要,可以协商外出目的地社区矫正机构协助监督管理,并要求社区矫正对象在到达和离开时向当地社区矫正机构报告,接受监督管理。外出目的地社区矫正机构在社区矫正对象报告后,可以通过电话通讯、实地查访等方式协助监督管理。

社区矫正对象应在外出期限届满前返回居住地,并向执行地县级社区矫正机构或者司法所报告,办理手续。因特殊原因无法按期返回的,应及时向社区矫正机构或者司法所报告情况。发现社区矫正对象违反外出管理规定的,社区矫正机构应当责令其立即返回,并视情节依法予以处理。

第二十九条　社区矫正对象确因正常工作和生活需要经常性跨市、县活动的,应当由本人提出书面申请,写明理由、经常性去往市县名称、时间、频次等,同时提供相应证明,由执行地县级社区矫正机构批准,批准一次的有效期为六个月。在批准的期限内,社区矫正对象到批准市、县活动的,可以通过电话、微信等方式报告活动情况。到期后,社区矫正对象仍需要经常性跨市、县活动的,应当重新提出申请。

第三十条　社区矫正对象因工作、居所变化等原因需要变更执行地的,一般应当提前一个月提出书面申请,并提供相应证明材料,由受委托的司法所签署意见后报执行地县级社区矫正机构审批。

执行地县级社区矫正机构收到申请后,应当在五日内书面征求新执行地县级社区矫正机构的意见。新执行地县级社区矫正机构接到征求意见函后,应当在五日内核实有关情况,作出是否同意接收的意见并书面回复。执行地县级社区矫正机构根据回复意见,作出决定。执行地县级社区矫正机构对新执行地县级社区矫正机构的回复意见有异议的,可以报上一级社区矫正机构协调解决。

经审核,执行地县级社区矫正机构不同意变更执行地的,应在决定作出之日起五日内告知社区矫正对象。同意变更执行地的,应对社区矫正对象进行教育,书面告知其到新执行地县级社区矫正机构报到的时间期限以及逾期报到或者未报到的后果,责令其按时报到。

第三十一条第一、二款　同意变更执行地的,原执行地县级社区矫正机构应当在作出决定之日起五日内,将有关法律文书和档案材料移交新执行地县级社区矫正机构,并将有关法律文书抄送社区矫正决定机关和原执行地县级人民检察院、公安机关。新执行地县级社区矫正机构收到法律文书和档案材料后,在五日内送达回执,并将有关法律文书抄送所在地县级人民检察院、公安机关。

同意变更执行地的,社区矫正对象应当自收到变更执行地决定之日起七日内,到新执行地县级社区矫正机构报到。新执行地县级社区矫正机构应当核实身份、办理登记接收手续。发现社区矫正对象未按规定时间报到的,新执行地县级社区矫正机构应当立即通知原执行地县级社区矫正机构,由原执行地县级社区矫正机构组织查找。未及时办理交付接收,造成社区矫正对象脱管漏管的,原执行地社区矫正机构会同新执行地社区矫正机构妥善处置。

第三十三条　社区矫正对象认罪悔罪、遵守法律法规、服从监督管理、接受教育表现突出的,应当给予表扬。

社区矫正对象接受社区矫正六个月以上并且同时符合下列条件的,执行地县级社区矫正机构可以给予表扬:

(一)服从人民法院判决,认罪悔罪;

(二)遵守法律法规;

(三)遵守关于报告、会客、外出、迁居等规定,服从社区矫正机构的管理;

(四)积极参加教育学习等活动,接受教育矫正的。

社区矫正对象接受社区矫正期间,有见义勇为、抢险救灾等突出表现,或者帮助他人、服务社会等突出事迹的,执行地县级社区矫正机构可以给予表扬。对于符合法定减刑条件的,由执行地县级社区矫正机构依照本办法第四十二条的规定,提出减刑建议。

第三十四条　社区矫正对象具有下列情形之一的,执行地县级社区矫正机构应当给予训诫:

(一)不按规定时间报到或者接受社区矫正期间脱离监管,未超过十日的;

(二)违反关于报告、会客、外出、迁居等规定,情节轻微的;

(三)不按规定参加教育学习等活动,经教育仍不改正的;

(四)其他违反监督管理规定,情节轻微的。

第三十五条　社区矫正对象具有下列情形之一的,执行地县级社区矫正机构应当给予警告:

(一)违反人民法院禁止令,情节轻微的;

(二)不按规定时间报到或者接受社区矫正期间脱离监管,超过十日的；

（三）违反关于报告、会客、外出、迁居等规定，情节较重的；

（四）保外就医的社区矫正对象无正当理由不按时提交病情复查情况，经教育仍不改正的；

（五）受到社区矫正机构两次训诫，仍不改正的；

（六）其他违反监督管理规定，情节较重的。

第三十六条　社区矫正对象违反监督管理规定或者人民法院禁止令，依法应予治安管理处罚的，执行地县级社区矫正机构应当及时提请同级公安机关依法给予处罚，并向执行地同级人民检察院抄送治安管理处罚建议书副本，及时通知处理结果。

第四十六条第一款　社区矫正对象在缓刑考验期内，有下列情形之一的，由执行地同级社区矫正机构提出撤销缓刑建议：

（一）违反禁止令，情节严重的；

（二）无正当理由不按规定时间报到或者接受社区矫正期间脱离监管，超过一个月的；

（三）因违反监督管理规定受到治安管理处罚，仍不改正的；

（四）受到社区矫正机构两次警告，仍不改正的；

（五）其他违反有关法律、行政法规和监督管理规定，情节严重的情形。

第四十七条第一款　社区矫正对象在假释考验期内，有下列情形之一的，由执行地同级社区矫正机构提出撤销假释建议：

（一）无正当理由不按规定时间报到或者接受社区矫正期间脱离监管，超过一个月的；

（二）受到社区矫正机构两次警告，仍不改正的；

（三）其他违反有关法律、行政法规和监督管理规定，尚未构成新的犯罪的。

第四十九条第一款　暂予监外执行的社区矫正对象有下列情形之一的，由执行地县级社区矫正机构提出收监执行建议：

（一）不符合暂予监外执行条件的；

（二）未经社区矫正机构批准擅自离开居住的市、县，经警告拒不改

正,或者拒不报告行踪,脱离监管的;

(三)因违反监督管理规定受到治安管理处罚,仍不改正的;

(四)受到社区矫正机构两次警告的;

(五)保外就医期间不按规定提交病情复查情况,经警告拒不改正的;

(六)暂予监外执行的情形消失后,刑期未满的;

(七)保证人丧失保证条件或者因不履行义务被取消保证人资格,不能在规定期限内提出新的保证人的;

(八)其他违反有关法律、行政法规和监督管理规定,情节严重的情形。

2. 接受教育帮助

教育是转化社区矫正对象的关键。教育是指社区矫正机构对社区矫正对象实施的,以转变其不良心理和行为恶习促进其适应社会生活的系统性影响活动。教育的目的,是促使社区矫正对象认罪悔罪,增强法治观念和守法意识,提高道德素质和职业技能,使其成为适应社会的守法公民。社区矫正机构或司法所根据社区矫正对象的群体特点、个性特征、日常表现、悔罪情况、犯罪原因等因素,分别实施入矫教育、常规教育和解矫教育,在不同的教育阶段安排适当的教育内容,采取恰当的教育方法,以转化社区矫正对象的不良心理和行为恶习。在开展教育过程中,社区矫正机构或司法所可以借助社区矫正对象的监护人和家庭成员、有关部门和单位、志愿者和社区群众、社区矫正对象所在单位或就读学校以及社会组织等社会力量。这些社会力量的参与能够为社区矫正对象提供更加丰富的教育内容和更加灵活的教育方式。

对社区矫正对象进行监督管理是必要的,但不是目的。已经犯下的错误是过去时,是“昨日非”,惩罚也改变不了已然事实。所以,在严格管理的前提下,社区矫正机构应当“向前看”,着眼于社区矫正对象的未来,强调对他们进行教育矫正。社区矫正对象要积极参加社区矫正机构或司法所组织的教育活动、公益活动,态度认真,服从安排,有特殊情况提前按程序请假;不得无故不参加教育活动、公益活动,否则会受到严厉的惩罚。同时,社区矫正对象也要主动接受监护人、家庭成员、所在单位、就读学校、社会工作者、志愿者等社会力量对自己实施的不同方式、内容的教育。社区矫正对象要自觉参与教育活动,诀别过去,努力把自己转化成为一个自食其力的守法公民。这也是家庭和社会的希望所在。

法条链接:

《社区矫正法》(2019 年 12 月 28 日公布)

第三十六条　社区矫正机构根据需要,对社区矫正对象进行法治、道德等教育,增强其法治观念,提高其道德素质和悔罪意识。

对社区矫正对象的教育应当根据其个体特征、日常表现等实际情况,充分考虑其工作和生活情况,因人施教。

第三十七条　社区矫正机构可以协调有关部门和单位,依法对就业困难的社区矫正对象开展职业技能培训、就业指导,帮助社区矫正对象中的在校学生完成学业。

第三十八条　居民委员会、村民委员会可以引导志愿者和社区群众,利用社区资源,采取多种形式,对有特殊困难的社区矫正对象进行必要的教育帮扶。

第三十九条　社区矫正对象的监护人、家庭成员,所在单位或者就读学校应当协助社区矫正机构做好对社区矫正对象的教育。

第四十条　社区矫正机构可以通过公开择优购买社区矫正社会工作服务或者其他社会服务,为社区矫正对象在教育、心理辅导、职业技能培训、社会关系改善等方面提供必要的帮扶。

社区矫正机构也可以通过项目委托社会组织等方式开展上述帮扶活动。国家鼓励有经验和资源的社会组织跨地区开展帮扶交流和示范活动。

帮助是促进社区矫正对象再社会化的保障。社会适应性帮助是指社区矫正机构调动社区资源,整合社会力量,帮助社区矫正对象解决就业、就学、生活、法律及心理等方面的困难和问题,帮助其适应社会生活的措施。社区矫正对象是罪犯,但同时也是需要社会给予帮助的对象。

社区矫正机构根据矫正对象的客观需要，结合现行政策、法规、制度等，协调相关政府部门、企业事业单位、社会组织等，帮助社区矫正对象解决实际问题。开展社会适应性帮助，是为了帮助社区矫正对象解决现实生活中遇到的实际困难或突发事件，预防其重新犯罪，保障其合法权益。

法条链接：

《社区矫正法》（2019 年 12 月 28 日公布）

第四十一条　国家鼓励企业事业单位、社会组织为社区矫正对象提供就业岗位和职业技能培训。招用符合条件的社区矫正对象的企业，按照规定享受国家优惠政策。

第四十二条　社区矫正机构可以根据社区矫正对象的个人特长，组织其参加公益活动，修复社会关系，培养社会责任感。

第四十三条　社区矫正对象可以按照国家有关规定申请社会救助、参加社会保险、获得法律援助，社区矫正机构应当给予必要的协助。

《社区矫正法实施办法》（2020 年 6 月 18 日公布）

第四十五条　执行地县级社区矫正机构、受委托的司法所依法协调有关部门和单位，根据职责分工，对遇到暂时生活困难的社区矫正对象提供临时救助；对就业困难的社区矫正对象提供职业技能培训和就业指导；帮助符合条件的社区矫正对象落实社会保障措施；协助在就学、法律援助等方面遇到困难的社区矫正对象解决问题。

（五）社区矫正的程序

根据《社区矫正法》等法律法规、部门规章及规范性文件，对社区矫正对象来讲，社区矫正的程序通常包括下列环节：

1. 按时报到

按时报到是指自人民法院判决、裁定生效之日或者离开监所之日起 10 日内，社区矫正对象到执行地社区矫正机构报到，接受宣告，并办理相关手续的活动。

按时报到是社区矫正的第一个环节。社区矫正对象务必在指定时限内报到，不得随意拖延或脱逃；否则会受到警告处分，或承担撤销缓刑、撤销假释的法律责任。

法条链接：

《社区矫正法》(2019年12月28日公布)

第二十一条　人民法院判处管制、宣告缓刑、裁定假释的社区矫正对象，应当自判决、裁定生效之日起十日内到执行地社区矫正机构报到。

人民法院决定暂予监外执行的社区矫正对象，由看守所或者执行取保候审、监视居住的公安机关自收到决定之日起十日内将社区矫正对象移送社区矫正机构。

监狱管理机关、公安机关批准暂予监外执行的社区矫正对象，由监狱或者看守所自收到批准决定之日起十日内将社区矫正对象移送社区矫正机构。

第二十二条　社区矫正机构应当依法接收社区矫正对象，核对法律文书、核实身份、办理接收登记、建立档案，并宣告社区矫正对象的犯罪事实、执行社区矫正的期限以及应当遵守的规定。

第三十条　社区矫正对象失去联系的，社区矫正机构应当立即组织查找，公安机关等有关单位和人员应当予以配合协助。查找到社区矫正对象后，应当区别情形依法作出处理。

2. 接受矫正

接受矫正是指社区矫正对象遵守法律法规及社区矫正规章制度，自觉参加社区矫正机构或司法所组织的活动。

自从报到开始，自己将面临什么样的矫正生活？怎样才能改过自新，适应社会生活？在或长或短的矫正期间，将通过怎样的方式进行改造？每位社区矫正对象都迫切想知道这些问题的答案。它们看似简单，其实涉及的正是社区矫正的具体内容。《社区矫正法》《社区矫正法实施办法》等法律法规明确了矫正对象在社区矫正过程中，必须服从管理，参加教育活动、公益活动，接受帮助。这些要求构成了社区矫正对象矫正生活的常态，也是其走向“新生”的必由之路。社区矫正对象应当遵守法律法规及社区矫正规章制度，严格执行定期报到、报告、会客、外出、进入特定场所审批、变更居住地、禁止令及电子监控等制度，定期接受考核，积极参加社区矫正机构、司法所组织的教育活动、公益活动等。此外，在矫正过程中，社区矫正对象遇到物质经济、婚姻家庭、社会交往、心理行为等方面困难或其他突发事件时，可以及时向司法所、社区矫正机构寻求帮助，以顺利渡过难关。

3. 解除矫正

解除矫正，是指社区矫正期限届满，社区矫正机构宣告解除矫正，社区矫正对象被剥夺的权利与受限制的自由得到恢复，真正地成为一名社会公民的程序。及时解除社区矫正有利于保障社区矫正对象的权利。在解除矫正之前，社区矫正对象应当认真总结、客观剖析在社区矫正过程中的收获，明确进步与不足之处。解除矫正是社区矫正工作的最后一个程序，具有重要的法律意义。解除矫正宣告应庄重、严肃，由社区矫正机构或司法所工作人员主持，按照规定程序公开进行，有关部门、基层组织、群众代表、社区矫正对象所在单位有关人员、社区矫正对象的家庭成员或者监护人、保证人等参与。

在社区矫正期间，由于特定事由的发生，社区矫正将会终止。例如，社区矫正对象再次实施犯罪行为，或违反法律、法规、禁止令以及社区矫正规章制度等。及时终止的规定能够促使社区矫正对象提高遵纪守法意识，克服放松心态及放纵思想，有利于其保持操守。此外，在社区矫正期间，社区矫正对象被人民法院改判为无罪的，社区矫正依法终止。

法条链接：

《社区矫正法》（2019 年 12 月 28 日公布）

第四十四条　社区矫正对象矫正期满或者被赦免的，社区矫正机构应当向社区矫正对象发放解除社区矫正证明书，并通知社区矫正决定机关、所在地的人民检察院、公安机关。

第四十五条　社区矫正对象被裁定撤销缓刑、假释，被决定收监执行，或者社区矫正对象死亡的，社区矫正终止。

《社区矫正法实施办法》(2020年6月18日公布)

第五十四条 社区矫正对象矫正期满,执行地县级社区矫正机构或者受委托的司法所可以组织解除矫正宣告。

解矫宣告包括以下内容:

(一)宣读对社区矫正对象的鉴定意见;

(二)宣布社区矫正期限届满,依法解除社区矫正;

(三)对判处管制的,宣布执行期满,解除管制;对宣告缓刑的,宣布缓刑考验期满,原判刑罚不再执行;对裁定假释的,宣布考验期满,原判刑罚执行完毕。

宣告由社区矫正机构或者司法所工作人员主持,矫正小组成员及其他相关人员到场,按照规定程序进行。

试题演练*

一、选择题

1. 我国《社区矫正法》正式实施的时间是____。(单选)

A. 2003年7月1日　　B. 2005年7月1日

C. 2019年7月1日　　D. 2020年7月1日

2. 控制社区矫正对象的基础是____。(单选)

A. 监督管理　　B. 教育帮扶

C. 处罚　　D. 奖励

3. 人民法院判处管制、宣告缓刑、裁定假释的社区矫正对象,应当自判决、裁定生效之日起____内到执行地社区矫正机构报到。(单选)

A. 5日　　B. 7日　　C. 10日　　D. 15日

4. 社区矫正对象包括____。(多选)

A. 管制犯　　B. 缓刑犯

C. 假释犯　　D. 暂予监外执行犯

5. 社区矫正的过程是____。(多选)

A. 按时报到　　B. 接受矫正

---

* 参考答案请扫描后勒口二维码,下同。

C. 解除矫正　　　　D. 收监执行

二、判断题

1. 社区矫正是一种非监禁刑事执行制度。(　)
2. 社区矫正与监狱矫正的性质不同。(　)
3. 与监狱矫正相比,社区矫正有利于避免监狱弊害。(　)
4. 与监狱矫正相比,社区矫正的成本更高。(　)
5. 社区矫正可以缓解犯罪人及其家庭与社会、政府的对立。(　)

三、个人感悟

签名:

年　　月　　日

二、社区矫正工作者:一群“特殊园丁”

社区矫正是一项严肃、规范的刑事执法活动,需要一支职业化、专业化的工作队伍作为组织保障。开放式的社区矫正不同于封闭式的监狱矫正,各种社会力量可以参与其中。自社区矫正工作试点以来,各地区建立了以社区矫正机构、司法所工作人员为核心,社会工作者为辅助,社会志愿者为补充的社区矫正工作者队伍。

(一)社区矫正机构、司法所工作人员

1. 社区矫正机构的职责

社区矫正机构是指负责对被判处管制、宣告缓刑、假释和暂予监外

执行的社区矫正对象具体实施社区矫正的机构。社区矫正机构负责社区矫正工作的具体实施,即对社区矫正对象进行监督管理和教育帮扶工作。

法条链接:

《社区矫正法》(2019 年 12 月 28 日公布)

第九条　县级以上地方人民政府根据需要设置社区矫正机构,负责社区矫正工作的具体实施。社区矫正机构的设置和撤销,由县级以上地方人民政府司法行政部门提出意见,按照规定的权限和程序审批。

司法所根据社区矫正机构的委托,承担社区矫正相关工作。

《社区矫正法实施办法》(2020 年 6 月 18 日公布)

第九条　社区矫正机构是县级以上地方人民政府根据需要设置的,负责社区矫正工作具体实施的执行机关。社区矫正机构依法履行以下职责:

(一)接受委托进行调查评估,提出评估意见;

(二)接收社区矫正对象,核对法律文书、核实身份、办理接收登记,建立档案;

(三)组织入矫和解矫宣告,办理入矫和解矫手续;

(四)建立矫正小组、组织矫正小组开展工作,制定和落实矫正方案;

(五)对社区矫正对象进行监督管理,实施考核奖惩;审批会客、外出、变更执行地等事项;了解掌握社区矫正对象的活动情况和行为表现;组织查找失去联系的社区矫正对象,查找后依情形作出处理;

(六)提出治安管理处罚建议,提出减刑、撤销缓刑、撤销假释、收监执行等变更刑事执行建议,依法提请逮捕;

(七)对社区矫正对象进行教育帮扶,开展法治道德等教育,协调有关方面开展职业技能培训、就业指导,组织公益活动等事项;

(八)向有关机关通报社区矫正对象情况,送达法律文书;

(九)对社区矫正工作人员开展管理、监督、培训,落实职业保障;

(十)其他依法应当履行的职责。

设置和撤销社区矫正机构,由县级以上地方人民政府司法行政部门提出意见,按照规定的权限和程序审批。社区矫正日常工作由县级社区矫正机构具体承担;未设置县级社区矫正机构的,由上一级社区矫正机构具体承担。省、市两级社区矫正机构主要负责监督指导、跨区域执法的组织协调以及与同级社区矫正决定机关对接的案件办理工作。

2. 社区矫正机构工作人员的职责

社区矫正机构工作人员是指在社区矫正工作中履行监督管理、教育帮扶等职责的执法者。"监督管理"是指依据《社区矫正法》的规定,对社区矫正对象进行监督、考察和管理,保障刑事判决、裁定和暂予监外执行决定的正确执行的活动。[①] 例如,及时了解掌握社区矫正对象的活动情况和行为表现,对社区矫正对象外出、变更居住地、会客、进入特定场所等事项予以审批,依法依规对社区矫正对象的现实表现进行考核奖惩等。"教育帮扶"是指对社区矫正对象开展有针对性的教育,并助力解决其在重新融入社会方面存在的问题和困难,从而增强社区矫正对象的社会适应能力,防止其重新犯罪的活动。[②] 例如,对社区矫正对象开展法治、道德、心理健康等教育,协调有关方面开展职业技能培训和择业就业指导,帮助其完成学业,组织其参加公益活动,协助其申请社会救助、社会保险、法律援助等。此外,社区矫正机构工作人员还要组织、领导社会工作者和志愿者开展相应的矫正工作。

社区矫正机构工作人员依法履行职责的目的是,消除社区矫正对象可能重新犯罪的因素,帮助其成为守法公民。社区矫正机构工作人员监督管理的重点,是了解掌握社区矫正对象的活动情况和行为表现,鼓励社区矫正对象自觉遵纪守法,增强接受矫正的主动性和自觉性;同时也要注意避免过度强调其罪犯身份,最大限度地消除标签效应及其社会排斥感。

社区矫正机构工作人员应当依法履行职责,保障社区矫正对象的合法权益。社区矫正机构工作人员要坚持尊重和保障人权的理念,实

① 王爱立、姜爱东主编:《中华人民共和国社区矫正法释义》,中国民主法制出版社2020年版,第71页。

② 王爱立、姜爱东主编:《中华人民共和国社区矫正法释义》,中国民主法制出版社2020年版,第71页。

施的矫正措施和方法应当避免对社区矫正对象的正常工作和生活造成不必要的影响，避免因不必要的措施和方法而过度干预社区矫正对象的正常工作和生活；非依法律规定，不得限制或者变相限制社区矫正对象的人身自由；不能体罚、虐待、歧视社区矫正对象，给社区矫正对象创造一个稳定的学习、工作和生活环境，帮助其尽快顺利适应、融入正常的社会生活。

法条链接：

《社区矫正法》(2019年12月28日公布)

第十条　社区矫正机构应当配备具有法律等专业知识的专门国家工作人员(以下称社区矫正机构工作人员)，履行监督管理、教育帮扶等执法职责。

第十四条　社区矫正机构工作人员应当严格遵守宪法和法律，忠于职守，严守纪律，清正廉洁。

第十五条　社区矫正机构工作人员和其他参与社区矫正工作的人员依法开展社区矫正工作，受法律保护。

第三十四条　开展社区矫正工作，应当保障社区矫正对象的合法权益。社区矫正的措施和方法应当避免对社区矫正对象的正常工作和生活造成不必要的影响；非依法律规定，不得限制或者变相限制社区矫正对象的人身自由。

社区矫正对象认为其合法权益受到侵害的，有权向人民检察院或者有关机关申诉、控告和检举。受理机关应当及时办理，并将办理结果告知申诉人、控告人和检举人。

3. 司法所的职责

司法所是在乡镇人民政府或街道办事处内最基层的组织机构，它直接面向广大人民群众开展基层法治工作。司法所作为司法行政机关的最基层单位，是重要的基层法治工作机构，在县(市、区)司法局的管理、指导和监督下开展工作，具体承担指导调解工作、参与基层普法依法治理、组织提供基层公共法律服务、受委托承担社区矫正、协调开展刑满释放人员安置帮教等相关工作，参与推进辖区内基层法治建设，维护人民群众合法权益,维护社会的和谐稳定。

司法所根据社区矫正机构的委托,承担社区矫正相关工作。目前,根据《社区矫正法》、《社区矫正法实施办法》及相关法律法规,司法所主要履行以下与社区矫正相关的工作职责:一是接受委托开展调查评估工作;二是接收社区矫正对象,组织入矫宣告;三是组织矫正小组开展工作,落实矫正方案;四是做好日常监督管理、教育帮扶等工作;五是对社区矫正对象进行考核,提出奖惩建议;六是其他依法应当履行的职责。

4. 社区矫正机构工作人员是"特殊园丁"

从法律角度来讲,在打击和预防犯罪的工作中,公安机关、检察机关、审判机关和司法行政机关各司其职,分别承担侦查、起诉、审判和执行工作。监狱和社区矫正机构是司法行政机关的重要组成部分,负责执行法院的判决、裁定以及有权机关作出的暂予监外执行的决定。在法律上,我们将其称为"刑罚执行"或"刑事执行"。监狱和社区矫正机构不仅要将接收的各类矫正对象管理好,更重要的是将他们改造成为守法公民。从这个意义来说,监狱人民警察、社区矫正机构工作人员以及接受委托任务的司法所工作人员都是一群"特殊园丁",他们承担着监管和教育矫正对象的重要使命;虽然他们不是教师,却从事教育"特殊学生"的任务,也可被称为另一种"灵魂的工程师"。

监狱人民警察与社区矫正机构工作人员的职责也存在诸多差异。虽然监狱人民警察、社区矫正机构工作人员都从事教育、感化和挽救矫正对象的神圣工作,但他们工作的环境和对象有很大区别。监狱人民警察主要在"高墙电网"内开展工作,而社区矫正机构的工作人员则在开放的社区中开展工作;监狱人民警察的工作对象是已经判处有期徒刑、无期徒刑或者死刑缓期两年执行的服刑人员,而社区矫正机构的工作人员面对的则是管制犯、缓刑犯、假释犯和暂予监外执行犯。社区矫正工作尽管很烦琐也很平凡;但这项工作是以社区为平台,与特殊的社会公民打交道,拯救和帮助那些处于"边缘化"的弱势群体,为社会的安宁与稳定作贡献,是一项传递阳光和幸福的事业,也是构建社会主义和谐社会,建设法治中国、平安中国的一道重要防线。社区矫正机构工作人员就是从事这样光荣事业的“特殊园丁”。

将社区矫正对象改造成守法公民是社区矫正工作的宗旨与目标。然而,众所周知,做改造他人的工作是困难的,更何况是做“特殊学生”的教育矫正和心理矫治工作。俗话说,“人心不同,各如其面”。世界上没有两片相同的叶子,也没有两个完全一样的罪犯。社区矫正机构、司法所工作人员需要根据裁判内容和社区矫正对象的个性特征等情况,结合心理测评、再犯罪危险评估等,明确矫正责任人,制定矫正方案,确定矫正小组,组织开展个案矫正。当遇到社区矫正对象受到惩罚等特殊情况时,个案矫正责任人、矫正小组成员等还需要及时开展个别教育。

社区矫正工作者需要根据社区矫正对象的特殊性开展有针对性的矫正工作。社区矫正对象的性别、年龄、民族、气质、文化程度、宗教信仰、生活习惯、心理状态、家庭背景、社会经历等方面各有不同。同时,他们都是犯了罪的人,而犯罪原因、性质、类型、刑罚种类及期限、主观恶性与人身危险性等也不一样,这无疑都加大了教育的难度。更重要的是,每个社区矫正对象的背后又都牵扯一个或多个家庭,有的要赡养老人,有的面临下岗失业,有的则要抚养子女,有的身患重病,有的生活困难……这些问题如果不能得到及时解决,社区矫正对象就难以安心接受矫正。所以,社区矫正机构、司法所工作人员要耗费大量时间和精力,了解每位社区矫正对象的个人及家庭情况,在此基础上对他们进行监督、走访、谈话、心理辅导以及协调有关部门开展帮助工作。

法条链接:

《浙江省社区矫正教育帮扶规定(试行)》(2020 年 7 月 31 日发布)

第二十三条　社区矫正机构、司法所应当根据裁判内容和社区矫正对象的性别、年龄、心理特点、健康状况、犯罪原因、犯罪类型、悔罪表现、思想动态、工作和生活状况、家庭及社会关系等情况,结合心理测评、再犯罪危险评估等,明确矫正责任人,制定矫正方案,确定矫正小组,组织开展个案矫正。

第二十四条　社区矫正机构、司法所应当指定工作人员担任社区矫正对象的个案矫正责任人，负责指导管理矫正小组、制定实施矫正方案、组织开展个案矫正等。

个案矫正责任人应当了解掌握社区矫正对象下列相关情况：

（一）姓名、曾用名、绰号、性别、年龄、籍贯；

（二）简历、主要犯罪事实和刑期；

（三）家庭情况、主要社会关系和交往人员；

（四）认罪悔罪态度、在监狱或者看守所的改造表现和矫正期间的思想、工作、学习、生活等情况。

个案矫正责任人应当根据社区矫正对象思想状况、行为表现和分类管理、分级处遇、矫正阶段等情况，及时制定、调整和完善矫正方案，指导督促矫正小组开展相关工作。矫正方案应当包括社区矫正对象基本情况、对社区矫正对象的综合评估结果、对社区矫正对象的心理状态和其他特殊情况的分析、拟采取的监管教育帮扶措施等内容。

第二十五条　社区矫正对象有下列情形之一的，个案矫正责任人、矫正小组成员等应当对其开展个别教育：

（一）思想情绪波动或者行为异常的；

（二）工作、生活或者家庭有重大变故的；

（三）违反监督管理规定的；

（四）违反人民法院禁止令的；

（五）受到训诫、警告、治安管理处罚的；

（六）其他需要进行个别教育的情形。

第二十六条　个别教育可以结合社区矫正对象下列相关情况开展：

（一）社区矫正对象所犯罪行；

（二）社区矫正对象的生活实际和日常表现；

（三）日常监督管理活动情况，如周报告、月报告、重大事项报告、居住地变更、请假外出等情形；

（四）社区矫正对象考核奖惩和司法奖惩；

（五）心理评估和再犯罪危险评估结果等。

通过以上的介绍，相信大家对社区矫正机构、司法所的工作性质及职责有了大致了解。社区矫正机构、司法所工作人员既是执法者、管理者，也是特殊的教育工作者，是名副其实的“特殊园丁”。他们既有威严的一面，又有慈爱的一面。威严是由法律赋予的职权决定的，体现着刑事惩罚；慈爱则是出于教育、感化和挽救的宗旨，体现着人文关怀。所以，大家不要只看威严与惩戒的一面，也要多体会慈爱和帮助的一面。在社区矫正过程中，遇到生活困难、心理困惑或突发事件，首先应当想到向他们求助。

社区矫正机构、司法所工作人员与社区矫正对象之间是一种什么关系？应当说，既是一种管理与被管理的关系，也是一种帮助与被帮助的关系。从社区矫正对象角度来看，积极配合管理，主动寻求帮助，才是一种明智之举。心理学上的“罗森塔尔效应”讲的是老师和学生之间存在“期待”促进“发展”的心理效应。一般来说，老师关心的、重视的学生往往进步比较快，即使老师上课时候的一个眼神也能对学生产生积极影响。这是因为学生感受到老师对自己的“期待”，所以产生了一种无形的动力。实际上，在社区矫正过程中，社区矫正机构、司法所工作人员与社区矫正对象之间也存在这种心理效应。他们的关心、帮助对社区矫正对象的进步也会产生积极作用。更重要的是，社区矫正对象的主动求助，也能产生上述心理效应，与社区矫正机构、司法所工作人员形成一种良性互动。所以，大家应该主动寻求帮助，变“要我改造”为“我要改造”，把握生活和命运的主动权。

延伸阅读：

至真至情　点亮心灯

——社区矫正先进工作者高华慧事迹①

高华慧，1988 年参加工作，2000 年加入中国共产党，2010 年任山阴县司法局社区矫正股长。从事社区矫正工作 10 多年来，她用所学法律知识在社区矫正工作岗位上默默奉献，为全县社区矫正工作的开展树

① 《至真至情　点亮心灯——社区先进工作者高华慧事迹》，载中华人民共和国司法部官网 2021 年 4 月 27 日，http://www.moj.gov.cn/pub/sfbgw/fzgz/fzgzxszx/fzgzsqjz/202104/t20210428_358370.html，编者有删减。

立了榜样、提供了经验，赢得了领导和广大群众的认可和赞许。

用心钻研，创新方法，强化社区矫正规范化建设

为切实增强社区矫正工作的规范化、科学化，高华慧根据每个社区矫正对象的入矫时间、犯罪原因、犯罪类型、改造表现、再犯罪风险等多方面因素，将全部社区矫正对象实施分类分级管理，做到因人施矫。她根据社区矫正对象的不同年龄段，尤其是年龄偏小的社区矫正对象，进行强化教育，采取“一帮一”结对子形式，熟悉其工作、学习和生活情况，与其家庭成员联手管理帮教。高华慧的工作创新探索出许多值得学习借鉴的工作经验，她的工作热情更是得到了领导和同事们的充分赞赏。

倾情关怀，贴心帮扶，助力社区矫正对象顺利融入社会

“帮扶社区矫正对象，就要打破他心里面的那面墙”。将心比心、以心换心，高华慧是这样想的，也是这样做的。

社区矫正过程中，高华慧在督促社区矫正对象严格遵守法律法规和社区矫正有关规定的同时，始终牢固树立以人为本的理念，用真情温暖感化他们，日常沟通笑脸相迎，平时教育促膝谈心，遇到困难时竭尽全力帮助他们，真正打开社区矫正对象的“心结”。在一次走访过程中，她了解到社区矫正对象郭某属三无人员，生活无依无靠、确实困难，高华慧立即同县民政部门取得联系，为其办理了最低生活保障金，同时帮助郭某翻新年久失修的房屋，解决了他的燃眉之急，郭某握着她的手久久不放，心中的感激之情溢于言表。

为了更详尽地了解社区矫正对象的思想动态、生活状况和家庭情况，定期走访辖区内的社区矫正对象，高华慧跑遍了全县 13 个乡镇，选出 3 个社区（村）建立社区矫正工作站示范点，协助司法所对辖区内的社区矫正对象进行排查、走访等日常监督管理，并协助开展社区矫正对象集中教育和公益活动，帮助社区矫正对象解决生活、就业等方面的实际困难。10 年来，全县接收社区矫正对象 580 人，95% 的解矫回归社会人员找到了相对稳定的工作，为社会和谐稳定作出了积极贡献。

自 2010 年接手社区矫正工作以来，高华慧凭着对社区矫正工作的满腔热忱和不懈努力，快速成长为社区矫正工作的行家里手。作为一名社区矫正工作人员，在坚韧执着的精神支持下，她凭着对社区矫正对象的真心关怀、悉心教育，建立起了一个和谐、温暖、真情的“心灵驿站”，维护了一方和谐稳定，受到各界一致好评。她热爱本职，踏实勤恳，不断创新，在平凡的岗位上挥洒着热情与梦想，为辖区每一位社区矫正对象点亮了回归的心灯。

（二）社区矫正社会工作者

1. 社区矫正社会工作者的含义

社会工作是指在社会服务与管理领域，遵循专业伦理规范，综合运用专业知识、技能和方法，帮助有需要的个人、家庭、群体、组织和社区，整合社会资源，协调社会关系，预防和解决社会问题，恢复和发展社会功能，促进社会和谐的职业活动。社会工作既是一种职业，也是一门专业，具有独立的专业课程体系，是一种实施社会政策、传递社会服务的现代社会制度构成。社会工作者，简称社工，是指在社会福利、社会救助、社会慈善、残障康复、优抚安置、医疗卫生、青少年服务、司法矫治等社会服务机构中从事专门性社会服务工作的专业技术人员。

社区矫正社会工作者是指具有社会工作专业知识和技能，在社区矫正机构的组织下，协助开展社区矫正工作的社会工作者。根据民政部发布的《社区矫正社会工作服务规范》（征求意见稿），社区矫正社会工作者坚持知情同意原则、隐私保密原则、平等尊重原则、个别化原则以及服务对象利益为本原则开展工作，具体的服务内容包括认知矫正教育、心理辅导服务、就业帮扶服务、家庭支持服务、社会支持服务、未成年人社区矫正社会工作服务。

2. 社会工作者参与社区矫正工作的原因

虽然社区矫正的性质是刑事执行，但更重要的是对社区矫正对象进行矫正。在社区矫正过程中，惩罚、监督、管理不是刑事执行的根本目标。社区矫正的根本目标是转化社区矫正对象的犯罪心理和行为恶习，并促使其顺利地适应、融入社会。社区矫正对象存在的各种问题，诸如社会态度、认知、行为、心理、社会交往、家庭、社会支持、社会联结、社会适应等，需要运用专业化的工作理念、方法与技能去解决。社会工作者的介入，可以帮助社区矫正对象恢复社会功能，激发其潜能，促进其自我发展，从而促使他们回归社会，成为正常社会成员。同时，社会工作者以非执法者身份进行参与，同社区矫正对象平等地沟通交流，发挥社会学、心理学、社会工作等专业优势，将柔性元素恰当地嵌入专业执法力量的刚性结构中，从而实现提高矫正效果的作用。因此，社会工作者是社区矫正工作队伍中的重要组成部分。

延伸阅读：

为社区矫正注入温暖的力量①

2020年7月1日，《社区矫正法》开始施行，该法明确规定了社会工作等社会力量的参与途径。那么社会工作助力社区矫正的优势是什么？社会工作进入《社区矫正法》，将对社区矫正工作产生什么样的影响？就此问题，记者采访了几位长期致力于社区矫正的社会工作者。

为社区矫正人员注入信心

"唐社工，我结婚啦！给你留了一包糖，沾沾喜气。"深圳新现代社工服务中心的唐艺维看着手里的便条，回想着一年来的经历，欣慰、兴奋、成就感涌上心头。

给唐艺维写便条的人叫张生（化名），是一名社区矫正人员。记得第一次与张生见面，让唐艺维印象深刻的是他那毫无生气的眼神，以及手臂上累累的疤痕。

几年前，张生因斗殴致人重伤，潜逃两年后自首，在监狱服刑3年后因身体原因转为监外执行，需要接受5年的社区矫正，由唐艺维所在的机构负责社会帮扶工作。

"与张生建立信任的过程并不顺利。"唐艺维告诉记者，由于深圳的社区矫正社工是岗位制，都在司法所内办公，社区矫正人员往往把社工也当成司法行政人员，戒备心很强；而且大多数社区矫正人员对自己的

① 《为社区矫正注入温暖的力量》，载民政部官网2023年1月15日，https://www.mca.gov.cn/article/xw/mtbd/202007/20200700028737.shtml，编者有删减。

身份并不认同，觉得社区矫正给他们的工作和生活造成了很大的负担，从内心抵触社区矫正。

“但对社会工作者来说，与社区矫正人员建立信任是个案帮扶的关键。”唐艺维说，在这个过程中除了表明社工身份，她还特别注重沟通中的细节。比如，对方站着时自己绝对不坐着，每次见面都要先帮对方倒水、递纸巾，谈话过程中注意使用“您好”“谢谢”“请”等词语，还有倾听和同理心，让社区矫正人员感受到被尊重，愿意向社工倾诉，进而帮对方解开心结，解决实际问题。

从感性支持到理性分析，在唐艺维的努力下，张生从最初的抵触到犹豫再到试探，逐渐敞开了自己的心扉。直到有一天，他说：“小唐，我想找份工作，能养活自己就行。”

高中学历，没有特长，也没什么像样的工作经历，一项项条件列出来后，张生沉默一会儿，说：“我不怕吃苦，体力活也没问题。”

“他想重新开始，而且非常坚定，在这个信念的支撑下，他愿意克服困难。”唐艺维说，这是她在张生身上发现的一个显著优势，她希望通过这一点帮张生树立信心。

“优势视角是社区矫正工作中一个重要的理念。社区矫正人员的过往经历、自我评价、社会大众评价等，很容易导致一个结果——污名化。”唐艺维告诉记者，优势视角注重挖掘服务对象的优点，帮助其认识自身优势，对社区矫正人员更新自我认知、重新融入社会十分重要。

张生后来找到了一份在工厂看仓库的工作，单位知道他的“历史”后延长了试用期，这让他很受打击，但在唐艺维的鼓励和支持下，张生没有放弃，加班加点，任劳任怨，半年后如愿转正，用实际行动赢得了单位信任，用勤奋工作开启了新的人生。

在实践中，有些地区明确了社区矫正社会工作者的职责。例如，上海市规定，社区矫正社会工作者应配合本地区社区矫正机构，做好社区矫正对象的管理、教育和帮扶等工作：(1)协助开展调查评估工作；(2)做好社区矫正对象矫正信息的收集掌握，评估矫正需求；(3)做好社区矫正对象矫正小组相关工作；(4)做好社区矫正对象矫正期间的教育学习工作；(5)做好社区矫正对象社区服务工作；(6)负责开展社区矫正对象日常心理矫正工作;(7)协助开展社区矫正对象社会适应性帮扶工作;(8)完成社区矫正机构交办的其他工作。

社会工作者参与社区矫正工作要依法进行,尊重和保护好社区矫正对象的合法权益,不可体罚、歧视、虐待社区矫正对象;保守工作中知悉的社区矫正对象的个人信息、隐私及其他秘密;以促进社区矫正对象顺利适应、融入社会为目的,避免过多干预其正常的工作、学习与生活。

总之,社区矫正社会工作者运用专业的工作方法,以教育帮扶工作为重心,根据社区矫正机构的需要参与社区矫正监督管理、教育帮扶等工作,对于促进社区矫正对象适应、融入社会也发挥着重要作用。

法条链接:

《社区矫正法》(2019年12月28日公布)

第十一条　社区矫正机构根据需要,组织具有法律、教育、心理、社会工作等专业知识或者实践经验的社会工作者开展社区矫正相关工作。

第二十五条　社区矫正机构应当根据社区矫正对象的情况,为其确定矫正小组,负责落实相应的矫正方案。

根据需要,矫正小组可以由司法所、居民委员会、村民委员会的人员,社区矫正对象的监护人、家庭成员,所在单位或者就读学校的人员以及社会工作者、志愿者等组成。社区矫正对象为女性的,矫正小组中应有女性成员。

第四十条　社区矫正机构可以通过公开择优购买社区矫正社会工作服务或者其他社会服务,为社区矫正对象在教育、心理辅导、职业技能培训、社会关系改善等方面提供必要的帮扶。

社区矫正机构也可以通过项目委托社会组织等方式开展上述帮扶活动。国家鼓励有经验和资源的社会组织跨地区开展帮扶交流和示范活动。

(三)社区矫正志愿者

社区矫正志愿者,是指在社区矫正志愿服务组织进行登记,热心社区矫正工作，自愿、无偿协助社区矫正机构，对社区矫正对象开展教育帮扶的人员。社区矫正志愿者具有自愿性、无偿性、兼职性等特征，主要的人员构成包括高校师生、企事业单位人员、律所律师、离退休人员、社区居民等热心参与社区矫正工作的相关人员。

社区矫正志愿者是在社区矫正机构工作人员的组织下，协助开展社区矫正工作的志愿者。关于社区矫正志愿者的服务范围并无统一标准。根据《福建省社区矫正志愿服务管理办法》第15条的规定，社区矫正志愿服务范围包括：(1)参加社区矫正对象矫正小组；(2)参与社区矫正教育帮扶事项；(3)与社区矫正工作相关的其他事项。第16条规定，根据社区矫正工作的需要，社区矫正志愿者主要提供下列服务：(1)参加社区矫正对象矫正小组，协助矫正小组开展工作；(2)参与社区矫正对象的法治、道德和心理健康等方面的教育矫正工作；(3)参与社区矫正对象的矫正方案制定，落实矫正方案赋予的工作任务；(4)为有需求的社区矫正对象提供心理辅导（心理咨询、心理治疗）和社会关系改善服务；(5)为解决社区矫正对象就业、就学、就医、生活、法律等方面的实际困难和问题，提供帮助。

事实上，社区矫正志愿者通常具备某项专业特长或丰富的实践经验，热心社会公益事业，可以帮助解决社区矫正专职工作人员不足、专业基础相对薄弱等现实问题，在协助社区矫正机构开展教育帮扶等工作中发挥着重要作用。

法条链接：

《社区矫正法》(2019年12月28日公布)

第十三条　国家鼓励、支持企业事业单位、社会组织、志愿者等社会力量依法参与社区矫正工作。

第二十五条　社区矫正机构应当根据社区矫正对象的情况，为其确定矫正小组，负责落实相应的矫正方案。

根据需要，矫正小组可以由司法所、居民委员会、村民委员会的人员，社区矫正对象的监护人、家庭成员，所在单位或者就读学校的人员以及社会工作者、志愿者等组成。社区矫正对象为女性的，矫正小组中应有女性成员。

第三十八条 居民委员会、村民委员会可以引导志愿者和社区群众，利用社区资源，采取多种形式，对有特殊困难的社区矫正对象进行必要的教育帮扶。

延伸阅读：

七旬社区矫正志愿者事迹被央广宣传报道①

今年73岁的孙六生，是一名有着丰富经济作物栽培技能和经验的老农艺师，他热心于社区矫正事业，于2009年加入扬中市油坊镇社区矫正协会，成为一名社区矫正志愿者。同年，依托自家庭院成立"绿洲经济作物栽培技术培训基地"，通过传授栽培技术、赠送蔬菜种苗等，为社区服刑人员和刑释解矫人员提供学习技能的平台，引导他们掌握一技之长、自谋职业。

自基地成立以来，他面向特殊人员举办技能培训讲座50多场，培训600余人次，免费赠送种苗近千株，有数十名社区服刑人员和刑释解矫人员在他的影响和指导下就业创业、发展庭院经济。

试题演练

一、选择题

1. 负责对被判处管制、宣告缓刑、假释和暂予监外执行的社区矫正对象具体实施社区矫正的机构是____。(单选)

   A. 司法局　　B. 社区矫正机构

   C. 司法所　　D. 街道办事处

2. 根据社区矫正机构的委托，承担社区矫正相关工作的机构是____。(单选)

   A. 司法局　　B. 社区矫正机构

① 《七旬社区矫正志愿者事迹被央广宣传报道》，载镇江文明网，http://jszj.wenming.cn/WMCJ/wmcs/201504/t20150422_1691720.shtml，2023年1月16日访问，编者有修改。

C. 司法所　　D. 街道办事处

3. 在社区矫正工作中履行监督管理、教育帮扶等职责的执法者是____。(单选)

A. 社区矫正机构工作人员　　B. 司法所工作人员

C. 社会工作者　　D. 村(居)民委员会成员

4. 社区矫正社会工作者坚持的原则有____。(多选)

A. 知情同意原则　　B. 隐私保密原则　　C. 平等尊重原则

D. 个别化原则　　E. 服务对象利益为本原则

5. 社区矫正志愿者的特征有____。(多选)

A. 自愿性　　B. 无偿性

C. 兼职性　　D. 有偿性

二、判断题

1. 将社区矫正对象改造成为守法公民是社区矫正工作的宗旨与目标。(　)

2. 社区矫正对象都是罪犯,他们之间没有特殊性可言。(　)

3. 社区矫正机构、司法所工作人员与社区矫正对象之间既是一种管理与被管理的关系,也是一种帮助与被帮助的关系。(　)

4. 开展社区矫正工作,应当保障社区矫正对象的合法权益。(　)

5. 社区矫正机构工作人员是“特殊园丁”。(　)

三、个人感悟

____

____

____

____

____

____

签名:

年　　月　　日

三、社区矫正对象：一类特殊的社会公民

社区矫正对象都是些什么人？他们与监狱服刑人员有何不同？他们是矫正对象为什么生活在社区之中？对于这些问题，许多普通公众特别是那些对社区矫正不太了解的人可能很难回答。让我们从法律角度，看看社区矫正对象的特征。

（一）社区矫正对象的法律特征

第一，社区矫正对象是实施了犯罪行为的人，是对社会或他人造成危害的人。这一点毋庸置疑。社区矫正对象是实施了犯罪行为的自然人。实施了犯罪行为是他们与守法公民的基本区别，也是与一般违法者的重要区别。如果行为人没有实施犯罪行为，就不应当成为社区矫正对象。犯罪的法律特征是社会危害性、刑事违法性和应受惩罚性，其认定的依据是《刑法》。我国《刑法》第13条规定："一切危害国家主权、领土完整和安全，分裂国家、颠覆人民民主专政的政权和推翻社会主义制度，破坏社会秩序和经济秩序，侵犯国有财产或者劳动群众集体所有的财产，侵犯公民私人所有的财产，侵犯公民的人身权利、民主权利和其他权利，以及其他危害社会的行为，依照法律应当受刑罚处罚的，都是犯罪，但是情节显著轻微危害不大的，不认为是犯罪。"虽然行为人实施了一些违法行为，但是，这些违法行为的程度较轻，没有达到犯罪的程度，那么，他们也不应当成为社区矫正对象，如因为吸食、注射毒品被强制戒毒的违法者以及受到治安管理处罚的违法者等。

第二，社区矫正对象是依法被判处一定刑罚的人。社区矫正对象的身份和对他执行刑罚是由法定机关依法定程序确定的。我国《刑事诉讼法》第12条规定："未经人民法院依法判决，对任何人都不得确定有罪。"社区矫正对象是被判处一定刑罚的人。大多数社区矫正对象被判处的刑罚是比较轻微的，主要由于他们犯罪情节较轻，社会危害不

大,人身危险性和再犯可能性较低。这也是将他们置于社区中进行矫正的主要原因。但是,一些被判处刑罚较重的社区矫正对象,例如假释犯,在通过一段时间的监狱服刑后,他们具有悔改表现,人身危险性和社会危害性都有所降低,回归社会不致危害社会,也将他们转移到社区之中接受矫正。还有一部分社区矫正对象是由于特定法定事由,如身体患有严重疾病需要保外就医的,怀孕或正在哺乳自己婴儿的,生活不能自理的服刑人员,其适用暂予监外执行不致危害社会,出于人道主义关怀,也将他们置于社区之中。

第三,社区矫正对象在社区中接受矫正。在社区中接受矫正是社区矫正对象与监狱服刑人员的重要区别。社区是具有一定关系的人们共同生活的区域。目前我国社区类型主要有:城市社区、农村社区和小城镇社区。据2011年11月7日《人民法院报》记载,目前全国有8.7万个城市社区和59.5万个建制村(社区)。不管社区矫正对象在上述哪类社区中接受矫正都有很大的行动自由,可以正常地学习或工作,居住在自己的家庭或者其他住所中。

(二)社区矫正对象也是公民

虽然社区矫正对象都是实施过犯罪行为受到刑罚处罚的人,但是他们又都是人,都是社会公民。“犯罪人都是坏人”“犯罪人都是魔头、大盗,他们都面目狰狞、穷凶极恶、十恶不赦”,这些都是我们十分耳熟的,但都是武断或不确切的说法。之所以说武断或不确切,其理由有二:其一是夸大事实,其二是以偏概全。曾经还有一种认识,把服刑人员看成“社会的异类”,甚至将其视为“敌人”,认为他们已经不是公民了,他们也不应当享有公民的基本权利。当然,这种看法不符合人道主义观念,已经成为过去时。有一位法学家曾说过,保护服刑人员的权利就是保护我们每个人的权利。这句话当时曾引起争议,可是仔细想想是十分富有哲理的。虽然社区矫正对象有过罪错行为,但他们仍是社会公民,其人格尊严和生存、发展权也需要保障。国家也有责任和义务帮助他们重新融入社会。

其实，无论是在监狱中服刑的，还是在社区中接受改造的矫正对象，他们都不是天生的“坏人”，他们中很多都是在环境影响下一步步走上歧途的。还有些没有犯罪故意，因为过失犯罪而受到法律惩罚。每个矫正对象的个性、经历、犯罪道路都是不同的。所以，“犯罪人都是坏人”“犯罪人都是魔头、大盗，他们都面目狰狞、穷凶极恶、十恶不赦”这些说法将所有犯罪人画了同一张“脸谱”，抹杀了他们之间的区别，是片面的、武断的。

同时，有些人认为，“犯罪人就应该进监狱”。这是传统重刑主义观念下的认识，也是不理性对待犯罪人的看法。在自由和开放为主题的现代社会，随着人类经济的发展与文明的进步，刑罚执行日渐人道化、文明化、理性化，为了避免监禁刑带来的强制效应和标签效应，不将那些危险性不高、危害性不大的犯罪人关押在监狱之中，在减轻监狱压力、避免监狱人格的同时，更有利于他们适应社会生活以及培养其公民责任感，这种轻缓化的刑罚执行方式是国家司法宽容的重要体现。由此，“犯罪人就应该进监狱”是与现代社会以及现代刑罚理念相背离的观点。

目前，我国社区矫正对象主要有四种类型：有的经历过封闭的监狱矫正，如假释类矫正对象；有的没有体验过“高墙电网”内的生活，如管制类矫正对象、缓刑类矫正对象；还有的身患重病或生活不能自理，如暂予监外执行类矫正对象。但是，不管矫正对象的差异有多大，他们都有一个共同的特点——都是人。既然都是人，就必然有其共性，正所谓“东海西海，心理攸同”，“人同此心，心同此理”。人和人都有共同心理，你对他好，他也会对你好。人之为人的共同心理基础是什么？对此，古人早已有过精辟的论述。战国时期的孟子曾经说过，“无恻隐之心，非人也；无羞恶之心，非人也；无辞让之心，非人也；无是非之心，非人也。恻隐之心，仁之端也；羞恶之心，义之端也；辞让之心，礼之端也；是非之心，智之端也。人之有是四端也，犹其有四体也”。

孟子上述话的意思是，人都有四种“心”——恻隐之心、羞恶之心、辞让之心、是非之心，如果一个人没有这四种“心”，那就不是人了。而这四种“心”又分别是仁、义、礼、智这四种品德的发端。每个人都有这四种品德的发端，就像有四肢一样。恻隐之心就是怜悯体恤的心理。孟子曾举例，如果有人突然看见一个小孩要掉进井里，必然会产生惊惧同情的心理——这不是因为想去和这孩子的父母拉关系，不是因为想在乡邻朋友中博取声誉，也不是因为厌恶孩子的哭叫声才产生这种惊惧同情的心理，而是他的本心良心使然。羞恶之心是因己身的不善而羞耻，见他人的不善而憎恶。辞让之心是谦让的心理。是非之心是知道什么是对的，什么是错的。孟子认为，这四种"心"是人与生俱来的品质，也是孟子"性善论"的基础，只不过有的人后来不知道好好保护，受到外界环境的熏染，良心泯灭而已。同时，孟子所言的四"心"是做人应有的基本底线和共同心理，也是社区矫正工作者对矫正对象进行教育转化的心理依据。

（三）对社区矫正对象这一特殊角色的认知

通过以上的介绍，大家对社区矫正对象的法律特征有了大致了解，其目的是让矫正对象对自己的身份有理性的认识。作为特殊的社会公民，在社区矫正期间应当如何正确认知和实践自身的角色呢？

"角色"原本是戏剧中的一个概念，通常指的是戏剧中演员所扮演的各种剧中人物。俗话说"人生如戏，戏如人生"，把戏剧中的"角色"这个概念借用到社会学中来，就形成了"社会角色"的概念。我们每个人都处在纷繁复杂的社会关系当中。社会关系像一张巨大的渔网把社会中的人们联系起来，每个人都是这张大网中的一个小的结点，每个点就代表着个体在社会关系中所拥有的社会地位。这就给处在每个结点上的个体赋予了一整套具体而明确的行为规范和行为准则，每个人都遵循着各自应有的行为规范和准则来行动，就呈现出了一个个生动而具体的社会角色。

在我们的生活中，社会角色有千万种，社会学家们通常根据不同的标准把社会角色划分成不同的类型来进行研究。其中，根据人们获得角色的方式，我们可以把社会角色划分为"先赋角色"和"自致角色"两种。"先赋角色"指的是个人与生俱来的，建立在血缘、遗传等先天的或生理因素基础上的社会角色，是个人在成长过程中自动获得的角色。比如，作为性别角色的男人、女人；作为种族角色的白种人、黄种人、黑人；作为年龄角色的儿童、青年、中年人等。与“先赋角色”相对的就是“自致角色”。“自致角色”也叫“成就角色”，它的获得要依赖社会成员个人的努力和奋斗，职业通常是社会成员自致角色的主要体现。

从现有情况来看，社区矫正对象的角色主要有既有现实角色、自我期望角色和社会赋予角色。既有现实角色是指社区矫正对象通过自己的活动而获得的角色，如“矫正对象”“服刑人员”“罪犯”等。社会赋予角色是指社会总是赋予各种社会角色以一定的社会地位、权利和义务，人们也由此形成了对这些角色的认知，这种认知在得到普遍认可的情况下就转变为社会认知。社会对“罪犯”“服刑人员”等角色的认知，无论是从伦理的角度，还是从价值的角度，普遍评价不高。自我期望角色是指很多社区矫正对象都不认同自己的既有现实角色和社会赋予角色，他们都希望通过努力改变自我，使自己获得社会认同的新角色。

社区矫正对象进入社区矫正体系后，首先要认清自身角色，过去的违法犯罪行为破坏了社会秩序，但国家和社会以宽容的态度对待你，虽然没有进入封闭性监狱接受矫正，但自己仍是一名罪犯，仍在接受改造。不过，我们也要知道，随着社会发展，价值观念的转变，人们的想法和认知也与过去有了很大的不同。例如，过去中国人羞耻于“言利”，认为那是利己主义的思想，但是现在，财富的价值已被大家认同。过去，离婚被视为“思想道德”有问题，是作风不良的表现，而现在，人们不再用这一标尺去衡量。随着社会的发展，对于服刑人员，国家也给予了保护和关怀，开始从过去以道德评价为主向以法律评价为主转变，越来越多的社会公众保持理性和宽容，不像过去戴着“有色眼镜”看待他们了。对于社区矫正对象来讲，国家和公众的理念转变为其创造了一个良好的外部环境，有利于他们安心接受矫正，也有利于加快回归社会的速度。因此，我们要正确认识并接受自己现有的角色与身份，也应当接纳身边的社区矫正对象。更重要的是，我们要告诫自己通过努力可以改变既有社会角色，获得社会认同的新角色。

(四)对社区矫正对象这一特殊角色的实践

同在一片蓝天下,沐浴着一样的阳光,但人人却扮演着不同的角色,经历着不同的人生境遇。有人说,人生如美酒,芳香醇厚,甘饴醉人;有人说,人生如苦海,风波险恶,浩渺无边。其实,人生的成败得失、高低起跌是可以相互转化的,关键在于自己的努力和奋斗。相对于监狱服刑人员来说,我们已经是非常幸运的,可以相对自由、独立地参与社会活动,进行正常的社会生活。过去的违法犯罪行为,并不意味着我们的一生都要被笼罩在失败人生的阴影之下。古语说“浪子回头金不换,衣锦还乡做贤人”。对社区矫正对象而言,一时的错误不能抹杀人生的全部,只要认识到了自身的错误思想和不良行为,重拾生活的信心,就可以通过自己的努力,重新得到社会认可,获得崭新的自致角色。

首先,明确认知社区矫正对象这一特殊角色的规范。在监狱里服刑和在社区中接受矫正是不同的。非监禁性是社区矫正与监禁刑的明显区别。在监狱中,服刑人员与社会隔绝开来接受改造,人身自由受到极大的限制,极少与社会成员接触和沟通,失去了适应社会、融入社会的环境和条件。在开放性的社区中,社区矫正对象的自由程度是非常宽松的,除了必要的报告、定期报到、公益活动、教育学习外,是完全自由的,可以正常地学习、工作,可以与社区中的其他居民一起生活、交往。但社区矫正对象也应当了解社会对自身角色的期望和要求,应当明确自身的罪犯身份,加强在刑意识。在接受矫正期间,社区矫正对象应当时不时提醒自己“现在的身份是什么”“现在应该做什么、不应该做什么”,树立自律意识,遵守法律、法规及社区矫正规章制度,了解自己在矫正期间的权利和义务,懂得什么应该做、什么不应当做,以时刻明确自身角色。

其次,积极参与社区矫正对象这一特殊角色的实践。角色实践是指在角色领悟的基础上,人们实际的角色行为。社区矫正对象可以通过扮演不同的社会角色,站在一个全新的立场上去体验和了解另一个人的内心世界，由此来增加自己的移情能力和自我意识水平，有利于其改变过去的行为模式，逐步获取新的社会角色。社区矫正工作者可以组织社区矫正对象开展“假如我是受害者”的主题活动，让他们扮演受害者，亲身体验受害者或其亲人的内心痛苦，这不仅是从思想上也是从心灵上对他们进行的一次深刻的洗礼。

最后，在人生的旅途中，没有人能一帆风顺。人生的起起落落、浮浮沉沉是难免的。对不同的生活际遇，我们应以乐观、豁达的态度来看待。把以前的经历看作对自己成长的一份历练，只要我们肯加倍地付出努力和汗水，树立正确的人生目标，迎接我们的必定是一个崭新的人生。

延伸阅读：

为自己减刑①

一位朋友，几年前进了监狱。有一次，我应邀到监狱为犯人们演讲，没有见到他，就请监狱长带给他一张纸条，上面写了一句话：“平日很忙，你现在终于获得了学好一门外语的上好机会。”

几年后，我接到一个兴高采烈的电话：“嘿，我出来了！”我一听是他，便问：“外语学好了吗？”他说：“我带出来一部六十万字的译稿，准备出版。”

他是刑满释放的，但我相信他是为自己大大地减了刑。茨威格在《象棋的故事》里写过一个被囚禁的人，无所事事时度日如年，而获得了一本棋谱后日子过得飞快。外语，就是我这位朋友的“棋谱”，让他轻松愉快得几乎把他的牢狱之灾全然忘记。

真正进过监狱的人毕竟不多，但我却由此想到，很多人正恰与我的这位朋友相反，明明没有进监狱，却把自己关在心造的“监狱”里，不肯自我减刑、自我赦免。

我见过一位年轻的公共汽车售票员，一眼就可以看出他非常不喜欢自己的职业，懒洋洋地招呼，爱理不理地售票，时不时抬手看着手表，

① 参见《语文世界》（高中版）2008 年第 6 期。

然后满目无聊地看着窗外。我想,这辆公共汽车就是他的监狱,他却不知自己刑期多久。其实,他何不转身把售票当作“棋谱”和“外语”呢,满心欢喜地把自己释放出来。

对有的人来说,一个仇人也是一座监狱,那人的一举一动都成了层层铁窗,天天为之郁闷愤恨、担惊受怕。有人干脆扩而大之,把自己的嫉妒对象也当作了监狱,人家的每项成果都成了自己无法忍受的“刑罚”,白天黑夜独自煎熬。

听说过去英国人在印度农村抓窃贼时,方法十分简单,抓到一个窃贼便在地上画一个圈让他待在里边,抓够了数字便把他们一个个从圆圈里拉出来排队押走。这真对得上“画地为牢”这个中国成语了,而我确实相信,世界上最恐怖的“监狱”并没有铁窗和围墙。

人类的智慧可以在不自由中寻找自由,也可以在自由中设置不自由。环顾四周多少匆忙的行人,眉眼带着一座座监狱在奔走。老友长谈,苦叹一声,依稀有锒铛之音在叹息声中盘旋。

舒一舒眉,为自己减刑吧。除了自己,还有谁能让你恢复自由?

试题演练

一、判断题

1. 社区矫正对象是实施了犯罪行为的人。(   )
2. 社区矫正对象是依法被判处一定刑罚的人。(   )
3. 社区矫正对象在社区中接受矫正。(   )
4. 社区矫正对象不属于社会公民。(   )
5. 非监禁性是社区矫正区别于监狱矫正的明显特征。(   )
6. 未经人民法院依法判决,对任何人都不得确定有罪。(   )
7. 服刑人员不应当享有公民的基本权利。(   )
8. 一切危害国家主权、领土完整和安全,分裂国家、颠覆人民民主专政的政权和推翻社会主义制度,破坏社会秩序和经济秩序,侵犯国有财产或者劳动群众集体所有的财产,侵犯公民私人所有财产,侵犯公民的人身权利、民主权利和其他权利,以及其他危害社会的行为,依照法律应当受刑罚处罚的,都是犯罪。(   )

9. 吸食、注射毒品被强制戒毒的违法者是社区矫正对象。(　)

10. 随着社会的发展,对于服刑人员,国家也给予保护和关怀,开始从过去以道德评价为主向以法律评价为主转变。(　)

二、个人感悟

签名:

年　　月　　日

四、矫正过程:一次新生苦旅

当你按时到县(市、区)社区矫正机构及司法所报到后,社区矫正生活就正式开始了。然而矫正生活到底是什么?为什么要接受矫正?应当怎么接受矫正?这些问题经常让一些社区矫正对象感到困惑。有些社区矫正对象悲观迷茫,认为自己是“社会另类”,看不到前途、希望,缺乏改造动力,进而被动接受矫正;有些则随波逐流,人云亦云,参与教育、公益等活动积极性不高;还有些社区矫正对象持功利主义态度,凡是对自己有利的活动积极参与,反之则消极应付,等等。可想而知,这些错误思想都不利于矫正工作的展开,自然也会减缓社区矫正对象适应、融入社会的速度。更重要的是,思想观念有偏差,社区矫正对象就难以取得好的成绩,在这样的状态下,新生从何谈起呢?

(一)让我们重头再来

古希腊哲学家苏格拉底曾说:“未经反省的人生不值得活。”同样,“未经反省的矫正生活也不值得过”。为此,我们现在就一起来了解一下矫正生活，认真思考一下矫正过程到底是怎样的。

1. 接受矫正的过程就是承担刑罚的过程

社区矫正对象接受矫正是犯罪的法律后果，是对自己罪错行为的刑事责任的承担。“杀人偿命，欠债还钱”，这种朴素的惩罚观念能被每个社会成员所接受。一个人实施的危害他人或者社会的犯罪行为，国家要通过正当程序和强制手段惩罚他，以实现公平、正义，同时这样也能够在一定程度上威慑那些社会不稳定分子。社区矫正对象应当知道，刑罚处罚是个人犯罪的必然后果，是不可避免的。所以，接受矫正的过程与承担刑罚的过程是重合的。

刑罚具有法定性、强制性和惩罚性的特点。法定性是指刑罚是依法作出的判决或裁定。罪刑法定原则是我国刑法基本原则之一。换言之，“法无明文规定不为罪，法无明文规定不处罚”。据此原则，什么行为构成犯罪，判处什么样的刑罚，都是以法律的形式明文予以规定。社区矫正对象承担刑罚，接受矫正，都是遵循法律程序，按照法律规定作出的。强制性是指刑罚以国家强制力保障实施。与监狱矫正相比，社区矫正的强制性色彩没有那么重。社区矫正对象在开放性的社区中接受矫正，虽然没有警察进行全程监控，但是更应当自觉遵守法律法规以及社区矫正规章制度，服从社区矫正工作者的监督管理，否则将依法受到处罚。惩罚性是指使社区矫正对象遭受与其所犯罪行为相均衡的痛苦或损失。与监狱矫正相比，社区矫正对象在社区中接受矫正，其痛苦性已经大大降低，更应当珍惜。既然我们无法更改过去的犯罪事实，那么就要学会勇敢面对刑罚，认真接受矫正。简言之，社区矫正对象接受矫正的过程就是承担刑罚、接受惩罚的过程。

2. 接受矫正的过程就是重新适应社会的过程

人不能脱离社会而存在，这是不可否认的事实。在社会中生存、发展，人需要学习语言、知识以及社会规范等各类社会文化。这一过程可称为“社会化”的过程。从社会学角度讲，犯罪一般被认为是“社会化”的一种“失败”或“缺陷”，因此需要进行强制性的“再社会化”。那么，什么是“社会化”和“再社会化”？让我们从“狼孩的故事”讲起。

延伸阅读：

狼孩的故事

1920 年，印度传教士辛格在勾达姆里村的一个巨大的白蚁洞穴附近发现，狼群中有两个怪物，身子和人一样，头颅很大，头发蓬乱。辛格将这两个怪物带回村里，发现她们是两个女孩，大的约 8 岁，小的约 2 岁。大的取名叫卡玛拉，小的取名阿玛拉，这就是我们所说的“狼孩”。小的不久就死去了，大的却活了下来。卡玛拉刚被救出来时，生活习性和狼一样。她像狼那样用四肢爬行，吃扔在地上的肉；害怕光亮、水、火；不穿衣，给她衣服她就把衣服撕破；白天睡觉，夜间活动，深夜时经常发出狼一样的嚎叫。

第二年，人们把卡玛拉送进孤儿院。但是，改变她的生活习惯是很艰难的。教了 2 年，她才学会两腿站立；经过 4 年，才学会直立行走。经过近 10 年人们的抚养教育，到了 17 岁，她虽然学会了晚上躺着睡觉，用手拿东西吃，用杯子喝水，但智力仅相当于 4 岁的孩子。并且一直没有学会说话，只能听懂几句简单的问话，勉强学会了几个单词。由于她始终适应不了人类的生活方式，17 岁那年就死了。

像这样的例子还有很多，人类的孩子和狼生活在一起就像狼，和熊生活在一起就像熊……这种现象表明，人的行为、语言、思想感情、生活习惯等，都不是天生的，而是后天习得的。即使不是与野兽生活在一起，只要与人类社会隔绝，人也不能成长为正常意义上的人。试想一下你被锁在一间屋里，在几乎与人世隔绝的情况下度过你的幼年和童年，你还能讲人的语言吗？你会有个性吗？你能与人相处吗？

社会学家已经解答了这些问题。比如，他们发现并且报道了两个在与世隔绝情况下长大的孩子——安娜和伊莎贝拉。安娜是一个私生子，被她母亲藏在一间屋子里。当她 6 岁多被人找到时，还不会走路说话，不能自己进食和洗漱。她没有情感，对人冷淡。被发现后，人们将她送到一个疗养所，后来又送到一个照顾孤儿的家庭。她逐渐学会照料自己，到她 11 岁去世的那年已经开始学说话了。伊莎贝拉也是个私生子，被她的聋哑母亲藏了起来。虽然她不会说话，但她和她母亲互相用手势来交流，和安娜一样，她也是在6岁多被发现的。当人们发现她时，都说她的行为就像“野生动物”。不管怎样，她还是和安娜不同，收养她的人对她进行了耐心细致的训练。几年以后，伊莎贝拉就已经达到和她同龄儿童一样的正常发育水平了。

从狼孩、安娜和伊莎贝拉的故事来看，我们可以得到这样的结论，人之初，本无性。不仅如此，就连如觅食的生存本能都没有。在人们的日常观察中可以知道，刚刚出世的小马驹很快就能站立起来并寻找食物；一只鸭子出生后，就能够本能地去找水、游水。而刚刚出世的孩子，如果没有大人的帮助，就会在几小时内死亡。不仅因为食物，还因为冷暖和接触。那么，人类的基本生存能力和其他能力是从哪里来的呢？社会学给出了一个非常简洁的答案：“社会化”。由于人类不具备其他动物的生物性本能，就只能通过学习来获得能力、获得人格，并使自己成为社会中的正常一员，这就是“社会化”。

社会学中所讲的社会化，主要是指人的社会化。人的社会化是一个人学习社会的文化，增加自己的社会性，由生物人变为社会人的过程。其实质就是学习文化，适应社会、融入社会，成为一名合格或不合格的社会成员的过程。

一般来说，大多数社会成员经历社会化之后，逐渐由自然人转变为社会人，成为合格的社会成员，顺利地进入社会。而在社会化过程中，社会成员放弃已经习得的价值观念和行为规范，重新确立和接受新的价值观念和行为规范，则称为“再社会化”。再社会化有两种基本类型：第一，非强制性的再社会化。即个体主动、自觉地适应新的社会生活。这种再社会化多是由社会文化或生活方式的急剧变化造成的。前者如我国改革开放所带来的观念和行为的更新，后者如新兵入伍、移民国外等。第二，强制性的再社会化。强制性再社会化过程，即采取强制手段，强迫社会化失败者改变以前的价值标准和行为方式，并向其灌输社会的规范和行为方式，确立新的生活目标。强制性再社会化的对象主要是那些背离社会规范的违法犯罪人员。社区矫正对象接受矫正的过程本质上就是再社会化的过程。在此过程中，社区矫正工作者通过监督管理、教育矫正、心理辅导等措施，转化社区矫正对象的不良心理和行为恶习，使其放弃原有的价值观念和行为规范，学习符合社会主流的生活方式，从而成为一名守法公民。

社区矫正对象想重新适应、融入社会，展开全新生活，就需要在社区中进行学习，在社区矫正工作者的帮助下，学习符合社会主流的价值观念，努力改变自己的不良心理及行为恶习，重新塑造行为规范，加速实现再社会化，真正地适应、融入社会群体和社会生活之中。

3. 接受矫正的过程就是不断学习的过程

有哲学家曾说："人是一个教育的动物。"《荀子·富国》有言："故不教而诛，则刑繁而邪不胜。"意思是说，不教育就惩罚，结果是法令出台了很多，可是犯罪还是禁止不了。也就是说，单纯的惩罚不能取得好的效果。因此，我们在强调刑罚惩罚性的同时，更应当重视教育和学习。从某种意义上讲，社区矫正的过程就是教育的过程，也是不断学习的过程。社区矫正对象进入社区矫正体系后，应当认真学习社区矫正机构、司法所组织的各项教育活动。形势教育可以帮助社区矫正对象正确认识社会形势，增强回归社会的信心，逐步适应社会生活。政策教育能够帮助其理解社区矫正的价值和优势所在，促使其主动接受矫正。道德教育可以帮助其改变原有的道德标准和价值体系，用社会主义核心价值观去指导自己的行为，不断提高其道德修养。法治教育可以教育其在日常生活中，学法、知法、守法、用法，增强法律意识和观念。文化教育可以提高其接受思想教育的能力及文明程度。心理健康教育能够帮助其消除不良心理，克服心理障碍，掌握心理健康知识，增强社会适应能力。只要社区矫正对象认真学习，都能在不同程度上有所收获，从根本上认识到自身的错误，塑造正确的人生观和价值观，遵守社会规范，顺利地参与社会生活。

（二）社区矫正对象学习内容

第一，掌握生活常识。生活常识包括对个人日常生活世界的基本理解和基本生活技能。基本理解指的是在适应、融入社会的过程中,我们每个人树立起来的价值观和伦理观,用符合社会规范的行为准则约束和指导自己的行为。对于社区矫正对象来说,在矫正期间应当遵纪守法,遵守社区矫正规章制度。基本生活技能是指在适应、融入社会过程中,逐步获得日常生活技能以及与时代发展相一致的文化科学技术。社区矫正对象掌握一技之长或具有某领域的工作经验是其重新融入社会的重要环节。

第二,学习专业知识。实现就业是社区矫正对象重新融入社会的重要保障,也是找回自身价值的重要途径。缺乏专业知识和工作经验是社区矫正对象就业难的重要因素。每个职业都有自己独特的专业知识,如医生要掌握相关的医学知识,律师要掌握大量的法律知识,教师要钻研自己的教学知识等。每个社会成员要想胜任自己的职业就必须要学习、掌握相关的职业技能和专业理论,在自己从事的工作中有所作为,从而逐步获得较高的社会地位,提高自身和家庭的生活水平。在矫正期间,社区矫正对象也要重视自身知识和相关劳动技能的积累和学习,习得一技之长。目前,各地区社区矫正机构通过建立就业与职业培训基地、集中办班等形式开展技能培训。社区矫正对象可以以此为契机,根据自身特点选择合适的教育项目进行学习。合肥某社区矫正对象在社区矫正期间,刻苦自学日语。利用在矫正期间学到的知识,其在解矫之后不久,就在社会上成为一名小有名气的日语翻译,还收带了一百多名学生,找到了属于自己的一片天空。

第三,了解社会规范。社会规范是社会向全体成员要求的基本行为规则,是保证社会平稳有序发展的基础。例如,我们外出要遵守交通规则,在公共场所不能乱扔垃圾,购物的时候要自觉排队等,这些都属于社会规范的范畴。只有我们每个社会成员都遵守社会规范,社会才能稳定、有序地向前发展,同时也会创造更良好的生活氛围。

(三)人生处处是起点

通过上述介绍,大家对社区矫正制度和过程、社区矫正工作者、社区矫正对象等都有了大致了解,之后我们就要正式开始进入社区矫正生活了。但是,万事开头难,要想全身心地接受矫正并不是轻松的事情。被贴上"罪犯"的标签,必须参加教育学习和公益活动,社会活动也受到一定程度限制,这些会使社区矫正对象怀念过去,无法正视现实。如果把社区矫正比作一场长跑比赛,那么谁能尽快进入状态,获得主动,谁就可能赢得比赛。问题是,有些人沉溺于过去,有些人无法面对现实,还有些人不知所措找不到自己的位置和方向,等等。为此,在开启矫正新生的时刻,建议大家认真品味"人生处处是起点"这句话。

人生处处是起点,也就是在人生的不同阶段都要学会忘记过去,重新开始。得意或失意都可能成为我们前进的负担。得意之时,人们容易产生骄傲、自满的情绪,容易不思进取。失意之时,人们容易心灰意冷,消极悲观。正确的做法是"胜不骄,败不馁"。

延伸阅读:

人生处处是起点①

查一路

1992 年,魏德金接管保时捷汽车公司时,保时捷濒临倒闭,是魏德金力挽狂澜,将其带到柳暗花明的佳境,他的年收入也因此达到了 7700 万欧元。荣誉与财富接踵而来,42 岁,他就成了德国"最佳经理人",几个月后,又荣膺"欧洲经理人"称号。魏德金踌躇满志准备大干一场。

然而,想不到德国大众成了令他惨败的"滑铁卢"。魏德金让保时

① 参见新浪新闻网,https://news. sina. com. cn/c/2011 - 09 - 03/125323099755. shtml。

捷起死回生后，想乘势而上，收购世界上第四大汽车公司——大众公司。可随后的2008年，金融危机肆虐全球，魏德金的计划受阻。大众在德国是一家公众公司，民众并不希望它被控制在保时捷公司的手里。行情逆转，大众公司反倒很快将保时捷吞并。

2009年7月23日，魏德金带着热泪和遗憾，以及5000万欧元的离职补偿，怆然离开了保时捷。

此后的麻烦如噩梦一样缠绕着魏德金，他不得不接受检察官的调查；接受美国46家对冲基金的索赔；私人住宅和办公室遭遇多次搜查；而且他不能为自己做辩护，也不能出现在传媒上。从人生的巅峰又跌回原点，魏德金一时十分沮丧和绝望。

然而，魏德金并没有被打败，他意识到，回到人生的原点正好是新的起点。于是，他一边应对着一道道难题，一边寻思着人生新的起点。

终于，凭着意志和努力，以及经理人的经验，他重新找到了人生新的起点。如今，他向《明星》杂志展示了自己新的身份：从保时捷隐退的掌门人，已成功转换成现在的网络企业家、赞助商和农场主。

新的起点，从“缝隙狂”农民开始。“缝隙狂”是魏德金的绰号，当年日本车在缝隙的处理技术上比保时捷精确半毫米，魏德金令员工在极短的时间内赶超，因而得此雅号。魏德金离开城市回到乡村，在那里购买了农田，他把“缝隙狂”的精神和工程师的精确严谨带到了农耕运营上，把土地整理得均匀而又笔直有序，获得了农业“缝隙狂”的称呼。由于精于管理和精耕细作，他在种植业领域取得了巨大的成功。

他耕作农田的心得是：“从一颗马铃薯种子里面，我必须获得至少14个新的马铃薯。”而新生的14颗马铃薯就是他的机会，他的起点。新的起点，给他带来了新的财富，他像一匹骏马从新的起跑线上纵身而起。此后，他又在诸多领域大显身手。2011年开始，人们又能在商界看到从保时捷隐退的魏德金忙碌的身影，他的产业遍及零售业、物流、贸易、石油天然气和其他商业。

魏德金踌躇满志，在他看来，生活中永远不乏机会。从新的起点站起，没有跌入低谷的沮丧和患得患失的悲哀。生活与事业，就如太阳西落东升，没有终点，永不坠入绝望。人生处处是起点。

通过上面的故事，我们也要学习魏德金不惧失意，勇创新生的态度。对于社区矫正对象来说，理解了“人生处处是起点”的道理后，就要放平心态，活在当下。在接受矫正过程之中，也要寻思着人生新的起点。

法律面前人人平等。无论你过去的身份、地位、贡献如何，在社区矫正过程中，大家都是平等的，都是需要重新接受教育的对象。这是无可争辩，也是无法改变的事实。作家林玄清在文章“一心一境”中提倡“一心一境”的人生态度，也就是人应当“活在当下”，“一个人如果能每时每刻都处于一心一境，就没有什么困难能牵住他，也没有什么痛苦能动摇他了”。既然我们开始接受社区矫正，那么就要“一心一境”“活在当下”，扮演好现有的角色，客观地看待他人的评价，认认真真地接受改造。

对于社区矫正对象来说，实践“人生处处是起点”，就要走出徘徊状态。在《拉封丹寓言》中，有一头著名的布利丹毛驴，它面对两捆干草，不知该吃哪一捆好，最终也没有做出选择，竟然饿死了。在我们现实生活中，大家也会面临许多选择，并在选择中去比较，去权衡，去计算得与失。然而，有时候我们在犹豫、徘徊中已经丧失了最佳时机。社区矫正过程也是如此，有的矫正对象始终接受不了罪犯的现实角色，仍活在过去，无法实现角色转换，进而难以进入改造状态。结果，随着时间的流逝，树立的信心和勇气也随之淡化，意志也随之被消磨。社区矫正对象想要开启新的人生起点，就要尽快摆脱徘徊，避免“明日复明日”，接纳现有角色，并为自己所期望的社会角色而努力。

对于社区矫正对象来说，实践“人生处处是起点”，就要放下包袱，轻装上阵。然而，说“放下”并不容易，特别是犯罪前有一定社会身份、地位的矫正对象。我们社区矫正对象当中，“放不下”的情况有很多：有的人放不下架子，有的人放不下面子，有的人放不下仇恨，有的人放不下意气。放不下架子、面子的人，其实是没有认清自己的角色，还没有走出“旧我”。放不下仇恨的人，实际上是用别人的错误惩罚自己，他们不明白:随着时间的推移,“仇人”不过就是路人甲。放不下意气的人,总认为自己被判了刑,已经付出了代价,如果再“老实”的话,那岂不是太吃亏了?其实,这种人不明白,“吃亏才能占便宜”,一点亏也不想吃的人,最终只能一无所获。朋友们,我们只有放下过去行为给我们带来的种种负担,才能心无杂念地进入矫正生活,并取得新收获,开启人生新起点。

凤凰涅槃中的“凤凰”即神话中的不死火鸟。相传凤凰每500年自焚为灰烬,再从灰烬中浴火重生,循环不已,成为永生。这个传说常用来借指一个人经历痛苦和煎熬的考验,抛弃旧我,获得新生。社区矫正对象接受矫正的过程也不可能一帆风顺,在放弃与坚守的过程中必然有痛苦和挫折。所以,我们说社区矫正过程是一次“新生的苦旅”,但是,只要我们加倍努力,战胜旧我,就能像凤凰一样“浴火重生”,走向美好未来。

延伸阅读:

一心一境①

林清玄

小时候,我时常寄住在外祖母家,有许多表兄弟姐妹,每次相约饭后要一起去玩,吃饭时就不能安心,总是胡乱地扒到嘴里咽下,心里尽想着玩乐。

这时,外祖母就会用她的拐杖敲我们的头,说:“你们吃那么快,要去赴死吗?”

这句话令我一时呆住了,然后她就会慢条斯理地说:“吃那么紧,怎么会知道一碗饭的滋味呀!”当时深记着外祖母的话,从此,吃饭便十分专心,总是好好吃了饭再出去玩。

从前不觉得这两句话有什么了不起的地方,长大以后,年岁日长,愈感觉这两句寻常的话有至理在焉,这不正是禅宗祖师所说的“吃饭时

① 参见北京市监狱管理局编著:《监狱与服刑》,法律出版社2012年版,第197页。

吃饭,睡觉时睡觉”那种活在当下的精神吗?

“活在当下”看来是寻常言语,实际上是一种极为勇迈的精神,是把“过去”与“未来”做一截断,使心思处在一心一境的状态。一个人如果能每时每刻都处于一心一境,就没有什么困难能牵住他,也没有什么痛苦能动摇他了。

一心一境是疗治人生的波动、不安、痛苦、散乱最有效也最简易的方法,因为人的乐受与苦受虽是感觉真实,却是一种空相,若能安住于每一个当下,苦受就不那样苦,乐受也没有那么乐了。可惜的是,人往往是一心好几境(怀忧过去,恐慌未来),或一境生起好几种心(信念犹如江河,波动不止),久而久之,就被感受所欺瞒,不能超越了。

不能活在一心一境之中,那是由于世人往往重视结局,而不重视过程,很少人体验到一切的过程乃是与结局联结的。一个人如果不能在吃饭时品味米饭的香甜,又何以能深刻地品味人生呢?一个人若不能深入一碗饭,不知蓬莱米、在来米,甚至糯米的不同,又如何能在生命的苦乐中有更深切的认识?

因此吃饭、睡觉、喝茶,看来是人生小事,却能由一心一境在平凡中见出不凡,也就能以实践的态度契入生活,而得到自在。

试题演练

一、选择题

1. 刑罚是依法作出的判决或裁定,是强调刑罚的____。(单选)

A. 法定性　　B. 强制性

C. 惩罚性　　D. 严厉性

2. 社区矫正对象遭受与其所犯罪行为相均衡的痛苦或损失,是强调刑罚的____。(单选)

A. 法定性　　B. 强制性

C. 惩罚性　　D. 严厉性

3. “法无明文规定不为罪,法无明文规定不处罚”是指____。(单选)

A. 法律面前人人平等　　B. 罪责刑相适应

C. 罪刑法定　　D. 刑罚人道主义

4. 刑罚的特点包括____。(多选)

A. 法定性　　B. 强制性

C. 惩罚性　　D. 随机性

5. 社区矫正对象学习的内容包括____。(多选)

A. 掌握生活常识　　B. 学习专业知识

C. 了解社会规范　　D. 学习监狱规章

二、判断题

1. 社区矫正对象接受矫正是犯罪的法律后果,是对自己罪错行为的刑事责任的承担。(　)
2. 接受矫正的过程就是重新适应社会的过程。(　)
3. 人类不具备其他动物的生物性本能,就只能通过学习来获得能力、获得人格,并使自己成为社会中的正常一员。(　)
4. 接受矫正的过程就是不断学习的过程。(　)
5. “人生处处是起点”也就是在人生的不同阶段人都要学会忘记过去,重新开始。(　)

三、个人感悟

____

____

____

____

____

____

签名:

年　　月　　日

第二章

认 罪 悔 罪

我国对绝大多数罪犯的基本态度是惩罚与改造相结合,以改造人为宗旨。惩罚是基础,改造是重点,目的是通过对罪犯实施针对性改造,帮助他们重新回归、融入社会,成为守法公民。在我国,监狱改造和社区矫正是惩罚和改造罪犯的两种主要行刑方式。在行刑实践中,认罪悔罪是改造的重要内容,也是确保提高改造质量的重要环节。罪犯只有充分实现认罪悔罪,真诚接受改造,才能取得被害人的谅解和全社会的重新接纳。

然而,在行刑实践中,部分罪犯认罪悔罪不彻底、不充分,不能直面自己的犯罪行为,而是虚假、伪装改造,没有把握好国家给予的重新做人的机会,没有彻底改正过去的错误认知和行为,结果刑满释放后再次犯罪。社区矫正是非监禁刑事执行活动。社区矫正对象中的大多数属于缓刑犯,没有监狱服刑经历,身份意识和服刑意识相对监狱服刑人员来说更为薄弱,更需要重视认罪悔罪工作。

第一,社区矫正对象是自然性、社会性和法律性的统一。从自然属性来说,社区矫正对象是人,具备自然人的所有特点。从社会属性来看,社区矫正对象是普通社会成员,依法行使和履行普通社会成员的权利和义务。从法律属性来说,社区矫正对象是因实施了犯罪行为被人民法院判决有罪并依法在社区接受惩罚与矫正的一个特殊群体。因此,社区矫正对象应该深刻认识自己所实施的犯罪行为的危害,明确自己的法律身份,时刻提醒自己“你是什么人?”,时时牢记自己的罪犯身份、服刑身份和矫正身份。

第二,社区矫正对象应该做到,珍惜社区矫正的机会,主动自觉知罪、认罪、悔罪、赎罪。在社区矫正工作人员、社会工作者及社会志愿者的帮助下,社区矫正对象应当接受监督管理和教育帮扶,深刻剖析自己实施犯罪行为的原因,内心开展自我反省、检讨、批判,真心接受人民法院的判决和惩罚,主动积极配合、加速接受矫正和改造,改恶从善,重新做人,以合格公民的身份复归、融入社会,成为对国家、社会有用的人。

重点提示：

1. 什么是犯罪？它有哪些特点？
2. 什么是知罪？知罪的内容是什么？
3. 什么是认罪？认罪有哪两个层次？
4. 犯罪行为具有哪些危害？
5. 如何正确认识判决？
6. 如何正确认识社区矫正？
7. 改造与矫正的含义是什么？二者有哪些区别？
8. 社区矫正对象如何做到真诚认罪悔罪？

一、认清犯罪危害

认清犯罪危害是社区矫正对象接受改造与矫正的前提，是知罪的重要表现。所谓“知罪”，从字面来看就是知道自己的罪过。目前，法律意义上的“知罪”，就是指实施了犯罪行为的人，事后认识到自己行为的性质、后果和危害。

知罪是认罪的前提和基础。“认罪”，是指罪犯承认犯罪事实，并对其违法性、社会危害性和应受惩罚性产生合乎行刑目的的认识，同时承认犯罪事实是自己所为。认罪的关键是承认自己的罪行并产生负罪感。只有认罪，才可能服判，服判是认罪的必然认识结果；只有认罪服判，才可能进行忏悔，进而积极改正。

依照《社区矫正法》的规定，社区矫正的适用范围为“四类对象”，即被人民法院判处管制的罪犯、宣告缓刑的罪犯、裁定假释的罪犯和被公安机关、监狱管理机关决定适用暂予监外执行的罪犯。社区矫正对象必是以上“四类对象”之一。可见，“四类”社区矫正对象的共性特征是“罪犯”。尽管《社区矫正法》从“尊重和保障人权”以及为社区矫正对象顺利回归、融入社会扫除身份障碍，助力再社会化的角度出发，有意淡化社区矫正对象的罪犯身份，减少了标签化倾向，但是社区矫正对象的基本法律属性是“罪犯”，这是不能忽视的。

通常认为，犯罪是具有刑事责任的人实施了刑法应予打击的行为。它具有“三个特点”，即社会危害性①、刑事违法性和应受惩罚性。犯罪是前提，刑罚是后果。只有实施了刑法规定的犯罪行为并经过人民法院审判被认定为犯罪，才需要承担相应的刑事法律后果。社区矫正对象正是因其违反了刑法规定，实施了刑法明令禁止的行为而被人民法院判处刑罚处罚。社区矫正对象实施的行为具有社会危害性是其行为

① 这里的“社会”是广义的含义。犯罪行为对国家、社会、被害人及其家人、犯罪人及其家人造成的危害都属于行为具有社会危害性的体现。

构成犯罪的基本特征。犯罪的社会危害性是指犯罪对国家和人民利益所造成的危害。当然,在我国,这种社会危害性必须达到严重的程度,才会受到刑法的干预。这是犯罪行为与一般违法行为和合法行为的根本区别。如果一种行为根本不可能对社会造成危害,刑法就没有必要把它规定为犯罪;虽然一种行为具有一定的社会危害性,但是情节显著轻微,危害不大的,也不认为是犯罪。所以,社区矫正对象要认清自己行为的性质和后果,充分认识自己实施的行为是犯罪行为,其犯罪行为给国家、社会和被害人及其家庭成员以及社区矫正对象自己及其家庭成员带来的严重危害。

首先,社区矫正对象实施的犯罪行为对被害人造成了危害。社区矫正对象实施的犯罪行为最直接的侵害对象就是被害人。其行为侵害了被害人人身,或者财产,或者名誉等合法权益。这些权益与被害人的正常生存、发展利益密切相关,一旦被侵害,直接会给被害人带来重大损失。比如,社区矫正对象实施了侵害被害人财产的犯罪,或者实施了侵犯被害人生命权、健康权的暴力犯罪,客观上会给被害人造成人身伤亡、财产损失的严重后果。

其次,社区矫正对象实施的犯罪行为对被害人家庭成员造成了危害。虽然社区矫正对象直接针对被害人实施了犯罪行为,但是会造成对被害人家属合法权益的间接侵犯。比如,社区矫正对象实施了暴力犯罪,侵犯了被害人的生命权、健康权,造成被害人重伤或死亡,最终会给被害人家属造成精神上、物质上、身体上、经济上的伤害。如果被害人是家庭的“顶梁柱”,有的被害人家属可能会因此而陷入生活困难、经济贫困,出现父母无人赡养、子女无人抚养的人间惨剧,整个被害人家庭陷入窘境,甚至可能引发新的报复性犯罪。

再次,社区矫正对象实施的犯罪行为对自己及家庭成员造成了危害。因为自己的错误行为,社区矫正对象沦为罪犯,成为家庭、社会的罪人和“另类”,改写了自己的人生轨迹,葬送了自己的光明前途。在社区矫正期间,人身自由会受到限制,正常工作、生活受到影响。解除社区矫正后,先前的犯罪行为也会给生活带来负面影响。同时,自己的犯罪行为,也会让自己的父母、妻儿、兄弟姐妹蒙羞,在街坊邻居面前抬不起头;子女在就学、就业方面也会受到不利影响,甚至可能会造成妻离子散、兄弟反目、家破人亡的家庭灾难。

最后,社区矫正对象实施的犯罪行为对国家和社会造成了危害。社区矫正对象通过实施作为或者不作为的行为对国家和社会造成一定危害,破坏正常的社会秩序和国家安定团结的大好局面。根据我国《刑法》的规定,犯罪行为对国家和社会造成的危害主要包括以下几大类:(1)危害国家安全。比如,实施危害国家主权、领土完整和安全,分裂国家、颠覆人民民主专政的政权和推翻社会主义制度等行为。(2)危害公共安全。比如,实施放火、爆炸、投毒、破坏交通工具,非法制造、买卖、运输、邮寄、持有、私藏枪支、弹药、管制刀具、爆炸物等危险物品的行为。(3)破坏市场经济秩序。比如,实施生产、销售伪劣产品,走私,金融诈骗、逃税抗税等行为。(4)侵犯公民人身权利、民主权利。比如,实施杀人、伤害、强奸、绑架行为,以及实施侮辱诽谤、虐待遗弃等行为。(5)侵犯财产。比如,实施抢劫抢夺、盗窃诈骗侵占等行为。(6)妨害社会管理秩序。比如,实施寻衅滋事、聚众斗殴等扰乱社会秩序行为,实施毒品犯罪行为。(7)危害公共权力的廉洁性、公正性。比如,实施贪污受贿、挪用侵吞公款、滥用职权、玩忽职守、徇私舞弊等行为。(8)危害国防利益。比如,实施破坏武器装备、军事设施、军事通信、非法生产、买卖军用标志等行为,军人实施违反职责的行为。

法条链接:

《宪法》(2018年3月11日修正)

序言

……在我国,剥削阶级作为阶级已经消灭,但是阶级斗争还将在一定范围内长期存在。中国人民对敌视和破坏我国社会主义制度的国内外的敌对势力和敌对分子,必须进行斗争。

第十二条　社会主义的公共财产神圣不可侵犯。

国家保护社会主义的公共财产。禁止任何组织或者个人用任何手段侵占或者破坏国家的和集体的财产。

第十三条第一、二款　公民的合法的私有财产不受侵犯。

国家依照法律规定保护公民的私有财产权和继承权。

第三十七条　中华人民共和国公民的人身自由不受侵犯。

任何公民，非经人民检察院批准或者决定或者人民法院决定，并由公安机关执行，不受逮捕。

禁止非法拘禁和以其他方法非法剥夺或者限制公民的人身自由，禁止非法搜查公民的身体。

第三十八条　中华人民共和国公民的人格尊严不受侵犯。禁止用任何方法对公民进行侮辱、诽谤和诬告陷害。

第三十九条　中华人民共和国公民的住宅不受侵犯。禁止非法搜查或者非法侵入公民的住宅。

第五十一条　中华人民共和国公民在行使自由和权利的时候，不得损害国家的、社会的、集体的利益和其他公民的合法的自由和权利。

第五十二条　中华人民共和国公民有维护国家统一和全国各民族团结的义务。

第五十三条　中华人民共和国公民必须遵守宪法和法律，保守国家秘密，爱护公共财产，遵守劳动纪律，遵守公共秩序，尊重社会公德。

第五十四条　中华人民共和国公民有维护祖国的安全、荣誉和利益的义务，不得有危害祖国的安全、荣誉和利益的行为。

第五十五条　保卫祖国、抵抗侵略是中华人民共和国每一个公民的神圣职责。

依照法律服兵役和参加民兵组织是中华人民共和国公民的光荣义务。

第五十六条　中华人民共和国公民有依照法律纳税的义务。

《刑法》(2023年12月29日修正)

第十三条　一切危害国家主权、领土完整和安全，分裂国家、颠覆人民民主专政的政权和推翻社会主义制度，破坏社会秩序和经济秩序，侵犯国有财产或者劳动群众集体所有的财产，侵犯公民私人所有的财产，侵犯公民的人身权利、民主权利和其他权利，以及其他危害社会的行为，依照法律应当受刑罚处罚的，都是犯罪，但是情节显著轻微危害不大的，不认为是犯罪。

《社区矫正法》(2019 年 12 月 28 日公布)

第二条　对被判处管制、宣告缓刑、假释和暂予监外执行的罪犯，依法实行社区矫正。

对社区矫正对象的监督管理、教育帮扶等活动，适用本法。

第四条第二款　社区矫正工作应当依法进行，尊重和保障人权。社区矫正对象依法享有的人身权利、财产权利和其他权利不受侵犯，在就业、就学和享受社会保障等方面不受歧视。

延伸阅读：

潘某其盗窃罪一审刑事判决书[①]

(2022)浙 0326 刑初 435 号

公诉机关：浙江省平阳县人民检察院。

被告人潘某其，男，1951 年生于浙江省平阳县。曾因涉嫌犯盗窃罪于 2020 年 11 月 12 日被平阳县人民检察院决定不起诉。因涉嫌犯盗窃罪于 2022 年 4 月 12 日被监视居住，同月 28 日被继续监视居住，同年 7 月 12 日被继续监视居住。

平阳县人民检察院以温平检刑诉(2022)363 号起诉书指控被告人潘某其犯盗窃罪，于 2022 年 6 月 24 日向本院提起公诉。本院于同年 7 月 1 日立案，并依法组成合议庭，公开开庭审理了本案。平阳县人民检察院指派检察员出庭支持公诉，被告人潘某其到庭参加诉讼。现已审理终结。

平阳县人民检察院指控：(1)2021 年 4 月 21 日早上，被告人潘某其行至平阳县昆阳镇新桥头附近路边，盗走许某停放在路边的人力三轮车 1 辆。(2)2021 年 8 月 31 日半夜，被告人潘光其行至平阳县昆阳镇坡南街 461 号旁边的巷子，盗走章某停放在此处的人力三轮车 1 辆。(3)2022 年 4 月 9 日白天，被告人潘某其行至平阳县昆阳镇“家友超

① 参见中国裁判文书网，https://wenshu.court.gov.cn/website/wenshu/181107ANFZ0BXSK4/index.html?docId=/cBhFbWCg4vzTydRmuJULUTUr6Vgpd8pBlJ8cOwp/9IHDZinj7N4K5/dgBYosE2giFQX2v2vkh+YVfQ0x2SqYY7Ymm6+kg2ZP7O5lV6ctiRwmz2mE154bm91+PUFWc7S，2022 年 10 月 12 日访问。

市”大门口，盗走李某停放在此处的“五星”牌人力三轮车1辆以及车上的银手镯、银珠项链、银项链、翡翠手链。经鉴定，涉案人力三轮车价值人民币120元，银手镯价值人民币280元，银珠项链价值人民币118元，银项链价值人民币20元，翡翠手链价值人民币20元。案发后，被告人潘某其于2022年4月12日11时在平阳县昆阳镇三排口被公安民警抓获，涉案的“五星”牌人力三轮车以及银手镯、银珠项链、银项链、翡翠手链已起获并发还给李某。在本院审理过程中，被告人潘某其分别退赔许某、章某经济损失人民币200元、100元。

公诉机关认为，被告人潘某其以非法占有为目的，多次秘密窃取他人财物，应以盗窃罪追究其刑事责任。被告人潘某其归案后能如实供述自己的罪行，退赔失主经济损失，当庭建议判处被告人潘某其拘役4个月，缓刑6个月，并处罚金人民币1000元。

被告人潘某其对指控事实、罪名及公诉机关当庭提出的量刑建议均没有异议，在开庭审理过程中也无异议。

经审理查明的事实与公诉机关的指控一致。

上述事实，有公诉机关提交并经法庭质证、认证的下列证据予以证实：被告人潘某其的供述，失主李某、章某、许某的陈述，价格认定结论书，勘验笔录，辨认笔录，监控视频，扣押决定书，扣押清单，发还清单，照片，接收证据材料清单，不起诉决定书，户籍信息，归案经过等。

法院认为，被告人潘某其以非法占有为目的，多次秘密窃取他人财物，其行为已触犯刑律，构成盗窃罪。公诉机关指控罪名成立。被告人潘某其归案后能如实供述自己的罪行，已退赔失主经济损失，当庭认罪认罚，有悔罪表现，依法予以从轻处罚，并适用缓刑。公诉机关提出的量刑建议适当，予以采纳。据此，依照《刑法》第264条、第67条第3款、第72条、第73条第1款及《刑事诉讼法》第15条之规定，判决如下：

被告人潘某其犯盗窃罪，判处拘役4个月，缓刑6个月，并处罚金人民币1000元（已预缴）。（缓刑考验期限，从判决确定之日起计算）

【解读】

从刑事判决书可以看出,潘某其多次实施盗窃行为,盗取多辆人力三轮车及手镯、项链等物品,造成许某、章某、李某等被害人财物损失。其盗窃行为构成了刑事犯罪,受到人民法院的惩罚,被依法认定成立盗窃罪。只是因潘某其被公安机关抓捕归案后,能够如实供述自己的犯罪行为,积极退赔被害人的经济损失,减轻了犯罪行为带来的危害,并当庭认罪认罚,反映出潘某其的人身危险性较低,所以人民法院依法给予潘某其从轻处罚,判处拘役4个月,缓刑6个月,接受社区矫正。

总之,社区矫正对象在矫正期间,一定要时时刻刻清楚地认识到自己实施的犯罪行为的社会危害,正确认识到刑事判决是其犯罪行为的必然结果,只有真诚认罪悔罪赎罪才是唯一正确的态度和道路。

■ 试题演练

一、选择题

1. 社区矫正对象的基本法律属性是____。(单选)

A. 公民　　B. 普通社会成员

C. 罪犯　　D. 特殊类型群体

2. 认罪的两个层次是____。(多选)

A. 承认犯罪事实　　B. 承认犯罪事实是自己所为

C. 认识犯罪危害　　D. 认识犯罪性质和后果

3. 认罪的法律内容包括____。(多选)

A. 犯罪事实　　B. 犯罪行为违法性

C. 犯罪行为危害性　　D. 犯罪行为应受惩罚性

4. 犯罪的"三个特点"包括____。(多选)

A. 社会危害性　　B. 刑事违法性

C. 应受惩罚性　　D. 追究刑事责任

5. 犯罪行为的危害包括____。(多选)

A. 对被害人造成的危害

B. 对被害人家庭成员造成的危害

C. 对自己及家庭成员造成的危害

D. 对国家和社会造成的危害

二、判断题

1. 犯罪是实施了刑法应予打击的行为。(　)

2. “知罪”是指实施了犯罪行为的人,事后认识到自己行为的性质、后果和危害。(　)

3. 知罪是认罪的前提和基础。(　)

4. “认罪”是指罪犯承认犯罪事实。(　)

5. “认罪”是指罪犯承认犯罪事实,并对其违法性、社会危害性和应受惩罚性产生合乎行刑目的的认识。同时承认犯罪事实是自己所为。(　)

三、个人感悟

____

____

____

____

____

____

签名:

年　　月　　日

二、正确认识判决

任何人必须为自己的罪行付出代价。任何人只要实施了刑法规定的犯罪行为就必然会受到相应的处罚,必然会受到人民检察院的追诉和人民法院的审判。正确认识人民法院的判决是社区矫正对象自觉接受改造与矫正的基础,是认罪的重要内容。社区矫正对象应该正确认识到,人民法院作出的判决是自己犯罪行为必须付出的代价,人民法院作出社区矫正的判决是国家给予自己赎罪、挽救的机会。对于社区矫正对象来说,应正确认识判决。

(一)正确认识判决

什么是判决?从字面来看,判决包括“判”和“决”两项内容。所谓“判”,本义是指“分开、判分”,现在引申为“区别”“分辨”“评估”,是一个根据特定时空条件下已经收集到的客观信息进行分析评判的过程。所谓“决”,本义是指“排除阻塞物,疏通水道”,后引申为“断定”“决定”“决断”,是一个在前期分析评判的基础上作出是非、真假、美丑的决断的过程。所以,“判决”是指有关主体根据客观事实,形成主观判断,作出客观决定。比如,我们大家比较熟悉的古代的官府断案,现代体育比赛中的裁判员作出的裁判决定。对于社区矫正对象来说,判决主要是要掌握法律层面的含义,也就是人民法院等司法机关(包括公安机关、监狱管理机关①)对有关案件审理结束后依法作出的裁决。比如,人民法院作出的管制、缓刑判决和假释裁定、暂予监外执行决定,公安机关和监狱管理机关作出的暂予监外执行决定。这些判决都是依法作出的,都是对社区矫正对象前期行为的法律认定。依法形成的判决书是社区矫正最重要的法律文书之一,是社区矫正机构开展社区矫正活动,是社区矫正对象依法接受社区矫正、履行法律义务的基本依据,也是人民法院、人民检察院、公安机关等政法机关和教育、民政、人力资源和社会保障等政府部门及有关社会团体履行社区矫正协助义务的重要依据。社区矫正对象必须严格遵守判决书规定的内容,接受社区矫正。社区矫正对象如果违反法律判决,会带来不利的法律后果。为了保障社区矫正对象刑事判决、裁定和暂予监外执行决定的正确执行,我国专门制定了《社区矫正法》。

① 依照我国法律规定,公安机关、监狱管理机关依法可以作出暂予监外执行的决定。

法条链接：

《社区矫正法》(2019 年 12 月 28 日公布)

第一条　为了推进和规范社区矫正工作，保障刑事判决、刑事裁定和暂予监外执行决定的正确执行，提高教育矫正质量，促进社区矫正对象顺利融入社会，预防和减少犯罪，根据宪法，制定本法。

第二十条　社区矫正决定机关应当自判决、裁定或者决定生效之日起五日内通知执行地社区矫正机构，并在十日内送达有关法律文书，同时抄送人民检察院和执行地公安机关。社区矫正决定地与执行地不在同一地方的，由执行地社区矫正机构将法律文书转送所在地的人民检察院、公安机关。

第二十一条　人民法院判处管制、宣告缓刑、裁定假释的社区矫正对象，应当自判决、裁定生效之日起十日内到执行地社区矫正机构报到。

人民法院决定暂予监外执行的社区矫正对象，由看守所或者执行取保候审、监视居住的公安机关自收到决定之日起十日内将社区矫正对象移送社区矫正机构。

监狱管理机关、公安机关批准暂予监外执行的社区矫正对象，由监狱或者看守所自收到批准决定之日起十日内将社区矫正对象移送社区矫正机构。

第二十二条　社区矫正机构应当依法接收社区矫正对象，核对法律文书、核实身份、办理接收登记、建立档案，并宣告社区矫正对象的犯罪事实、执行社区矫正的期限以及应当遵守的规定。

(二)正确认识人民法院作出的判决

人民法院是我国的审判机关。这是人民法院的基本属性，也是其存在的合理性依据。人民法院负责审理刑事、民事、行政等各类案件，通过审判活动，惩办一切违法犯罪分子，解决民事、行政等纠纷，维护社会公共秩序，保护国家财产、人民合法财产不受侵犯，保护公民人身权利、民主权利和其他权利不受非法侵犯，为社会主义建设事业和人民安居乐业提供法治保障。我国法院系统包括最高人民法院、地方各级人民法院和军事法院等专门人民法院。人民法院审理案件,除法律规定的特别情况外,一律公开进行。在审理案件过程中,人民法院依照法律规定代表国家独立行使审判权,不受任何行政机关、社会团体和个人的干涉,确保审判结果公平公正。人民法院作出有罪判决都是在查清案件事实真相,且有确实、充分的证据进行佐证的基础上进行的。

可见,人民法院代表国家行使审判权,其依法形成的判决是国家意志的体现。人民法院依法作出的管制、缓刑判决和假释裁定、暂予监外执行决定以及社区矫正决定都是人民法院依法行使审判职能的结果,都有国家强制力予以保障,是严肃的司法活动。社区矫正对象因其犯罪行为被人民法院给予犯罪的认定,只是因其具备法定情形才被决定进行社区矫正。社区矫正对象必须认真对待人民法院的刑事判决,充分认识到刑事判决是自己前期犯罪行为带来的必然结果,应下定决心与“过去的自我”决裂,重新塑造“新的自我”。如果社区矫正对象不严格履行人民法院作出的刑事判决规定的法律义务,应给予相应处罚,情节严重的,可以重新收回监狱执行监禁刑。

法条链接:

《宪法》(2018 年 3 月 11 日修正)

第一百二十八条　中华人民共和国人民法院是国家的审判机关。

第一百二十九条　中华人民共和国设立最高人民法院、地方各级人民法院和军事法院等专门人民法院。

最高人民法院院长每届任期同全国人民代表大会每届任期相同,连续任职不得超过两届。人民法院的组织由法律规定。

第一百三十条　人民法院审理案件,除法律规定的特别情况外,一律公开进行。

被告人有权获得辩护。

第一百三十一条　人民法院依照法律规定独立行使审判权,不受行政机关、社会团体和个人的干涉。

第一百三十二条第一款　最高人民法院是最高审判机关。

《人民法院组织法》(2018 年 10 月 26 日修订)

第二条　人民法院是国家的审判机关。

人民法院通过审判刑事案件、民事案件、行政案件以及法律规定的其他案件,惩罚犯罪,保障无罪的人不受刑事追究,解决民事、行政纠纷,保护个人和组织的合法权益,监督行政机关依法行使职权,维护国家安全和社会秩序,维护社会公平正义,维护国家法制统一、尊严和权威,保障中国特色社会主义建设的顺利进行。

第四条　人民法院依照法律规定独立行使审判权,不受行政机关、社会团体和个人的干涉。

第五条　人民法院审判案件在适用法律上一律平等,不允许任何组织和个人有超越法律的特权,禁止任何形式的歧视。

《刑事诉讼法》(2018 年 10 月 26 日修正)

第五条　人民法院依照法律规定独立行使审判权,人民检察院依照法律规定独立行使检察权,不受行政机关、社会团体和个人的干涉。

第二百条　在被告人最后陈述后,审判长宣布休庭,合议庭进行评议,根据已经查明的事实、证据和有关的法律规定,分别作出以下判决:

(一)案件事实清楚,证据确实、充分,依据法律认定被告人有罪的,应当作出有罪判决;

(二)依据法律认定被告人无罪的,应当作出无罪判决;

(三)证据不足,不能认定被告人有罪的,应当作出证据不足、指控的犯罪不能成立的无罪判决。

第二百六十五条第一款　对被判处有期徒刑或者拘役的罪犯,有下列情形之一的,可以暂予监外执行:

(一)有严重疾病需要保外就医的;

(二)怀孕或者正在哺乳自己婴儿的妇女;

(三)生活不能自理,适用暂予监外执行不致危害社会的。

延伸阅读：

社区矫正对象肖某被撤销缓刑收监执行案例①

【社区矫正对象基本情况】

肖某，男，1992年出生，户籍地、居住地均为陕西省安康市紫阳县。2019年7月5日，肖某因犯危险驾驶罪被陕西省紫阳县人民法院判处拘役4个月，缓刑6个月。缓刑考验期自2019年7月16日起至2020年1月15日止。2019年7月17日，肖某到紫阳县司法局报到，办理入矫手续后，由司法所负责对其社区矫正期间日常管理。

社区矫正对象肖某家庭经济困难，妻子因其家贫与其离婚，幼子与其共同生活，母亲早年因病去世，其父一直在外务工，继母在家帮其照顾孩子。肖某初中毕业后便外出务工，但收入均不理想，无法帮助其摆脱贫困的状况。2019年年初肖某与朋友在四川省合伙经营洗脚店，开始自主创业。

在肖某审前调查评估阶段，紫阳县司法局社区矫正工作人员曾与其联系，告知其如将其纳入社区矫正应当遵守的规定，尤其是在缓刑期间不得私自外出务工。肖某声称其虽与朋友在外地合伙开店，但店面日常管理均由其朋友负责，除年底账目结算外，不会外出。但肖某在至司法局报到当天，便提出要请假外出照顾店面，每月月底回紫阳县司法局汇报思想。从这件事上反映，肖某对社区矫正管理规定的认识存在不足，无法做到言行一致，存在一定的管理风险。

【事实认定情况】

（一）发现、认定行为情况

2019年7月27日至9月3日，肖某擅自外出至四川省。其间，社区矫正工作人员先后多次通过电话、手机短信、微信等方式通知其报到，并告知其私自外出应承担的法律后果，并于2019年8月16日根据《社区矫正实施办法》②第25条，给予其警告处分1次，通知其3日内到司

① 中国法律服务网（12348中国法网）司法行政（法律服务）案例库，载https://alk.12348.gov.cn/Detail?dbID=30&dbName=SJXH&sysID=2646，2022年10月11日访问。

② 《社区矫正实施办法》已于2020年被《社区矫正法实施办法》废止。此案发生时仍适用《社区矫正实施办法》，下同。——编者注

法局报到,但其均不理会不配合,导致脱管长达1个月零8天。

(二)调查取证情况

2019年9月5日,司法所工作人员听说肖某因房屋装修回家,便到其家告知其次日到司法所接受思想教育,并再次向其告知社区矫正监管规定。2019年9月6日,司法所所长对肖某进行谈话教育,肖某如实供述了擅自外出的时间、地点及原因。2019年11月4日,紫阳县司法局社区矫正工作人员通过微信朋友圈发现,肖某定位于上海市松江区清真寺附近,经与司法所联系发现其未履行请假手续私自外出。司法所电话通知肖某到司法所报到,肖某拒接电话,工作人员遂至其家中,发现其并未在家。经向其邻居调查了解,肖某于9月20日左右因房屋装修回家,在家中待了四五天便外出。

根据《社区矫正法》、《社区矫正实施办法》及《紫阳县社区矫正工作实施细则(试行)》等法律文件规定,社区矫正工作人员调查核实社区矫正对象肖某违反社区矫正规定的情况,依法、及时、全面地收集有关证明材料,认定其违反社区矫正监督管理规定的事实。

【建议情况】

(一)司法所按照《社区矫正实施办法》第25条和《紫阳县社区矫正工作实施细则(试行)》第68条的规定,收集了相关证据,向紫阳县司法局提交了《提请撤销缓刑审核表》并附相关证明材料。经县司法局社区矫正中心负责人、主管局长依规逐级审核同意。通过会议研究,2019年11月7日,紫阳县司法局依法向紫阳县人民法院提交了《撤销缓刑建议书》。

(二)紫阳县司法局提请撤销缓刑过程中自觉接受紫阳县人民检察院监督。紫阳县司法局撤销缓刑的建议书和紫阳县人民法院的裁定书同时抄送紫阳县人民检察院和紫阳县公安局。紫阳县人民检察院检察官详细查阅了有关案卷,并向司法所所长和社区矫正中心负责人了解了有关情况。

(三)2019年11月25日,紫阳县人民法院裁定撤销缓刑,执行原判决拘役4个月。

【解读】

只有正确认识人民法院的判决才能强化身份意识和服刑意识。社区矫正实践中，有些社区矫正对象，特别是被判处缓刑进而接受社区矫正的对象，他们没有进入过监狱，普遍存在服刑意识、罪犯意识淡薄的问题。这不利于改造与矫正工作的顺利开展。就像上述案例中的肖某因犯危险驾驶罪被人民法院判处拘役4个月、缓刑6个月并依法进行社区矫正。应当说，人民法院给予肖某作出社区矫正的判决，肖某应该珍惜并把握这次机会，好好接受改造与矫正。遗憾的是，肖某身份意识、服刑意识不强，对社区矫正管理规定认识不足，在社区矫正机构告知其有义务服从监督管理的情况下，仍然我行我素，不理会社区矫正工作人员的提醒、警告，导致脱管多月，最终被人民法院裁定撤销缓刑判决，收监执行原判拘役刑。肖某的服刑经历值得所有社区矫正对象吸取教训。

（三）正确认识社区矫正

要想正确认识社区矫正，首先，要了解社区矫正的概念。“社区矫正”这个概念来源于国外。从字面含义来看，“社区矫正”就是将特定犯罪者放在社区开展矫正，通过各种措施和手段进行思想、心理、行为干预、治疗，促其转化，重新融入社会。其次，要清楚社区矫正与监狱改造的关系。就共同点而言，监狱改造与社区矫正都是刑事执行活动，都是对人民法院刑事判决的执行，罪犯都是在刑罚执行机关的监督管理下接受改造与矫正，刑满释放后重新回归社会。监狱改造对象与社区矫正对象都是罪犯，都是因他们实施了犯罪行为而被国家给予刑罚惩罚的人。

就不同点而言，监狱改造是罪犯被隔离监禁，关押在监狱，在监狱人民警察的严格监督管理下接受改造矫正。社区矫正又叫非监禁矫正，是将罪犯放在社区，由社区矫正机构（司法所）在人民法院、人民检察院等政法机关和公安机关、教育、民政、人力资源与社会保障等政府有关部门和社区矫正对象所在单位、所在村（居）民委员会、就读学校、监护人、家庭成员、社会工作者以及社会志愿者等主体的协助下，在判决、裁定或决定确定的期限内，矫正其犯罪心理和行为恶习，并促使其顺利回归社会的非监禁刑事执行活动。显然，监狱改造与社区矫正既有共性，又有区别。社区矫正与监狱改造的最大区别就是充分利用社会资源，借助社会力量，实施犯罪系统治理、源头治理、综合治理和依法治理，践行共建共治共助共享共兴的理念。最后，要掌握社区矫正的特点。社区矫正的特点是什么？主要有以下几个：(1)矫正对象是罪犯；(2)矫正力量多元；(3)矫正场所在社区；(4)工作目标是回归社会。其中，最突出特点和优势就是在社区并充分发挥社会力量的作用。

法条链接：

《刑事诉讼法》(2018年10月26日修正)

第二百六十九条　对被判处管制、宣告缓刑、假释或者暂予监外执行的罪犯，依法实行社区矫正，由社区矫正机构负责执行。

《监狱法》(2012年10月26日修正)

第二条　监狱是国家的刑罚执行机关。

依照刑法和刑事诉讼法的规定，被判处死刑缓期二年执行、无期徒刑、有期徒刑的罪犯，在监狱内执行刑罚。

第四条　监狱对罪犯应当依法监管，根据改造罪犯的需要，组织罪犯从事生产劳动，对罪犯进行思想教育、文化教育、技术教育。

第五条　监狱的人民警察依法管理监狱、执行刑罚、对罪犯进行教育改造等活动，受法律保护。

《社区矫正法》(2019年12月28日公布)

第三条　社区矫正工作坚持监督管理与教育帮扶相结合、专门机关与社会力量相结合，采取分类管理、个别化矫正，有针对性地消除社区矫正对象可能重新犯罪的因素，帮助其成为守法公民。

第四条第一款　社区矫正对象应当依法接受社区矫正，服从监督管理。

第八条　国务院司法行政部门主管全国的社区矫正工作。县级以上地方人民政府司法行政部门主管本行政区域内的社区矫正工作。

人民法院、人民检察院、公安机关和其他有关部门依照各自职责，依法做好社区矫正工作。人民检察院依法对社区矫正工作实行法律监督。

地方人民政府根据需要设立社区矫正委员会，负责统筹协调和指导本行政区域内的社区矫正工作。

第九条 县级以上地方人民政府根据需要设置社区矫正机构，负责社区矫正工作的具体实施。社区矫正机构的设置和撤销，由县级以上地方人民政府司法行政部门提出意见，按照规定的权限和程序审批。

司法所根据社区矫正机构的委托，承担社区矫正相关工作。

第十一条 社区矫正机构根据需要，组织具有法律、教育、心理、社会工作等专业知识或者实践经验的社会工作者开展社区矫正相关工作。

第十二条 居民委员会、村民委员会依法协助社区矫正机构做好社区矫正工作。

社区矫正对象的监护人、家庭成员，所在单位或者就读学校应当协助社区矫正机构做好社区矫正工作。

第十三条 国家鼓励、支持企业事业单位、社会组织、志愿者等社会力量依法参与社区矫正工作。

试题演练

一、选择题

1. 判决包括____等内容。（多选）

   A. 分辨　　B. 评估　　C. 断定　　D. 决断

2. 社区矫正对象依法接受社区矫正、履行法律义务的基本依据是____。（单选）

   A. 执行通知书　　B. 社区矫正告知书

   C. 裁定书　　D. 判决书

3. 判决书是____。（多选）

   A. 社区矫正最重要的法律文书之一

   B. 社区矫正机构开展社区矫正活动的基本依据

   C. 社区矫正对象依法接受社区矫正、履行法律义务的基本依据

   D. 人民法院、人民检察院、公安机关等政法机关和教育、民政、人力资源和社会保障等政府部门及有关社会团体履行社区矫正协助义务的重要依据

4. 社区矫正的措施和手段有____。(多选)

A. 思想教育　　B. 心理矫治

C. 行为干预　　D. 治疗

5. 社区矫正与监狱改造的共同点是____。(多选)

A. 都是刑事执行活动

B. 都是对人民法院刑事判决的执行

C. 都是在刑罚执行机关的监督管理下接受改造与矫正,刑满释放后重新回归社会

D. 行刑对象都是罪犯

二、判断题

1. 判决是指有关权力主体根据客观事实,形成主观判断,作出客观决定。( )

2. 正确认识人民法院的判决是社区矫正对象自觉接受改造与矫正的基础。( )

3. 社区矫正对象可以遵守判决书规定的内容,接受社区矫正。( )

4. 人民法院作出的判决都有国家强制力予以保障,是严肃的司法活动。( )

5. 社区矫正对象如果不严格履行人民法院作出的刑事判决规定的法律义务,情节严重的,可以重新收监执行监禁刑。( )

三、个人感悟

____

____

____

____

____

____

签名:

年　　月　　日

三、真诚认罪悔罪

认清犯罪危害，正确认识判决是社区矫正对象接受改造与矫正的前提和基础。在此基础上，社区矫正对象只有从主观上老实认罪、真诚忏悔，主动剖析自己犯罪的原因，客观上承担罪责，积极配合社区矫正机构及其工作人员开展针对性矫正，矫正自己不良心理和行为恶习，才能将“矫正期”变为“学习期”，实现洗心革面、重新做人的目标。可见，真诚认罪悔罪是社区矫正对象提高改造与矫正质量的关键，也是赎罪的重要条件。

所谓“赎罪”，本义是指用钱物赎免罪行，现在主要是指用某种实际表现折抵罪过。也就是说，社区矫正对象要通过自己的良好矫正表现和效果，折抵自己所犯罪行给国家、社会和被害人及其家人，以及自己及家人带来的危害，取得国家、社会、被害人及其家人和自己家人的谅解，修复被犯罪行为破坏的社会关系，并重新融入社会成为守法公民。

（一）正确认识“改造”或“矫正”的含义

监狱工作中常用的一个词叫“改造”，社区矫正工作中常用的一个类似词叫“矫正”。“改造”，主要有两层含义。第一，改变事物原有状况，使其适合主观需要。比如，改造农田，提高产量。第二，从根本上改变旧的事物，建立新的事物。比如，改造一个人的世界观。监狱工作中的“改造”，其意是指监狱通过对罪犯旧有的观念、心理、习惯、行为方式的改变，并塑造符合社会规范的新的观念、心理、习惯和行为方式，使罪犯在刑满释放后成为合格社会成员的过程。

“矫正”，本义是指改正、纠正，最初多用于医学领域。后来被引入社会领域，成为司法方面的用语，往往指国家司法机关和工作人员通过各种措施和手段使犯罪者或具有犯罪倾向的违法人员得到思想上、心理上和行为上的矫正治疗，从而重新融入社会，成为正常公民的过程。

社区矫正工作中的“矫正”,其意是指社区矫正机构在专业社会工作者和社会志愿者等社会力量的积极参与下,通过采取监督管理和教育帮扶等措施,使社区矫正对象的错误思想、心理和行为得到纠正,进而重新融入社会,预防和减少再犯罪。所以,从本质上来说,“改造”和“矫正”都具有“革故鼎新”的含义。社区矫正对象应充分把握矫正的机会,加速自我矫正,与“旧我”说再见,建立“新我”。

法条链接:

《监狱法》(2012 年 10 月 26 日修正)

第一条 为了正确执行刑罚,惩罚和改造罪犯,预防和减少犯罪,根据宪法,制定本法。

第三条 监狱对罪犯实行惩罚和改造相结合、教育和劳动相结合的原则,将罪犯改造成为守法公民。

《社区矫正法》(2019 年 12 月 28 日公布)

第一条 为了推进和规范社区矫正工作,保障刑事判决、刑事裁定和暂予监外执行决定的正确执行,提高教育矫正质量,促进社区矫正对象顺利融入社会,预防和减少犯罪,根据宪法,制定本法。

第三条 社区矫正工作坚持监督管理与教育帮扶相结合,专门机关与社会力量相结合,采取分类管理、个别化矫正,有针对性地消除社区矫正对象可能重新犯罪的因素,帮助其成为守法公民。

(二)主观上真诚忏悔,主动剖析自己犯罪原因

所谓“真诚”,本义是指通过真挚的情感,诚实的品格,真心实意做事,坦诚相待做人,使他人从心底里受感动,从而取得他人的认可和信任。“真诚”的反义词有虚假、欺骗、糊弄、险诈、虚伪等。

所谓“忏悔”,是指认识到了自己过去的错误,并为之痛心,决心改正,以请求他人谅解。忏悔的目的,是自净其心不复再犯。忏悔的功能是通过严格的自我反省和自我检束,改过自新,使得自己从罪恶感中得到救赎,恢复心灵的平静。

对于社区矫正对象来说，犯罪已成，错误已酿，只有认认真真地反省自己的过去，寻找自身的缺点和不足，采取实事求是的态度痛改前非，纠正错误，形成良好品行，才能获得他人的原谅和接受。如果社区矫正对象不能做到真诚忏悔，那么过去犯罪的阴影将永远藏在心底，使其时时刻刻遭受精神折磨。

当然，真诚忏悔的重要内容之一，就是要深刻剖析犯罪原因。任何犯罪都是一系列原因共同作用的。社区矫正对象想要实现自我救赎，不再重新犯罪，那么就必须消灭自己实施犯罪行为时的犯罪原因。一个人实施犯罪行为通常是由个体因素、环境因素和社会因素共同导致的。社区矫正对象要全面解剖犯罪原因，对个人身上存在的致罪因素，包括错误的认知、严重的恶习、不良的心理，比如好逸恶劳、急功近利、侥幸心理等都要诚恳反思，对周围不良环境也要及时清理，包括交友环境，比如“酒肉朋友、江湖义气”等。社区矫正对象只有实现主观上的“想改”“愿改”才可能实现客观上的“真改”“彻改”。

法条链接：

《社区矫正法》(2019 年 12 月 28 日公布)

第二十四条　社区矫正机构应当根据裁判内容和社区矫正对象的性别、年龄、心理特点、健康状况、犯罪原因、犯罪类型、犯罪情节、悔罪表现等情况，制定有针对性的矫正方案，实现分类管理、个别化矫正。矫正方案应当根据社区矫正对象的表现等情况相应调整。

《社区矫正法实施办法》(2020 年 6 月 18 日公布)

第二十一条　社区矫正机构应当根据社区矫正对象被判处管制、宣告缓刑、假释和暂予监外执行的不同裁判内容和犯罪类型、矫正阶段、再犯罪风险等情况，进行综合评估，划分不同类别，实施分类管理。

社区矫正机构应当把社区矫正对象的考核结果和奖惩情况作为分类管理的依据。

社区矫正机构对不同类别的社区矫正对象，在矫正措施和方法上应当有所区别，有针对性地开展监督管理和教育帮扶工作。

第二十二条　执行地县级社区矫正机构、受委托的司法所要根据社区矫正对象的性别、年龄、心理特点、健康状况、犯罪原因、悔罪表现等具体情况，制定矫正方案，有针对性地消除社区矫正对象可能重新犯罪的因素，帮助其成为守法公民。

矫正方案应当包括社区矫正对象基本情况、对社区矫正对象的综合评估结果、对社区矫正对象的心理状态和其他特殊情况的分析、拟采取的监督管理、教育帮扶措施等内容。

矫正方案应当根据分类管理的要求、实施效果以及社区矫正对象的表现等情况，相应调整。

延伸阅读：

社旗县司法局：社区矫正显成效　真心悔改传温暖①

社旗县吴某某，因个人琐事构成了违法犯罪，于 2020 年 6 月起作为社区矫正对象在潘河司法所接受社区矫正。“人心都是肉长的”，在一年多的社区矫正过程中，通过潘河司法所社区矫正工作者的努力，吴某某从内心深刻认识到由于自己法律意识不强，贪小便宜带来的严重后果。并表态以后一定学法懂法，做一名守法公民，以实际行动回报社会。

吴某某说到，也做到了。他起早贪黑地工作，把自己经营的百货超市经营得红红火火。事业有所起步的同时，他不忘自己作出的回报社会的承诺，于 2020 年 8 月加入了社旗县慈善总会成为一名志愿者，多次参加公益活动，尽自己的力量去帮助需要帮助的人。

他去敬老院看望孤寡老人，去留守儿童学校看望留守儿童并捐赠学习用品，参加爱心送考公益活动等。社旗县的公益活动，经常出现吴某某的身影。特别是在前不久河南省发生洪水灾害的时候，吴某某向司法所请假，请求去受灾地区慰问帮助受灾群众，做一些力所能及的事。领导批准了他的请求，并嘱托去灾区救援一定要注意自身安全，平安归来。就这样，吴某某先后两次携带救援物资前往巩义、新乡、浚县

① 参见《社旗县司法局：社区矫正显成效　真心悔改传温暖》，载微信公众号“社旗司法行政”，2021 年 8 月 20 日访问。

等受灾严重的地区参加救援任务。

像这样的事情吴某某做了很多,谈起这些事情,吴某某仍然十分激动,他说:是司法所同志的帮助教育让我重新认识了我自己,也改变了我自己。我做些力所能及的公益活动也算是对社会的回报。

【解读】

社区矫正对象只有正确认识自己的罪行,准确分析犯罪原因,才能配合社区矫正机构制定的矫正方案,做好个性化改造和矫正工作,针对性消除自身存在的犯罪因素,确保解除社区矫正回归社会后,成为守法公民。实践中,大多数社区矫正对象能够做到这一点,取得了较好的法律效果和社会效果。就像案例中的吴某某,虽然因个人琐事实施了犯罪行为并被人民法院判决有罪,但是他并没有因此而消沉。他利用社区矫正的机会,从内心深处深刻认识到自己之所以犯罪,主要在于自己法律意识不强,具有“贪小便宜”的心理。所以,在社区矫正期间,他积极学习法律知识,守法经营自己的事业,同时多次参加公益活动,主动回报社会,彻底实现了“自我蜕变”和“自我救赎”。

(三)客观上积极配合矫正,矫正自己不良心理和行为恶习

对于社区矫正对象来说,主观上真诚悔罪,最终还需要落实到客观的矫正行为上。具体包括两个方面:一是被动矫正;二是主动矫正。一方面,在人民法院作出的判决生效后,社区矫正对象持相关法律文书,包括判决书等前往执行地社区矫正机构报到并接受矫正。通常,在矫正初期,社区矫正对象会出现一个适应的过程。社区矫正机构实施的监督管理和教育帮扶措施,社区矫正对象常常是被动接受。另一方面,随着矫正活动的深入,经过一段时间后,绝大多数社区矫正对象会更加自觉地接受社区矫正,主动配合社区矫正机构及其司法所开展的社区矫正工作,积极改正、纠正自己的错误思想和行为,使他们自己的思想、心理和行为得到彻底改造治疗,以新的姿态和面貌重新融入社会。应该说,从被动矫正到主动矫正是一个逐步转变的过程,又是一个必须实

现的过程，只有如此才能彻底实现自我改造、自我革新。

依照《社区矫正法》的规定，社区矫正工作的主要内容为监督管理和教育帮扶。前者是前提、基础，后者是核心、重点。前者体现报应，通过限制社区矫正对象的一定自由，实现惩罚，迫使社区矫正对象反省。后者体现预防，通过专门机关与社会力量共同努力，实现矫正，帮助社区矫正对象回归，预防再次犯罪。前者维持基本矫正秩序，后者对社区矫正对象进行个性化、差异化教育和帮扶。对于社区矫正对象来说，接受监督管理和教育帮扶都是其义务，必须严格按照法律规定和社区矫正机构及其司法所的要求，认真履行。社区矫正对象只有实现客观上的"真改""彻改"，才可能修复被破坏的社会关系，重新得到社会的谅解和接受，最终实现赎罪的目的。如果社区矫正对象真诚认罪悔罪，社区矫正机构可以依法给予奖励。比如，表扬，提请减刑。如果社区矫正对象不认真接受改造与矫正，不能彻底做到认罪悔罪赎罪，将会产生不利的法律后果。比如，给予训诫、警告、治安管理处罚、使用电子定位装置甚至收监执行刑罚等。

法条链接：

《社区矫正法》(2019 年 12 月 28 日公布)

第四条第一款　社区矫正对象应当依法接受社区矫正，服从监督管理。

第二十三条　社区矫正对象在社区矫正期间应当遵守法律、行政法规，履行判决、裁定、暂予监外执行决定等法律文书确定的义务，遵守国务院司法行政部门关于报告、会客、外出、迁居、保外就医等监督管理规定，服从社区矫正机构的管理。

第二十八条　社区矫正机构根据社区矫正对象的表现，依照有关规定对其实施考核奖惩。社区矫正对象认罪悔罪、遵守法律法规、服从监督管理、接受教育表现突出的，应当给予表扬。社区矫正对象违反法律法规或者监督管理规定的，应当视情节依法给予训诫、警告、提请公安机关予以治安管理处罚，或者依法提请撤销缓刑、撤销假释、对暂予监外执行的收监执行。

对社区矫正对象的考核结果，可以作为认定其是否确有悔改表现或者是否严重违反监督管理规定的依据。

第二十九条第一款　社区矫正对象有下列情形之一的，经县级司法行政部门负责人批准，可以使用电子定位装置，加强监督管理：

（一）违反人民法院禁止令的；

（二）无正当理由，未经批准离开所居住的市、县的；

（三）拒不按照规定报告自己的活动情况，被给予警告的；

（四）违反监督管理规定，被给予治安管理处罚的；

（五）拟提请撤销缓刑、假释或者暂予监外执行收监执行的。

第三十一条　社区矫正机构发现社区矫正对象正在实施违反监督管理规定的行为或者违反人民法院禁止令等违法行为的，应当立即制止；制止无效的，应当立即通知公安机关到场处置。

第三十二条　社区矫正对象有被依法决定拘留、强制隔离戒毒、采取刑事强制措施等限制人身自由情形的，有关机关应当及时通知社区矫正机构。

第三十六条　社区矫正机构根据需要，对社区矫正对象进行法治、道德等教育，增强其法治观念，提高其道德素质和悔罪意识。

对社区矫正对象的教育应当根据其个体特征、日常表现等实际情况，充分考虑其工作和生活情况，因人施教。

第三十七条　社区矫正机构可以协调有关部门和单位，依法对就业困难的社区矫正对象开展职业技能培训、就业指导，帮助社区矫正对象中的在校学生完成学业。

第三十八条　居民委员会、村民委员会可以引导志愿者和社区群众，利用社区资源，采取多种形式，对有特殊困难的社区矫正对象进行必要的教育帮扶。

第三十九条　社区矫正对象的监护人、家庭成员，所在单位或者就读学校应当协助社区矫正机构做好对社区矫正对象的教育。

第四十条　社区矫正机构可以通过公开择优购买社区矫正社会工作服务或者其他社会服务，为社区矫正对象在教育、心理辅导、职业技能培训、社会关系改善等方面提供必要的帮扶。

社区矫正机构也可以通过项目委托社会组织等方式开展上述帮扶活动。国家鼓励有经验和资源的社会组织跨地区开展帮扶交流和示范活动。

第四十二条　社区矫正机构可以根据社区矫正对象的个人特长，组织其参加公益活动，修复社会关系，培养社会责任感。

第四十三条　社区矫正对象可以按照国家有关规定申请社会救助、参加社会保险、获得法律援助，社区矫正机构应当给予必要的协助。

延伸阅读：

采纳检察建议，安徽一社区矫正对象因抗疫有功获减刑①

张某是阜阳市一家医院的一名主管护师，因贪污罪于2019年9月被法院判处有期徒刑3年、缓刑5年。在阜阳市颍州区接受社区矫正期间，她一直表现良好。2020年年初，武汉市新冠肺炎疫情最为严峻的时候，张某第一个向医院递交了“请战书”。

张某作为一名医务工作者，有20多年的急诊工作经验，而且参与过2003年抗击非典。虽然目前是一名社区矫正对象，但她希望能够参与到抗疫中去。按照规定，社区矫正对象不能随意离开所在辖区，要前往武汉必须要经过当地司法局的批准。于是，张某向颍州区司法局提交了申请。

安徽阜阳市颍州区司法局局长陆吉安说：“考虑到疫情防控很重要，所以我们向市支队、省司法厅社区矫正处进行了及时汇报，得到他们答复之后，我们批准了她的申请。”

2月15日，张某和同事一起抵达武汉，当天他们被分到了汉阳医院的发热门诊工作。每天一早，她就要到医院为病人登记、分诊，并进行核酸采样，身上穿着厚厚的防护服，她只能是不吃不喝、不上厕所。

2月25日，由于这家医院不再作为新冠肺炎的定点医院，张某接到通知，她可以先行撤离，但张某却选择了留在武汉继续抗疫，并再次写

---

① 参见安徽省人民检察院：《【焦点访谈】采纳检察建议，安徽一社区矫正对象因抗疫有功获减刑》，载搜狐网，https://www.sohu.com/a/440942319_185860，2024年1月17日访问。

下“请战书”。随后她被分配到一家方舱医院，继续开展救治工作。

3月23日，阜阳市人民检察院在进行社区矫正检察的时候，注意到了张某的情况，随后，他们了解了张某的日常监管表现。作为社区矫正对象能主动请战赴武汉抗疫，这种行为值得肯定，当即有办案人员提出，像张某这种行为是不是可以申请减刑？对于这个问题，办案人员之间产生了分歧。

安徽阜阳市人民检察院第四检察部副主任说：“根据法律的规定，社区矫正对象一般不予减刑，只有社区矫正对象符合重大立功条件，才可以参照减刑假释相关规定予以减刑。”

根据《刑法》第78条规定，在抗御自然灾害或者排除重大事故中，有突出表现的，可以认定为具有重大立功表现。阜阳市人民检察院进一步开展调查核实，认为张某积极响应党和国家号召，主动请缨，奔赴武汉抗疫一线，为“武汉保卫战”的胜利作出了积极贡献，符合《刑法》第78条规定的法定减刑条件，于是发出检察建议，建议阜阳市司法行政机关对张某提请减刑。

2020年5月22日，阜阳市中级人民法院开庭审理了张某减刑案，7月6日，法院依法作出裁定，对张某减去有期徒刑1年，缓刑考验期由5年缩短为3年。阜阳市人民检察院依法对中级法院的裁定进行了监督。

【解读】

社区矫正工作的目的就是在社区矫正机构及其有关工作主体和人员的共同努力下，促进社区矫正对象矫正其错误的思想、心理、行为，再次重新融入社会。为了督促、引导社区矫正对象的矫正由“被动矫正”转向“主动矫正”，社区矫正机构建立了奖惩制度。社区矫正对象有积极表现就会获得奖励。案例中的张某，主动请战参加武汉市新冠肺炎疫情防控，利用自己多年医务工作经验开展医疗救治工作，同时积极履行社区矫正义务，被人民法院认定为符合《刑法》第78条规定的“在抗御自然灾害或者排除重大事故中，有突出表现”，从而以重大立功为由获得了减刑奖励。

总之，认罪悔罪作为社区矫正对象实施改造与矫正的核心内容之一,其重要意义再多强调都不为过。社区矫正对象一定要把握好机会,充分认清自己犯罪行为的危害,充分认识人民法院判决的正义性,不忘自己罪犯身份、服刑身份,真正做到知罪、认罪、悔罪、赎罪,实现华丽转身,成为合格社会公民。

试题演练

一、选择题

1. 从本质来看,社区矫正就是____。(单选)
   A. 抛弃“旧我”,建立“新我”
   B. 重新融入社会,成为正常公民
   C. 刑事执行活动
   D. 思想、心理和行为上的矫正与治疗
2. 悔罪包括两个层面____。(多选)
   A. 主观上真诚忏悔,主动剖析自己犯罪原因
   B. 客观上积极配合,矫正自己不良心理和行为恶习
   C. 深刻反思自己过去错误行为
   D. 接受监督管理和教育帮扶
3. 一个人实施犯罪行为通常是由____导致的。(多选)
   A. 个人因素　　B. 环境因素
   C. 社会因素　　D. 心理因素
4. 社区矫正对象犯罪的个人因素包括____。(多选)
   A. 错误认知　　B. 严重恶习
   C. 不良心理　　D. 交友不慎
5. 社区矫正对象不能真诚认罪悔罪,将会产生以下不利法律后果:____。(多选)
   A. 训诫　　B. 警告　　C. 治安管理处罚
   D. 使用电子定位装置　　E. 收监执行刑罚

二、判断题

1. 改造主要应用于监狱行刑场合,而社区矫正主要用矫正的表述。(　)

2. 从本质上来说,“改造”和“矫正”具有相似内容。(　)
3. 社区矫正有一个从强制矫正到自愿矫正的过程。(　)
4. 社区矫正工作的核心和重点是监督管理。(　)
5. 教育帮扶主要实现刑罚的预防功能。(　)

三、个人感悟

签名:

年　　月　　日

第三章

法 治 思 维

法治标志着人类的进步，体现了社会的现代化程度，以及治国理政的方略。法治思维是指以合法性为出发点，以法治价值和法治精神为导向，运用法律原则、法律规则和法治方式处理问题的思维模式。法治思维就是在决策、规划时要在法治的范围内进行，且是权威的、正当的、公平的、正义的思维。同时，法治思维是与人治思维相对立的一种思维方法，它的基础是法治，是通过规范、原则、精神和逻辑对问题进行分析、推理，最终形成结论，提升认识的过程。

而以一种科学的思维方法存在的法治思维，用法治的观点、方式实现治国理政，坚持学法、知法、守法、用法，从而实现保障公民基本权利的目的，在法治的轨道上推进工作，才能实现法治信仰。

重点提示：

1. 什么是法治？
2. 什么是法治思维？
3. 如何区别法治与人治？
4. 如何理解法制与法治？
5. 如何培养法治思维？

一、理解法治思维：法治与人治

世界万物都在不断地运动、变化，表现在周而复始的产生、发展、消亡的过程，本部分就是要告诉大家法律产生和演进的问题。

（一）法的产生

谈到如何理解法治思维的问题，首先要明确的就是法是如何产生的。对于法是如何产生的，可以说经历了相当长的历史阶段。早在人类的早期——原始社会时期，就已经开始形成了一定意义上的人与人的交互关系和社会关系，就此可以说法的萌芽已经开始出现。在原始社会是以血缘关系作为纽带，进而开始将人与人的关系相互连接的，于是氏族部落开始出现。由于原始社会时期生产力水平的低下，原始人类的认识水平有限、生活匮乏，对自然十分抗拒，甚至是畏惧。于是在这一阶段，虽然存在调整原始先民的社会规范，“主要表现为各种禁忌、习惯，但无论其内容和形式都十分简陋、幼稚，它们的遵守和实现也主要依靠氏族成员的内心信仰、氏族首领的威信和社会舆论的力量，既不具有法律遵行所需要的国家强制力，更谈不上原始人对它们的系统反思和理性把握”①。由此可见，在人类早期的原始社会中是没有“法”这一概念的。

这里我们可以换一种角度来理解法的产生。如果从法的一般原理出发，按照马克思主义法理学的理论，那么法的产生则是经济运动和社会变迁的结果。伴随着社会生产力水平的不断发展，导致了原始社会条件下的生产关系也在不断地调整，于是根据马克思主义法理学的理论出现了社会分工，伴随着社会分工的细化，出现了交换，出现了剩余，出现了私有财产，出现了私有制。在此基础上阶级开始产生，国家初见

① 刘戟锋主编：《社会科学概论》，国防科技大学出版社2017年版，第90页。

雏形。那么,回头再看,在人类早期的原始社会中的习惯开始转化为法,而法的本质、法的内容、法的价值等法的本体则是逐渐丰富、完善起来的,这些概念的出现逐步推进了法的产生。

诚然,我们所处的时代、我们所生活的空间不是单一的、一元的,而是复杂的、多维的,历史的发展脉络也不尽相同。站在全世界的维度来看,由氏族到国家的过渡,也因为空间不同、时间不同而形式各异。所以法的产生路径也就不尽相同,由此在后续的发展中,我们会发现法的思维、法的理论在不同民族、不同国家之间的差异。例如,"西方古代法律主要是平民与贵族矛盾和斗争的产物,而中国法律的形成则与部族之间的征战有着密切的关系。"①

思考完法在东方是如何逐步产生的,我们再来看看在西方的社会演进中,法是如何产生的。西方法的产生可以追溯到古代希腊和古代罗马。这两个地区处于南欧,地理优越,北依阿尔卑斯山脉,东濒黑海,南临地中海,西濒大西洋。大多数地区为地中海气候,降雨较少,为欧洲天气最炎热的地区。受地理气候条件影响,导致农业的发展不充分,而畜牧业、种植业以及与之密切相关的皮革、毛纺织、榨油等手工业相对发达,又因为南欧资源较少,矿产以重金属和非金属矿物为主,铁器的使用也较中国早。② 而冶铁技术的出现,以及铁器被大面积应用,就促进了这一地区的经济活动和社会的发展,推动了手工业的兴起继而蓬勃发展,铁器的多样化也为各种类型的手工业的出现打下了基础,从而进一步促进社会的分工,推动了商品的产生和发展。

根据记载,在国家出现以前,因为社会分工有所不同,与此对应的社会关系随之变化,新的社会关系的产生和发展逐步开始与以血缘为主的氏族社会关系发生从平缓到激烈的碰撞,社会矛盾日益激化,奴隶阶层和商人阶层增加,这就导致社会结构日益复杂化、多样化。而原来的氏族已经无法负荷新的社会矛盾,随着旧的社会关系的瓦解,新的社会关系开始出现,并且蓬勃发展。这就是雅典的诞生,其标志性事件就

① 刘戟锋主编:《社会科学概论》,国防科技大学出版社 2001 年版,第 101 页。

② 刘戟锋主编:《社会科学概论》,国防科技大学出版社 2001 年版,第 101 页。

是公元前6世纪的梭伦改革。其意义在于缓和阶级矛盾,而改革的手段就是以法令的形式实现。主要涉及为了消灭债务奴隶制而出台的政令;为了抑制贵族进行土地兼并而出台的政令;为了抑制因逐步集中的土地而被迫认可私人财产的继承自由;同时,为了有效地进行社会管理,对雅典公民进行分级而治,其核心标准就是财产的多少,规定担任官职的只有前三级,贫民阶层不能任官任职,但可参加公民会议;而奴隶阶层则处于四个阶层之外,不能享有任何权利。这些政令的颁布都为私有财产的产生和发展提供了"温床"。正如马克思主义理论所言,"国家公民的权利与义务,是按照他们地产的多寡来规定的,于是,随着有产阶级日益获得势力,旧的血缘亲属团体也就日益遭遇排斥,氏族制度遭遇新的失败。"①

在我国,国家的产生则是开始于中国历史上第一个奴隶制王朝夏朝的建立,"禹死启继"意味着世袭制出现,同时标志着国家的产生。这也意味着奴隶制国家在华夏大地上出现。

总体来看,伴随着原始社会氏族制度被破坏、瓦解,国家开始出现和发展起来,而其中的标准正是法的颁布。②

(二)法的演进

提到法的演进,首先要明确的就是法律的历史类型。"法律的历史类型,是指按照法的阶级本质和它所赖以建立的经济基础对法律所作的一种基本分类。任何国家的法律都是建立在一定经济基础之上的上层建筑,都是一定阶级意志的体现。所以,法律的历史类型是根据法律的经济基础和意志内容两个标准来划分的。凡是建立在同一经济基础之上、体现同一阶级本质的法律,就属于同一历史类型。"③由于运动、变化是事物发展的规律,所以法律也是在不断变化和发展的。那么就导致了法律会随社会历史的变化而不同。从较低级到高级,可以分为奴隶制

① 《马克思恩格斯选集》(第四卷),人民出版社1972年版,第112页。
② 刘戟锋主编:《社会科学概论》,国防科技大学出版社2017年版,第90~92页。
③ 舒国滢主编:《法理学导论》,北京大学出版社2006年版,第266页。

法、封建制法、资本主义法和社会主义法,这是社会进步的必然结果。

马克思指出:“社会的物质生产力发展到一定阶段,便同它们一直在其中运动的现存生产关系或财产关系(这只是生产关系的法律用语)发生矛盾。于是这些关系便由生产力的发展形式变成生产力的桎梏。那时社会革命的时代就到来了。随着经济基础的变更,全部庞大的上层建筑也或慢或快地发生变革。”①社会的更迭在于社会基本矛盾的变化,矛盾双方的力量对比的改变推动社会关系变化,法律的类型自然也随之而改变,所以,想要认识和理解法的历史类型变更,先要理解社会基本矛盾的变化。

变更法律的历史类型,通常是通过外部的、暴力的方式来实现。我们所熟知的暴力革命就是其中一种常见的方式。同时,变更法律的历史类型既是客观的,也具有主观能动性,要通过人的有意识、有目的的活动来实现。也就是说,旧的事物不会自动退出历史的舞台,而会依靠自己手中掌握的法律等武器阻止新事物的产生和发展。维护原有的经济关系,以及与经济关系相适应的其他社会关系。于是,“代表社会发展要求的先进阶级必须通过革命斗争推翻旧的国家政权,建立新的国家政权,以新的法律代替旧的法律”。②

奴隶制法、封建制法、资本主义法和社会主义法,是法律所经历的四种历史类型。于是我们不难发现,法律演进的状态基本与社会形态的划分相适应。马克思主义法学家认为,“其中的前三种法律制度都属于剥削阶级类型的法。社会主义法建立在社会主义公有制的经济关系之上,它所体现的国家意志来自工人阶级及其领导下的广大人民,是最高历史类型的法”。③

(三)人治、仁政与德治

人治首先是儒家的政治主张。人治的出发点是统治者或执政者个

① 《马克思恩格斯选集》(第二卷),人民出版社 1995 年版,第 32~33 页。

② 舒国滢主编:《法理学导论》,北京大学出版社 2006 年版,第 266~267 页。

③ 舒国滢主编:《法理学导论》,北京大学出版社 2006 年版,第 266~267 页。

人的素质决定国家政治的好坏，因此强调统治者或执政者个人的道德修养与示范作用。孔子甚至将“政治”之“政”解释为“正身”之“正”：“政者，正也。子帅以正，孰敢不正？”又说：“其身正，不令而行；其身不正，虽令不从。”孟子说：“君仁莫不仁，君义莫不义，君正莫不正，一正君而国定矣。”后代儒家将“修身齐家”作为“治国平天下”的前提，就是孔孟“人治”思想的体现。在这种思想影响下，古代中国人公认的好帝王就是尧、舜、禹、汤、文王那样“德合天地”“以身作则”的圣人，而“尚贤”则是传统政治的基本观念。“人治”与“法治”相对，简单地说，“人治”突出个体道德人格的感召作用，寄政治希望于贤明仁慈的君主；“法治”则相信严刑峻法的震慑作用，寄政治希望于刚毅独断的君主。“人治”要靠清官，“法治”要靠酷吏，在传统社会中，人们更倾向于前者。现代中国人多有一种误解，以为儒家主张“人治”就是不要法律，任凭个人的意志来决定政治。其实，中国每一个朝代都有自己的法律和执法机构，儒家强调“人治”，并非不要法治，而是强调执法者个人应该具备良好的道德素质，这就是所谓“贤人政治”。在现代中国，即使以提倡科学和民主著称的自由主义学者如胡适等人，也曾提出“好人政府”的主张，这实际上就是儒家“贤人政治”的翻版。事实上，直到今天，“人治”观念在中国人心中依然很有市场，原因就在于，许多现实问题并不只由法律，还由执法者来决定：法律是死的，人是活的。这样法那样法，最终还是必须由人来执行。也就是说，在实际的运作中，是执法者个人的素质，而不是法律本身，起着相当大的甚至是决定性的作用。①

同时，强调仁政，这是孟子提倡的理想政治。孔子以“仁”来表述一种人格境界，如“爱人”“孝悌”“克己复礼”“己欲立而立人，己欲达而达人”等，都是“仁”的具体体现。这是就个人的道德境界而言。君主如能推己及人，将仁德施于政治，就是所谓“仁政”。孔子曾说：“如有王者，必世而后仁。”意思是说，如果有王者受命而兴，必定要三十年后才能使仁道大行。这里面就包含了“仁政”的意思。但最早使用“仁政”这一概念来明确表达一种理想政治的人是孟子。孟子从“性善”论的角度出

① 谢谦编著：《国学词典》，四川辞书出版社 2018 年版，第 219 ~ 221 页。

发,认为人人都有“恻隐之心”,而君主只要将此心推己及人,其政治行为和结果就是“仁政”。孟子有一段名言:“老吾老以及人之老,幼吾幼以及人之幼,天下可运于掌。”根据孟子的设想,“仁政”的具体过程是“先富后教”,即“先制民之恒产”,给人民以田地房产,使其能安居乐业,然后设立学校,教以人伦:父子有亲,君臣有义,夫妇有别,长幼有序,朋友有信。孟子主张恢复西周的“井田制”,以九百亩田为一单位,八家百姓各分一百亩为“私田”,又各以五亩建住宅(据朱熹说,其中两亩半在私田,两亩半在公田),中间余下的八十亩即为“公田”,由八家百姓代耕。孟子认为,这就是“仁政”的基础:“五亩之宅,在周围种上桑树,五十岁的老人就可以穿丝绸;喂养鸡豚狗彘,不失其时,七十岁的老人就可以有肉吃;百亩之田,不违农时,数口之家就可以免于饥饿。然后建立学校,以孝悌之义来教育百姓,人人懂得尊老敬老,就不会有头发斑白的老人在路上劳累辛苦。”他曾向梁惠王建议:“陛下如果施行仁政,省刑罚,薄税敛,百姓勤于农耕,壮年者以空闲时间修其孝悌忠信,在家以事父兄,在外以事长上,这样的人民足以抵抗秦楚的坚甲利兵。”后代儒家便将“仁政”的具体内容概括为崇教化、省刑罚、薄税敛等。①

与人治、仁政相辅相成的则是德治,德治也是儒家的政治主张。指以礼乐教化来提高被统治者的道德素质,将遵守社会等级秩序及其行为规范变为一种自觉,从而达到治国平天下的目的。《论语·为政》记载孔子的话:“道之以政,齐之以刑,民免而无耻;道之以德,齐之以礼,有耻且格。”认为政法和刑罚只能使人不敢犯罪,而德化和礼教却能使人知耻归心。也就是说,前者是令人被动地畏服,后者则是令人主动地心服。德治的中心思想就是对人民施行道德教化,故又称“德教”。孟子说:“善政不如善教之得民也。善政民畏之,善教民爱之;善政得民财,善教得民心。”所谓“善教”就是“德教”,就是“德治”。将政治化为一种道德教育,这里当然有一个前提,就是博爱的情怀,所以现代学者胡适曾称孔子的主张为“爸爸政策”,称孟子的主张为“妈妈政策”。后代儒家将这种“德治”思想发扬光大,对传统政治产生了深刻影响。“德主刑辅”

① 谢谦编著:《国学词典》,四川辞书出版社 2018 年版,第 219 ~ 221 页。

成为历代政教奉行的一条基本原则，如唐代甚至从法律上规定："德礼为政教之本，刑罚为政教之用。"这也就是今天所说的"教育为主"。[①]

（四）法制与法治

1. 法制

"法制"一词在我国由来已久。古代文献《礼记・月令》中载，"命有司，修法制，缮图圄，具桎梏。"[②]《商君书・君臣》中载，"民众而奸邪生，故立法制，为度量，以禁止。"[③]通过古典文献的记载，我们便可以知道，在我国封建时期，法律制度和"法制"基本上是一致的。在新中国成立以前，我们对于"法制"一词还是比较陌生的，新中国成立以后到"文化大革命"之前，新中国的法律工作一般称为"革命法制"或"人民民主法制"。[④] 到党的十一届三中全会后，"社会主义法制"的叫法成为通称。于是在今天的中国，"法制"一词的基本含义是本质意义上和运行意义上的"法制"的结合体。第一，"法制"是法律制度的简称。"从此种意义上理解法制概念，可以认为，世界上任何有法律制度的国家，都有法制。这是'法制'一词的原本含义，亦是该词在新中国革命背景下逐渐广受重视时被最初赋予的确切含义。正是在此种意义上，'法制'一词在英语中也能够找到一个较贴切的对应词汇'legal system'，意即法律制度、法律体系。"[⑤]第二，法制是一个集合性的词汇，"由立法、执法、司法、守法、对法律实施的监督等各个环节构成的一个系统。"[⑥]有些学者将这称为"法制系统工程""法制系统"。

2. 法治

而法治，在西方的语境中，这个词汇的使用开始于古希腊，用英语

① 谢谦编著：《国学词典》，四川辞书出版社 2018 年版，第 219～221 页。
② 江平：《中国司法大辞典》，吉林人民出版社 1991 年版，第 3 页。
③ （战国）商鞅：《商君书全鉴》，东篱子解译，中国纺织出版社 2020 年版，第 199 页。
④ 舒国滢：《法理学导论》，北京大学出版社 2006 年版，第 304 页。
⑤ 舒国滢：《法理学导论》，北京大学出版社 2006 年版，第 304 页。
⑥ 舒国滢：《法理学导论》，北京大学出版社 2006 年版，第 304 页。

则可以写成“rule of law”,就是“法律的统治”。由此可见,与此相对应的就是“人的统治”或者简单称为“人治”。亚里士多德认为,法治应包含两重含义,“法治就是已有的法律得到普遍的遵守,而被遵守的法律又是良好的。”①几千年以来,法治已经成为一种观念、传统,传承下来。同西方形成对比的是在古老的东方,早在先秦时期的法学家就开始使用“法制”这一概念,但是两者的内涵却完全不同。法家的先贤认为,法律单纯只是国家进行统治的工具,于是我们知道,他们的“以法治国”是从帮助君主治理国家的角度提出的,也就是说是为了“人治”服务的。这是我们传统社会对于法治的理解。

而今天,我们认为法治这一概念内涵和外延都发生了一定的变化,我们所强调的法治是“依法治国,即指的是在民主国家中法律具有最高的权威地位,而法律本身是反映社会正义的良好法律,全社会都必须认同和遵守法律,依照法律办事。”②其中,值得一提的就是我们经常把法制误解成“依法治国”。那么,我们就需要理解和重新认识法治与法制的异同。

3. 法制与法治的联系和区别

法制和法治的联系就在于,法制和法治都是法的现象,是社会的上层建筑,都受到经济基础的制约,共同服务于同一个经济基础。于是我们会发现,两者是联系紧密,相互作用的,法制是法治的前提,而法治本身也可以作用于国家的法律,以及国家的制度。

二者的区别在于:第一,属性差异。法制是法律的制度,是与其他制度相对应而来的,属于上层建筑的一种。法治对应的概念是人治,属于社会调整的过程。第二,地位差异。法制倾向于单一的治国工具而存在,人治是主,法则受制于人。而法治强调“法的统治”或“依法治国”,法是治国的主,治国者本身也要被法所治和服从法律。③ 第三,与民主政治关联不同。法制不必然联系民主,不论是专制国家还是民主

① 何勤华:《柏拉图:人类第一部法学著作〈法律篇〉的作者》,载《法制日报》2020年4月1日。

② 吕世伦:《法理念探索》,黑龙江美术出版社2018年版,第91~93页。

③ 吕世伦:《法理念探索》,黑龙江美术出版社2018年版,第91~93页。

国家都需要法制。但是，法治则更加强调“良法善治”，而良法必然与民主相联系。第四，经济基础差异。市场经济的客观产物是法治，因此法治保障市场经济的发展。① 所以，法制与法治是不同的，“有法制不等于有法治，但有法治则不可以没有法制。”②

（五）全面依法治国

全面依法治国具有基础性、保障性作用，在统筹推进伟大斗争、伟大工程、伟大事业、伟大梦想，全面建设社会主义现代化国家的新征程上，要加强党对全面依法治国的集中统一领导，坚持以全面依法治国新理念新思想新战略为指导，坚定不移走中国特色社会主义法治道路，更好发挥法治固根本、稳预期、利长远的保障作用。党的十八大以来，党中央对全面依法治国作出一系列重大决策，提出一系列全面依法治国新理念新思想新战略，强调要坚持加强党对依法治国的领导，坚持人民主体地位，坚持中国特色社会主义法治道路，坚持建设中国特色社会主义法治体系，坚持依法治国、依法执政、依法行政共同推进，法治国家、法治政府、法治社会一体建设，坚持依宪治国、依宪执政，坚持全面推进科学立法、严格执法、公正司法、全民守法，坚持处理好全面依法治国的辩证关系，明确了全面依法治国的指导思想、发展道路、工作布局、重点任务。这些新理念新思想新战略，是全面依法治国的根本遵循，必须长期坚持、不断丰富发展。③

治理国家需要法律的加持，而良法则是善治的前提条件。1949 年新中国成立后，中国共产党带领着全国各族人民通过不懈的努力，进行不断的探索，虽然有过挫折，但仍然取得了巨大的成就，发展了社会主义民主和法治。改革开放后，中国共产党更加重视法治事业的建设和

---

① 吕世伦：《法理念探索》，黑龙江美术出版社 2018 年版，第 91 ~93 页。

② 吕世伦：《法理念探索》，黑龙江美术出版社 2018 年版，第 91 ~93 页。

③ 参见《加强党对全面依法治国的集中统一领导　更好发挥法治固根本稳预期利长远的保障作用》，载人民网，http://politics.people.com.cn/n1/2018/0825/c1024-30250149.html。

发展，对全面依法治国的内涵和外延进行不断完善，从而指导在实践中的全面依法治国。

以时间为线索，全面依法治国范畴形成和发展的逻辑轨迹，第一阶段主要包括："1978 年 12 月，党的十一届三中全会提出了'发展社会主义民主、健全社会主义法制'的重大方针；1997 年 9 月，党的十五大提出依法治国、建设社会主义法治国家，明确把依法治国确立为治理国家的基本方略，把建设社会主义法治国家确定为社会主义现代化建设的重要目标。"①从"法制"到"法治"，仅一个字不同，却体现了人们认识和理解这一概念的质变。从简单的、具有工具性质的法律、法规、规章等制度性问题，到复杂的、具有价值导向的追求对公权力的制约、对私权利的保障。在这一变化中更加强调各级人民政府、各个机关部门要依法行政，推进建设中国特色社会主义法治体系，推进建设社会主义法治国家，实现依法治国、依法执政、依法行政，实现法治国家、法治政府、法治社会一体化建设。

第二阶段主要包括："1999 年 3 月，九届全国人大二次会议通过《中华人民共和国宪法修正案》，其中，将'依法治国'正式写入宪法；2002 年 11 月，党的十六大提出，发展社会主义民主政治，最根本的是要把坚持党的领导、人民当家作主和依法治国有机统一起来；2007 年 10 月，党的十七大提出，依法治国是社会主义民主政治的基本要求，强调要全面落实依法治国基本方略，加快建设社会主义法治国家；2012 年 11 月，党的十八大提出，要'加快建设社会主义法治国家'，要'更加注重发挥法治在国家治理和社会管理中的重要作用'，把'全面推进依法治国'作为政治改革和政治发展的重要目标和重要任务；2017 年 10 月，党的十九大将全面依法治国作为习近平新时代中国特色社会主义思想和基本方略的重要内容。"②在这一阶段，我们会发现对依法治国，以及全面依法治国的认识更加的具体而深刻，确定了全面推进依法治国总目标是建

① 胡涵锦：《坚持和发展中国特色社会主义若干概念及相互关系初探》，上海交通大学出版社 2021 年版，第 233～236 页。

② 胡涵锦：《坚持和发展中国特色社会主义若干概念及相互关系初探》，上海交通大学出版社 2021 年版，第 233～236 页。

设中国特色社会主义法制体系、建设社会主义法治国家，全面依法治国是中国特色社会主义的本质要求和重要保障。

第三阶段主要包括："2010 年，中国已经形成了以宪法为核心的中国特色社会主义法律体系，为改革开放和社会主义现代化建设提供了有力的法治保障；2012 年 12 月 4 日，首都各界隆重纪念我国宪法公布施行 30 周年，习近平明确提出，'捍卫宪法尊严''保证宪法实施'。两年以后的 2014 年 11 月 1 日，十二届全国人大常委会第十一次会议作出《关于设定国家宪法日的决定》，决定通过法律的形式，将 12 月 4 日设定为'国家宪法日'；2013 年 11 月，十八届三中全会进一步提出，要推进法治中国建设；2014 年 10 月，十八届四中全会通过了《关于全面推进依法治国若干重大问题的决定》，明确提出要'建设中国特色社会主义法治体系'，全面推进依法治国，加快建设法治中国，开启了中国特色社会主义法治道路的新征程。"①值得一提的是，这是首次通过中央级别的全会专题讨论全面依法治国的问题，是中国共产党历史上针对以全面依法治国为中心议题进行专门决定的首次尝试。

由此可见，党中央针对全面依法治国工作的推进出台了一系列重大决策，提出了关于如何推进全面依法治国的理念、思想、战略。"2020 年 11 月 16 日至 17 日，中央全面依法治国工作会议在北京召开。这次会议的一个重要成果，就是首次提出习近平法治思想。""会议强调，习近平法治思想内涵丰富、论述深刻、逻辑严密、系统完备，从历史和现实相贯通、国际和国内相关联、理论和实际相结合上深刻回答了新时代为什么实行全面依法治国、怎样实行全面依法治国等一系列重大问题。"②"习近平法治思想内涵丰富、论述深刻、逻辑严密、系统完备。就其主要方面来讲，就是习近平总书记在这次会议重要讲话中精辟概括的'十一个坚持'：坚持党对全面依法治国的领导；坚持以人民为中心；坚持中国特色社会主义法治道路；坚持依宪治国、依宪执政；坚持在法

---

① 胡涵锦：《坚持和发展中国特色社会主义若干概念及相互关系初探》，上海交通大学出版社 2021 年版，第 233 ~ 236 页。

② 《习近平法治思想引领法治中国建设》，载求是网，http://www.qstheory.cn/zhuanqu/2020-11/20/c_1126763880.htm。

治轨道上推进国家治理体系和治理能力现代化；坚持建设中国特色社会主义法治体系；坚持依法治国、依法执政、依法行政共同推进，法治国家、法治政府、法治社会一体建设；坚持全面推进科学立法、严格执法、公正司法、全民守法；坚持统筹推进国内法治和涉外法治；坚持建设德才兼备的高素质法治工作队伍；坚持抓住领导干部这个'关键少数'。这'十一个坚持'，既是重大工作部署，又是重大战略思想，我们必须深入学习领会，抓好贯彻落实。"①

从实践上来讲，党的十八大以来，我国民主法治建设迈出重大步伐。积极发展社会主义民主政治，推进全面依法治国，党的领导、人民当家作主、依法治国有机统一的制度建设全面加强，党的领导体制机制不断完善，社会主义民主不断发展，党内民主更加广泛，社会主义协商民主全面展开，爱国统一战线巩固发展，民族宗教工作创新推进。科学立法、严格执法、公正司法、全民守法深入推进，法治国家、法治政府、法治社会建设相互促进，中国特色社会主义法治体系日益完善，全社会法治观念明显增强。国家监察体制改革试点取得实效，行政体制改革、司法体制改革、权力运行制约和监督体系建设有效实施。② 习近平曾在中央全面依法治国委员会第一次会议上，从十个方面对十八大以来党中央对全面依法治国实践中形成的重大决策、重大举措作了全面的总结和论述。③ 习近平法治思想立足新时代的历史方位、基本国情和国际环境，立时代之潮头、发时代之先声，科学回答了新时代中国法治建设走什么路、向哪里走、实现什么目标以及怎么实现目标等根本性问题，在新时代中国共产党波澜壮阔的治国理政实践中描绘了全面依法治国的华丽篇章，必将引领中国特色社会主义国家由法治大国迈向法治强国，

① 《坚持习近平法治思想——论学习贯彻习近平总书记在中央全面依法治国工作会议上重要讲话》，载人民网，http://hi.people.com.cn/n2/2020/1120/c231187-34426837.html。

② 习近平：《决胜全面建成小康社会 夺取新时代中国特色社会主义伟大胜利——在中国共产党第十九次全国代表大会上的报告》，人民出版社2017年版，第4页。

③ 参见《习近平谈治国理政》(第3卷)，外文出版社2020年版，第283~284页。

在中华民族伟大复兴的征程中焕发出时代的熠熠光芒。①

试题演练

一、选择题

1. 最早使用“仁政”这一概念来明确表达一种理想政治的人是____。（单选）

   A. 孔子　　B. 孟子

   C. 老子　　D. 韩非子

2. 德治是指以礼乐教化来提高被统治者的道德素质，将遵守社会等级秩序及其行为规范变为一种自觉，从而达到治国平天下的目的。德治是____。（单选）

   A. 儒家的政治主张　　B. 墨家的政治主张

   C. 道家的政治主张　　D. 兵家的政治主张

3. 2014年11月1日，十二届全国人大常委会第十一次会议作出《关于设定国家宪法日的决定》，决定通过法律的形式，设定“国家宪法日”为____。（单选）

   A. 12月1日　　B. 12月2日

   C. 12月3日　　D. 12月4日

4. 法制和法治的联系是____。（多选）

   A. 法制和法治都是法的现象

   B. 法制和法治都是社会的上层建筑

   C. 法制和法治都受到经济基础的制约

   D. 法制和法治都共同服务于同一个经济基础

5. 法制和法治的区别是____。（多选）

   A. 属性差异　　B. 地位差异

   C. 与民主政治关联不同　　D. 经济基础差异

---

① 参见封丽霞：《新时代全面依法治国的根本遵循》，载学习强国网，https://www.xuexi.cn/lgpage/detail/index.html? id=13460308952853331826&item_id=13460308952853331826。

二、判断题

1. 伴随着原始社会氏族制度被破坏、瓦解,国家开始出现和发展起来,而其中的标准正是法的颁布。( )
2. 奴隶制法、封建制法、资本主义法和共产主义法,是法律所经历的四种历史类型。( )
3. 变更法律的历史类型,通常是通过内部的、温和的方式来实现。( )
4. 人治的出发点是统治者或执政者个人的素质决定国家政治的好坏,因此强调统治者或执政者个人的道德修养与示范作用。( )
5. "德主刑辅"成为历代政教奉行的一条基本原则。( )
6. 法制与法治是文字游戏,没有实质区别。( )
7. 依法治国,即指的是在民主国家中法律具有最高的权威地位,而法律本身是反映社会正义的良好法律,全社会都必须认同和遵守法律,依照法律办事。( )
8. 有法制不等于有法治,但有法治则不可以没有法制。( )
9. 依法治国是党领导人民治理国家的基本方式,是国家治理的一场深刻革命。( )
10. 党的十五大提出依法治国、建设社会主义法治国家,明确把依法治国确立为治理国家的基本方略。( )

三、个人感悟

签名:

年　　月　　日

二、尊重法律权威:法律必须被信仰

法治国家、法治政府、法治社会的一体化建设是全中国人民共同的理想。为了到达理想的彼岸,既需要在实践上脚踏实地,也需要在理论上仰望星空;不仅需要法律规范、法律制度和法律体系的保驾护航,更加需要法治精神、法治观念和法治信仰的引领。《宪法》的颁布和实施凝聚了法治信仰价值共识,明确了公权力和私权利的界限,明确了国家机构的职责,赋予了全体人民广泛的基本权利和自由,同时规定了公民的基本义务,为法治共识的实现打下坚实的基础。

国家公共利益的实现,人民的生存和发展空间,需要法律秩序发挥其保障作用。为了这种保障作用能够更好地实现,更加需要对于法治的信仰。当社会出现纠纷,当有弱势的权利需要救济,当有社会公正需要匡扶的时候,就需要以法治信仰为支撑的司法制度来解决。

在人们的精神层面,更加需要确立法治的权威,明确符合法治的行为准则,需要法治的价值追求,而这些的共同来源就是被信仰的法治。社会法治信仰的树立,要对各种方式、手段加以综合运用,可以通过对法律知识的普及、宣传和教育制度的建立,帮助人们形成对法律理论知识的理解;通过各级国家机关工作人员和各级政府机关工作人员的各个类型的执法、守法活动,形成典型的榜样示例为全社会提供样板,增加人们群众对法治的信仰。

社会发展的规律、治理的经验、理论的深化为法治信仰的提出和发展提供了选择的空间,属于社会意识与文化意识的一种表达方式。只有通过人们在思想上、感情上对法治有认可,从而产生情感寄托、态度取向和自觉意识,才可以说是对法治的信仰,才是法治精神得以生根发芽的源动力。值得一提的是,被信仰的法律应该是良法,是维护和保障公民的合法私权利得以实现,限制国家公共权力滥用的法律,所以,法治信仰的内核是对良法、善法的遵从和践行。正如美国学者伯尔曼提出的:“法律必须被信仰,否则它将形同虚设。”①没有被信仰的法治,法治权威就无从谈起,以法治的要求规范人们的行为就更是天方夜谭。只有法治被信仰,法规被践行,法治权威被树立,才是法治的进步,才是社会的发展。

(一)树立法治信仰对于法治思维培育的意义

只有拥有法治信仰的人,对法治才能够有更加深层次的认识。在这一深刻的理解中,法治可以是社会公平、社会正义的同义语,法的权威应该是无上的。

法治信仰是关于法治思维的内涵之一。要明确这个问题,我们首先要明确什么是信仰。信仰是人类的一种思维模式,含有理性认识和感性认识两个层面。“单纯的信仰,是维持个人健康的精神状态和原动力的源泉。对于生活在当今时代的我们来说,信仰是很有必要的。不过,这里所说的信仰,并不是指宗教意义上的信仰,而是喜欢什么、遵循怎样律己的生活、依据什么确定自己的价值标准之类的问题,亦即是针对‘自己的价值标准究竟是什么’的问题。”②因此,信仰本身就是关于思维的运动,也是人类区别于其他一切生物所特有的思考方式。

接下来我们再来讨论一下,什么是法治思维。“法治思维从广义上来讲是作为社会主体的人对于法治这种社会现象的综合认识和体验,它既包括对法治的理性认识,也包括对法治这种社会制度的情感体验和认同,更包括落实到具体分析问题时的思维方式。”③所以,法治思维是一个相对复杂的思维模式,既涵盖了理性的一面,同时也涵盖了感性的一面,更加强调合二为一。具体而言,法治信仰是人们对于法治的态

① [美]哈罗德·J.伯尔曼:《法律与宗教》,梁治平译,生活·读书·新知三联书店1991年版,第28页。

② [日]落合阳一:《超级AI时代的人类命运　34个你必须掌握的未来生存法则》,崔海明译,机械工业出版社2019年版,第34页。

③ 王飞:《思想政治理论课导论》,安徽师范大学出版社2018年版,第324页。

度和认同，是理性和感性共同作用的结果，同时还包含了人类对于美好社会的向往和精神寄托。

法治思维的形成需要人们对法治形成广泛而深刻的信仰，法治信仰涉及人们关于法治的观点、看法，是对法治价值观的认可，是对法治价值观念的遵从，是对法治价值发自内心的坚定信念。在信仰之下，人们才开始进行思维活动，才开始进行价值判断，具有法治信仰的人必然认可法治，不具有法治信仰的人必然无法从内心深处认可法治。所以，我们力求在全社会形成对法治的共同信仰，让对法治社会的美好期盼成为全社会共同的价值追求，这恰恰是实现社会法治的前提，是帮助人们培养法治思维的基础。

法治思维需要法治信仰的价值引领为支撑。法治信仰为法治思维提供了合法性依据，当人们为了自己的某种行为产生找到合法性根据的想法的时候，会更加倾向去将这种想法付诸实践，这就是人们自我认可的一种体现。而假如人们对自己的某种行为找不到合法性根据，同时也不合理时，往往会出现一种对自我的怀疑，或者简单地说就是出现不自信的情况。因此，坚定的法治信仰，不仅可以锤炼人的法治思维，同时还能够坚定人们对法治的信心。

法治思维的养成需要法治信仰提供方法指导。养成法治思维还是一种可以坚定公民法治信仰的方法。如果从人治的角度出发，那么人们必然会认为限制公民的基本权利和自由、维护统治者的诸多利益是合理合法的。如此一来，法律则成了统治者进行统治的工具。这当然与法治本身的内涵是背道而驰的。因此，法治信仰不仅是信仰，同时也是一种思考问题的方式，为法治思维提供方法指导。

（二）树立法治信仰是建设法治国家的根本要求

当每个人都树立了牢固的法治观念并转化为自觉的行动时，那么，法治在一个国家中得以实现就是自然的结果。

树立法治信念，有利于自觉守法，促进依法治国，减轻国家管理负担，维护国家和社会正常秩序。如果社会成员能够自觉地遵守和维护法律,政府治理的负担就可以最小化。那么,广大的社会成员如何才能真正自觉地遵守法律呢?“法不只是靠国家加以维持,没有使法成为守法主体的个人为法秩序维持而进行的活动,这是不可能长期维持的。”[①]希望法律能够受到人们遵守的最优方法,不是无限度增加违法的惩罚力度,而是要让人们发自内心形成法治信仰,理解法律的价值之一是实现社会的公平和正义,让社会成员认识到,维护自身利益的最好方式就是遵纪守法。因此,我们要在全社会树立法治信仰,只有在法治信仰牢固树立的社会中,才能真正做到依法依规,最大限度地减轻国家管理的负担,实现国家管理的现代化。

树立法治信念,促进社会自治。实现社会自治(也称公民自治)不仅是国家治理现代化的目标,也是实现国家治理现代化的途径。所谓社会自治,“是指公民通过自己的社会组织和群体实现自我管理、自我约束和自我服务,是传统政府控制或者管理之外的另一种维护社会秩序的方式。”[②]其优点主要在于,它是适应社会发展变化的一种新的社会管理模式,适应当今快速发展的社会,公民自治成为政府的必要补充。通过参与政府职能和社会治理活动,社会自治组织得以分散和减少传统的政府职责,政府管理社会的方式也发生了变化。政府已经从直接的社会管理者转变为社会自治监督者和政策制定者。同时,社会自治也有助于人民监督政府的运行,减少腐败的可能性。这是未来国家实现法治现代化的必由之路。

社会自治能力的推进,必须以提高公众的法治意识,树立法治信念为前提和基础。如果社会中的各个方面的利益纠纷都藐视法律,无视社会公正,只注重自身的最高利益,采用违法甚至是犯罪的手段和方式,那么健康、和谐的社会秩序将荡然无存,社会自治就会成为无稽之谈。所以,坚持对法治的信仰,维护法律的权威,是实现社会自治的前提保障。

---

① [日]川岛武寅:《现代化与法》,王志安等译,中国政法大学出版社 1994 年版,第 19 页。

② [日]川岛武寅:《现代化与法》,王志安等译,中国政法大学出版社 1994 年版,第 19 页。

监督政府权力,减少腐败,也需要对法治的信仰。古今中外,权力被肆无忌惮地滥用是国家管理的最大危机之一。自国家产生以来,腐败的现象就屡禁不止。历史用血淋淋的事实提示我们,法治是限制权力被滥用的切实有效的措施,同时具有无与伦比的优势,但仅有法律的手段是不够的,还要不断提高人民群众的意识。法治的本质在于提高人们的法治意识和自身对法治的信仰。如果人们不能相信法治,不能参与其中,法治的作用将无法发挥。因此,树立法治信仰、提高民众的法治意识,让民众真正觉悟,是实现法治对权力约束、减少腐败的根本途径。

试题演练

一、判断题

1. 法治国家、法治政府、法治社会的一体化建设是全中国人民共同的理想。(　)
2. 法治信仰的内核是对良法、善法的遵从,和对良法、善法的践行。(　)
3. 限制权力被滥用不需要法治手段。(　)
4. 法治思维的一个相对复杂的思维模式,既涵盖了理性的一面,同时也涵盖了感性的一面,更加强调合二为一。(　)
5. 树立法治信念,有利于自觉守法,促进依法治国,减轻国家管理负担,维护国家和社会正常秩序。(　)
6. 社会自治能力的推进,与公众的法治意识无关。(　)
7. 监督政府权力,减少腐败,也需要对法治的信仰。(　)
8. 法治思维的养成需要法治信仰提供方法指导。(　)
9. 法治思维需要法治信仰的价值引领作为支撑。(　)
10. 国家公共利益的实现,人民的生存和发展空间,需要法律秩序发挥其保障作用。(　)

二、个人感悟

____

____

签名：
年 月 日

三、培养法治思维：学法、知法与用法

现代化文明社会的基础是法治。法治兴则国家兴，法治衰则国家乱。建设法治中国，离不开每个公民的参与和推动。在全面依法治国、建设法治中国的进程中，全中国人民都肩负着重要的责任。①

（一）学法、知法、守法，培养法治思维，避免误入歧途

在这里我们以一个案例来展示学法、知法、守法，培养法治思维，避免误入歧途的重要意义。“2014 年 7 月 14 日，河南有两位大学生去河边洗澡，发现树上有一个鸟窝。于是，两人爬上树去掏鸟窝，把里面 12 只鸟抓回了家。饲养过程中，小鸟飞跑一只，死亡一只，剩余的小鸟则被两人以一只几百元左右的价格放在网上售卖。7 月 27 日，当两人再次掏鸟窝抓鸟时，被公安机关抓捕并予以刑事拘留。2015 年 5 月，两人以非法收购、猎捕珍贵、濒危野生动物罪，分别被判处 10 年、10 年半有期徒刑，并处以罚金。据悉，两人获刑是因为抓了国家二级保护动物——燕隼。”②

① 朱佳：《尊法学法守法用法四十五讲》，上海财经大学出版社 2020 年版，第 1 ~ 3 页。

② 朱佳：《尊法学法守法用法四十五讲》，上海财经大学出版社 2020 年版，第 1 ~ 3 页。

从上述案例中不难看出，当事人A和B在行为时，他们的主观认知问题是本案件的核心，即当事人A和B对法律或者说法条本身的认识和理解，以及对国家二级保护动物的认识和理解情况。根据《刑法》第341条规定，“非法猎捕、杀害国家重点保护的珍贵、濒危野生动物的，或者非法收购、运输、出售国家重点保护的珍贵、濒危野生动物及其制品的，处五年以下有期徒刑或者拘役，并处罚金；情节严重的，处五年以上十年以下有期徒刑，并处罚金；情节特别严重的，处十年以上有期徒刑，并处罚金或者没收财产”。那么，让一个普通人知道燕隼是国家二级保护动物，是否存在可以期待的可能性？很显然，在信息如此发达的今天，了解一下燕隼是不是国家二级保护动物的问题，还是不难解决的，所以，按照《刑法》的基本原则和相关法条的具体规定，当事人A和B承担了相应的法律责任。

这则案例告诉我们，学法、知法、守法，培养法治思维，避免误入歧途的重要意义。

（二）树立法治信仰，养成法治思维，避免感情用事

《论语》中的名篇《季氏将伐颛臾》中孔子提出，“君子疾夫舍曰欲之而必为之辞。丘也闻有国有家者，不患寡而患不均，不患贫而患不安”。[①] 意思就是，君子厌恶那种不说自己想去做却偏要编造借口来搪塞的人。我听说士大夫都有自己的封地，他们不怕财富不多而怕分配不均匀，不怕民众不多而怕不安定。

我们在日常生活中，不可避免地会遇到这样或那样不公平的人、事、物，此时最最需要的就是避免感情用事，保持理智，并且通过法律的手段维护自身的合法权益。而我们对于法律规则的认知来自平时的积累、学习，通过学习相关的法律知识，树立法治信仰，养成法治思维，让我们可以在面对困难、挫折，甚至是伤害的时候，能够有保护自己的能

① 《国学典藏》丛书编委会：《四书五经故事》（上），中国铁道出版社2017年版，第5页。

力。所以,学习法律对我们每一个人都是十分重要的。

(三)守护社会秩序,建设法治国家

我们试想一个场景:在日常的生活中,遵守交通规则是公民遵守国家法律的重要组成部分。那么,如果有一天行为人A由于醉酒而忽视交通规则,肆意妄为,擅自闯红灯,扰乱了日常井然有序的交通状况。此时,运转正常的交通会出现什么情况?答案毫无疑问是交通混乱;如果是在上下班高峰期的闹市区,则会导致交通瘫痪。这时,我们期待出现一位交警可以帮助处理,恢复突发情况出现前的交通秩序。这就是一种规则,法律就属于规则的一种。上述场景告诉我们,法律如同我们日常生活中的一切资源一样,围绕在我们每一个人的身边,法律是保护每一个公民的人身安全、财产安全,以及其他基本权利和自由的武器;法律是社会秩序的守护者,法律使我们每一个人的生活更美更好。这是法律的价值追求,也是法律的意义。因此,我们每一个人都需要法律,现代化社会的有序发展也离不开法律。

试题演练

一、判断题

1. 法治兴则国家兴,法治衰则国家乱。(　)
2. 建设法治中国,是国家法治机关的工作,与我无关,不用参与和推动。(　)
3. 法律如同我们日常生活中的一切资源一样,围绕在我们每一个人的身边,法律是保护每一个公民的人身安全、财产安全,以及其他基本权利和自由的武器。(　)
4. 现代化的文明社会的基础是法治。(　)
5. 法律属于规则的一种。(　)

二、个人感悟

____

____

签名：

年 月 日

第四章

法治教育(一):《社区矫正法》

《社区矫正法》是为了推进和规范社区矫正工作，保障刑事判决、刑事裁定和暂予监外执行决定的正确执行，提高教育矫正质量，促进社区矫正对象顺利融入社会，预防和减少犯罪，根据宪法制定的法律。该法律分为总则，机构、人员和职责，决定和接收，监督管理，教育帮扶，解除和终止，未成年人社区矫正特别规定，法律责任和附则等，共9章63条。《社区矫正法实施办法》是认真贯彻落实党中央全面推进依法治国和司法体制改革决策部署，为实施《社区矫正法》同步配套的规范性文件。《社区矫正法实施办法》对社区矫正工作实践中的具体问题进行了更为细化的规定。《社区矫正法》与《社区矫正法实施办法》为社区矫正工作提供有力的法治保障。

社区矫正需要遵循《社区矫正法》以及相应的法律规定，一些社区矫正对象在社区矫正期间，因为不了解相应的法律规定，被训诫、警告甚至收监执行而追悔莫及。社区矫正对象只有全面了解相关规定，认真学习并规范自己的行为，才能顺利渡过社区矫正阶段。

重点提示：

1. 社区矫正中的报告制度的要求是什么？
2. 违反报告制度会被如何处罚？
3. 外出制度中的禁止性规定是什么？
4. 违反禁止外出的规定，会被如何处罚？
5. 会客制度中不能会见的人员有哪些？
6. 限制出境的规定是什么？
7. 什么情况属于脱管？
8. 社区矫正对象脱管会被如何处罚？
9. 了解训诫、警告、治安管理处罚、收监执行的具体规定。

一、监督管理制度我应当遵守

(一)报告制度

报告是指社区矫正对象定期或不定期向社区矫正机构反映其遵纪守法、接受监督管理以及工作学习生活等情况的活动。违反报告制度,视情节轻重会被处以训诫、警告、治安管理处罚等处罚。

【典型案例】

案例1:违反报告制度　找人代写思想汇报被警告

2019年8月,社区矫正对象明某(女),因犯非法出售增值税专用发票罪、非法出售发票罪被法院判处有期徒刑2年4个月,缓刑2年6个月,并处罚金人民币34,000元,缓刑考验期间依法实施社区矫正。2020年7月23日,在司法局与检察院开展联合执法检查过程中发现明某在2019年至2020年接受社区矫正期间,多月思想汇报材料均为他人代写,未按照社区矫正相关规定,定期汇报思想,报告其遵纪守法、接受监督管理等相关情况。

针对明某违规情况,县司法局立即启动调查程序,同时向其阐明事实及危害后果,宣告法律法规,告诉其在接受社区矫正期间,必须接受司法行政部门监督管理、教育矫治和考核评估,并要求明某要明晰身份定位,敬畏法律法规,不得再犯。2020年8月5日,明某因违反了社区矫正相关监督管理规定,县司法局社区矫正机构向其下达训诫决定书。明某听完训诫谈话后,深受震慑,立即承认了错误,并对社区矫正机构工作人员耐心教导表示感谢。明某还郑重表示,之后将严格遵守法律法规,服从监管。

案例2:违反报告与外出制度　被要求佩戴电子定位手环并警告

社区矫正对象何某某,2022年2月22日因危险驾驶罪被永仁县人民法院判处拘役3个月,宣告缓刑4个月,缓刑考验期自2022年3月15日至2022年7月14日止。何某某在永仁县莲池乡莲池司法所接受社区矫正。社区矫正期间,何某某多次不按规定报告情况,并于2022年3月20日、3月24日、3月27日三次未经执行机关批准,离开所居住地前往四川省攀枝花市仁和区、盐边县。监管工作人员及时对其进行电话劝诫,何某某仍以外出务工为由拒绝按时返回居住地。

为查明何某某未经批准外出的原因,永仁县人民检察院、永仁县司法局、永仁县公安局等相关部门及时组成联合调查组开展调查核实。调查组深入执行地司法所、村(居)委会及村民小组,详细了解何某某在社区矫正以来的实际表现,家访何某某的家人,对何某某进行训诫谈话,对何某某"自认为为了务工离开居住地的行为很正常,不需要报告司法所批准、监管"的错误认识进行了严肃批评教育,矫正其错误行为。

永仁县人民检察院经审查认为,何某某在社区矫正期间多次不按规定汇报当日活动情况,三次未经批准擅自外出,其行为违反了《社区矫正法》第23条、第28条,《社区矫正法实施办法》第35条的规定,建议永仁县司法局对其进行警告处理。2022年4月18日,社区矫正对象何某某被永仁县司法局给予警告,同时佩戴电子定位手环。

案例3:暂予监外执行伪造医学检查材料被收监

社区矫正对象秦某,女,1986年出生,2017年11月,因犯组织卖淫罪被山东省郯城县人民法院判处有期徒刑5年,并处罚金人民币30万元。秦某因系怀孕、哺乳期妇女,分别于2018年9月12日、2019年9月10日、2020年4月30日被郯城县人民法院决定暂予监外执行,2018年9月19日起在受委托的司法所接受社区矫正。

在社区矫正期间，秦某分别于2018年、2019年两次怀孕，生下两个孩子，2020年第三次怀孕。在第三次怀孕期间，社区矫正机构发现秦某伪造妊娠检查的医学材料，虚构分娩事实，意图逃避刑罚惩罚。因其暂予监外执行的情形消失，且刑期未满，社区矫正机构决定立即启动收监执行程序，制作提请收监执行相关材料邮寄至原判法院，并将收监执行建议书抄送检察机关。2021年1月5日，山东省郯城县人民法院决定对秦某收监执行。

【案例解读】

在案例1与案例2中，明某找他人代写思想汇报，何某某多次不按规定汇报当日活动情况，其行为违反了《社区矫正法》第23条、《社区矫正法实施办法》第24条的规定。当地司法行政机关分别给予警告，并要求佩戴电子腕带，符合法律的规定。在社区矫正期间，社区矫正对象要严格遵守社区矫正的相关规定，约束自己的言行，遵纪守法，真诚悔罪。对无视法律心存侥幸或者监管难度较大的社区矫正对象，社区矫正机构会根据其违反法律规定的事实和情节，依法予以处理，促使其增强接受社区矫正的态度，矫正其错误行为。在案例3中，秦某伪造妊娠检查的医学材料，虚构分娩事实，意图逃避惩罚。此种伪造医学材料的行为违反了社区矫正需要如实报告的规定，另外因其暂予监外执行的情形消失且刑期未满，社区矫正机构决定立即启动收监执行程序，由人民法院决定对秦某收监执行，符合法律的规定。

法条链接：

《社区矫正法》(2019年12月28日公布)

第二十三条　社区矫正对象在社区矫正期间应当遵守法律、行政法规，履行判决、裁定、暂予监外执行决定等法律文书确定的义务，遵守国务院司法行政部门关于报告、会客、外出、迁居、保外就医等监督管理规定，服从社区矫正机构的管理。

第二十九条　社区矫正对象有下列情形之一的，经县级司法行政

部门负责人批准,可以使用电子定位装置,加强监督管理:

(一)违反人民法院禁止令的;

(二)无正当理由,未经批准离开所居住的市、县的;

(三)拒不按照规定报告自己的活动情况,被给予警告的;

(四)违反监督管理规定,被给予治安管理处罚的;

(五)拟提请撤销缓刑、假释或者暂予监外执行收监执行的。

前款规定的使用电子定位装置的期限不得超过三个月。对于不需要继续使用的,应当及时解除;对于期限届满后,经评估仍有必要继续使用的,经过批准,期限可以延长,每次不得超过三个月。

……

《社区矫正法实施办法》(2020年6月18日公布)

第二十四条　社区矫正对象应当按照有关规定和社区矫正机构的要求,定期报告遵纪守法、接受监督管理、参加教育学习、公益活动和社会活动等情况。发生居所变化、工作变动、家庭重大变故以及接触对其矫正可能产生不利影响人员等情况时,应当及时报告。被宣告禁止令的社区矫正对象应当定期报告遵守禁止令的情况。

暂予监外执行的社区矫正对象应当每个月报告本人身体情况。保外就医的,应当到省级人民政府指定的医院检查,每三个月向执行地县级社区矫正机构、受委托的司法所提交病情复查情况。执行地县级社区矫正机构根据社区矫正对象的病情及保证人等情况,可以调整报告身体情况和提交复查情况的期限。延长一个月至三个月以下的,报上一级社区矫正机构批准;延长三个月以上的,逐级上报省级社区矫正机构批准。批准延长的,执行地县级社区矫正机构应当及时通报同级人民检察院。

……

第三十五条　社区矫正对象具有下列情形之一的,执行地县级社区矫正机构应当给予警告:

(一)违反人民法院禁止令,情节轻微的;

(二)不按规定时间报到或者接受社区矫正期间脱离监管,超过十日的;

(三)违反关于报告、会客、外出、迁居等规定,情节较重的;

(四)保外就医的社区矫正对象无正当理由不按时提交病情复查情况,经教育仍不改正的;

(五)受到社区矫正机构两次训诫,仍不改正的;

(六)其他违反监督管理规定,情节较重的。

【法条解析】

《社区矫正法》第23条和《社区矫正法实施办法》第24条均对社区矫正的报告制度作了较为明确的规定,主要包含以下内容:

1. 社区矫正对象应当按照有关规定和社区矫正机构的要求,定期报告遵纪守法、接受监督管理、参加教育学习、公益活动和社会活动等情况。

2. 当发生居所变化、工作变动、家庭重大变故以及接触对其矫正可能产生不利影响人员等情况时,社区矫正对象应当及时报告。

3. 被宣告禁止令的社区矫正对象应当定期报告遵守禁止令的情况。

4. 暂予监外执行的社区矫正对象应当每个月报告本人身体情况。

5. 保外就医的,应当到省级人民政府指定的医院检查,每3个月向执行地县级社区矫正机构、受委托的司法所提交病情复查情况。

《社区矫正法》第29条是关于电子定位装置适用的条件,当出现社区矫正对象违反人民法院禁止令;无正当理由,未经批准离开所居住的市、县的;拒不按照规定报告自己的活动情况,被给予警告的;违反监督管理规定,被给予治安管理处罚的;拟提请撤销缓刑、假释或者暂予监外执行收监执行的情况的,经县级司法行政部门负责人批准,可以使用电子定位装置,目的在于对社区矫正对象加强监管。

《社区矫正法实施办法》第35条是对社区矫正对象违反社区矫正监管规定,通过警告的方式予以警示与处罚。在对于社区矫正对象的处罚中,除了警告,还有训诫、治安管理处罚、收监执行等。一般根据违反管理规定的轻重,适用不同的处罚方式。

（二）外出制度

外出是指社区矫正对象离开所居住的市、县或者迁居，应当报经社区矫正机构批准，经社区矫正机构批准同意后，社区矫正对象需要在规定时间离开并按时返回执行地的活动。

【典型案例】

案例1：违反外出规定，社区矫正对象被警告

济宁市微山县社区矫正对象曹某某，因非法捕捞水产品罪被微山县人民法院判处有期徒刑6个月，缓刑1年，缓刑期间依法在微山县司法局接受社区矫正。但尚在社区矫正严管期内的曹某某未经许可便擅自到山东省滨州市等地，违反外出规定。司法所工作人员发现后，立即与曹某某进行了教育谈话，并在征求矫正小组成员意见后，提请县级社区矫正机构给予曹某某警告处罚。县级社区矫正机构核实后，依据相应规定，向其本人送达了《社区矫正警告决定书》，并邀请矫正小组成员一起向其宣读了警告决定。同时，工作人员向曹某某重申了社区矫正监管规定，告诫其要珍惜社区矫正机会，严格遵守社区矫正各项监管规定，提醒其若仍不改正，将被提请撤销缓刑，收监执行。经过处罚与教育，曹某某表示认识到自己的错误行为，保证今后将严格自律，遵守社区矫正监管规定，服从监督管理，并认真学习法律知识，改造自我，完善自我，争取早日回归社会。

案例2：虽请假却提前外出，社区矫正对象仍被警告

赵某某，女，1965年出生，2021年11月因犯生产、销售伪劣产品罪被浙江省嘉善县人民法院判处有期徒刑1年，缓刑1年4个月，并处罚金人民币46,000元，缓刑考验期自2021年11月26日起至2023年3月25日止。2021年11月26日，赵某某到嘉善县社区矫正中心报到，由执行地受委托的司法所负责对其实施日常教育管理。

赵某某于2022年2月7日上午,因需回户籍地补办身份证提出请假申请,被批准在2月8日至2月11日外出至福建省政和县。但她在请假未开始时便提前外出,工作人员多次要求其返回嘉善,等请假时间开始后再外出,但赵某某拒绝,坚持提前前往福建省政和县。2月12日,赵某某返回嘉善到司法所办理销假手续。2月14日上午到司法所接受调查,确认其在请假得到批准后,不遵守规定提前外出,经多次催促后拒不返回嘉善的事实。

司法所经合议认为,赵某某在请假外出被批准的情况下,提前外出,属于违反社区矫正监督管理规定情节较重的情形,于2月14日向嘉善县社区矫正机构提请给予赵某某警告处罚,同时提交越界证据、谈话笔录和合议意见表等材料。2月14日,嘉善县社区矫正机构经过集体评议,决定给予赵某某警告处罚,出具《社区矫正警告决定书》,并在社区矫正中心和司法所进行公示。2月15日,工作人员向社区矫正对象赵某某宣读并送达了《社区矫正警告决定书》,赵某某在决定书送达回执上签字确认。

案例3:私自外出不请假,社区矫正对象被训诫

社区矫正对象曹某,因组织、领导传销活动罪于2020年10月被判处有期徒刑3年,缓刑4年。进入社区矫正执行程序后,曹某多次因手机关机被司法所工作人员进行批评教育。2022年8月16日下午,曹某心存侥幸,未经过审批,私自离开执行地前往武威市。红山窑司法所核查发现曹某违规外出,要求其立即返回,并向永昌县社区矫正机构报告相关情况。经永昌县社区矫正机构研究决定,根据《社区矫正法》第28条、《社区矫正法实施办法》第34条的规定,决定给予社区矫正对象曹某训诫一次。

案例4:逃避监管不请假,社区矫正对象被治安管理处罚

王某某因犯销售假冒注册商标商品罪被判处有期徒刑3年,缓刑3年。2021年11月至12月,王某某多次通过将定位手机放置于家里或让其家人代为保管的方式逃避信息化监管,并不请假外出至四川省成都市、云南省昆明市、河南省郑州市等地20余天,严重违反社区矫正监督管理规定,性质特别恶劣。江北区司法局社区矫正机构根据《社区矫正法》等相关规定,向宁波市公安局江北分局提出对王某某给予治安管理处罚的建议。公安机关根据相关法律,对王某某作出行政拘留5天,处罚款人民币200元的行政处罚决定。

【案例解读】

案例1中的曹某某未经请假批准擅自到外市。案例2中的赵某某虽然履行了请假程序,但是却在批准日期之前外出,违反了监管规定。案例3、案例4中的曹某与王某某同样存在不请假外出的情况。由于案例3中的曹某违规外出行为发现得比较及时,收到通知后立即返回,情节相对比较轻微,被给予训诫,而案例4中王某某多次通过将定位手机放置于家里或让其家人代为保管的方式逃避信息化监管,并不请假外出至四川省成都市、云南省昆明市、河南省郑州市等地20余天,严重违反了社区矫正监督管理规定,性质特别恶劣,司法局向公安局提出对王某某给予治安管理处罚的建议。公安机关根据《治安管理处罚法》第60条的规定,对王某某作出行政拘留5天,处罚款人民币200元的行政处罚决定,符合法律规定的要求。在社区矫正期间,如果社区矫正对象有正当理由需要外出,应当报经社区矫正机构批准,否则即违反了监管规定,会视情节,被依法处罚。

法条链接:

《社区矫正法》(2019年12月28日公布)

第二十七条第一款　社区矫正对象离开所居住的市、县或者迁居,应当报经社区矫正机构批准。社区矫正机构对于有正当理由的,应当批准;对于因正常工作和生活需要经常性跨市、县活动的,可以根据情况,简化批准程序和方式。

第二十八条第一款　社区矫正机构根据社区矫正对象的表现,依照有关规定对其实施考核奖惩。社区矫正对象认罪悔罪、遵守法律法规、服从监督管理、接受教育表现突出的,应当给予表扬。社区矫正对象违反法律法规或者监督管理规定的,应当视情节依法给予训诫、警告、提请公安机关予以治安管理处罚,或者依法提请撤销缓刑、撤销假释、对暂予监外执行的收监执行。

《社区矫正法实施办法》(2020年6月18日公布)

第二十六条　社区矫正对象未经批准不得离开所居住市、县。确有正当理由需要离开的,应当经执行地县级社区矫正机构或者受委托的司法所批准。

社区矫正对象外出的正当理由是指就医、就学、参与诉讼、处理家庭或者工作重要事务等。

前款规定的市是指直辖市的城市市区、设区的市的城市市区和县级市的辖区。在设区的同一市内跨区活动的,不属于离开所居住的市、县。

第三十二条第二款　社区矫正机构、受委托的司法所应当根据社区矫正对象认罪悔罪、遵守有关规定、服从监督管理、接受教育等情况,定期对其考核。对于符合表扬条件、具备训诫、警告情形的社区矫正对象,经执行地县级社区矫正机构决定,可以给予其相应奖励或者处罚,作出书面决定。对于涉嫌违反治安管理行为的社区矫正对象,执行地县级社区矫正机构可以向同级公安机关提出建议。社区矫正机构奖励或者处罚的书面决定应当抄送人民检察院。

第三十四条　社区矫正对象具有下列情形之一的,执行地县级社区矫正机构应当给予训诫:

(一)不按规定时间报到或者接受社区矫正期间脱离监管,未超过十日的;

(二)违反关于报告、会客、外出、迁居等规定,情节轻微的;

(三)不按规定参加教育学习等活动,经教育仍不改正的;

(四)其他违反监督管理规定,情节轻微的。

第三十五条　社区矫正对象具有下列情形之一的,执行地县级社区矫正机构应当给予警告:

（一）违反人民法院禁止令，情节轻微的；

（二）不按规定时间报到或者接受社区矫正期间脱离监管，超过十日的；

（三）违反关于报告、会客、外出、迁居等规定，情节较重的；

（四）保外就医的社区矫正对象无正当理由不按时提交病情复查情况，经教育仍不改正的；

（五）受到社区矫正机构两次训诫，仍不改正的；

（六）其他违反监督管理规定，情节较重的。

第三十六条　社区矫正对象违反监督管理规定或者人民法院禁止令，依法应予治安管理处罚的，执行地县级社区矫正机构应当及时提请同级公安机关依法给予处罚，并向执行地同级人民检察院抄送治安管理处罚建议书副本，及时通知处理结果。

《治安管理处罚法》(2012年10月26日修正)

第六十条　有下列行为之一的，处五日以上十日以下拘留，并处二百元以上五百元以下罚款：

（一）隐藏、转移、变卖或者损毁行政执法机关依法扣押、查封、冻结的财物的；

（二）伪造、隐匿、毁灭证据或者提供虚假证言、谎报案情，影响行政执法机关依法办案的；

（三）明知是赃物而窝藏、转移或者代为销售的；

（四）被依法执行管制、剥夺政治权利或者在缓刑、暂予监外执行中的罪犯或者被依法采取刑事强制措施的人，有违反法律、行政法规或者国务院有关部门的监督管理规定的行为。

【法条解析】

《社区矫正法》第27条与《社区矫正法实施办法》第26条是关于社区矫正期间社区矫正对象外出的规定。这些规定明确了，社区矫正对象如果需要离开所居住的市、县或者迁居，需要有正当理由且要履行请假手续。社区矫正对象外出的正当理由是指就医、就学、参与诉讼、处理家庭或者工作重要事务等。《社区矫正法》第28条，《社区矫正法实施办法》第32条、第34条、第35条、第36条主要是关于社区矫正对象违反社区矫正监管规定进行的处罚,即包含了训诫、警告、治安管理处罚等。《治安管理处罚法》第 60 条规定,被依法执行管制、剥夺政治权利或者在缓刑、暂予监外执行中的罪犯或者被依法采取刑事强制措施的人,有违反法律、行政法规或者国务院有关部门的监督管理规定的行为,由公安机关进行治安管理处罚。

(三)会客制度

会客制度是指未经执行地县级社区矫正机构批准,社区矫正对象不得接触其犯罪案件中的被害人、控告人、举报人,不得接触同案犯等可能诱发其再犯罪的人。

【典型案例】

案例 1:违反会客制度又吸毒,三名社矫对象被收监

2020 年 9 月,蒋某、王某、杨某三人因犯开设赌场罪,均被宣恩县人民法院判处有期徒刑并宣告缓刑。之后,三人分别在高乐山司法所和坪坝营司法所接受社区矫正。同年 11 月 10 日晚,蒋某、王某、杨某三人被咸丰县公安机关查获在车内吸食毒品且三人毒品检测结果均呈阳性。随后,咸丰县社区矫正管理局向原判人民法院提出撤销蒋某、王某、杨某三人缓刑,12 月 3 日,宣恩县人民法院裁定撤销蒋某等三人缓刑,收监执行原判刑罚。

案例 2 :两名未成年同案犯,违规共同居住被训诫

社区矫正对象路某和梁某犯罪时未满 18 周岁,因聚众斗殴罪被判处缓刑,司法所在日常走访时发现两人在外租房居住的事实,违反了《社区矫正法实施办法》中的未经批准不得接触同案犯的规定。同时,路某因违反社区矫正监管规定已经受到过两次训诫和一次警告处罚。

为了挽救和感化这两名未成年社区矫正对象,最大限度地发挥警示震慑作用,应司法局的请求,在当地检察院听证庭,由检察官主持训诫谈话。检察官在查阅了社区矫正对象的执行档案后，依据相关法律条文，严肃地告知两名社区矫正对象违反矫正纪律的后果，提出了五项要求：一要严格遵守社区矫正各项监督管理规定，一切行为听管理、守规章。二要加强法律法规学习，做到学法、用法、懂法、守法，用法治的思维思考问题，解决问题。三要认真反思悔改，以良好的心态、积极的表现，重新回归社会。四要珍惜当前，警钟长鸣，用积极的态度面对今后的人生。五要树立责任意识和担当意识，堂堂正正做人，做对家庭、对社会有用的人。路某和梁某表示：这次训诫教育就像是给了自己当头一棒，起到了及时有效的教育效果。今后一定严格遵守社区矫正纪律，珍惜这最后一次机会，争取顺利解除社区矫正。

路某和梁某的监护人感谢社区矫正工作人员的良苦用心，表示回去后马上与房东协商解除租房协议，让两个未成年人回归家庭，并时刻提醒和督促他们履行社区矫正义务，遵守社区矫正纪律，真正发挥监护人的作用和责任。

【案例解读】

在上述案例中，案例 1 中的蒋某、王某、杨某三人为同案犯，为预防重新犯罪，三人在社区矫正期间不得接触，但是三人不仅相约见面，而且还相聚共同吸毒，严重违反了社区矫正监管规定，因此根据《社区矫正法实施办法》第 46 条的规定，被撤销缓刑，收监执行。案例 2 中两名未成年社区矫正对象为同案犯，在社区矫正期间不应接触，但是两名社区矫正对象却共同租房居住，违反了社区矫正的监管规定。鉴于两人为未成年人，且情节较轻，因此被处以训诫，并要求未成年人的监护人将他们接回家中居住，符合法律的规定。

法条链接：

《社区矫正法实施办法》(2020 年 6 月 18 日公布)

第二十五条　未经执行地县级社区矫正机构批准，社区矫正对象不得接触其犯罪案件中的被害人、控告人、举报人，不得接触同案犯等可能诱发其再犯罪的人。

第四十六条　社区矫正对象在缓刑考验期内,有下列情形之一的,由执行地同级社区矫正机构提出撤销缓刑建议:

(一)违反禁止令,情节严重的;

(二)无正当理由不按规定时间报到或者接受社区矫正期间脱离监管,超过一个月的;

(三)因违反监督管理规定受到治安管理处罚,仍不改正的;

(四)受到社区矫正机构两次警告,仍不改正的;

(五)其他违反有关法律、行政法规和监督管理规定,情节严重的情形。

社区矫正机构一般向原审人民法院提出撤销缓刑建议。如果原审人民法院与执行地同级社区矫正机构不在同一省、自治区、直辖市的,可以向执行地人民法院提出建议,执行地人民法院作出裁定的,裁定书同时抄送原审人民法院。

社区矫正机构撤销缓刑建议书和人民法院的裁定书副本同时抄送社区矫正执行地同级人民检察院。

【法条解析】

《社区矫正法实施办法》第25条主要规定的是,在社区矫正期间,社区矫正对象不得接触其犯罪案件中的被害人、控告人、举报人,不得接触同案犯等可能诱发其再犯罪的人。如果需要接触,需要经过执行地县级社区矫正机构批准,禁止社区矫正对象接触同案犯、被害人、举报人、证人等人,是为了防止出现再次犯罪或者激化矛盾等问题。

(四)限制出境

限制出境是指社区矫正对象在社区矫正期间禁止出境的制度。

【典型案例】

多次违规外出，离境两次被收监

2016年7月6日，孙某某因犯非法买卖枪支罪被天津市滨海新区人民法院判处有期徒刑3年，缓刑4年，在北京市海淀区某镇司法所接受社区矫正。2019年，海淀区人民检察院在日常监督中发现，社区矫正对象孙某某在被实施电子监管期间，电子定位轨迹出现中断情形，孙某某可能存在故意逃避监管等违法违规行为。经调查核实，发现孙某某在被实施电子监管期间故意对电子定位装置不充电擅自外出一次，在被摘除电子定位装置（因法律法规调整，孙某某不再符合使用电子定位装置条件）后又利用每个月到司法所当面报到的间隔期间擅自外出。

海淀区人民检察院经审查认为，孙某某在社区矫正期间多次违规外出并两次违法出境，情节严重，于2019年5月24日向海淀区司法局提出纠正意见，建议其向法院提出撤销缓刑建议。2019年6月19日，海淀区司法局向天津市滨海新区人民法院制发《撤销缓刑建议书》。2019年7月22日，滨海新区人民法院作出刑事裁定，撤销孙某某宣告缓刑4年，收监执行原判有期徒刑3年。

【案例解读】

在上述案例中，孙某某在矫正期间多次违规外出并两次违法出境，情节严重，最终被收监执行，符合相关法律的规定。

法条链接：

《社区矫正法实施办法》（2020年6月18日公布）

第七条　公安机关依法履行以下职责：

……

（七）执行限制社区矫正对象出境的措施；

……

《社区矫正法实施办法》（2020年6月18日公布）

第四十六条　社区矫正对象在缓刑考验期内，有下列情形之一的，

由执行地同级社区矫正机构提出撤销缓刑建议:

(一)违反禁止令,情节严重的;

(二)无正当理由不按规定时间报到或者接受社区矫正期间脱离监管,超过一个月的;

(三)因违反监督管理规定受到治安管理处罚,仍不改正的;

(四)受到社区矫正机构两次警告,仍不改正的;

(五)其他违反有关法律、行政法规和监督管理规定,情节严重的情形。

社区矫正机构一般向原审人民法院提出撤销缓刑建议。如果原审人民法院与执行地同级社区矫正机构不在同一省、自治区、直辖市的,可以向执行地人民法院提出建议,执行地人民法院作出裁定的,裁定书同时抄送原审人民法院。

社区矫正机构撤销缓刑建议书和人民法院的裁定书副本同时抄送社区矫正执行地同级人民检察院。

《广西壮族自治区社区矫正工作细则》(2021年4月19日公布)

第五十六条第一款 公安机关依据社区矫正决定机关的相关法律文书依法执行限制社区矫正对象出境的措施。社区矫正对象不准出境期限应当与社区矫正期限一致。

《河南省社区矫正工作细则》(2020年8月20日公布)

第六十八条 执行地县级社区矫正机构应当自社区矫正对象入矫报到之日始对其进行不准出境通报备案。公安机关依据社区矫正决定机关的相关法律文书履行法定不批准出境报备工作职责。社区矫正对象不准出境报备期限应当与社区矫正期限一致。

(五)脱离监管

脱离监管主要是指社区矫正对象在社区矫正期间脱离执行地社区矫正机构的监督管理,下落不明,或者虽能查找到其下落但拒绝接受监督管理的情形。

【典型案例】

案例1：拒绝社区矫正，认定脱管被收监

林某某，男，1992年出生。2019年11月13日，林某某犯盗窃罪被福建省泉州市鲤城区人民法院判处有期徒刑7个月，缓刑1年，缓刑考验期自2019年11月26日起至2020年11月25日止。林某某按规定应在判决书生效10日内到万源市司法局报到参加社区矫正。2019年12月16日，检察院干警在核查社区矫正对象报到参矫情况时，发现林某某未在规定时间期限内到社区矫正机构报到后，便联系社区矫正机构立即查找其下落，督促其尽快报到。2019年12月26日，检察院再次核实林某某报到情况时，林某某明确表示"不会到万源市司法局参加社区矫正"。检察院于2019年12月27日向万源市司法局发出监督文书，要求对林某某未按规定时间报到参加社区矫正一事予以依法处理。万源市司法局按照监督意见，及时向原判法院提出了《撤销缓刑建议书》。同年12月30日，福建省泉州市鲤城区人民法院裁定撤销林某某缓刑、收监执行。2020年3月1日，在万源市公安局协助下，万源市司法局将林某某从福建泉州押送回四川万源，现该林已羁押于万源市看守所，择日交监狱服刑。

案例2：脱离监管一个月，社区矫正对象被收监

2021年6月，社区矫正对象李某某在无正当理由的情况下，拒绝到会宁县司法局社区矫正机构报到，脱离监管超过1个月。发现该情况后，当地检察院提前介入调查，通过调取该社区矫正对象社区矫正管理档案，查看该社区矫正对象活动轨迹，认真分析李某某脱管的原因。经审查认定，李某某的行为违反了《社区矫正法实施办法》的相关规定，应当对其撤销缓刑收监执行。随后，司法局向原判法院提请撤销李某某缓刑并收监执行的建议，最终原判法院裁定撤销罪犯李某某缓刑，决定收监执行原判刑罚。

案例3:社区矫正期间脱离监管,社区矫正对象被收监

社区矫正对象刘某,47岁,因犯盗窃罪于2022年5月被嘉兴市秀洲区人民法院判处拘役6个月,缓刑1年,缓刑考验期自2022年6月7日起至2023年6月6日止。2022年6月14日,刘某到罗山县社区矫正中心办理入矫手续,并于次日上午到执行地司法所报到并接受社区矫正日常监管。但在6月20日,工作人员进行信息化核查时,发现刘某仅于19日提交了一次生物验证后就再未提交生物验证和定位信息,同时刘某手机定位软件也显示离线,工作人员遂立即电话联系刘某,但其电话一直处于关机状态。随后,工作人员通过实地走访、询问其亲属及村委会、在其住所附近蹲守以及函请县公安机关协助等方式查找了1个月有余,始终未能查寻到刘某行踪。8月8日,鉴于刘某在接受社区矫正期间脱离监管已超过1个月,依据《社区矫正法》第46条、《社区矫正法实施办法》第46条的规定,罗山县司法局向原审人民法院提出对刘某撤销缓刑的建议。同时,基于刘某犯本罪前已有多次盗窃前科,系累犯,脱管期间很有可能会实施新的犯罪,依据《社区矫正法》第47条、《社区矫正法实施办法》第48条的规定,罗山县司法局同时向原审人民法院提出对刘某予以逮捕的建议。8月12日,原审人民法院作出对刘某予以逮捕的决定,8月16日,刘某返回罗山到社区矫正中心报到,被公安机关逮捕。

【案例解读】

在社区矫正期间,社区矫正对象脱离执行地社区矫正机构的监督管理,下落不明或者虽能查找到其下落但拒绝接受监督管理的,属于脱管。《社区矫正法实施办法》第34条、第35条、第38条、第46条均规定,社区矫正对象在社区矫正期间违反监督管理规定,下落不明或者虽能查找到其下落但拒绝接受监督管理的属于脱管,要根据不同的情形进行处罚。在上述的三个案例中,案例1中的杜某某明确拒绝社区矫正;案例2中的李某某在无正当理由的情况下,拒绝到司法局报到,脱离监管超过1个月;案例3中的刘某在社区矫正期间脱离监管已超过1个月,三人均属于严重违反社区矫正管理规定的情形,三人被撤销缓刑收监执行符合《社区矫正法实施办法》的规定。

法条链接：

《社区矫正法实施办法》(2020年6月18日公布)

第三十四条　社区矫正对象具有下列情形之一的，执行地县级社区矫正机构应当给予训诫：

(一)不按规定时间报到或者接受社区矫正期间脱离监管，未超过十日的；

(二)违反关于报告、会客、外出、迁居等规定，情节轻微的；

(三)不按规定参加教育学习等活动，经教育仍不改正的；

(四)其他违反监督管理规定，情节轻微的。

第三十五条　社区矫正对象具有下列情形之一的，执行地县级社区矫正机构应当给予警告：

(一)违反人民法院禁止令，情节轻微的；

(二)不按规定时间报到或者接受社区矫正期间脱离监管，超过十日的；

(三)违反关于报告、会客、外出、迁居等规定，情节较重的；

(四)保外就医的社区矫正对象无正当理由不按时提交病情复查情况，经教育仍不改正的；

(五)受到社区矫正机构两次训诫，仍不改正的；

(六)其他违反监督管理规定，情节较重的。

第三十八条　发现社区矫正对象失去联系的，社区矫正机构应当立即组织查找，可以采取通信联络、信息化核查、实地查访等方式查找，查找时要做好记录，固定证据。查找不到的，社区矫正机构应当及时通知公安机关，公安机关应当协助查找。社区矫正机构应当及时将组织查找的情况通报人民检察院。

查找到社区矫正对象后，社区矫正机构应当根据其脱离监管的情形，给予相应处置。虽能查找到社区矫正对象下落但其拒绝接受监督管理的，社区矫正机构应当视情节依法提请公安机关予以治安管理处罚，或者依法提请撤销缓刑、撤销假释、对暂予监外执行的收监执行。

第四十六条　社区矫正对象在缓刑考验期内，有下列情形之一的，

由执行地同级社区矫正机构提出撤销缓刑建议:

(一)违反禁止令,情节严重的;

(二)无正当理由不按规定时间报到或者接受社区矫正期间脱离监管,超过一个月的;

(三)因违反监督管理规定受到治安管理处罚,仍不改正的;

(四)受到社区矫正机构两次警告,仍不改正的;

(五)其他违反有关法律、行政法规和监督管理规定,情节严重的情形。

社区矫正机构一般向原审人民法院提出撤销缓刑建议。如果原审人民法院与执行地同级社区矫正机构不在同一省、自治区、直辖市的,可以向执行地人民法院提出建议,执行地人民法院作出裁定的,裁定书同时抄送原审人民法院。

社区矫正机构撤销缓刑建议书和人民法院的裁定书副本同时抄送社区矫正执行地同级人民检察院。

试题演练

一、选择题

1. 社区矫正对象不按规定时间报到或者接受社区矫正期间脱离监管,未超过10日的,执行地县级社区矫正机构应当给予____。(单选)

A. 训诫　　B. 警告

C. 治安管理处罚　　D. 批评

2. 根据《社区矫正法实施办法》第26条的规定,社区矫正对象未经批准不得离开所居住市、县。确有正当理由需要离开的,批准机关是____。(单选)

A. 公安机关

B. 执行地县级社区矫正机构或者受委托的司法所

C. 法院

D. 检察院

3. 受到社区矫正机构两次训诫,仍不改正的,执行地县级社区矫正机构应当给予____。(单选)

A. 训诫　　B. 警告

C. 治安管理处罚　　D. 批评

4. 社区矫正对象在缓刑考验期内,有下列哪些情形,由执行地同级社区矫正机构提出撤销缓刑建议:____。(多选)

A. 违反禁止令,情节严重的

B. 无正当理由不按规定时间报到或者接受社区矫正期间脱离监管,超过一个月的

C. 因违反监督管理规定受到治安管理处罚,仍不改正的

D. 受到社区矫正机构两次警告,仍不改正的

5. 根据《社区矫正法实施办法》第26条的规定,社区矫正对象需要有正当理由才可请假外出,外出的正当理由包括____。(多选)

A. 就医　　B. 就学

C. 参与诉讼　　D. 处理家庭或者工作

二、判断题

1. 社区矫正对象在社区矫正期间可以随意离开所居住市、县。(　)
2. 社区矫正对象在社区矫正期间可以随意会见被害人、同案犯。(　)
3. 保外就医的社区矫正对象无正当理由不按时提交病情复查情况,经教育仍不改正的,执行地县级社区矫正机构应当给予警告。(　)
4. 社区矫正对象应当按照有关规定和社区矫正机构的要求,定期报告遵纪守法、接受监督管理、参加教育学习、公益活动和社会活动等情况。(　)
5. 发生居所变化、工作变动、家庭重大变故以及接触对其矫正可能产生不利影响人员等情况时,应当及时报告。被宣告禁止令的社区矫正对象应当定期报告遵守禁止令的情况。(　)

三、个人感悟

签名:

年 月 日

二、教育帮扶我应当参加

教育帮扶是指社区矫正机构根据需要,对社区矫正对象进行法治、道德等教育,增强其法治观念,提高其道德素质和悔罪意识;社区矫正机构可以根据社区矫正对象的个人特长,组织其参加公益活动,修复社会关系,培养社会责任感。社区矫正对象应当参加社区矫正机构组织的教育与帮扶活动。

【典型案例】

案例1:不参加公益活动且人机分离,社区矫正对象被警告

王某因危险驾驶罪被判处拘役2个月,缓刑3个月。6月1日工作人员在社区矫正系统随机点检社区矫正对象定位信息时发现王某电话关机、定位失败,被工作人员批评教育。7月28日王某在请假未得批准的情况下,不按时参加集中学习和公益活动,且多次拒接工作人员电话。司法所及时组织王某矫正小组成员就其行为进行讨论,大家一致认为王某违反社区矫正管理规定,建议提请县局给予警告处分。8月2日上午,高台县司法局宣化司法所依法向不服从管理的社区矫正对象王某宣读了《社区矫正警告决定书》,并告知其本人和家属相关后果。王某表示自己已经深刻认识到错误,保证今后会严格遵守法律法规及矫正管理规定,接受教育、认罪悔罪,吸取教训、珍惜自由,早日回归社会。

案例2:不参加教育学习,社区矫正对象被警告

钟某大学毕业后长期无所事事,2021年8月19日因犯故意伤害罪被咸安区人民法院判处有期徒刑6个月,缓刑1年。钟某在接受社区矫正期间，教育学习时经常无故缺席、多次不到司法所报到，经司法工作人员教育谈话后仍不改正，被社区矫正机构予以警告处分。2022 年 1 月 19 日，咸安区社区矫正对象集中教育学习时，钟某玩手机、嚼槟榔，完全不遵守纪律。司法所工作人员对其提出批评，钟某不仅不听取劝告，甚至提前离场，态度恶劣，影响极坏。次日被咸安区社区矫正工作管理局再次予以警告处分。

咸安区人民检察院刑事执行部门获悉钟某两次被警告的情况后，立即对钟某进行约谈，向钟某强调要珍惜矫正机会，做好自我约束，不要因一时冲动触犯法律法规，由“墙外走入墙内”，钟某当场承认错误并表示日后会遵守社区矫正规定。针对此种情况，咸安区人民检察院向咸安区社区矫正机构提出建议，要求加大对钟某的走访核查频率，不定期采用电话抽查、实地走访、大数据轨迹排查等方式，严防发生脱管、重新犯罪等情况，同时加强对钟某帮扶教育。但钟某并不珍惜社区矫正的机会，2022 年 5 月下旬，司法所工作人员在日常核查时发现钟某手机定位显示越界至九江，经核查，钟某已前往浙江务工，且经过大数据轨迹排查发现钟某存在不假外出的情况。

咸安区人民检察院经审查认为，钟某受到社区矫正机构两次警告，仍不改正，其行为违反了《社区矫正法》第 28 条、《社区矫正法实施办法》第 46 条第 1 款第 4 项的规定，且情节严重，向咸安区社区矫正工作管理局提出检察意见，建议向咸安区人民法院提出撤销缓刑建议，对钟某收监执行。经咸安区人民法院依法裁定，对钟某撤销缓刑，收监执行原判有期徒刑。

案例 3：参加教育学习，社区矫正对象重树信心

社区矫正对象张某，女，1958 年出生，高中文化，户籍地和居住地均为北京市石景山区。张某因以虚假房屋所有权证为抵押骗取他人钱物共计人民币 300 余万元，于 2018 年 11 月被石景山区人民法院以诈骗罪判处有期徒刑 10 年，退赔全部赃款，并处罚金人民币

10 万元。之后,由于张某突发脑梗阻,并患有高血压 3 级(很高危组)、2 型糖尿病、冠状动脉粥样硬化性心脏病等多种疾病,法院决定将其暂予监外执行。

第一,张某入矫后存在的主要问题。

为全面准确掌握张某的有关情况,司法所在收到张某的法律文书后,即对其裁判内容进行了认真研究;张某到司法所首次报到时,工作人员与其进行了个别谈话,对其进行了心理测试,并召集矫正小组成员对其进行了分析评估,感到其主要存在以下问题:

1. 法律意识淡薄,导致其思想认识偏差。张某认为,自己与被害人之间系民间借贷关系,不应认定为诈骗犯罪;即便是诈骗,也事出有因,是因为自己被高利贷讹上,房产被骗走,因此房屋还是自己的,其没有以虚假房屋所有权证为抵押实施诈骗的主观故意。因此,张某对自己被判处刑罚感到很冤枉,对司法所工作人员怀有戒备心理。

2. 巨大生活落差,导致其情绪低落。张某及其家人以前靠出租房屋和做生意过着富足的生活,如今由于被判巨额罚金、退赔巨额赃款,加之患病治疗,导致其生活比较窘迫。此外,张某由于病情较重,生活不能完全自理,需要亲属照料,其感觉自己从家庭的经济支柱变成了家庭的沉重负担,因此对身体康复和今后生活失去了信心。

3. 债权人的收监主张,导致其心怀恐惧。由于涉案债权人与张某居住在同一栋楼房,因此双方偶尔会发生口角,而且债权人多次到区社区矫正机构和法院反映情况,要求终止张某的暂予监外执行、对其进行收监,导致张某时常担心自己被终止社区矫正、收入监狱服刑,甚至成天因此担惊受怕。

第二,针对性开展个别化教育帮扶。

通过对张某实际情况的了解和分析,司法所为其制定了个别化矫正措施,确定了矫正工作的主要方向:帮助张某正确认识目前的困难状况,用亲情唤起其生活信心,保证其矫正期间思想和病情稳定，在此基础上，有针对性地开展法治教育，使其增强法律意识，认清自身所犯罪错的根源及危害性，实现积极接受社区矫正的目标。

1. 耐心细致开展教育疏导，促使其化解不良情绪。在与张某的接触过程中，司法所工作人员始终坚持平心静气进行教育引导。一方面，在动员张某家人进行亲情帮教的基础上，多次对其进行谈话教育和心理疏导，使其充分感受到家人对其所犯罪错的谅解、对其悔罪改过的支持，进而感受家庭的温暖、生活的美好；另一方面，向其讲解刑法、社区矫正法等相关法律，以及暂予监外执行的相关规定，使其明确自身身份，强化在矫意识。谈话教育中，司法所充分考虑张某的特殊身体状况，灵活掌握谈话的时间、地点及方式，通过循序渐进、耐心细致的教育疏导，使其逐步消除了负面情绪，重塑了健康心理。

2. 趁热打铁进行讲法明理，引导其增强法治意识。分析张某的犯罪原因，司法所工作人员认为，主要是其缺乏尊法信法守法观念。因此，在张某的负面情绪有所疏解后，司法所趁热打铁对其开展了遵纪守法教育和预防诈骗专题教育，以案释法，明确告诉张某，其采用虚构事实、隐瞒真相的方法骗取他人钱财，数额特别巨大，其行为已构成诈骗罪，法院的判决并无对其不公。对于张某家属与债权人发生口角的问题，司法所及时对其进行训诫谈话，告知其监督人的职责和失职的后果，使其认识到遇事应依法解决，不可意气用事，努力帮助其强化法治意识、树立法律信仰。

3. 宽严相济给予关爱帮扶，帮助其重树生活信心。在对张某的矫正过程中，司法所始终坚持宽严相济的原则。一方面，严格落实暂予监外执行管理制度，督促张某每周电话报告、每月当面报到、每季度到指定医院进行病情复查并提交复查报告。另一方面，经常对其进行走访谈话，在其因病情反复而感到无望时，提醒其多想想家人的不离不弃，鼓励其放下思想包袱，乐观接受治疗；在其经济困难时，为其送去帮扶救助物资，使其感受到社会的温暖，增强了战胜疾病、积极改造、重新生活的信心和勇气。

第三,依法实施教育帮扶取得的效果。

两年多来,通过社区矫正工作人员的不懈努力,张某发生了可喜变化。主要表现在两个方面:一是法治意识有所增强。通过接受法治教育,张某认识到所犯罪错对被害人造成的损失、给自身家庭带来的负面影响,以及对社会造成的危害,坦诚表示认罪认罚。此外,对于与涉案债权人的矛盾问题,张某表示自己及家属将不再冲动,必要时会报警走法律程序。二是不良情绪得到疏解。在家人和司法所工作人员的关心鼓励下,张某的心理负担和精神压力有所缓解,能够正确面对病痛,积极配合医疗,适度锻炼身体,与人正常交流交往,精神面貌改观明显。

此外,2020 年年初,新冠疫情肆虐之际,张某主动向司法所提出捐款用于抗击新冠疫情。当工作人员表示理解其心意,让其权衡经济能力时,张某在每月医药费都很紧张的情况下,仍坚持捐款 1000 元。

【案例解读】

在上述三个案例中,案例 1 中的王某除了缺席集中学习和公益活动外,多次拒绝社区矫正工作人员的电话,关闭定位手机等,综合其表现,被给予警告处分。案例 2 中的钟某,多次不参加教育学习,不按规定进行报告,特别是在受到两次警告之后仍然不请假外出,最终被收监执行。案例 3 中的社区矫正对象张某在当地司法所的教育帮扶之下,精神面貌与思想认识发生了可喜变化,不良情绪得到化解,法治意识得到增强,重新树立了生活信心。由上述三个案例可知,社区矫正对象应当参加教育学习与公益活动,这有助于社区矫正对象正确面对社会,树立正确的人生观和价值观,顺利融入社会,但是如果违反教育学习方面的监管规定,也会受到相应处罚。

法条链接：

《社区矫正法》（2019年12月28日公布）

第三十六条第一款　社区矫正机构根据需要，对社区矫正对象进行法治、道德等教育，增强其法治观念，提高其道德素质和悔罪意识。

第四十二条　社区矫正机构可以根据社区矫正对象的个人特长，组织其参加公益活动，修复社会关系，培养社会责任感。

《社区矫正法实施办法》（2020年6月18日公布）

第二十四条第一款　社区矫正对象应当按照有关规定和社区矫正机构的要求，定期报告遵纪守法、接受监督管理、参加教育学习、公益活动和社会活动等情况。发生居所变化、工作变动、家庭重大变故以及接触对其矫正可能产生不利影响人员等情况时，应当及时报告。被宣告禁止令的社区矫正对象应当定期报告遵守禁止令的情况。

第三十四条　社区矫正对象具有下列情形之一的，执行地县级社区矫正机构应当给予训诫：

（一）不按规定时间报到或者接受社区矫正期间脱离监管，未超过十日的；

（二）违反关于报告、会客、外出、迁居等规定，情节轻微的；

（三）不按规定参加教育学习等活动，经教育仍不改正的；

（四）其他违反监督管理规定，情节轻微的。

第四十四条　执行地县级社区矫正机构、受委托的司法所按照符合社会公共利益的原则，可以根据社区矫正对象的劳动能力、健康状况等情况，组织社区矫正对象参加公益活动。

【法条解析】

《社区矫正法》第36条、第42条规定了社区矫正对象在社区矫正期间应当参加法治与道德等教育，以提高道德素质和悔罪意识，以及社区矫正对象还需要参加公益活动，修复社会关系，培养社会责任感。《社区矫正法实施办法》第24条规定了社区矫正对象参加教育学习与公益活动，第34条规定了不按照规定参加教育学习活动应当给予训诫处罚。

试题演练

一、选择题

1. 根据相应法律规定,不按规定参加教育学习等活动,经教育仍不改正的,执行地县级社区矫正机构应当给予____。(单选)

A. 训诫　　B. 警告

C. 治安管理处罚　　D. 批评

2. 根据《社区矫正法》第36条的规定,社区矫正机构根据需要,对社区矫正对象进行法治、道德等教育,增强其法治观念,提高其道德素质和____。(单选)

A. 法律素质　　B. 悔罪意识

C. 文化水平　　D. 学历层次

3. 根据《社区矫正法》第38条的规定,居民委员会、村民委员会可以引导志愿者和____,利用社区资源,采取多种形式,对有特殊困难的社区矫正对象进行必要的教育帮扶。(单选)

A. 公安局　　B. 法院

C. 社会工作者　　D. 社区群众

4. 根据《社区矫正法》第39条的规定,应当协助社区矫正机构做好对社区矫正对象教育工作的有____。(多选)

A. 监护人　　B. 家庭成员

C. 所在单位　　D. 就读学校

二、判断题

1. 社区矫正机构可以根据社区矫正对象的个人特长,组织其参加公益活动,修复社会关系,培养社会责任感。(　)

2. 根据《社区矫正法实施办法》第33条的规定,社区矫正对象认罪悔罪、遵守法律法规、服从监督管理、接受教育表现突出的,应当给予表扬。(　)

3. 社区矫正机构、司法所应当根据社区矫正对象的矫正阶段、犯罪类型、现实表现等实际情况,对其实施分类教育。(　)

4. 社区矫正对象可随意选择参加或者不参加社区矫正机构、司法所组织的教育与公益活动。(　)

5. 社区矫正机构、司法所不能开展线上形式的集体教育，只能以线下的形式开展集中教育。(　)

三、个人感悟

签名：

年　　月　　日

第五章

法治教育(二):《治安管理处罚法》

《治安管理处罚法》是为维护社会治安秩序，保障公共安全，保护公民、法人和其他组织的合法权益，规范和保障公安机关及其人民警察依法履行治安管理职责而制定的。《治安管理处罚法》规范的是不构成犯罪的一般违法问题，通俗的解释就是，受过治安管理处罚的个人，在绝大多数情形下个人生活不会受到长期的影响。《治安管理处罚法》于2005年8月28日第十届全国人民代表大会通过，于2012年10月26日修正。该法分总则、处罚的种类和适用、违反治安管理的行为和处罚等6章119条，详细规定了238种违反治安管理行为，包括扰乱社会秩序，妨害公共安全，侵犯人身权利、财产权利，妨害社会管理，尚不构成犯罪的一系列行为。

随着全面依法治国深入推进，社会治安形势发展变化，社会治安领域处罚出现了新情况、新问题，诸如高空抛物、无人机"黑飞"、"软暴力"、未成年人保护、侵害个人信息权益的行为，急需修改完善《治安管理处罚法》加以解决。2023年9月《治安管理处罚法(修订草案)》提请十四届全国人大常委会五次会议审议。修订草案新增多项未成年人保护规定，"高空抛物"纳入修订草案。待修订的《治安管理处罚法》正式公布后，应重点予以学习。

学习《治安管理处罚法》，了解治安管理处罚的种类和适用、违法行为处罚、处罚程序等内容，并结合实际发生的案例，重点阐释寻衅滋事、赌博、嫖娼、诈骗等常见的违法行为的认定和法律责任，可以警示社区矫正对象在日常生活中要增强法律意识，遵守法律法规规定，绝不触碰法律"红线"。

重点提示：

1. 违反治安管理行为与犯罪行为的区别是什么？
2. 违反治安管理减轻处罚或免予处罚的情形有哪些？
3. 违反治安管理的行为应当从重处罚的情形有哪些？
4. 对散布谣言，谎报险情、疫情、警情，投放虚假危险物质和散布恐怖信息等扰乱公共秩序的行为应如何处罚?

5. 对寻衅滋事的行为应如何处罚?

6. 对侵犯人身权利的违反治安管理的行为应如何处罚?

7. 对盗窃、诈骗、哄抢、抢夺、敲诈勒索或者故意损毁公私财物的行为应如何处罚?

8. 对卖淫、嫖娼行为应如何处罚?

9. 对赌博行为应如何处罚?

一、扰乱公共秩序的行为和处罚

【典型案例】

案例 1:疫情期间散布谣言扰乱公共秩序

2022 年 4 月 7 日凌晨,江西省南昌市的杨某从网络上截取一段外地工人在大通铺休息的画面,歪曲为不规范防疫隔离场所,并将不实视频配发文字转发至微博,以赚取流量。很多看过该视频的人信以为真,纷纷转发,造成不良社会影响。南昌市公安局西湖分局朝农派出所迅速行动,锁定了造谣人杨某,并对其进行了批评教育,根据《治安管理处罚法》第 25 条第 1 项的规定,决定给予吕某行政拘留 5 日的行政处罚。

案例 2:谎报警情扰乱公共秩序

吕某,女,通过微信与王某某相识,并相约在吕某家里发生性关系。在吕某家中,其与王某某发生争吵,吕某因王某某骂了自己,为了泄愤教训王某某,遂拨打"110"谎称自己被一男子强制猥亵,民警出警赶到现场以及后来民警对违法嫌疑人吕某进行询问时,吕某第一次仍坚称被人强制猥亵,截至次日清晨,民警先后通过询问王某某及查看王某某提供的聊天截图,又对吕某进行二次询问,查明吕某报警称被强制猥亵系谎报警情。结合违法行为人吕某的陈述和申辩,证人证言,手机检查笔录及照片等证据,公安机关认定吕某谎报警情的违法行为成立。

根据《治安管理处罚法》第 25 条第 1 项的规定,决定给予吕某行政拘留 5 日的行政处罚。

法条链接:

《治安管理处罚法》(2012年10月26日修正)

第二十三条　有下列行为之一的,处警告或者二百元以下罚款;情节较重的,处五日以上十日以下拘留,可以并处五百元以下罚款:

(一)扰乱机关、团体、企业、事业单位秩序,致使工作、生产、营业、医疗、教学、科研不能正常进行,尚未造成严重损失的;

(二)扰乱车站、港口、码头、机场、商场、公园、展览馆或者其他公共场所秩序的;

(三)扰乱公共汽车、电车、火车、船舶、航空器或者其他公共交通工具上的秩序的;

(四)非法拦截或者强登、扒乘机动车、船舶、航空器以及其他交通工具,影响交通工具正常行驶的;

(五)破坏依法进行的选举秩序的。

聚众实施前款行为的,对首要分子处十日以上十五日以下拘留,可以并处一千元以下罚款。

第二十四条　有下列行为之一,扰乱文化、体育等大型群众性活动秩序的,处警告或者二百元以下罚款;情节严重的,处五日以上十日以下拘留,可以并处五百元以下罚款:

(一)强行进入场内的;

(二)违反规定,在场内燃放烟花爆竹或者其他物品的;

(三)展示侮辱性标语、条幅等物品的;

(四)围攻裁判员、运动员或者其他工作人员的;

(五)向场内投掷杂物,不听制止的;

(六)扰乱大型群众性活动秩序的其他行为。

因扰乱体育比赛秩序被处以拘留处罚的,可以同时责令其十二个月内不得进入体育场馆观看同类比赛;违反规定进入体育场馆的,强行带离现场。

第二十五条　有下列行为之一的,处五日以上十日以下拘留,可以并处五百元以下罚款;情节较轻的,处五日以下拘留或者五百元以下罚款:

（一）散布谣言，谎报险情、疫情、警情或者以其他方法故意扰乱公共秩序的；

（二）投放虚假的爆炸性、毒害性、放射性、腐蚀性物质或者传染病病原体等危险物质扰乱公共秩序的；

（三）扬言实施放火、爆炸、投放危险物质扰乱公共秩序的。

【法条解析】

《治安管理处罚法》第25条是关于散布谣言、谎报险情、疫情、警情、投放虚假危险物质和散布恐怖信息等扰乱公共秩序的行为及其处罚的规定。

本条第1款散布谣言，谎报险情、疫情、警情或者以其他方法故意扰乱公共秩序的行为主体，是达到刑事责任年龄且具有刑事责任能力的公民，其行为在主观上是故意。如果行为人主观上不是故意为之，则不构成违反治安管理的行为。互联网不是法外之地，对于一些无官方证实的社交媒体发布的信息和短视频，绝不能随意转发，要提高警惕。谣言肆意散布很容易影响市民的生活情绪和心态，造成不良社会影响。确认消息一定要以权威部门发布的官方信息为准，不要成为谣言传播的推手，更不能编造谣言，无事生非。

本条第2款投放虚假的危险物质，是指以邮寄、放置等方式将明知是虚假的类似爆炸性、毒害性、放射性、腐蚀性等危险物质或传染病病原体等物质置于他人或者公众面前、周围的行为。虽然投放的是虚假的危险物质，不至于真实发生爆炸、毒害、放射后果或传染病传播的后果，但会造成一定的恐慌，扰乱公共秩序。

本条第3款散布恐怖信息的行为是指扬言实施放火、爆炸、投放危险物质，扰乱公共秩序的行为。行为的主体为一般主体，客观方面表现为：以公开表达的方式使人相信其将实施放火、爆炸、投放危险物质，并且达到了扰乱正常公共秩序的程度。该行为主观上要求为故意。

【典型案例】

案例1:公共场所制造事端扰乱公共秩序

2022年7月10日14时许,王某报警扬言要自杀,出警民警到达现场后发现王某手持打火机扬言要点燃煤气罐及摩托车内汽油自杀,经民警劝解,王某主动放弃该行为。公安机关根据王某的陈述和申辩、执法记录仪录像、现场照片、煤气罐及汽油桶图片等事实等依据,认定王某寻衅滋事的违法行为成立。

根据《治安管理处罚法》第26条的规定,公安机关决定给予王某行政拘留5日的行政处罚。

案例2:任意毁损公私财物扰乱公共秩序

2021年7月21日晚,安某拨打"110"报警称自己的柯斯达轿车停在自家门口被人砸坏,车辆前挡风玻璃损坏和后备箱盖处有剐蹭,出警民警通过调取监控发现,2021年7月21日凌晨,同村张某用啤酒瓶砸向该车,经物价局定损价值为2000元。公安机关根据张某陈述和申辩,现场监控、物价鉴定、安某的陈述等依据,认定张某寻衅滋事的违法行为成立。根据《治安管理处罚法》第26条的规定,公安机关决定给予张某行政拘留5日的行政处罚。

法条链接:

《治安管理处罚法》(2012年10月26日修正)

第二十六条　有下列行为之一的,处五日以上十日以下拘留,可以并处五百元以下罚款;情节较重的,处十日以上十五日以下拘留,可以并处一千元以下罚款:

(一)结伙斗殴的;

(二)追逐、拦截他人的;

(三)强拿硬要或者任意损毁、占用公私财物的;

(四)其他寻衅滋事行为。

【法条解析】

寻衅滋事行为,是指在公众场所无事生非,起哄闹事,肆意挑衅,横行霸道,打群架,破坏公共秩序,尚未造成严重后果的行为。寻衅滋事行为通常表现为行为人公然藐视国家法纪、社会公德,破坏公共秩序和生活中人们应当遵守的共同准则,实施扰乱公共秩序的行为。行为人的动机往往是企图通过寻衅滋事行为的实施寻求刺激或追求某种卑鄙欲念的满足,有的是为了填补精神空虚,有的是寻求刺激,发泄对社会的不满,或是为了在某一地区称王称霸,显示威风。

寻衅滋事行为通常表现为以下几种形式:(1)无故追逐、拦截或侮辱、谩骂他人,以及追逐、拦截异性。(2)强拿硬要或者任意毁损、占用公私财物。(3)结伙斗殴,出于私仇宿怨、争霸一方或者其他动机而以结成团伙的形式打群架。(4)其他寻衅滋事的行为。在公共场所起哄闹事,造成公共场所秩序混乱;行为人出于取乐、寻求精神刺激等目的在公共场所无事生非、制造事端,扰乱公共秩序。

如何区分治安违法行为与刑事犯罪行为?寻衅滋事,情节恶劣的,按《刑法》第293条进行处罚。该条规定有下列寻衅滋事行为之一,破坏社会秩序的,处5年以下有期徒刑、拘役或者管制:随意殴打他人,情节恶劣的;追逐、拦截、辱骂、恐吓他人,情节恶劣的;强拿硬要或者任意损毁、占用公私财物,情节严重的;在公共场所起哄闹事,造成公共场所秩序严重混乱的。纠集他人多次实施“前款”行为,严重破坏社会秩序的,处5年以上10年以下有期徒刑,可以并处罚金。例如,2022年“唐山打人事件”中的陈某,因骚扰不成在公共场所纠集同伙随意殴打女子,致女子受伤,情节恶劣,陈某的行为同时构成故意伤害罪和寻衅滋事罪,根据《刑法》规定,应依照处罚较重的罪名定罪处罚。

■ 试题演练

一、选择题

1. 违反《治安管理处罚法》的行为人有下列____情形的,不执行行政拘留处罚。(单选)

A. 已满十四周岁不满十八周岁的

B. 六十周岁以上的

C. 已满十六周岁不满十八周岁的

D. 怀孕的

2. 下列属于扰乱大型群众性活动秩序行为的有____。(多选)

A. 张三无票强行冲进场内

B. 李四展示标语“某运动员太臭!”

C. 王五等人认为裁判不公围攻裁判员

D. 陈六在场内投掷矿泉水瓶,不听制止

3. 下列属于扰乱公共秩序,应予治安管理处罚的行为有____。(多选)

A. 聚众扰乱社会秩序,情节严重,致使工作、生产、营业和教学、科研无法进行,造成严重损失的

B. 抗拒、阻碍国家治安管理工作人员依法执行职务,情节严重的

C. 非法拦截或者强登、扒乘机动车、船舶、航空器以及其他交通工具,影响交通工具正常行驶的

D. 破坏依法进行的选举秩序的

二、判断题

1. 扰乱公共秩序行为包括扰乱单位秩序、公共场所秩序、公共交通秩序和选举秩序。( )

2. 陈某和朋友庞某在某影院看电影,中途觉得剧情无趣,便想寻刺激,庞某出去打“110”报警称此电影院出现火灾,陈某在场内大喊“起火了”,致使现场出现混乱场面,公安机关也赶到现场。二人的行为依据《治安管理处罚法》的规定,可按照寻衅滋事的规定予以处罚。( )

3. 煽动、策划非法集会、游行、示威,不听劝阻的,处10日以上15日以下拘留。( )

三、个人感悟

____

____

____

____

签名：

年　　月　　日

二、妨害公共安全的行为和处罚

【典型案例】

非法携带管制器具妨害公共安全

某日，钱某携带一把三棱刀乘坐公共汽车，被公交分局查获。经公安机关调查，并对其携带的三棱尖刀进行鉴定。经鉴定，钱某携带的尖刀刀尖角度小于60度，刀身长度超过150毫米，符合《管制刀具认定标准》（公通字〔2007〕2号）的认定标准，认定为管制刀具。钱某的行为已经构成在公共交通工具上非法携带管制刀具。根据《治安管理处罚法》第32条第2款的规定，公安机关决定给予钱某行政拘留10日，收缴管制刀具的处理决定。

法条链接：

《治安管理处罚法》（2012年10月26日修正）

第三十二条　非法携带枪支、弹药或者弩、匕首等国家规定的管制器具的，处五日以下拘留，可以并处五百元以下罚款；情节较轻的，处警告或者二百元以下罚款。

非法携带枪支、弹药或者弩、匕首等国家规定的管制器具进入公共场所或者公共交通工具的，处五日以上十日以下拘留，可以并处五百元以下罚款。

【法条解析】

《治安管理处罚法》第32条第1款规定的是关于非法携带枪支、弹药或者管制器具的行为。行为人只要违反有关规定，非法携带枪支、弹药或者弩、匕首等国家规定的管制器具，即构成本条规定的违法行为。

本条第2款规定的是非法携带枪支、弹药或者管制器具妨害公共安全的行为。行为人违反有关规定,非法携带枪支、弹药或者弩、匕首等国家规定的管制器具进入公共场所或者公共交通工具,即构成本款规定的行为。本款规定的行为具有两个特点:一是行为人具有非法携带枪支、弹药或者管制器具的行为。二是必须非法携带枪支、弹药或者管制器具进入公共场所或者公共交通工具。

【典型案例】

私设电网案妨害公共安全

某县公安局裕安派出所接到群众报警,在裕安镇坝上村路段有人私设电网。公安机关根据报警展开调查,现场勘查时发现有人非法盗猎安装电网。根据电线走线,及走访附近村民民警得知,最近坝上村附近夜晚经常有陌生人员开车进入,天亮后离开,民警对该村进出重要路段开展蹲守,并于当晚10时50分将涉嫌非法使用电网的李某、张某抓获。据二人交代,为猎捕野兔牟利,其购买了电瓶、电缆、捕猎器具等作案工具,在坝上村田埂周围私设电网安装捕猎器,捕获野兔7只。

公安机关根据李某、张某的陈述,电瓶、电缆及捕猎器具等工具的认定,认定李某、张某私设电网违法行为成立。根据《治安管理处罚法》第37条的规定,公安机关决定给予李某、张某行政拘留5日,并处500元罚款的行政处罚。

法条链接:

《治安管理处罚法》(2012年10月26日修正)

第三十七条　有下列行为之一的,处五日以下拘留或者五百元以下罚款;情节严重的,处五日以上十日以下拘留,可以并处五百元以下罚款:

(一)未经批准,安装、使用电网的,或者安装、使用电网不符合安全规定的;

(二)在车辆、行人通行的地方施工,对沟井坎穴不设覆盖物、防围和警示标志的,或者故意损毁、移动覆盖物、防围和警示标志的;

（三）盗窃、损毁路面井盖、照明等公共设施的。

【法条解析】

其一，“未经批准，安装、使用电网”，是指未经批准，安装、使用电网，尚未造成严重后果的行为。电网是用金属线连接的，可以通电流的拦设物。电网可以用来防盗、防逃，但如果安装、使用不当，可能会危害他人生命安全，造成人畜触电伤亡和火灾事故。本行为侵犯的客体是公共安全，在客观上表现为未经批准，擅自安装、使用电网。安装电网是一些特殊单位的要求，如重要军事设施、重要厂矿、监狱等。其他单位和个人未经公安部门许可，不能随意安装和使用电网。行为人只要违反规定擅自安装电网或者擅自安装电网造成了非严重后果，就应当受到处罚。如果行为人擅自安装电网的行为造成了严重后果的，则应当依据《刑法》的有关规定追究刑事责任。所谓严重后果，是指人身重伤或者死亡，以及公私财产的重大损失。行为人在主观上表现为故意。“安装、使用电网不符合安全规定”是指虽经过批准，但安装使用电网不符合安全规定。这里的“安全规定”是指警示装置、保险设备、电压标准等安全要求。如果安装、使用电网不符合安全规定，造成人身伤害、致人死亡等严重后果的，应当依法追究刑事责任。

其二，道路施工不设置安全防护设施，故意损毁、移动道路施工安全防护设施。该行为的危害性在于导致车辆、行人陷入或跌入沟井坎穴，造成车毁人伤，至于事实上是否发生危害后果，不影响该行为成立，只要道路施工不设安全防护，该违法行为成立，就可以给予处罚。如果发生车毁人亡的严重后果，则应按照《刑法》的有关规定追究刑事责任。因此，在施工时，施工方必须采取相关的安全防范措施，防患于未然。

其三，盗窃、损毁路面公共设施。本条的盗窃是指以非法占有为目的，秘密窃取公私财物的行为。损毁，是指破坏物品、设施完整性，使其不能正常使用。如果行为人盗窃公共设施的数额较大，尚不构成刑事犯罪，应依照本法的第 49 条规定的盗窃行为予以处罚。

试题演练

一、选择题

1. 按照《治安管理处罚法》,下列行为应当予以治安处罚的是____。(单选)
   A. 破坏草坪花卉树木
   B. 发现文物隐匿不报,不上交国家
   C. 使用民用射击场不符合安全规定
   D. 故意毁损路面井盖
2. 人民警察对查获或者到案的违法嫌疑人应当进行安全检查,发现管制刀具、武器、易燃易爆等危险品的,应当立即予以____。(单选)
   A. 扣押　　B. 登记　　C. 收缴　　D. 追缴
3. 公安机关对下述违反治安管理行为进行的处罚,符合法律规定的包括____。(多选)
   A. 张某,非法拦截公共汽车,影响汽车正常行驶,尚未达到情节严重程度,被公安机关处以警告,并处100元罚款
   B. 李某,在本村依法举行村委会换届选举中,因不满未将自己列为候选人,纠集多名外村人员,要挟村民不得投票,并把票箱砸烂,情节严重,被公安机关处以15日拘留处罚
   C. 王某,某公园负责人,在没有设置足够安全通道的情况下,于元宵节组织"灯谜会",进园参观的人众多,存在严重安全隐患,公安机关令其立即疏散,并对王某处以10日行政拘留并处500元罚款
   D. 刘某,因不满本单位领导对自己"留厂察看"的处分,宣称在单位车间中放置了定时炸弹,严重影响了工厂正常生产秩序。后经查,其放置的"定时炸弹"乃是一个闹钟。公安机关对其处以10日行政拘留,并处500元罚款

二、判断题

1. 盗窃铁箅子、路灯的,可以依据《治安管理处罚法》以盗窃、损毁路面井盖、照明等公共设施的规定,对违法行为人予以处罚。(　)
2. 对于强行冲越人民警察为履行职责设置的警戒线的,经人民警察警告无效的,可以依据《治安管理处罚法》对其进行处罚。(　)

3. 公众活动场所的经营管理人员违反安全规定，行为的主体限定为社会公众场所的经营管理人员。( )

三、个人感悟

签名：

年　　月　　日

三、侵犯人身权利、财产权利的行为和处罚

【典型案例】

案例1：公然侮辱他人

高某，男，在某市经开区富勤木业加工车间工作。一日，工友李某在车间内对其公然辱骂，多次使用侮辱性言语，后经多次调解不成。公安机关根据李某的陈述和申辩、被侵害人高某的陈述、同车间作业工人于某的证人证言等依据，认定李某侮辱他人的违法行为成立。公安机关根据《治安管理处罚法》第42条第2项的规定，决定给予李某行政拘留3日的行政处罚。

案例2：诬告陷害他人

于某，男，24岁，某日在网吧上网认识赵某，女，25岁，二人相谈甚欢，成为朋友。于某觉得赵某长得漂亮，便提出要赵某作其女友，赵某拒绝。此后，于某多次联系赵某没有回复，于某觉得很没面子，

便产生要给赵某“颜色看看”的念头。某日,于某用捡到的手机卡拨打“110”报警电话,称赵某在出租房内卖淫,当地派出所接到报警后对赵某展开调查,发现赵某遵纪守法,未有任何违法行为。民警经过深入调查,找到于某,并将其抓获。

于某行为构成捏造事实诬告陷害他人,企图使他人受到刑事追究或刑事处罚。公安机关根据《治安管理处罚法》第 42 条的规定,决定给予于某行政拘留 5 日,罚款 300 元的行政处罚。

案例 3:发送淫秽信息案

家住四平镇的 42 岁居民李某到四平派出所报案,称从 2021 年 7 月 10 日到 20 日,一个网名为“一直在等你”的陌生人,通过微信加其妻子为好友后,多次发送淫秽照片和辱骂语音,严重影响到李某及其妻的正常生活。李某称,10 日至 20 日每天深夜或凌晨时间,妻子的手机都会收到“一直在等你”发送的大量淫秽照片和骚扰语音,李某还曾因此误会妻子有外遇,两人为此多次争吵。经派出所民警调查发现,蒋某利用微信加被害人好友后,多次发送上述不良信息,已经严重影响他人生活。公安机关根据《治安管理处罚法》第 42 条的规定,决定给予蒋某行政拘留 8 日,罚款 300 元的行政处罚。

法条链接:

《治安管理处罚法》(2012 年 10 月 26 日修正)

第四十二条　有下列行为之一的,处五日以下拘留或者五百元以下罚款;情节较重的,处五日以上十日以下拘留,可以并处五百元以下罚款:

(一)写恐吓信或者以其他方法威胁他人人身安全的;

(二)公然侮辱他人或者捏造事实诽谤他人的;

(三)捏造事实诬告陷害他人,企图使他人受到刑事追究或者受到治安管理处罚的;

(四)对证人及其近亲属进行威胁、侮辱、殴打或者打击报复的;

(五)多次发送淫秽、侮辱、恐吓或者其他信息,干扰他人正常生活的;

（六）偷窥、偷拍、窃听、散布他人隐私的。

【法条解析】

《治安管理处罚法》第42条第1项是关于用写恐吓信或者其他方法威胁他人人身安全的处罚规定。客观方面表现为行为人通过恐吓信或其他方法如投寄恐吓物品等威胁他人人身安全，既可以是直接威胁，也可以是通过暗示方法威胁；既可以是行为人亲自实施，也可以通过第三人转告的方式。是否有后果发生，不影响本行为的成立，威胁方法、手段和后果只作为处罚的酌定情节。

第2项是关于公然侮辱他人或捏造事实诽谤他人的规定。“侮辱”是指公然诋毁他人人格、破坏他人名誉，本条规定的侮辱行为客观上表现为公然侮辱他人，但情节和后果尚不构成刑事处罚。“公然”是指当着众人或者第三者的面，或者是利用可以使不特定的多数人听到、看到的方式，对他人进行侮辱。被侵害人是否在场，不影响该行为的成立，对肖像的侮辱也可以构成本行为，如涂画、玷污、践踏、损毁他人肖像。

第3项关于诬告陷害他人的规定。本行为在客观上表现为捏造事实诬告陷害他人，企图使他人受到刑事追究或治安管理处罚。捏造事实，即以根本不存在的、可能引起公安机关、司法机关给予治安管理处罚和追究刑事责任的事实，强加给被诬陷者，以使被诬陷者可能受到治安管理处罚和刑事处罚。只要行为人实施了这种行为，无论被诬陷者是否受到处罚，都不影响本行为的成立。

第4项对证人及其近亲属进行威胁、侮辱、殴打或者打击报复的行为。作证是公民的义务，要保障证人有客观、充分提供证据的条件，履行作证的法定义务，如实提供案件的真实情况，首先就要保证证人及其近亲属的安全，对于威胁、侮辱、殴打或者打击报复证人及其近亲属的行为，必须予以严厉打击。本条规定的“证人”包括刑事诉讼、民事诉讼和行政诉讼中的证人以及行政执法活动中的证人；“威胁”是指实施恐吓、要挟等精神强制手段，使人产生恐惧；“侮辱”是指公然诋毁证人及其近亲属人格，破坏其名誉；“殴打”是指采用拳打脚踢方式打人；“打击报复”包括多种方式，如利用职权降薪、降职、辞退等。

第5项发送淫秽、侮辱、恐吓或者其他信息，干扰他人正常生活的行为。本项规定的行为在客观方面表现为多次通过信件、电话、网络信息等途径传送淫秽、侮辱、恐吓或者其他骚扰信息,干扰他人正常生活。行为人通过发送骚扰信息扰乱了他人正常生活、工作或者学习。本行为必须多次实施,重复实施三次以上的,才应予以治安管理处罚。

第6项偷窥、偷拍、窃听、散布他人隐私的处罚规定。隐私,是指不愿意让人知道的,属于个人生活秘密,一旦公开会给当事人的生活、心理带来压力的事。偷窥,是指行为人在当事人不知道的情况下,秘密偷看他人隐私的行为,违法行为人有的是在隐私场所直接用肉眼偷窥,有的是通过安装针孔摄像头等设备偷窥他人隐私。偷拍,是指行为人趁当事人不备,利用照相机、手机、摄像机等器材秘密拍摄他人隐私,包括他人身体的隐私部位和隐私活动。窃听,是指行为人通过秘密方式偷听他人隐私的行为。散布,是指行为人用各种方式将知悉他人的隐私传播于众人的行为。

【典型案例】

殴打他人

某市广利港,解某驾驶机动车正常行驶,在行驶至广利港南村码头处被醉酒者董某驾驶的四轮电动车恶意别车,并将其别停。醉酒者董某随后下车对解某及其朋友进行辱骂和殴打,并夺过正在用电话进行报警的解某手机,狠狠地甩到解某车上,造成车辆损坏。海岸派出所民警出警后将董某带上车准备返回派出所进行进一步问询时,董某反抗并对出警民警踢踹。民警将其制服后交由交警对董某进行酒精检测,检测结束后交警将其带到派出所进一步调查处理。民警根据董某陈述以及现场录音、录像等证据证实,董某寻衅滋事,殴打他人的违法行为成立。根据《治安管理处罚法》第26条、《公安机关办理行政案件程序规定》第160条第1项规定,以董某寻衅滋事给予其行政拘留13日的行政处罚;根据《治安管理处罚法》第43条的规定,以董某殴打他人给予其行政拘留7日并处罚款300元的行政处罚;根据《治安管理处罚法》第16条的规定,两项行政处罚合并执行,决定给予董某行政拘留20日并处罚款300元的处罚。

法条链接：

《治安管理处罚法》(2012年10月26日修正)

第十六条　有两种以上违反治安管理行为的，分别决定，合并执行。行政拘留处罚合并执行的，最长不超过二十日。

第四十三条　殴打他人的，或者故意伤害他人身体的，处五日以上十日以下拘留，并处二百元以上五百元以下罚款；情节较轻的，处五日以下拘留或者五百元以下罚款。

有下列情形之一的，处十日以上十五日以下拘留，并处五百元以上一千元以下罚款：

(一)结伙殴打、伤害他人的；

(二)殴打、伤害残疾人、孕妇、不满十四周岁的人或者六十周岁以上的人的；

(三)多次殴打、伤害他人或者一次殴打、伤害多人的。

【法条解析】

《治安管理处罚法》第43条是关于殴打他人或故意伤害他人身体的处罚规定。殴打他人，是指行为人公然实施损害他人身体健康的打人行为。行为方式一般采用拳打脚踢，或者使用棍棒等器具殴打他人。故意伤害他人身体，是指以殴打以外的其他方式故意伤害他人的行为，如使用机械撞击、电击和放射性物质、激光等方法实施伤害。行为人在主观方面是故意，过失伤害他人身体行为不构成违反治安管理行为，不应予以治安管理处罚。本法规定的故意伤害他人的行为是行为犯，只要有故意伤害他人的行为，就应当给予处罚，后果的严重程度只作为处罚的酌定情节。

第43条第2款对殴打、伤害他人情形作了加重处罚的规定。其中“结伙殴打、伤害他人”是比较常见的一种恃强凌弱行为，常表现为纠集多人对他人进行殴打。对于残疾人、孕妇、不满14周岁的人或者60周岁以上的人，由于他们的心理或者身体存在不同程度的弱点，需要给予特殊保护，对于殴打、伤害这类人员的行为将给予严厉的惩处。多次殴打、伤害他人或者一次殴打、伤害多人的情形是十分恶劣的，会给他人的身体和心理造成很大伤害，法律也规定了严厉的处罚。

《治安管理处罚法》第16条是关于两种以上违法行为处罚的规定。对于不同的违法行为,要分别裁决,即公安机关对违反治安管理行为人所实施的数种违反治安管理的行为,一种一种地分别进行裁决。合并执行,指的是同是罚款或同是行政拘留的处罚才可以合并执行,两个以上罚款可以将数额相加并合并执行;两个以上的拘留可以将拘留天数相加执行,当然合并执行两个以上拘留,其实际执行天数不应超过法定最长期限20天。

【典型案例】

诈骗

张某,男,因诈骗被某市人民法院判处有期徒刑6个月,2021年5月从市看守所释放出狱后,以非法占有为目的,编造和他同监室满某某向其出借生活费,通过打电话向满某某家人李某骗了1000元,之后又编造帮助处理满某某的案件请检察院相关办案人员吃饭为名骗了500元,总计诈骗李某钱财1500元。公安机关根据张某的陈述、申辩、李某的陈述、证人证言、微信截图信息等证据,认定张某诈骗的违法行为成立。

根据《治安管理处罚法》第49条、《公安机关办理行政案件程序规定》第160条第5项之规定,决定给予张某行政拘留9日的行政处罚。

法条链接:

《治安管理处罚法》(2012年10月26日修正)

第四十九条　盗窃、诈骗、哄抢、抢夺、敲诈勒索或者故意损毁公私财物的,处五日以上十日以下拘留,可以并处五百元以下罚款;情节较重的,处十日以上十五日以下拘留,可以并处一千元以下罚款。

【法条解析】

《治安管理处罚法》第49条规定了多种违反治安管理的行为,其中:

(1)盗窃。"盗窃"是指以非法占有为目的,秘密窃取公私财物的行为。构成盗窃必须具备以下条件:一是行为人必须具有非法占有公私财物的目的;二是行为人实施了秘密窃取的行为;三是行为侵犯的对象是公私财物。

(2)诈骗。"诈骗"的行为特征是行为人实施了以虚构事实或隐瞒真相的欺骗方法,使财物所有人、管理人产生错觉,信以为真,从而自愿地交出财物。财物所有人、管理人看似自愿交出财物,实则是违反其本意的。实践中诈骗财物方式、手段多种多样,有冒充公检法机关打击犯罪进行诈骗,也有以恋爱、结婚为由进行诈骗的,也有所举案例中的采用虚构事实向共同羁押人家属行骗的。实践中一定要提高认识,预防诈骗。

(3)哄抢。哄抢行为主要具有以下特征:一是行为人明知是国家、集体、公民所有财物,出于非法占有的目的,趁乱或趁危急抢走财物;二是参加哄抢人数通常较多;三是行为人实施了哄闹、滋扰或其他手段。

(4)抢夺。抢夺行为主要具有以下特征:一是行为人必须具有非法占有公私财物的故意;二是行为人实施了趁人不备,公然夺取他人财物的行为。

(5)敲诈勒索。敲诈勒索行为主要具有以下特征:一是行为人采取威胁、要挟的方法,迫使被侵害人交出少量财物的行为;二是行为人具有非法强索他人财物的故意。实践中,如果是债权人对债务人使用语言以催促偿还债务的,不构成敲诈勒索行为。

(6)故意损毁公私财物。该行为是指非法毁灭或者损坏公共财物或者公民私人所有的财物的行为,具有以下特征:一是行为人必须是故意;二是实施了损坏、毁灭、焚烧、摔砸等行为使公私财物丧失价值;三是行为侵害对象是公私财物,如果损毁对象是交通设备、交通工具、电子煤气、易燃易爆设备,则属于危害公共安全行为,不属于损毁公私财物行为。

■ 试题演练

一、选择题

1. 下列不属于殴打他人从重处罚的情形的是____。(单选)

   A. 结伙殴打、伤害他人

   B. 殴打残疾人、孕妇、不满 14 周岁或者 60 周岁以上的人

C. 多次殴打、伤害他人

D. 被多人殴打后进行还击,殴打多人

2. 办理治安案件所查获的____,应当收缴,按照规定处理。(多选)

A. 实施违反治安管理行为的工具

B. 毒品、淫秽物品等违禁品

C. 赌具、赌资

D. 吸食、注射毒品的用具

3. 写恐吓信或者以其他方法威胁他人人身安全,情节较重的,处____。(多选)

A. 5日以上10日以下拘留

B. 可以并处1000元以下罚款

C. 10日以上15日以下拘留

D. 可以并处500元以下罚款

二、判断题

1. 对于两种以上的违反治安管理行为,分别裁决,合并执行。行政拘留处罚合并执行的,最长不超过15日。(　)

2. 通过安装针孔摄像头等设备来偷窥他人隐私,属于侵犯他人隐私行为,应当给予治安管理处罚。(　)

3. 秘密窃取是针对财物的所有人、保管人、使用人没有发觉,即使被其他人发觉的,也是秘密窃取。(　)

三、个人感悟

签名:

年　　月　　日

四、妨害社会管理的行为和处罚

【典型案例】

案例1:经营场所违反防疫要求拒不执行政府紧急状态下决定的行为

2022年4月15日,某派出所对辖区内"某台球俱乐部"进行检查时,发现该台球俱乐部未按防疫要求登记出入人员且允许未佩戴口罩人员进入店内,导致人员在无防护措施情况下聚集,该俱乐部拒不执行政府在紧急状态下的决定、命令,造成较坏影响。公安机关根据证人证言、违法嫌疑人的陈述和申辩等证据认定该台球俱乐部负责人蒋某拒不执行紧急状态下的决定、命令的违法行为成立。根据《治安管理处罚法》第50条第1款第1项之规定,决定给予蒋某警告的行政处罚。

案例2:瞒报事实拒不执行人民政府在紧急状态下依法发布的决定

冯某在某市经营卫生室。马某(2022年3月11日确诊为新冠肺炎患者)分别于2022年2月19日、20日、21日,因嗓子疼、咳嗽到该诊所输液3天。2022年3月15日,该市流调工作人员向冯某调查马某就诊情况,冯某得知马某系新冠肺炎患者密接者时,担心追责,隐瞒了马某在该诊所输液的事实,并伪造了马某吃药、输液的就诊处方笺。公安机关根据《治安管理处罚法》第50条第1款第1项之规定,决定给予冯某行政拘留10日的行政处罚。

法条链接:

《治安管理处罚法》(2012年10月26日修正)

第五十条第一款　有下列行为之一的,处警告或者二百元以下罚款;情节严重的,处五日以上十日以下拘留,可以并处五百元以下罚款:

(一)拒不执行人民政府在紧急状态情况下依法发布的决定、命令的;

(二)阻碍国家机关工作人员依法执行职务的;

(三)阻碍执行紧急任务的消防车、救护车、工程抢险车、警车等车辆通行的;

(四)强行冲闯公安机关设置的警戒带、警戒区的。

【法条解析】

《治安管理处罚法》第50条是对拒不执行政府在紧急状态情况下依法发布的决定、命令和阻碍执行公务行为处罚的规定。本条第1款对以下四种行为作了规定:

第一,拒不执行人民政府在紧急状态情况下依法发布的决定、命令。本项规定的行为在客观上必须表现为抗拒人民政府在紧急状态情况下依法发布的决定、命令。紧急状态,是指一种特别的、迫在眉睫的危机或危险局势,影响全体公民,并对整个社会的正常生活构成威胁。根据引起紧急状态的原因不同,一般可以把紧急状态分为两类:一类是自然灾害引起的紧急状态;另一类是由社会动乱引起的紧急状态。依法,是指依照法律和行政法规,法律,即由全国人民代表大会和全国人民代表大会常务委员会制定的规范性文件,如《传染病防治法》《防洪法》《防震减灾法》等。命令和决定,是指在紧急状态下,各级人民政府根据形势的需要,为了克服危机、恢复秩序而作出的。新冠疫情的暴发,国家针对疫情防控作出命令和决定,上述所举案例,即为违反疫情防控期间政府作出的决定和命令,行为主要表现为在暴发重大传染性疾病时,不服从人民政府关于隔离、强制检疫、公共场所采取防护措施的决定和命令,以及隐瞒传染性疾病患者就诊记录、行程等。

第二,阻碍国家机关工作人员依法执行职务。本项规定的行为在客观上必须实施了阻碍行为;阻碍行为对象必须是国家机关工作人员;

阻碍的必须是依法执行职务的行为。需要强调的是本条与《刑法》第277条妨害公务罪在行为方式上的不同。《刑法》中妨害公务罪的行为方式，要求必须是以暴力、威胁的方法进行；《治安管理处罚法》中阻碍国家机关工作人员执行职务的行为，不要求以暴力、威胁方法为条件。阻碍人民警察执行职务的行为从重处罚。①

第三，阻碍执行紧急任务的消防车、救护车、工程抢险车、警车等车辆通行。本项规定的行为必须符合：实施了阻碍车辆通行的行为；阻碍通行的对象是警车、消防车、救护车、工程抢险车等；阻碍车辆正在执行紧急任务。

第四，关于强行冲闯公安机关设置的警戒带、警戒区，本项规定的行为必须符合两个特征：一是实施了强行冲闯行为，也就是行为人明知道路上设置了警戒带、警戒区，不准非执行职务车辆通行，但不听劝阻，强行通过；二是冲闯对象是由公安机关设置的警戒带、警戒区。

【典型案例】

提供虚假证言

2022年6月，某派出所民警在工作中发现，2021年12月孟某以牟利为目的，在本人并无实际交通违法行为的情况下，利用自己驾驶证分数为他人消除交通违章，非法获利400元。2022年6月15日，孟某到派出所投案自首，对违法行为如实供述。公安机关根据书证、电子数据、孟某的陈述和申辩等证据，认定孟某提供虚假证言的违法行为成立。

根据《治安管理处罚法》第60条第2项、第19条第4项、第11条第2款之规定，决定给予孟某行政拘留3日并处罚款200元的行政处罚，并追缴非法所得人民币(现金)400元。

---

① 根据《人民警察法》第35条规定，拒绝或阻碍人民警察依法执行职务，有下列行为之一的，给予治安管理处罚：(一)公然侮辱正在执行职务的人民警察的；(二)阻碍人民警察调查取证的；(三)拒绝或阻碍人民警察执行追捕、搜查、抢险等任务进入有关住所、场所的；(四)对执行救人、抢险、追捕、警卫等紧急任务的警车故意设置障碍的；(五)有拒绝或阻碍人民警察执行职务的其他行为的。

法条链接:

《治安管理处罚法》(2012年10月26日修正)

第十一条　办理治安案件所查获的毒品、淫秽物品等违禁品,赌具、赌资,吸食、注射毒品的用具以及直接用于实施违反治安管理行为的本人所有的工具,应当收缴,按照规定处理。

违反治安管理所得的财物,追缴退还被侵害人;没有被侵害人的,登记造册,公开拍卖或者按照国家有关规定处理,所得款项上缴国库。

第十九条　违反治安管理有下列情形之一的,减轻处罚或者不予处罚:

(一)情节特别轻微的;

(二)主动消除或者减轻违法后果,并取得被侵害人谅解的;

(三)出于他人胁迫或者诱骗的;

(四)主动投案,向公安机关如实陈述自己的违法行为的;

(五)有立功表现的。

第二十条　违反治安管理有下列情形之一的,从重处罚:

(一)有较严重后果的;

(二)教唆、胁迫、诱骗他人违反治安管理的;

(三)对报案人、控告人、举报人、证人打击报复的;

(四)六个月内曾受过治安管理处罚的。

第六十条　有下列行为之一的,处五日以上十日以下拘留,并处二百元以上五百元以下罚款:

(一)隐藏、转移、变卖或者损毁行政执法机关依法扣押、查封、冻结的财物的;

(二)伪造、隐匿、毁灭证据或者提供虚假证言、谎报案情,影响行政执法机关依法办案的;

(三)明知是赃物而窝藏、转移或者代为销售的;

(四)被依法执行管制、剥夺政治权利或者在缓刑、暂予监外执行中的罪犯或者被依法采取刑事强制措施的人,有违反法律、行政法规或者国务院有关部门的监督管理规定的行为。

【法条解析】

《治安管理处罚法》第 60 条第 1 项规定妨碍执法秩序的行为是隐藏、转移、变卖或者损毁行政执法机关依法扣押、查封、冻结的财物。只要实施了隐藏、转移、变卖或损毁行为中的一种或几种,就可构成本条妨碍执法秩序行为。行为在主观方面是故意,即行为人明知是行政执法机关扣押、查封、冻结的财物而故意予以非法处置。

第 60 条第 2 项规定的妨碍执法秩序行为是伪造、隐匿、毁灭证据或者提供虚假证言、谎报案情,影响行政执法机关依法办案。本行为中的伪造证据,是指伪造与案件有关的书证、物证等证据材料等,既可以是当事人伪造,也可以是其他人伪造。隐匿证据,是指故意将案件证据隐藏起来,妨碍行政执法机关调查取证工作。毁灭证据,是指故意销毁与案件有关的证据。提供虚假证言,是指证人故意做出歪曲事实、虚假的证言,妨害行政执法的行为。谎报案情,是指故意向行政执法机关举报、投诉并不存在或者发生的违法事实。

第 60 条第 3 项规定的妨害执法秩序的行为是指明知是赃物而窝藏、转移或者代为销售的。本条规定的"赃物",主要是指通过违法犯罪行为如盗窃、抢劫、诈骗、贪污等获得的公私财物,也包括赌博的赌资,走私所得等。违法犯罪人员自用的违法犯罪物品,如制假的设备,用于走私的交通工具不属于赃物。

《治安管理处罚法》第 19 条是关于违反治安管理应当减轻处罚或者不予处罚情形的规定。案例中行为人主动投案,向公安机关如实陈述自己的违法行为,符合第 19 条第 4 项的规定。第 19 条第 4 项规定的减轻处罚或者不予处罚的情形需满足两个条件:一是违法行为人主动投案。违法行为人在其违法行为尚未被公安机关发现以前,或者公安机关虽然已发现但尚不知道行为人的,或是虽已掌握违法事实和违法行为人但尚未追查之前,违法行为人主动到公安机关承认违法行为并自愿接受处理的。二是违法行为人向公安机关如实陈述自己的违法行为。如实陈述违法行为,包括告知公安机关违法行为实施的具体时间、地点、当事人以及作案手段等,基本事实和主要情节说清楚,如果有些细节或事实,行为人确实记不清,并不是有意隐瞒,也应当认定为如实陈述违法行为。

《治安管理处罚法》第11条规定了对查获违禁品、工具和违法所得财物的处理。在办理行政案件中查获的下列物品应当依法收缴:(1)毒品、淫秽物品等违禁品;(2)赌具和赌资;(3)吸食、注射毒品的用具;(4)伪造、变造的公文、证件、证明文件、票证、印章等;(5)倒卖的车船票、文艺演出票、体育比赛入场券等有价票证;(6)主要用于实施违法行为的本人所有的工具以及直接用于实施毒品违法行为的资金;(7)法律、法规规定可以收缴的其他非法财物。违法所得应当依法予以追缴或者没收。如果是多名违法行为人共同实施的违法行为,违法所得或者非法财物无法分清所有人的,应作为共同违法所得或者非法财物予以处理。

【典型案例】

卖淫、嫖娼及介绍他人卖淫

张某,男,31岁;孙某,女,29岁。张某到北京打工后遇到孙某,张某、孙某二人结识后,曾一度同居,后来张某教唆孙某卖淫"挣钱"。不久,张某给孙某介绍了一名男子。三人来到一处隐蔽树林,由张某放风,孙某与该男子发生性关系。事后,男子付给孙某300元。后张某又给孙某介绍了一位杨姓男子并在酒店开了房间,杨某付给孙某500元,孙某和杨某在酒店正准备奸宿时,被警察查获。

本案杨某的行为构成嫖娼,孙某的行为构成卖淫,公安机关根据《治安管理处罚法》第66条的规定,给予杨某500元罚款,孙某拘留5日的处罚。张某的行为构成介绍卖淫,公安机关根据《治安管理处罚法》第67条规定给予其拘留10日,罚款1000元的处罚。

法条链接:

《治安管理处罚法》(2012年10月26日修正)

第六十六条　卖淫、嫖娼的,处十日以上十五日以下拘留,可以并处五千元以下罚款;情节较轻的,处五日以下拘留或者五百元以下罚款。

在公共场所拉客招嫖的，处五日以下拘留或者五百元以下罚款。

第六十七条　引诱、容留、介绍他人卖淫的，处十日以上十五日以下拘留，可以并处五千元以下罚款；情节较轻的，处五日以下拘留或者五百元以下罚款。

【法条解析】

《治安管理处罚法》第66条规定的是关于卖淫、嫖娼以及在公共场所拉客招嫖的行为及其处罚。其中“卖淫”具体是指与他人发生性关系以获取金钱的行为。“嫖娼”具体是用付出金钱的方式换取与卖淫人员进行性活动的行为。本条的“情节较轻”实践中主要有以下几种情况：一是已经给付金钱等财物并着手实施，但由于行为人主观意志以外的原因尚未发生性关系的；二是以口淫、手淫等方式进行初次卖淫嫖娼的；三是双方已谈好价格，但由于行为人意志以外原因尚未发生关系；四是被诱骗、胁迫卖淫的；五是主动投案，并如实交代卖淫嫖娼违法行为等情况。对于本条第2款在公共场所拉客招嫖行为，是指行为人在公共场所，如宾馆、饭店、娱乐场所、街道等区域，以语言挑逗或者肢体动作强拉硬拽等方式，意图使他人嫖娼的行为，构成该行为需要同时满足三个条件：公共场所、拉客、招嫖。

【典型案例】

案例1：赌博

经公安机关查明，2021年至2022年4月，张某在某扑克俱乐部内多次玩“德州扑克”参与赌博，并通过微信支付与“码商”李某某换取筹码，结算赌资，赌资达14万元。张某主动投案后，对上述赌博行为如实供述。

公安机关根据《治安管理处罚法》第19条第4项、第70条之规定，决定给予张某行政拘留7日并处罚款500元的行政处罚。

案例2：网络赌博

曹某，女，无业，曾因开设赌场罪被判处有期徒刑1年，缓期1年执行。2022年4月，其主动到公安机关投案。经公安机关查明，

2021 年 12 月至 2022 年 3 月,曹某在某市家中用手机微信群,登录“×××麻将”与微信好友进行网络赌博,赌博完成后在微信内以转账方式结算赌资,累计赌资 10,000 元。由于曹某正在缓刑期间,书证、违法嫌疑人的陈述和申辩等证据,事实清楚,证据确凿,曹某赌博违法事实成立。根据《治安管理处罚法》第 70 条的规定,《公安机关办理行政案件程序规定》第 160 条第 5 项的规定,决定给予曹某行政拘留 5 日并处罚款 1500 元的行政处罚。

法条链接:

《治安管理处罚法》(2012 年 10 月 26 日修正)

第七十条　以营利为目的,为赌博提供条件的,或者参与赌博赌资较大的,处五日以下拘留或者五百元以下罚款;情节严重的,处十日以上十五日以下拘留,并处五百元以上三千元以下罚款。

【法条解析】

《治安管理处罚法》第 70 条的规定包含两个内容:一是以营利为目的,为赌博提供条件的行为。本条规定的“赌博”,是指以获得金钱或其他物质利益为目的,以投入一定赌资为条件进行的输赢活动。如果不是以营利为目的,仅娱乐消遣进行游戏性质的活动,带有少量财物的输赢,不按赌博处理。赌博方式多样,既包括传统的打扑克牌、玩麻将等方式,也包括运用计算机网络、新型聊天工具进行下注的行为。“为赌博提供条件”,主要包括提供赌具、场所、赌资、交通工具以及为赌博提供其他方便条件。二是参与赌博赌资较大。赌资较大才能给予治安管理处罚,对于赌资较大的认定,由公安机关在司法实践中根据实际情况和当地不同情况而定。

案例关于减轻处罚或不予处罚的情节,涉及《治安管理处罚法》第 19 条第 4 项规定,本项规定的减轻处罚或者不予处罚要同时符合两个条件:一是违法行为人主动投案。二是违法行为人要向公安机关如实陈述自己的违法行为。包括具体时间、地点、当事人以及作案手段等。案例关于从重处罚的规定,适用《公安机关办理行政案件程序规定》第

160 条。该条规定违法行为人有下列情形之一的,应当从重处罚:(1)有较严重后果的;(2)教唆、胁迫、诱骗他人实施违法行为的;(3)对报案人、控告人、举报人、证人等打击报复的;(4)6 个月内曾受过治安管理处罚或者 1 年内因同类违法行为受到两次以上公安行政处罚的;(5)刑罚执行完毕 3 年内,或者在缓刑期间,违反治安管理的。

【典型案例】

吸毒、引诱吸毒

宋某,男,25 岁,某药店员工。崔某,系宋某朋友,男,26 岁无业。赵某,女,24 岁,个体旅馆经营者。宋某在药店上班,发现药店有药用的鸦片进货,宋某出于好奇,利用职务之便,从工作的药店内获取少量鸦片偷偷吸食。因吸食鸦片后产生"飘飘欲仙"的感觉,宋某不能自拔,又多次吸食鸦片,还"邀请"崔某到赵某经营的旅店中,提供其毒品一起吸食。警察接到举报前往查处,赵某提前通风报信,使宋某、崔某逃脱。但是不久后,二人在别处因吸食鸦片被警方抓获。

本案中,宋某不仅自己吸食毒品,还"邀请"崔某一起吸毒,构成"吸毒"和"引诱吸毒"。公安机关依据《治安管理处罚法》第 72 条、第 73 条的规定分别决定,合并执行,给予宋某行政拘留 15 日的处罚;对崔某吸食毒品的行为,依据《治安管理处罚法》第 72 条的规定处罚。由于宋某、崔某吸毒已经成瘾,还应予强制戒毒。赵某身为旅馆经营者,在公安机关对吸毒违法活动进行查处时,为吸毒人员通风报信,致使二人逃脱,其行为属于为吸毒人员通风报信,应当根据《治安管理处罚法》第 74 条的规定予以处罚。

法条链接:

《治安管理处罚法》(2012 年 10 月 26 日修正)

第七十二条　有下列行为之一的,处十日以上十五日以下拘留,可以并处二千元以下罚款;情节较轻的,处五日以下拘留或者五百元以下罚款:

(一)非法持有鸦片不满二百克、海洛因或者甲基苯丙胺不满十克或者其他少量毒品的;

(二)向他人提供毒品的;

(三)吸食、注射毒品的;

(四)胁迫、欺骗医务人员开具麻醉药品、精神药品的。

第七十三条　教唆、引诱、欺骗他人吸食、注射毒品的,处十日以上十五日以下拘留,并处五百元以上二千元以下罚款。

第七十四条　旅馆业、饮食服务业、文化娱乐业、出租汽车业等单位的人员,在公安机关查处吸毒、赌博、卖淫、嫖娼活动时,为违法犯罪行为人通风报信的,处十日以上十五日以下拘留。

【法条解析】

《治安管理处罚法》第72条是关于非法持有毒品、向他人提供毒品和吸食、注射毒品以及胁迫、欺骗医务人员开具麻醉药品、精神药品的违法行为及处罚规定。

(1)非法持有毒品行为的规定。其中毒品,是指鸦片、海洛因、甲基苯丙胺(冰毒)、吗啡、大麻、可卡因以及国家规定管制的其他能够使人形成瘾癖的麻醉药品和精神药品。行为人持有毒品,可以是带在身上、藏在某处,或委托他人保管。行为人持有毒品必须是少量的,通常持有鸦片不足200克、海洛因或者冰毒不满10克或者其他少量毒品,如果持有毒品超过上述量,则构成非法持有毒品罪。

(2)向他人提供毒品的行为。向朋友提供毒品、使其吸毒;医务人员违反国家规定,向吸食、注射毒品的人非法提供麻醉药品和精神药品等都是向他人提供毒品的行为。如果向他人提供毒品并收取钱财,则属于贩卖毒品,应按刑法规定定罪处罚。

(3)吸食、注射毒品行为。吸食、注射毒品包括口吸、鼻吸、吞服、饮用或皮下、静脉注射等方法使用鸦片、海洛因、吗啡、大麻、可卡因、摇头丸、冰毒等毒品以及国家管制的其他能够使人成瘾癖的麻醉药品或精神药品。

(4)胁迫、欺骗医务人员开具麻醉药品、精神药品的行为。吸毒人员胁迫、欺骗医务人员开具麻醉药品、精神药品既违反了国家对麻醉药品、精神药品的管制规定,也侵犯了医务人员的人身权利。因此,必须依法予以惩处。

《治安管理处罚法》第73条是关于教唆、引诱、欺骗他人吸食、注射毒品的违法行为及其处罚的规定。行为人在客观方面表现为教唆、引诱、欺骗他人吸食、注射毒品,实施上述行为时,只要实施了行为之一,就可以构成本行为。行为人实施上述行为必须是情节轻微的,通常教唆、引诱、欺骗他人吸食、注射毒品次数很少。

《治安管理处罚法》第74条是关于旅馆业、饮食服务业、文化娱乐业、出租汽车业等人员,在公安机关查处吸毒、赌博、卖淫、嫖娼活动时,为违法犯罪人员通风报信的违法行为及处罚。"为违法犯罪人员通风报信",是指在公安机关查处吸毒、赌博、卖淫、嫖娼活动时,将行动的时间、方式等情况告知吸毒、赌博、卖淫、嫖娼的违法犯罪分子,既包括向违法分子通风报信,也包括向犯罪人员通风报信。通风报信的方式包括各种传递信息的方法和手段,如打电话、发送短信、微信消息及事先约定的各种暗号。如果通风报信行为属于单位行为,除对其直接负责的主管人员和其他直接责任人员依照本条规定给予处罚外,其所在单位还可能面临罚款、停业整顿、吊销营业执照等处罚。

试题演练

一、选择题

1. 当事人被治安管理处罚后,如果____内再做出违反治安管理的违法行为时,依法从重处罚。(单选)

   A. 6个月　　B. 9个月　　C. 1年　　D. 2年

2. 对吸食、注射毒品成瘾的,除依法予以治安管理处罚外,还____。(单选)

   A. 应当依法予以强制戒毒

   B. 可以予以强制戒毒

   C. 应当依法予以收容教育

   D. 可以依法予以收容教育

3. 下列属于为赌博提供条件的行为有____。(多选)

A. 提供赌具　　　　　　　　B. 提供赌博场所

C. 提供赌资　　　　　　　　D. 提供交通工具

二、判断题

1. 非法限制他人人身自由的,情节较轻的,可以给予警告处罚。(　)

2. 公然侮辱他人或者捏造事实诽谤他人的,可以处 5 日以下拘留或者 500 元以下罚款。(　)

3. 引诱、容留、介绍他人卖淫行为,是指以金钱、物质或其他利益诱使他人卖淫,或为他人提供场所,或为他人卖淫介绍嫖客的行为。(　)

三、个人感悟

签名:

年　　月　　日

第六章

法治教育（三）：《刑法》

《刑法》是规定犯罪、刑事责任和刑罚的法律，是通过对犯罪人追究刑事责任和适用刑罚来发挥作用的法律。《刑法》的任务，是用刑罚同一切犯罪行为作斗争，以保卫国家安全，保卫人民民主专政的政权和社会主义制度，保护国有财产和劳动群众集体所有的财产，保护公民私人所有的财产，保护公民的人身权利、民主权利和其他权利，维护社会秩序、经济秩序，保障社会主义建设事业的顺利进行。法律明文规定为犯罪行为的，依照法律定罪处刑；法律没有明文规定为犯罪行为的，不得定罪处刑。对任何人犯罪，在适用法律上一律平等。不允许任何人有超越法律的特权。刑罚的轻重，应当与犯罪分子所犯罪行和承担的刑事责任相适应。

一切危害国家主权、领土完整和安全，分裂国家、颠覆人民民主专政的政权和推翻社会主义制度，破坏社会秩序和经济秩序，侵犯国有财产或者劳动群众集体所有的财产，侵犯公民私人所有的财产，侵犯公民的人身权利、民主权利和其他权利，以及其他危害社会的行为，依照法律应当受刑罚处罚的，都是犯罪，但是情节显著轻微危害不大的，不认为是犯罪。勿以善小而不为，勿以恶小而为之。法网恢恢疏而不漏。《刑法》规定了较多的轻微罪名，侵犯国家、社会、个人的权益的行为，都有可能会构成犯罪。或许你认为的一个小错误，很有可能构成犯罪，一旦实施，追悔莫及。日常生活中，应时时提醒自己遵纪守法，大事小情都应约束自己的行为，利人利己。

重点提示：

1. 什么是间谍行为？
2. 什么是交通肇事罪？
3. 交通肇事罪和危险驾驶罪有什么不同？
4. 什么是非法持有枪支罪、盗窃枪支罪？
5. 什么是负有照护职责人员性侵罪？
6. 什么是盗窃罪规定的行为？

7. 什么是妨害公务罪?

8. 什么是袭警罪?

9. 什么是代替考试罪?

10. 什么是帮助信息网络犯罪活动罪?

11. 什么是高空抛物罪?

12. 聚众斗殴罪和寻衅滋事罪有什么不同?

13. 什么是掩饰、隐瞒犯罪所得、犯罪所得收益罪?

14. 什么是非法狩猎罪,非法猎捕、收购、运输、出售陆生野生动物罪?

15. 什么是走私、贩卖、运输、制造毒品罪?

16. 什么是容留他人吸毒罪?

17. 什么是制作、复制、出版、贩卖、传播淫秽物品牟利罪?

18. 什么是受贿罪?

一、危害国家安全罪

（一）间谍罪

【典型案例】

案例1：

黄某，1974年出生，大学学习计算机专业。毕业后进入国家某涉密科研单位任职，该单位工作具有高度保密性。2002年开始，黄某主动向境外间谍机构提供15万余份资料，其中绝密级国家秘密90项，机密级国家秘密292项，秘密级国家秘密1674项，非法获取70余万美元，对我国党、政、军、金融等多个部门的密码通信安全造成难以估量的损失。2011年，黄某因“间谍罪”被依法判处死刑，剥夺政治权利终身，并收缴全部间谍经费。黄某间谍案告破后，他原来就职的单位有29人受到不同程度的处分。黄某的妻子唐某、姐夫谭某因保管不当，被黄某利用各种方式复制、出卖国家机密，犯“过失泄露国家机密罪”被分别判处5年、3年有期徒刑。

案例2：

2003年，根据群众举报，某市国家安全机关将正在某军工造船厂附近江面观察、拍摄在建的新型军舰的童某现场抓获。据童某交代，1992年被境外间谍组织策反后，加入该间谍组织，接受该组织的指令，多次到广州、湛江等地观察、拍摄我国各种军事目标。将观察到的情况绘制成图案资料，通过电话、传真等方式报告给该间谍组织，并从中获取了大量间谍活动经费。童某因间谍罪被判处有期徒刑13年。因本案举报人对协助反间谍工作有重大贡献，某市国家安全局给予其10,000元的奖励。

法条链接:

《刑法》(2023年12月29日修正)

第一百一十条　有下列间谍行为之一,危害国家安全的,处十年以上有期徒刑或者无期徒刑;情节较轻的,处三年以上十年以下有期徒刑:

(一)参加间谍组织或者接受间谍组织及其代理人的任务的;

(二)为敌人指示轰击目标的。

【法条解析】

根据2023年4月修订的《反间谍法》第4条第1款的规定,间谍行为,是指下列行为:(1)间谍组织及其代理人实施或者指使、资助他人实施,或者境内外机构、组织、个人与其相勾结实施的危害中华人民共和国国家安全的活动;(2)参加间谍组织或者接受间谍组织及其代理人的任务,或者投靠间谍组织及其代理人;(3)间谍组织及其代理人以外的其他境外机构、组织、个人实施或者指使、资助他人实施,或者境内机构、组织、个人与其相勾结实施的窃取、刺探、收买、非法提供国家秘密、情报以及其他关系国家安全和利益的文件、数据、资料、物品,或者策动、引诱、胁迫、收买国家工作人员叛变的活动;(4)间谍组织及其代理人实施或者指使、资助他人实施,或者境内外机构、组织、个人与其相勾结实施针对国家机关、涉密单位或者关键信息基础设施等的网络攻击、侵入、干扰、控制、破坏等活动;(5)为敌人指示攻击目标;(6)进行其他间谍活动。

《刑法》第110条规定了两种间谍行为:参加间谍组织或者接受间谍组织及其代理人的任务的;为敌人指示轰击目标的。参加间谍组织是指,通过履行一定手续加入间谍组织,成为其中成员的。加入间谍组织后,没有实施一定间谍行为,也可以构成本罪。

"接受间谍组织及其代理人的任务"是指,没有加入间谍组织,不是其固定成员,但是依然接受间谍组织及其代理人的指使,从事危害我国国家安全的活动。间谍组织是指,外国政府或者境外敌对势力建立的专门收集各种情报或者利用收集的情报对他国进行颠覆、破坏的组织。间谍组织代理人是指,接受间谍组织或者成员的指使、委托、资助,自身开展或者授意、指使他人开展危害我国国家安全的人。接受间谍组织及其代理人的任务,不以参加间谍组织为条件,没有参加组织,接受其任务,也构成本罪。

“为敌人指示轰击目标”中的“敌人”,指的是处于军事、政治对抗状态中的对方国家或者地区,也包括仇视、敌视我国政权和社会主义制度的敌对势力和组织。“轰击目标”,指的是不为敌人所知晓且有价值的军事、政治、经济、民生等重要目标。指示的方式可以是电话、电子邮件、即时通讯软件等,也可以是直接当面告知目标坐标位置。为敌人指示轰击目标,不以前种行为为前提,事实上为敌人指示轰击目标就能成立犯罪。

需要注意的是,日常生活中往往可能会出现有人或者有组织招募拍摄、测绘特定目标或者特定组织活动规律等广告,付给一定报酬。需要绷紧国家安全的神经,不要一不小心成为国家的罪人。

(二)为境外窃取、刺探、收买、非法提供国家秘密、情报罪

【典型案例】

案例1:

曾供职于某企业的韩某,通过互联网发布求职信息,很快被网上自称“记者”的境外间谍情报机关人员盯上。对方安排他做“图片记者”,并安排他去某军事目标附近就业,以方便获得新闻报道素材。为了表达诚意,该“记者”很“大方”地给韩某转账1万多元作为定金。

面对这么容易到手的金钱,韩某一想到随便拍点照片就能挣到,顾不上是否合法就满口答应了。在这名境外谍报人员的直接安排下,韩某顺利进入某单位工作。之后多次利用工作之便,用手机偷拍大量某重大军工项目照片传到境外。收到大量钱款后,韩某又遵照境外间谍组织指示,赴北京参加国防技术项目推介会,现场收集大量录音、照片等资料;还专程前往辽宁西部某地拍摄了另一组重

要军事目标的照片。数月间这份“兼职记者”的工作为韩某带来近10万元的巨额报酬。

这些信息的泄露给我国带来了巨大损失,国家安全部门经过侦查,顺利抓获韩某。某地中级人民法院一审判决被告人韩某犯为境外窃取、非法提供国家秘密罪,判处有期徒刑8年,剥夺政治权利4年,依法追缴其违法所得。

案例2:

2019年,在校大学生庄某通过某交友软件寻找兼职。一微信群成员主动添加庄某为好友,并向其提供“某军港附近地图信息采集和沿街商铺拍摄”的兼职工作。庄某按对方要求,先后8次前往某小区楼顶制高点、公园附近,拍摄我国军事目标及附近街道店铺、路况等,每次拍摄100~200张照片,通过邮箱发送给对方。

经法院依法审理,以为境外非法提供国家秘密罪判处庄某有期徒刑5年6个月,剥夺政治权利1年。

案例3:

廖某某,男,汉族,1991年生,中专毕业。2014年11月,境外间谍情报机关嫌疑人“JANNY”通过求职QQ群与廖某某搭讪并加为“好友”,称可以介绍工作,主要工作内容是拍摄湛江军港停泊的军舰舷号,并称无须办理入职手续,只需网上联系。廖某某按对方指令到湛江军港附近拍摄并报送了相关照片,获利1000元。2014年11月7日,廖某某在观看了广东卫视播出的专题片《警惕间谍》及媒体的相关报道后,认识到自己的行为已触犯法律,主动拨打广东省国家安全机关报警电话自首。广东省国家安全机关依法对其进行了批评教育。此后,廖某某积极配合国家安全机关工作,有立功表现,受到国家安全机关的嘉奖。

法条链接：

《刑法》(2023年12月29日修正)

第一百一十一条　为境外的机构、组织、人员窃取、刺探、收买、非法提供国家秘密或者情报的，处五年以上十年以下有期徒刑；情节特别严重的，处十年以上有期徒刑或者无期徒刑；情节较轻的，处五年以下有期徒刑、拘役、管制或者剥夺政治权利。

第六十七条第一款　犯罪以后自动投案，如实供述自己的罪行的，是自首。对于自首的犯罪分子，可以从轻或者减轻处罚。其中，犯罪较轻的，可以免除处罚。

第六十八条　犯罪分子有揭发他人犯罪行为，查证属实的，或者提供重要线索，从而得以侦破其他案件等立功表现的，可以从轻或者减轻处罚；有重大立功表现的，可以减轻或者免除处罚。

【法条解析】

1. 为境外窃取、刺探、收买、非法提供国家秘密、情报罪

根据《保守国家秘密法》第2条规定，国家秘密是关系国家安全和利益，依照法定程序确定，在一定时间内只限一定范围的人员知悉的事项。在我国，国家秘密的密级分为绝密、机密和秘密三级。《刑法》中的国家秘密为三级中的任何一级。

国家情报，是指除国家秘密以外，关系国家安全和利益，尚未公开或者不应公开，对境外机构、组织、人员有一定利用价值并可能对我国各个领域的国家安全造成重大危害的信息、情况、资料等。

窃取国家情报的方式很广泛，包含直接窃取、侵入计算机系统窃取、采用拍照或者视频录制方式窃取和通过其他科技手段窃取等。刺探，包括向知晓国家秘密、情报的人打听；利用公开合理的方式，例如召开各种会议、采访等；利用各种科技手段非法获取等。收买，是指利用金钱、美色等方式向有关人员非法获得国家秘密、情报。非法提供，是指掌握国家秘密、情报的有关组织、个人，未经批准擅自向境外机构、组织、个人提供国家秘密、情报。

需要注意的是，国家秘密的知悉范围应当根据工作需要限定在最小范围。国家秘密的知悉范围能够限定到具体人员的，应当限定到具

体人员;不能限定到具体人员的,应限定到机关、单位,由机关、单位限定到具体人员。国家秘密的知悉范围以外的人员,因工作需要知悉国家秘密的,应当经过机关、单位负责人批准。不应当知道国家秘密或者情报的不能知道、不能打听,更不能向境外提供。

2. 自首与立功

根据《刑法》第67条规定,犯罪以后自动投案,如实供述自己的罪行的,是自首。对于自首的犯罪分子,可以从轻或者减轻处罚。其中,犯罪较轻的,可以免除处罚。被采取强制措施的犯罪嫌疑人、被告人和正在服刑的罪犯,如实供述司法机关还未掌握的本人其他罪行的,以自首论。

自首需要两个条件,自动投案和如实供述。自动投案的条件相对比较简单:(1)犯罪后主动报案,虽未表明自己是作案人,但没有逃离现场,在司法机关询问时交代自己罪行的;(2)明知他人报案而在现场等待,抓捕时无拒捕行为,供认犯罪事实的;(3)在司法机关未确定犯罪嫌疑人,尚在一般性排查询问时主动交代自己罪行的;(4)因特定违法行为被采取行政拘留、司法拘留、强制隔离戒毒等行政、司法强制措施期间,主动向执行机关交代尚未被掌握的犯罪行为的;(5)其他符合立法本意,应当视为自动投案的情形。

在如实供述的条件中,除如实供述自己的主要犯罪事实外,还应包括姓名、年龄、职业、住址、前科等情况。犯罪嫌疑人供述的身份等情况与真实情况虽有差别,但不影响定罪量刑的,应认定为如实供述自己的罪行。犯罪嫌疑人自动投案后隐瞒自己的真实身份等情况,影响对其定罪量刑的,不能认定为如实供述自己的罪行。

根据《刑法》第68条规定,犯罪分子有揭发他人犯罪行为,查证属实的,或者提供重要线索,从而得以侦破其他案件等立功表现的,可以从轻或者减轻处罚;有重大立功表现的,可以减轻或者免除处罚。

立功的条件有三个:(1)立功的人需要是犯罪分子。(2)立功行为必须在犯罪分子到案后至判决确定前的期间内实行。(3)犯罪分子必须具有有利于国家和社会的突出表现。

在现代中国,实施犯罪后,几乎没有逃避刑罚惩罚的可能性,犯罪人积极投案自首,置于国家机关的处置之下,认罪认罚,或者检举揭发他人,才能获得国家刑罚的宽容。

试题演练

一、选择题

1. 下列不属于间谍行为的是____。(单选)
   A. 参加间谍组织
   B. 在网络上发布自己拍摄的军事禁区照片
   C. 接受间谍组织及其代理人的任务
   D. 为敌人指示轰击目标
2. 下列说法正确的是____。(单选)
   A. 军事禁区,严禁拍照,更不能拍完以后公开发布或者卖给其他人
   B. 我也不知道对方是不是间谍组织,给钱就给多找些秘密资料
   C. 军港之类的地方,从高处就能看见,谁都能看,拍照挣钱也没关系
   D. 国家安全距离我太远,用不着关注

二、判断题

1. 犯罪以后自动投案,如实供述自己的罪行的,是自首。( )
2. 国家秘密、情报,仅限于军事方面的。( )
3. 加入间谍组织后,没有实施一定间谍行为,不会构成间谍罪。( )
4. 被采取强制措施的犯罪嫌疑人、被告人和正在服刑的罪犯,如实供述司法机关还未掌握的本人其他罪行的,以自首论。( )
5. 犯罪分子有重大立功表现的,可以减轻或者免除处罚。( )

三、个人感悟

签名:

年　　月　　日

二、危害公共安全罪

(一)交通肇事罪

【典型案例】

2022年7月22日晚,被告人陈某某未取得机动车驾驶证,驾驶机件不符合技术要求的无牌三轮摩托车在乡村道路行驶。19时45分许,车辆逆向行经某村地段,碰撞路边行人赖某,造成被害人当场死亡。肇事后,被告人陈某某现场报警并等候交警处置。经事故责任查明认定,被告人陈某某负事故全部责任。经鉴定,被告人陈某某驾驶的车辆属轻便正三轮摩托车类型,在机动车范畴;制动系统的前轮无装备车轮制动器,不符合检验技术要求;前照灯无远、近光灯光束切换,且外部被塑料薄膜所遮挡,不符合检验技术要求。经鉴定,被害人符合交通事故所致严重颅脑损伤而死亡。2022年8月1日,被告人陈某某与死者家属达成和解,赔偿被害人家属人民币665,000元并取得谅解。公诉机关认为,被告人陈某某的行为已构成交通肇事罪,具有自首等量刑情节,在审查起诉阶段认罪认罚,建议判处被告人陈某某有期徒刑10个月,缓刑1年1个月。法院接受量刑建议。

法条链接:

《刑法》(2023年12月29日修正)

第一百三十三条　违反交通运输管理法规,因而发生重大事故,致人重伤、死亡或者使公私财产遭受重大损失的,处三年以下有期徒刑或者拘役;交通运输肇事后逃逸或者有其他特别恶劣情节的,处三年以上七年以下有期徒刑;因逃逸致人死亡的,处七年以上有期徒刑。

【法条解析】

成立交通肇事罪,需要有违反交通运输管理法规的行为。上述法规主要是公路、水上交通等各种交通规则、操作规程、操作纪律等，也包含铁路、航空交通运输中的各种管理法规。违反法规，同时需发生重大交通事故，致人重伤、死亡或者使公私财产遭受重大损失，没有重大事故和损失不成立本罪。

需要注意的是，现代社会交通工具逐渐多样，三轮车、电动车等逐渐普及，有些会被鉴定为机动车辆。一旦被纳入机动车辆，则需要严格遵守交通运输管理法规，否则轻则构成行政违法，重则构成交通肇事罪。一旦发生交通事故，应第一时间报案、拨打“120”，等待事故处理，认罪认罚，积极赔偿，有利于从轻或者减轻处罚。

（二）危险驾驶罪

【典型案例】

2012 年 2 月 3 日 20 时 20 分许，被告人张某某、金某相约驾驶摩托车出去享受大功率摩托车的刺激感，约定“陆家浜路、河南南路路口是目的地，先到等后到，不见不散”。随后，张某某驾驶无牌的本田大功率二轮摩托车（经过改装），金某驾驶套牌的雅马哈大功率二轮摩托车（经过改装），从上海市浦东新区乐园路 99 号出发，行至杨高路、巨峰路路口掉头沿杨高路由北向南行驶，经南浦大桥到陆家浜路下桥，后沿河南南路经复兴东路隧道、张杨路回到张某某住所。全程 28.5 千米，沿途经过多个公交站点、居民小区、学校和大型超市。在行驶途中，二被告人驾车在密集车流中反复并线、曲折穿插、多次闯红灯、大幅度超速行驶。当行驶至陆家浜路、河南南路路口时，张某某、金某遇执勤民警检查，遂驾车沿河南南路经复兴东路隧道、张杨路逃离。其中，在杨高南路浦建路立交桥（限速 60km/h）张某某行驶速度达 115km/h、金某行驶速度达 98km/h；在南浦大桥桥面（限速 60km/h）张某某行驶速度为 108km/h、金某行驶速度为 108km/h；在南浦大桥陆家浜路引桥下匝道（限速 40km/h）张某某行驶速度大于 59km/h、金某行驶速度大于 68km/h；在复兴东路隧道(限速 60km/h)张某某行驶速度达 102km/h、金某行驶速度达 99km/h。

2012 年 2 月 5 日 21 时许,被告人张某某被抓获到案后,如实供述上述事实,并向公安机关提供被告人金某的手机号码。金某接公安机关电话通知后于 2 月 6 日 21 时许主动投案,并如实供述上述事实。

上海市浦东新区人民法院于 2013 年 1 月 21 日作出刑事判决:被告人张某某犯危险驾驶罪,判处拘役 4 个月,缓刑 4 个月,并处罚金人民币 4000 元;被告人金某犯危险驾驶罪,判处拘役 3 个月,缓刑 3 个月,并处罚金人民币 3000 元。宣判后,二被告人均未上诉,判决已发生法律效力。

法条链接:

《刑法》(2023 年 12 月 29 日修正)

第一百三十三条之一　在道路上驾驶机动车,有下列情形之一的,处拘役,并处罚金:

(一)追逐竞驶,情节恶劣的;

(二)醉酒驾驶机动车的;

(三)从事校车业务或者旅客运输,严重超过额定乘员载客,或者严重超过规定时速行驶的;

(四)违反危险化学品安全管理规定运输危险化学品,危及公共安全的。

机动车所有人、管理人对前款第三项、第四项行为负有直接责任的,依照前款的规定处罚。

有前两款行为,同时构成其他犯罪的,依照处罚较重的规定定罪处罚。

【法条解析】

根据《刑法》第 133 条之一第 1 款的规定,在道路上驾驶机动车"追逐竞驶,情节恶劣的"构成危险驾驶罪。"追逐竞驶",一般指行为人出于竞技、追求刺激、斗气或者其他动机,二人或二人以上分别驾驶机动车,违反道路交通安全规定,在道路上快速追赶行驶的行为。本案中,从主观驾驶心态上看,二被告人张某某、金某到案后先后供述"心里面想找点享乐和刺激""在道路上穿插、超车、得到心理满足";在面临红灯时,"刹车不舒服、逢车必超""前方有车就变道曲折行驶再超越"。二被告人上述供述与相关视听资料相互印证,可以反映出其追求刺激、炫耀驾驶技能的竞技心理。从客观行为上看,二被告人驾驶超标大功率的改装摩托车,存在多次随意变道、闯红灯、大幅超速等严重违章行为。从行驶路线看,二被告人共同自浦东新区乐园路99号出发,至陆家浜路、河南南路路口接人,约定了竞相行驶的起点和终点。综上,可以认定二被告人的行为属于危险驾驶罪中的"追逐竞驶"。

关于本案被告人的行为是否属于"情节恶劣",应从其追逐竞驶行为的具体表现、危害程度、造成的危害后果等方面,综合分析其对道路交通秩序、不特定多人生命、财产安全威胁的程度是否"恶劣"。本案中,二被告人追逐竞驶行为,虽未造成人员伤亡和财产损失,但从以下情形分析,属于危险驾驶罪中的"情节恶劣":第一,从驾驶的车辆看,二被告人驾驶的系无牌和套牌的大功率改装摩托车;第二,从行驶速度看,总体驾驶速度很快,多处路段超速达50%以上;第三,从驾驶方式看,反复并线、穿插前车、多次闯红灯行驶;第四,从对待执法的态度看,二被告人在民警盘查时驾车逃离;第五,从行驶路段看,途经的杨高路、张杨路、南浦大桥、复兴东路隧道等均系城市主干道,沿途还有多处学校、公交和地铁站点、居民小区、大型超市等路段,交通流量较大,行驶距离较长,在高速驾驶的刺激心态和躲避民警盘查的紧张心态下,极易引发重大恶性交通事故。上述行为,给公共交通安全造成一定危险,足以威胁他人生命和财产安全,故可以认定二被告人追逐竞驶的行为属于危险驾驶罪中的"情节恶劣"。

被告人张某某到案后如实供述所犯罪行,依法可以从轻处罚。被告人金某投案自首,依法亦可以从轻处罚。鉴于二被告人在庭审中均已认识到行为的违法性及社会危害性,保证不再实施危险驾驶行为,并多次表示认罪悔罪,且其行为尚未造成他人人身、财产损害后果,故依法作出如上判决。

需要注意的是,如果不是两个人同时出发,而是一个人先驾驶一圈,有人计时,另一个人也驾驶一圈,有人计时,看哪个人时间短,也可以认定构成危险驾驶罪。

(三)妨害安全驾驶罪

【典型案例】

案例1:

2020年6月25日,被告人钱某某乘坐由王某某驾驶的×××号大型客车沿102国道从长春站到陶家屯站,车上载有30名左右的乘客。9时45分29秒,大客车路过陶家屯站点时,因避让路上摩托车而未停车,后于9时45分38秒在站点前124米处停车,被告人钱某某因车未在站点停车,心生气愤拒绝下车,司机王某某便于9时45分48秒启动客车行驶,被告人钱某某见此情形,于9时45分51秒走到王某某身边用手提袋击打王某某面部,致使王某某于9时45分53秒对正在行驶的客车采取紧急制动,随后二人发生争吵,车长报警后,被告人钱某某被公安机关口头传唤到案。从案发时间前后及案发地点102国道的车辆情况来看,自9时45分35秒至9时45分53秒,102国道共有10辆车从该大客车旁经过。

案例2:

2022年3月2日14时许,被告人樊某某在佛山市顺德区某公交站登上公交车,因驾驶员潘某行车过程中打方向盘致樊某某摔倒,樊某某与其发生争执。在车辆继续行驶过程中,樊某某辱骂驾驶员,要求驾驶员停车,打开驾驶员安全门,又先后多次用手推打驾驶员右肩及头部,并用脚踢了驾驶员脚部一次。之后驾驶员按照樊某某要求报警,处理行车过程中致樊某某受伤的事情,樊某某被赶往现场的民警抓获。

法条链接：

《刑法》(2023年12月29日修正)

第一百三十三条之二　对行驶中的公共交通工具的驾驶人员使用暴力或者抢控驾驶操纵装置，干扰公共交通工具正常行驶，危及公共安全的，处一年以下有期徒刑、拘役或者管制，并处或者单处罚金。

前款规定的驾驶人员在行驶的公共交通工具上擅离职守，与他人互殴或者殴打他人，危及公共安全的，依照前款的规定处罚。

有前两款行为，同时构成其他犯罪的，依照处罚较重的规定定罪处罚。

【法条解析】

实践中实施本罪的主体，多数是公共交通工具上的乘客。公共交通工具，实践中多是公交车，也包含飞机、火车、地铁、轻轨、轮船、摆渡船、运输用快艇等。构成犯罪的行为主要是对公共交通工具的驾驶人实施殴打、推搡、拉拽、投掷伤害性物品等，或者抢夺方向盘、档杆、车钥匙等行为。该行为干扰了公共交通工具的正常行驶，有可能危及公共安全。构成本罪，不需要导致撞死撞伤人或者财物重大损失的情形，有危险即可。如果出现了死伤等情况，有可能构成以危险方法危害公共安全罪，行为人有可能被追究更重的刑事责任。

需要注意的是，生活中难免有坐过站或者在车上站立不稳甚至摔倒等情况发生，此时难免不悦，但是不能实施殴打司机或者强迫逼停车辆等行为，否则会构成犯罪。

(四)非法持有宣扬恐怖主义、极端主义物品罪

【典型案例】

犯罪人刘某某于案发前一年使用手机通过社交软件群，浏览并下载恐怖分子和暴恐人员实施枪决、砍头、割喉等行为的暴恐视频资料8部，存储在手机内存中。该8部视频内容不同，时长共计11分31秒。经某市公安局网络安全支队检验，8部视频均为暴恐视频。

2019 年 1 月 23 日,犯罪人更换新手机,在家中使用移动互联网软件通过无线互联网把旧手机内存储的电子数据文件传输到新手机里存储,在传输过程中将上述 8 部暴恐视频中的 5 部转移存储到新手机内存中,后被公安机关发现。犯罪人刘某某明知是宣扬恐怖主义电子视频资料通过手机浏览下载并非法持有,其行为已构成非法持有宣扬恐怖主义物品罪,判处有期徒刑 6 个月,并处罚金人民币 2000 元。

法条链接:

《刑法》(2023 年 12 月 29 日修正)

第一百二十条之六　明知是宣扬恐怖主义、极端主义的图书、音频视频资料或者其他物品而非法持有,情节严重的,处三年以下有期徒刑、拘役或者管制,并处或者单处罚金。

【法条解析】

本罪的持有,表现为占有、携带、藏有或者以各种方法支配恐怖主义、极端主义物品。通过电脑、手机、平板电脑等终端下载、转存在优盘、手机、光盘等各种存储介质的,都属于持有。持有不要求时时刻刻放在身上、拿在手上,放在家里、办公室等地方,同样是对它们进行了管理和支配,当然属于持有。如果有社交软件交友群中其他人发送了这种视频、图片等,行为人没有对其进行下载、另存的,一般不认为构成本罪。

《最高人民法院、最高人民检察院、公安部、司法部关于办理恐怖活动和极端主义犯罪案件适用法律若干问题的意见》中规定,非法持有的恐怖主义、极端主义物品达到下列数量标准之一的,按照犯罪处理:(1)图书、刊物 20 册以上,或者电子图书、刊物 5 册以上的;(2)报纸 100 份(张)以上,或者电子报纸 20 份(张)以上的;(3)文稿、图片 100 篇(张)以上,或者电子文稿、图片 20 篇(张)以上,或者电子文档 50 万字符以上的;(4)录音带、录像带等音像制品 20 个以上,或者电子音频视频资料 5 个以上,或者电子音频视频资料 20 分钟以上的;(5)服饰、标志 20 件以上的。

非法持有宣扬恐怖主义、极端主义的物品,虽未达到前款规定的数量标准,但具有多次持有,持有多类物品,造成严重后果或者恶劣社会影响,曾因实施恐怖活动、极端主义违法犯罪被追究刑事责任或者 2 年内受过行政处罚等情形之一的,也可以定罪处罚。

需要注意的是,极端主义、恐怖主义物品是国家禁止公民持有的,无意中看到,禁止下载或者以其他方式保存。如果在社交软件群中见到有人发布这种视频、图片等,最佳方式是报案、指出其行为的违法犯罪性,可以退群,不能因为好奇等加以保存。

(五)非法持有枪支罪、盗窃枪支罪

【典型案例】

2020 年 4 月 10 日,被告人郭某甲经郭某乙介绍,向李某购买其坐落在某村的一铁皮楼房。次日,郭某甲在清理该楼房时发现两支疑似枪支(疑似气枪一支、疑似火药枪一支),遂将该两支枪支藏放在铁皮房内。后郭某甲将该事告知被告人吴某某,表示要赠给吴某某,但随即反悔。2020 年 4 月 30 日,被告人吴某某到该铁皮房,将郭某甲藏在二楼床板底下的两支枪支窃走,并藏放于自己家中。郭某甲于同年 5 月 1 日向公安机关报案。公安机关于当日在吴某某家中起获疑似火药枪一支,次日吴某某自动上缴另一支疑似气枪。经鉴定,涉案疑似气枪无法进行射击实验,疑似火药枪系以火药为动力发射弹丸的自制枪支,认定为枪支。法院判决,被告人郭某甲犯非法持有枪支罪,判处有期徒刑 11 个月。被告人吴某某犯盗窃枪支罪,判处有期徒刑 1 年 11 个月。

法条链接:

《刑法》(2023 年 12 月 29 日修正)

第一百二十八条第一款　违反枪支管理规定,非法持有、私藏枪支、弹药的,处三年以下有期徒刑、拘役或者管制;情节严重的,处三年以上七年以下有期徒刑。

第一百二十七条第一款　盗窃、抢夺枪支、弹药、爆炸物的,或者盗窃、抢夺毒害性、放射性、传染病病原体等物质,危害公共安全的,处三年以上十年以下有期徒刑;情节严重的,处十年以上有期徒刑、无期徒刑或者死刑。

【法条解析】

根据《公安机关涉案枪支弹药性能鉴定工作规定》第3条,我国对枪支管控严格,鉴定标准如下:(1)凡是制式枪支、弹药,无论是否能够完成击发动作,一律认定为枪支、弹药。(2)凡是能发射制式弹药的非制式枪支(包括自制、改制枪支),一律认定为枪支。对能够装填制式弹药,但因缺少个别零件或锈蚀不能完成击发,经加装相关零件或除锈后能够发射制式弹药的非制式枪支,一律认定为枪支。(3)对不能发射制式弹药的非制式枪支,按照《枪支致伤力的法庭科学鉴定判据》(GA/T 718－2007)的规定,当所发射弹丸的枪口比动能大于等于1.8焦耳/平方厘米时,一律认定为枪支。(4)对制式枪支、弹药专用散件(零部件),能够由制造厂家提供相关零部件图样(复印件)和件号的,一律认定为枪支、弹药散件(零部件)。(5)对非制式枪支、弹药散件(零部件),如具备与制式枪支、弹药专用散件(零部件)相同功能的,一律认定为枪支、弹药散件(零部件)。

非法制造、买卖、运输、邮寄、储存、销售、盗窃、抢夺、抢劫、持有、私藏、出租、出借枪支等都有可能构成犯罪。

需要注意的是,鉴于我国严格的枪支管控政策与法律规范,对枪形物尽量不拥有、不使用、不持有,即使是以压缩气体为动力打塑料BB弹的枪支,也有可能被认定为法律禁止持有的枪支。

■ 试题演练

一、选择题

1. 交通肇事撞人后,下列的正确做法是____。(单选)

A. 逃跑

B. 将昏迷的人挪到隐蔽的地方

C. 立刻报警,等待警察处理,拨打急救中心电话

D. 宁可在监狱服刑,也不赔偿被害人钱

2. 不可能构成危险驾驶罪的行为是____。(单选)

A. 追逐竞驶

B. 醉酒驾驶机动车

C. 从事校车业务或者旅客运输,严重超过额定乘员载客

D. 驾照扣完12分后继续开车上路

3. 可能构成妨害安全驾驶罪的是____。(单选)

A. 在静止的公共交通工具上与乘客互殴

B. 在静止的公共交通工具上辱骂乘客

C. 在行驶的公共交通工具上破坏座椅扶手

D. 在行驶的公共交通工具上殴打司机

二、判断题

1. 喝点儿酒开车,只要不撞到人,不碰上警察,没关系。( )

2. 交通肇事撞人后逃逸的,将会被加重处罚。( )

3. 司机在行驶的公共交通工具上擅离职守,与他人互殴或者殴打他人,有可能构成妨害安全驾驶罪。( )

4. 明知是宣扬恐怖主义、极端主义的图书、音频视频资料或者其他物品而非法持有,有可能构成非法持有宣扬恐怖主义、极端主义物品罪。( )

5. 对枪形物尽量不拥有、不使用、不持有。( )

三、个人感悟

____

____

____

____

____

____

签名:

年　　月　　日

三、破坏社会主义市场经济秩序罪

(一)生产、销售伪劣产品罪

【典型案例】

2018 年 9 月开始,被告人卫某君从他人处以每条 43 元左右的价格购进“莲花”“牡丹”“爱喜”三种香烟,在其经营的佳某烟酒门市部以每条 50 元至 63 元不等的价格销售,销售金额共计 27,475 元,获利 4000 余元。2021 年 1 月 13 日,某县烟草专卖局执法人员在被告人卫某君存放卷烟的库房内查获“莲花”香烟 2313 条,“牡丹”香烟 1000 条,“爱喜”香烟 100 条,经某省烟草产品质量监督检验站检验,均系伪劣卷烟。“莲花”香烟每条以销售价格 55 元计算、“牡丹”香烟每条以销售价格 50 元计算、“爱喜”香烟每条以销售价格 63 元计算,未销售卷烟的货值金额共计 19 万余元。

被告人卫某君到案后能如实供述自己的罪行,自愿认罪认罚,可以对其从轻处罚。被告人卫某君案发后积极退缴违法所得并缴纳罚金,可以酌情从轻处罚。被告人卫某君有货值 19 万余元的伪劣卷烟尚未销售,系犯罪未遂,可以比照既遂犯从轻或者减轻处罚。经某县人民检察院委托,某县司法局对被告人卫某君适用缓刑对其居住社区的影响进行调查评估,认为被告人卫某君可以适用社区矫正。从被告人卫某君处扣押的 3413 条伪劣卷烟应依法予以没收;从被告人卫某君处扣押的黑色智能手机 1 部与本案无关,依法应予发还。法院本着惩罚与教育相结合的原则,认定被告人卫某君犯销售伪劣产品罪,判处有期徒刑 1 年零 2 个月,缓刑 2 年,并处罚金人民币 20,000 元。

法条链接：

《刑法》(2023年12月29日修正)

第一百四十条　生产者、销售者在产品中掺杂、掺假，以假充真，以次充好或者以不合格产品冒充合格产品，销售金额五万元以上不满二十万元的，处二年以下有期徒刑或者拘役，并处或者单处销售金额百分之五十以上二倍以下罚金；销售金额二十万元以上不满五十万元的，处二年以上七年以下有期徒刑，并处销售金额百分之五十以上二倍以下罚金；销售金额五十万元以上不满二百万元的，处七年以上有期徒刑，并处销售金额百分之五十以上二倍以下罚金；销售金额二百万元以上的，处十五年有期徒刑或者无期徒刑，并处销售金额百分之五十以上二倍以下罚金或者没收财产。

【法条解析】

生产、销售伪劣产品罪，自然人和单位都可以成立，生产者既可以是产品的制造者，也可以是产品的加工者；销售者既可以批发，也可以是零售或者生产加工后的销售。生产、销售者有没有取得生产许可证或者营业执照，在所不问。

本罪的伪产品，是指以假充真的产品。劣产品是指掺杂掺假的产品，以及以次充好的产品和以不合格产品冒充合格的产品。生产、销售的产品都可能包含在本罪中。例如，卷烟、雪茄烟、烟丝、烟叶，各种日杂用品，柴米油盐酱醋茶之类生活用品等。

销售金额，指的是生产、销售者售出的伪劣产品所得和应得之违法收入。违法收入，不是生产、销售者的纯利润，而是按照伪劣产品的生产数量与出卖价格计算的数额。没有卖出，案发时仅有库存能否认定销售数额？按照《最高人民法院、最高人民检察院关于办理生产、销售伪劣商品刑事案件具体应用法律若干问题的解释》第2条规定，《刑法》第140条、第149条规定的“销售金额”，是指生产者、销售者出售伪劣产品后所得和应得的全部违法收入。伪劣产品尚未销售，货值金额达到《刑法》第140条规定的销售金额3倍以上的，以生产、销售伪劣产品罪(未遂)定罪处罚。因此，如果仅有库存，依然可以追究本罪未遂的刑事责任。

需要注意的是,生产、销售产品,需要符合国家质量标准。在销售产品时,不能单纯追求利润而不顾商品的质量、真伪,应该关注进货渠道,避免为了眼前的小利而构成犯罪,害人害己。

(二)洗钱罪

【典型案例】

江西鹰潭警方调查发现,当地一传媒公司竟有近千部手机,经查,该公司的主业竟是给主播刷礼物,1 个月资金流水达上千万元。经深入调查,该公司负责人毛某从孙某处购买的折扣直播币涉及境外黑灰产业。据孙某供述,他搭建了一个“跑分”平台,表面上做直播平台币买卖,实际上是帮境外犯罪分子洗钱。境外需要洗钱的犯罪分子,通过官方渠道原价购买大量直播平台币,再以七五折的价格卖给孙某。之后,孙某再以八折左右的价格转卖给类似毛某这样的下线。毛某再将平台币以八三折到八六折不等的价格,卖给直播公司和网络主播,从中赚取差价。简单来讲,该团伙拿了境外犯罪团伙的“黑钱”,事先与直播公司和个人主播约定分成比例,在直播间冒充“财大气粗”的粉丝进行打赏,然后再把“洗干净”了的钱返还境外犯罪团伙,自己留下差价部分。警方介绍,孙某 1 年获利近 1000 万元、毛某获利 500 余万元。目前,警方冻结洗钱平台账号 1800 个,冻结价值 450 万元的平台充值币,该案涉案金额近 10 亿元,孙某和毛某目前因涉嫌洗钱罪已被批捕。

法条链接:

《刑法》(2023 年 12 月 29 日修正)

第一百九十一条　为掩饰、隐瞒毒品犯罪、黑社会性质的组织犯罪、恐怖活动犯罪、走私犯罪、贪污贿赂犯罪、破坏金融管理秩序犯罪、金融诈骗犯罪的所得及其产生的收益的来源和性质,有下列行为之一的,没收实施以上犯罪的所得及其产生的收益,处五年以下有期徒刑或

者拘役,并处或者单处罚金;情节严重的,处五年以上十年以下有期徒刑,并处罚金:

(一)提供资金帐户的;

(二)将财产转换为现金、金融票据、有价证券的;

(三)通过转帐或者其他支付结算方式转移资金的;

(四)跨境转移资产的;

(五)以其他方法掩饰、隐瞒犯罪所得及其收益的来源和性质的。

单位犯前款罪的,对单位判处罚金,并对其直接负责的主管人员和其他直接责任人员,依照前款的规定处罚。

【法条解析】

洗钱罪的犯罪主体,自然人、单位都可以成立。上游犯罪人自己实施洗钱行为的,其洗钱罪也成立。洗钱罪的对象是上游犯罪的所得及其收益。上游犯罪比较广泛,包含毒品犯罪、黑社会性质的组织犯罪、恐怖活动犯罪、走私犯罪、贪污贿赂犯罪、破坏金融管理秩序犯罪、金融诈骗犯罪。上游犯罪通常是给国家、社会、公民个人带来严重损害的犯罪,其犯罪所得及其收益往往数额巨大,见不得光,只能通过各种金融手段"洗白"后成为合法收入。

洗钱罪的犯罪手段主要有五种:第一,提供资金账户的。资金账户可以是银行储蓄账户、信用卡账户,也可以是股票账户、期货交易账户等。第二,将财产转化为现金、金融票据、有价证券的。第三,通过转账或者其他支付结算方式转移资金的。这是指通过本票、支票、汇票、信用证等方式使上游犯罪的非法资金及其收益成为合法收益。第四,跨境转移资产。也就是将犯罪所得的资产,从境内转向境外,从境外转向境内。将资产转化为虚拟货币也可以纳入本罪。第五,其他形式。其他形式主要包含:(1)通过典当、租赁、买卖、投资等方式,协助转移、转换犯罪所得及其收益;(2)通过与商场、饭店、娱乐场所等现金密集型场所的经营收入相混合的方式,协助转移、转换犯罪所得及其收益;(3)通过虚构交易、虚设债权债务、虚假担保、虚报收入等方式,协助将犯罪所得及其收益转换为合法财物;(4)通过买卖彩票、奖券等方式,协助转换犯罪所得及其收益;(5)通过赌博方式,协助将犯罪所得及其收益转换为赌博收益;(6)协助将犯罪所得及其收益携带、运输或者邮寄出入境。

需要注意的是,直播平台币、游戏币、点卡等都有可能成为洗钱的工具。日常生活中,不能被一些看似来钱快的“生意”“发财机会”蒙蔽了双眼,忘记了香饵之下的钓钩,对非正当来路的“快钱”需要谨慎。

试题演练

一、选择题

1. 下列行为不会构成生产、销售伪劣产品罪的是____。(单选)
   A. 利用不合格的烟丝生产香烟
   B. 售卖大肠杆菌超标的饮品
   C. 将重金属含量超标的大米掺入合格大米进行销售
   D. 销售临近保质期的方便面
2. 关于洗钱罪,下列说法正确的是____。(单选)
   A. 为毒贩通过贩毒所得的资金提供银行账号,不属于洗钱行为
   B. 帮助他人将走私犯罪所得资金藏匿于家中,属于洗钱行为
   C. 自己贩卖毒品后,将所获得的毒资跨境转移,属于洗钱行为
   D. 帮助他人将毒品犯罪所得的毒资,用于购买车辆或者房屋,不属于洗钱行为

二、判断题

1. 我自己申请的银行账号或者支付账号,给谁用我自己说了算,法律管不着。(　)
2. 别人托我帮忙买房买车,用的又不是自己的钱,绝对不构成犯罪。(　)
3. 制假贩假会损害社会、他人的合法权益,不能实施这些行为。(　)

三、个人感悟

____

____

____

____

签名：

年　月　日

四、侵犯公民人身权利、民主权利罪

（一）故意杀人罪

【典型案例】

2020 年 5 月，被告人尹某某通过网络直播平台与主播曹某（被害人，女，殁年 23 岁）相识，后尹某某在追求曹某过程中二人发生矛盾，尹某某心生怨恨，并扬言杀害曹某。同年 7 月 31 日 20 时许，尹某某持事先购买的水果刀到××村曹某的租住房附近守候。20 时 30 分许，尹某某见曹某回来后，即持水果刀向曹某颈部、胸腹部等处捅刺十余下。曹某经送医院抢救无效因失血性休克于当晚死亡。被告人尹某某故意非法剥夺他人生命的行为已构成故意杀人罪。尹某某因情感纠纷而蓄意报复杀人，犯罪情节恶劣，手段残忍，后果严重，应依法惩处。最高人民法院核准河北省高级人民法院判决，同意原审以故意杀人罪判处被告人尹某某死刑，剥夺政治权利终身的刑事裁定。

法条链接：

《刑法》（2023 年 12 月 29 日修正）

第二百三十二条　故意杀人的，处死刑、无期徒刑或者十年以上有期徒刑；情节较轻的，处三年以上十年以下有期徒刑。

第十七条　已满十六周岁的人犯罪，应当负刑事责任。

已满十四周岁不满十六周岁的人，犯故意杀人、故意伤害致人重伤或者死亡、强奸、抢劫、贩卖毒品、放火、爆炸、投放危险物质罪的,应当负刑事责任。

已满十二周岁不满十四周岁的人,犯故意杀人、故意伤害罪,致人死亡或者以特别残忍手段致人重伤造成严重残疾,情节恶劣,经最高人民检察院核准追诉的,应当负刑事责任。

……

【法条解析】

故意杀人罪的主体是自然人,12 周岁以上的人都有构成本罪的可能。故意杀人的行为是非法剥夺他人的生命,行为人直接或者间接作用于人的身体,使被害人因行为人的行为在自然死亡之前终结生命。故意杀人的行为可以是多种行为方法,掐脖子、刀砍、石头砸、毒药等都能成立。人最宝贵的是生命,每个人的生命只有一次,在日常生活中,产生矛盾可以通过个人协商、政府调解、法院判决等方法解决,解决不了的可以搁置一段时间,或许会发现这个矛盾没有那么深,没有必要用非法剥夺他人生命的方式去解决。爱惜自己的生命,爱惜他人的生命。

(二)故意伤害罪

【典型案例】

2019 年 4 月 22 日 19 时许,被害人陈某、潘某夫妇因琐事发生争吵,被途经该处的被告人郑某、黄某某看见,被告人郑某随即用手机对准陈某、潘某夫妇二人进行录像。被害人陈某、潘某发现后,遂上前要求其删除所录视频,双方在交涉过程中产生肢体冲突,互相殴打,最终导致被害人陈某右侧鼻梁骨粉碎性骨折、被告人郑某右手第四掌骨远端完全性骨折的后果。经伤情鉴定,被害人陈某、被告人郑某的损伤均属轻伤二级。案发后,被告人郑某、黄某某与被害人陈某、潘某达成调解赔偿协议,被告人郑某、黄某某一次性赔偿被害人陈某、潘某人民币 3 万元,双方互相谅解。郑某、黄某某到案后能如实供述自己的伤害事实，且在案发后与被害人陈某、潘某达成调解赔偿协议，并取得被害人的谅解，依法予以从轻处罚并适用缓刑。郑某、黄某某明知他人报案而在现场等待，抓捕时无拒捕行为，应视为自动投案。法院判决，郑某犯故意伤害罪，判处拘役3个月，缓刑3个月。黄某某犯故意伤害罪，判处拘役1个月，缓刑2个月。

法条链接：

《刑法》(2023年12月29日修正)

第二百三十四条　故意伤害他人身体的，处三年以下有期徒刑、拘役或者管制。

犯前款罪，致人重伤的，处三年以上十年以下有期徒刑；致人死亡或者以特别残忍手段致人重伤造成严重残疾的，处十年以上有期徒刑、无期徒刑或者死刑。本法另有规定的，依照规定。

【法条解析】

故意伤害罪的犯罪主体通常是16周岁以上的自然人，但是已满14周岁不满16周岁的人，犯故意伤害致人重伤或者死亡的，应当负刑事责任。已满12周岁不满14周岁的人，犯故意伤害罪，致人死亡或者以特别残忍手段致人重伤造成严重残疾，情节恶劣，经最高人民检察院核准追诉的，应当负刑事责任。

故意伤害的对象是他人的身体，给他人身体健康造成了障碍或者毁损，引起被害人身体机能从健康向不良方向转化或者导致被害人已有的生病状态恶化等，都是造成的伤害。构成故意伤害罪，需要符合《人体损伤程度鉴定标准》，该标准是为进一步加强人身损伤程度鉴定标准化、规范化工作而制定的标准。该标准将人体伤害分为重伤、轻伤、轻微伤，造成轻微伤一般不会构成本罪。

需要注意的是，日常生活中会因各种琐事引发争吵，是自己的不对，应及时放下面子承认错误；是对方的不对，应耐心说理，避免发生肢体冲突。有矛盾纠纷，不要迷信个人暴力，法治社会中，要相信法律，相信正义。动手打架,轻则民事赔偿,中则治安管理处罚,重则构成犯罪承担刑事责任,恰如俗语“打赢进监狱,打输进医院”,不如不动手。

(三)强奸罪

【典型案例】

案例1:

2019年,被告人苗某某与被害人于某(女,案发时15周岁)通过社交软件认识,之后苗某某以假名“吴某某”同于某交往并发展为男女朋友关系,在二人发生性关系时苗某某拍照并录像。2020年8月末,于某提出与苗某某分手并在社交软件上拉黑了苗某某。苗某某为了报复及继续与于某发生性关系,将拍摄于某裸照、视频的事情告诉了被告人姚某某,并与姚某某预谋以裸照、视频相威胁迫使于某同意出来并与多人发生性关系。在姚某某的威胁下,于某被迫答应出来同姚某某见面。在于某同意出来后,苗某某和姚某某商量各自再找一个人来对于某进行轮奸,之后苗某某联系了被告人何某,姚某某联系了被告人刘某某。

2021年1月30日,刘某某驾驶轿车同姚某某接上于某,之后到达何某提前预订好的房间。姚某某在房间内以公开其裸照、视频相威胁对于某进行了强奸,并迫使于某签订“认主协议”,之后姚某某给于某戴上眼罩,并通知苗某某、何某、刘某某进入房间,4人对于某进行了轮奸。

法院经审理认为,被告人苗某某、姚某某、何某、刘某某违背妇女意志,采用胁迫手段轮奸妇女,其行为均已构成强奸罪,依法应予惩处。四被告人强奸未满16周岁的未成年人,应予从重处罚。苗某某被判处有期徒刑13年,姚某某、刘某某被判处有期徒刑11年,何某被判处有期徒刑11年半。

案例 2：

2014 年下半年至 2019 年 11 月 3 日，被告人王某某趁其与大女儿王某 1(2001 年出生)独处之机，分别在王某某家中、祖坟地附近、某宾馆房间内，使用威胁、欺骗等手段，多次与王某 1 发生性关系。其间，被告人王某某在家中企图再次与王某 1 发生性关系，因王某 1 激烈反抗，王某某没有得逞。法院认为，被告人王某某利用其与被害人王某 1 之间的抚养、教养关系，采取胁迫手段，违背其意志，多次强行与被害人发生性关系，其行为构成强奸罪，依法予以刑事处罚。根据《最高人民法院、最高人民检察院、公安部、司法部〈关于依法惩治性侵害未成年人犯罪的意见〉的通知》第 25 条“针对未成年人实施强奸、猥亵犯罪的，应当从重处罚，具有下列情形之一的，更要依法从严惩处：(1)对未成年人负有特殊职责的人员、与未成年人有共同家庭生活关系的人员……”的规定，应在“三年以上十年以下有期徒刑”的范围内对王某某从重处罚。被告人王某某犯强奸罪，判处有期徒刑 9 年 7 个月。

案例 3：

被害人朱某某(女，2002 年出生)之父朱某良与被害人之母陈某容(音同)同居期间，于 2002 年 6 月 22 日生育被害人。后陈某容在被害人 1 岁多时离开朱某良和被害人，被害人即与其父朱某良共同生活。被告人魏某某与陈某容系夫妻关系，2005 年，陈某容离家与朱某良同居生活并生育两子女，2013 年年底朱某良死亡。2014 年年初陈某容带着被害人及其与朱某良生育的两子女再次回到被告人家与被告人一起生活。

2015 年 2 月，魏某某、陈某容二人所生之女魏某霞结婚，陈某容等人前往江西参加婚礼，被告人魏某某、被害人朱某某在家。在此期间，被告人魏某某强行与未满 14 周岁的朱某某第一次发生性关系。此后至 2020 年 5 月案发，被告人魏某某先后多次在不同场所，采取威胁、引诱等方式奸淫被害人，导致被害人分别于 2017 年年初、2018年年初两次怀孕并分别由被告人将被害人带至广东汕头、陕西西安堕胎。魏某某声称,其与被害人是养父女关系,其否认自己对被害人实施了强奸行为,没有使用暴力手段或者言语威胁,每一次都是征得被害人同意的;其与朱某某发生性关系朱某某不反抗,是因朱某某心里无奈,她没得依靠。

法条链接:

《刑法》(2023年12月29日修正)

第二百三十六条　以暴力、胁迫或者其他手段强奸妇女的,处三年以上十年以下有期徒刑。

奸淫不满十四周岁的幼女的,以强奸论,从重处罚。

强奸妇女、奸淫幼女,有下列情形之一的,处十年以上有期徒刑、无期徒刑或者死刑:

(一)强奸妇女、奸淫幼女情节恶劣的;

(二)强奸妇女、奸淫幼女多人的;

(三)在公共场所当众强奸妇女、奸淫幼女的;

(四)二人以上轮奸的;

(五)奸淫不满十周岁的幼女或者造成幼女伤害的;

(六)致使被害人重伤、死亡或者造成其他严重后果的。

【法条解析】

本罪的主体是自然人,14周岁以上的未成年人及成年人均可构成本罪,单独实施本罪的,只能是男性,女性可以成为本罪的教唆犯、帮助犯等共犯。

本罪的行为内容是以暴力、胁迫或者其他手段强行与女性发生性关系,其行为违背女性意志,在女性不同意的情况下,强行与之性交。女性有权利决定与某人性交或者不与某人性交。事先同意,数次之后不再同意的,行为人不能对其进行暴力、胁迫或者采用其他手段与之发生性关系。实践中有女性和男性有共同的性取向和爱好,例如受虐和施虐,在女性同意的前提下,实施这种行为,不认为是强奸。在女性表示不同意与曾经发生受虐施虐性关系的男性再次发生性关系，男性以暴力殴打或者公布视频、照片等胁迫，强行与之发生性关系的，行为性质发生变化，成立强奸罪。

是否违背女性的意志，不仅要看表面上女性是否反抗，还应该考虑女性在当时是否能够反抗、知道反抗、敢于反抗等。如果是利用了监护、教养、收养、上下级权属等关系，迫使女性表面同意，实则因担心不供自己读书、不抚养自己的弟弟妹妹、不赡养自己的爷爷奶奶、开除自己工作等原因不敢反抗的，也是违背女性的意志。据此实施的性行为，虽然没有暴力，但是能认定为胁迫，属于强奸行为。

奸淫幼女是强奸罪的一种特殊类型。为保护幼女的权益，一般难以检索到公开的判决书。为充分保护幼女的权利，强行与未满 14 周岁的幼女发生性关系，当然是强奸。采用其他手段，不问幼女是否同意，即使是取得同意，只要与幼女性交，就侵害了幼女不可侵犯的性权利，成立强奸罪。实践中有用金钱、美食、衣服、玩具等诱骗的，也有以谈恋爱名义诱骗的，也有利用幼女年少无知不懂反抗的，只要与之发生性关系，均成立强奸罪。

需要注意的是，发生性关系，要尊重女性的意愿，不得有任何强迫，更不能利用自己的特殊身份、地位，如监护、收养等，使用暴力、胁迫等与之发生性关系。与幼女发生性关系，无论是其同意还是不同意，都将会对其产生终生难以磨灭的身体、精神伤害，是刑法严惩的行为。

（四）负有照护职责人员性侵罪

【典型案例】

田某某父亲去世后，田某某母亲肖某某于 2015 年 5 月 19 日与被告人田某保登记结婚，肖某某带着田某某与被告人田某保一起生活。2021 年 2 月至 12 月，被告人田某保作为继父与已满 14 周岁未满 16 周岁的继女田某某多次发生性关系。2022 年 4 月 8 日，由检察院对被告人田某保提起公诉。2022 年 4 月 24 日，法院以负有照护职责人员性侵罪,判处被告人田某保有期徒刑6年,现服刑于某监狱。

本案中被监护人田某某系未成年人,监护人田某保对继女田某某实施性侵,已构成犯罪,严重伤害被监护人田某某的身心健康。被监护人田某某生母同意撤销被申请人田某保的监护人资格,但自己不会申请撤销,且被监护人田某某也同意撤销监护人田某保的监护人资格。县民政局根据县检察院的检察建议,向法院提起诉讼,要求撤销被申请人田某保的监护人资格,是代表政府履行对未成年人合法权益的保护,且被申请人田某保也同意撤销,法院予以支持。法院判决撤销被申请人田某保对继女田某某的监护人资格。

法条链接:

《刑法》(2023年12月29日修正)

第二百三十六条之一　对已满十四周岁不满十六周岁的未成年女性负有监护、收养、看护、教育、医疗等特殊职责的人员,与该未成年女性发生性关系的,处三年以下有期徒刑;情节恶劣的,处三年以上十年以下有期徒刑。

有前款行为,同时又构成本法第二百三十六条规定之罪的,依照处罚较重的规定定罪处罚。

《民法典》(2020年5月28日公布)

第二十六条　父母对未成年子女负有抚养、教育和保护的义务。

成年子女对父母负有赡养、扶助和保护的义务。

第二十七条　父母是未成年子女的监护人。

未成年人的父母已经死亡或者没有监护能力的,由下列有监护能力的人按顺序担任监护人:

(一)祖父母、外祖父母;

(二)兄、姐;

(三)其他愿意担任监护人的个人或者组织,但是须经未成年人住所地的居民委员会、村民委员会或者民政部门同意。

第三十六条　监护人有下列情形之一的，人民法院根据有关个人或者组织的申请，撤销其监护人资格，安排必要的临时监护措施，并按照最有利于被监护人的原则依法指定监护人：

（一）实施严重损害被监护人身心健康的行为；

（二）怠于履行监护职责，或者无法履行监护职责且拒绝将监护职责部分或者全部委托给他人，导致被监护人处于危困状态；

（三）实施严重侵害被监护人合法权益的其他行为。

本条规定的有关个人、组织包括：其他依法具有监护资格的人，居民委员会、村民委员会、学校、医疗机构、妇女联合会、残疾人联合会、未成年人保护组织、依法设立的老年人组织、民政部门等。

前款规定的个人和民政部门以外的组织未及时向人民法院申请撤销监护人资格的，民政部门应当向人民法院申请。

【法条解析】

本罪的行为主体是具有特殊社会身份的人，即对已满14周岁不满16周岁的未成年女性负有监护、收养、看护、教育、医疗等特殊职责的人员才能成立本罪。需要注意的是，并非只要是上述特殊职责人员与14~16周岁的女性发生性关系就一律构成本罪，需要上述人因法律、行政法规、合同等缘由形成了对该年龄段女性身心健康成长具有特殊的、实质性的照料、指导等照护职责，该年龄段女性对上述人员形成了比较稳定的“依靠”关系，双方发生性关系的，成立本罪。

成立本罪，行为方面不要求使用暴力、胁迫或者其他方法，不需要以停止供养生活、读书，停止教育或者医疗等特殊地位的胁迫。女性同意甚至出于崇拜等各种其他原因主动与男性发生性关系，该男性也能成立本罪。实施本罪的行为，如果同时构成强奸罪的，属于一个行为同时触犯了两个罪名，应按照处罚较重的强奸罪定罪量刑。

成立本罪后，有关个人或者组织可以依照民法有关规定，向人民法院提出申请，撤销犯罪的监护人的监护资格。

(五)强制猥亵、侮辱罪

【典型案例】

案例1:

被告人韩某某于2018年某日8时许,在乘坐地铁时,采取抠摸的方式强行对被害人李某(女,28岁)实施猥亵,在地铁某站下车逃跑时,与被害人发生肢体接触,致被害人双上肢软组织挫伤。后被告人韩某某于案发当日20时许,在某公司被公安机关抓获归案。被告人韩某某因犯强制猥亵罪,判处有期徒刑6个月。

案例2:

2020年4月28日至4月29日,被告人陈某某利用疫情防控期间群众均佩戴口罩遮面的机会,在公共场所趁他人不备,多次以袭击抓摸女性胸部的方式猥亵妇女。具体犯罪事实如下:2020年4月28日22时40分许,被告人陈某某行至某酒吧门口时,趁被害人罗某某不备,突然伸手抓摸被害人胸部,后离开现场;2020年4月28日22时50分许,被告人陈某某在某大厦前人行道抓摸一名女性被害人身体左侧;2020年4月29日18时40分许,被告人陈某某行至两路交叉口时,趁被害人居某不备,突然用手抓摸被害人胸部。被害人立即报警并用手机追拍,被告人陈某某遂对被害人实施言语威胁,后离开现场;2020年4月29日18时48分许,被告人陈某某在某酒店门前抓摸一名女性被害人胸部;2020年4月29日18时57分许,被告人陈某某行至某酒店门前时,欲用手抓摸被害人景某某的胸部,因被害人用手抵挡未触摸到,后离开现场;2020年4月29日19时47分许,被告人陈某某行至某公交车站旁人行道时,趁被害人唐某某不备,突然用手抓摸被害人胸部,遭到被害人反抗,双方发生拉扯,后离开现场。

2020年5月1日18时许,民警抓获被告人陈某某。法院判处被告人陈某某犯强制猥亵罪,判处有期徒刑2年。

案例3:

2020年12月21日凌晨,被告人韩某在房间内,违背被害人张某(女,21岁)意志,采用强行摸胸等方式猥亵被害人张某。被告人韩某于次日被抓获后如实供述了上述事实。法院认为,被告人韩某系初犯偶犯,到案后能如实供述涉案事实,积极签署认罪认罚具结书;其与被害人系朋友关系,案发时二人正在发生矛盾,其在不理智的状态下才实施了涉案行为,故主观恶性及社会危害性均较小。鉴于被告人韩某到案后能如实供述涉案事实,积极签署认罪认罚具结书,法院依法对其从轻处罚。被告人韩某犯强制猥亵罪,判处有期徒刑6个月。

法条链接:

《刑法》(2023年12月29日修正)

第二百三十七条　以暴力、胁迫或者其他方法强制猥亵他人或者侮辱妇女的,处五年以下有期徒刑或者拘役。

聚众或者在公共场所当众犯前款罪的,或者有其他恶劣情节的,处五年以上有期徒刑。

……

【法条解析】

本罪的行为主体是自然人,16周岁以上的男性、女性均能构成本罪。本罪的行为对象没有限制性别,男性、女性都可以成为本罪的被害人。男性强制猥亵男性、女性,女性强制猥亵女性、男性,都能成立本罪。

本罪的行为是强制猥亵、侮辱。本罪中的猥亵与侮辱具有同一性,都是对他人实施的,具有性的意义,侵害他人性的决定权的行为。猥亵行为的具体行为方式有多种,是以暴力、胁迫或者其他方法使他人不能反抗、不敢反抗、不知反抗、难以反抗等,均体现了对他人性自由的强制侵犯。本罪的主观方面是故意,明知自己行为会侵犯他人的性自由,仍然实施该行为。本罪不需要满足变态性需求、低级乐趣、对他人的其他社会羞辱等目的。如行为人“捉小三”“捉奸夫”等当众扒光被害人衣服加以羞辱,即够成立本罪。

需要注意的是,现代社会保障公民的权利越来越广泛,尊重他人的权利,严守个人行为的界限,不侵犯他人的权利是法治的要求。尽管某些场合他人衣着可能较为暴露,这不是可以对其实施侵犯的理由。

(六)猥亵儿童罪

【典型案例】

被告人骆某,男,1993 年出生,无业。2017 年 1 月,被告人骆某使用化名,通过 QQ 软件将 13 岁女童小羽加为好友。聊天中得知小羽系初二学生后,骆某仍通过言语恐吓,向其索要裸照。在被害人拒绝并在 QQ 好友中将其删除后,骆某又通过小羽的校友周某对其施加压力,再次将小羽加为好友。同时,骆某还虚构“李某”的身份,注册另一 QQ 号并添加小羽为好友。之后,骆某利用“李某”的身份在 QQ 聊天中对小羽进行威胁恐吓,同时利用周某继续施压。小羽被迫按照要求自拍裸照 10 张,通过 QQ 软件传送给骆某观看。后骆某又以在网络上公布小羽裸照相威胁,要求与其见面并在宾馆开房,企图实施猥亵行为。因小羽向公安机关报案,骆某在依约前往宾馆途中被抓获。行为人以满足性刺激为目的,以诱骗、强迫或者其他方法要求儿童拍摄裸体、敏感部位照片、视频等供其观看,严重侵害儿童人格尊严和心理健康,构成猥亵儿童罪。某市中级人民法院经审理,认为原审被告人骆某以寻求性刺激为目的,通过网络聊天对不满 14 周岁的女童进行言语威胁,强迫被害人按照要求自拍裸照供其观看,已构成猥亵儿童罪(既遂),依法应当从重处罚。2017 年 12 月 11 日,人民法院作出终审判决,认定原审被告人骆某犯猥亵儿童罪,判处有期徒刑 2 年。

法条链接：

《刑法》(2023 年 12 月 29 日修正)

第二百三十七条　以暴力、胁迫或者其他方法强制猥亵他人或者侮辱妇女的，处五年以下有期徒刑或者拘役。

聚众或者在公共场所当众犯前款罪的，或者有其他恶劣情节的，处五年以上有期徒刑。

猥亵儿童的，处五年以下有期徒刑；有下列情形之一的，处五年以上有期徒刑：

（一）猥亵儿童多人或者多次的；

（二）聚众猥亵儿童的，或者在公共场所当众猥亵儿童，情节恶劣的；

（三）造成儿童伤害或者其他严重后果的；

（四）猥亵手段恶劣或者有其他恶劣情节的。

【法条解析】

本罪的主体是自然人，已满 16 周岁的男性或者女性都能成立本罪。猥亵行为具有性的内容，既可以是强制的，也可以是获得儿童同意的非强制的。与强奸罪中奸淫幼女原理相同，《刑法》认为儿童的同意无效，即使取得儿童同意，例如用收买、诱骗等，实施了对儿童的猥亵行为或者儿童对行为人实施猥亵行为而行为人不阻止，都能够成立猥亵儿童罪。

需要注意的是，我国历史上有尊老爱幼的传统，对儿童权益保障是全方位立体化的，不允许任何人以任何理由侵犯儿童权益，对儿童性权益的保护非常严格，即使没有发生身体接触的网络型性侵，也能够成立本罪。

最高人民检察院认为，网络环境下，以满足性刺激为目的，虽未直接与被害儿童进行身体接触，但是通过 QQ、微信等网络软件，以诱骗、强迫或者其他方法要求儿童拍摄、传送暴露身体的不雅照片、视频，行为人通过画面看到被害儿童裸体、敏感部位的，也是对儿童人格尊严和心理健康的严重侵害，与实际接触儿童身体的猥亵行为具有相同的社会危害性，应当认定构成猥亵儿童罪。行为人出于满足性刺激的目的，利用网络,采取诱骗、强迫或者其他方法要求被害人拍摄、传送暴露身体的不雅照片、视频供其观看的行为,具有与直接接触被害儿童身体的猥亵行为相同的性质和社会危害性。

(七)非法拘禁罪

【典型案例】

2022 年 4 月 4 日,被告人张某某应何某(在逃)的要求,帮何某看守李某,由何某支付每天 500 元的工资。后张某某在某公寓开房并邀约被告人谭某某一起看守李某。当日 13 时 8 分,李某被人送入张某某开好的房间,由房间内的张某某、谭某某负责看守。晚上,张某某、谭某某为防止李某逃跑,用床和桌子将门堵住。2022 年 4 月 5 日中午,李某趁张某某、谭某某不备,从房间厕所窗户爬至外墙平台,再进入隔壁房间,并于 13 时 35 分从隔壁房间开门离开,后在马路上求助路人报警。民警在某公寓将张某某、谭某某抓获。2022 年 4 月 6 日,李某对张某某、谭某某予以谅解。张某某、谭某某到案后均如实供述了自己的罪行,自愿认罪,愿意接受处罚。张某某、谭某某均取得了被害人谅解,可以酌定从轻处罚。根据张某某、谭某某的犯罪事实、情节和悔罪表现,结合司法行政机关社区矫正社会调查评估报告意见,张某某、谭某某均没有再犯罪的危险,宣告缓刑对所居住的社区没有重大不良影响,对张某某、谭某某可以宣告缓刑。被告人张某某犯非法拘禁罪,判处有期徒刑 8 个月,缓刑 1 年 2 个月(缓刑考验期限,从判决确定之日起计算)。被告人谭某某犯非法拘禁罪,判处有期徒刑 6 个月,缓刑 1 年(缓刑考验期限,从判决确定之日起计算)。

法条链接:

《刑法》(2023 年 12 月 29 日修正)

第二百三十八条　非法拘禁他人或者以其他方法非法剥夺他人人

身自由的，处三年以下有期徒刑、拘役、管制或者剥夺政治权利。具有殴打、侮辱情节的，从重处罚。

犯前款罪，致人重伤的，处三年以上十年以下有期徒刑；致人死亡的，处十年以上有期徒刑。使用暴力致人伤残、死亡的，依照本法第二百三十四条、第二百三十二条的规定定罪处罚。

为索取债务非法扣押、拘禁他人的，依照前两款的规定处罚。

国家机关工作人员利用职权犯前三款罪的，依照前三款的规定从重处罚。

【法条解析】

本罪的主体是自然人，已满16周岁的自然人均可成立本罪。本罪的行为对象是他人，他人是需要有身体活动自由的自然人，被害人有基于个人意愿从事身体活动的能力即可，因此，当被害人是能够行走的幼儿、精神病患者、卧床的病人、依靠轮椅行动的人等，都可能成立本罪。

本罪的行为是非法剥夺他人的人身自由的行为，具体采用捆绑、监禁、禁止离开特定场所等均能成立本罪。非法拘禁行为需要持续一段时间才能成立，通常要24小时以上。非法剥夺人身自由，除非法律规定的事由，其他都是非法的，例如为了讨回合法债务，非法限制他人人身自由的，也会成立本罪。

需要注意的是，人身自由是人的重要权利，任何人不得非法限制他人人身自由。

（八）侮辱罪

【典型案例】

被害人和被告人熊某某系邻居关系。2020年8月26日，本村修路需要砍树，被告人家的树因砸倒邻居甲的庄稼，遭到甲的谩骂。被告人认为甲是受被害人指使，双方发生争吵，后又因泼水发生矛盾，被告人对被害人辱骂一天。2020年9月5日，被害人因路过被告人家门口，被告人就对被害人进行带有污秽言语辱骂。2020年9

月7日,被告人无故对被害人再次辱骂,并将装有粪便的盆子向被害人头上砸去,粪便泼了被害人、被害人丈夫以及被害人儿子一身,后被害人因精神恍惚住院治疗。被害人认为,被告人熊某某的行为已构成侮辱罪,请求依法追究其刑事责任,并赔偿被害人经济损失5万元。法院判决,被告人熊某某犯侮辱罪,判处管制6个月,可酌定赔偿人民币3000元,对其要求赔偿不合理的部分,不予支持。

法条链接:

《刑法》(2023年12月29日修正)

第二百四十六条　以暴力或者其他方法公然侮辱他人或者捏造事实诽谤他人,情节严重的,处三年以下有期徒刑、拘役、管制或者剥夺政治权利。

前款罪,告诉的才处理,但是严重危害社会秩序和国家利益的除外。

通过信息网络实施第一款规定的行为,被害人向人民法院告诉,但提供证据确有困难的,人民法院可以要求公安机关提供协助。

【法条解析】

本罪的主体是年满16周岁的自然人。本罪的行为是公然进行的侮辱行为,侮辱包含了暴力侮辱、动作侮辱、言辞侮辱、图文侮辱等。由于侮辱行为损害了他人的名誉,因此需要公然进行才可能产生使他人社会评价降低的效果。侮辱的对象是特定的,通过描述能知晓的具体一个人或者几个人,但是不能是一个群体。本罪是告诉才处理的案件,需要被害人自己提供证据证明被告人对其进行了名誉损害。如果严重危害社会秩序和国家利益,则由检察院公诉。

需要注意的是,侮辱罪往往发生在亲戚、熟人、邻里之间,有些许小矛盾就实施了泼粪便等侵害行为,殊不知行为后果严重。有矛盾纠纷,讲理协商为上,通过侮辱甚至其他故意伤害等行为,不仅于事无补,还会酿成更深的矛盾。

试题演练

一、选择题

1. 关于故意伤害罪，说法错误的是____。（单选）
   A. 故意伤害罪的成立，一般需要达到《人体损伤程度鉴定标准》中轻伤标准
   B. 故意伤害罪，在造成重伤的情况下，已满 14 周岁的人可以构成
   C. 故意伤害罪的成立需要轻伤，控制好了没事
   D. 故意伤害罪，在轻伤的情况下，已满 16 周岁的人才可以构成
2. 关于负有照护职责人员性侵罪的说法，错误的是____。（单选）
   A. 关于本罪，是对专门负有照护职责人员提出的
   B. 自己的女儿，想怎么样就怎么样
   C. 成立本罪，不需要被照护的女性对发生性关系持反对态度
   D. 本罪保护的是 14～16 周岁的被照护的女性
3. 关于强制猥亵、侮辱罪的说法，错误的是____。（单选）
   A. 只是保护女性的一种罪名
   B. 既保护女性，又保护男性
   C. 本罪不保护 14 周岁以下的儿童，《刑法》另有猥亵儿童罪
   D. 本罪破坏社会主义道德风尚
4. 关于非法拘禁罪，下列说法正确的是____。（单选）
   A. 欠债还钱，天经地义，为了维护自己的合法权益，可以限制对方的人身自由，要求对方还钱
   B. 构成本罪，要求限制的对象必须是身体活动自由的自然人，因此拘禁卧床的病人不构成本罪
   C. 为了索取被拖欠的工资，扣押了欠债人的子女，构成非法拘禁罪
   D. 已满 16 周岁未满 18 周岁的未成年人，不会成为本罪的犯罪主体

二、判断题

1. 在网络平台以发布视频的方式辱骂他人的，不会构成侮辱罪。（ ）
2. 强迫不满 14 周岁的男童拍摄、传送暴露身体的不雅照片、视频供其观看的行为，构成猥亵儿童罪。（ ）

三、个人感悟

签名:

年　　月　　日

五、侵犯财产罪

(一)抢劫罪

【典型案例】

案例 1:

2021 年 7 月 5 日 14 时许,被告人薛某某在某药房内,持刀向被害人宫某索要钱财 200 元未果,后被告人薛某某逃离现场。经被害人报警,公安机关于 2021 年 7 月 7 日将被告人薛某某抓获归案。被告人到案后自愿如实供述自己的罪行。被告人薛某某以暴力、胁迫方法抢劫他人财物,其行为已构成抢劫罪,依法应予惩处。被告人薛某某在犯罪过程中,自动放弃犯罪,系犯罪中止,且其能自愿认罪认罚,如实供述自己的罪行,依法应减轻处罚。被告人薛某某犯抢劫罪,判处有期徒刑 8 个月,并处罚金人民币 2000 元。扣押在案的作案工具尖刀一把依法予以没收,其他扣押在案的物品由扣押机关依法处理。

案例2：

2021年10月14日1时许，被告人徐某某驾驶小型轿车在某建设有限公司工地盗窃建筑扣件381个，后被巡逻民警发现，未实际窃得财物。在抗拒民警抓捕过程中，被告人徐某某驾驶小型轿车将警车尾部撞坏。经鉴定，被盗物品价格为人民币1344元，警车受损价格为人民币6645元。2021年10月14日19时30分许，民警在北京市密云区某小区车库将被告人徐某某抓获。法院认为，被告人徐某某盗窃他人财物被发现后，为抗拒抓捕当场使用暴力，已构成抢劫罪。法院判决，被告人徐某某犯抢劫罪，判处有期徒刑2年，罚金人民币2万元；在案扣押的作案工具红色安全帽一顶和白色线手套五只，依法没收；在案扣押轿车一辆、迷彩颜色布条二条和黑色头戴式照明灯一个，退回人民检察院处理。

案例3：

2021年9月15日11时许，被告人贾某某与证人范某骑电动三轮车途经被害人支某（男，74岁）的果园，进到果园偷核桃时被支某发现。贾某某在抗拒支某抓捕过程中，驾驶电动三轮车将支某带倒致支某受伤，后逃离现场。经鉴定，支某身体所受损程度为轻伤二级。2021年10月28日，被告人贾某某被民警查获。被告人贾某某已经赔偿被害人支某的经济损失并取得谅解。法院认为：被告人贾某某以非法占有为目的，秘密窃取他人财物，被发现后为抗拒抓捕而当场使用暴力致人轻伤，其行为已经构成抢劫罪，依法应予惩处。被告人贾某某犯抢劫罪，判处有期徒刑3年缓刑3年，并处罚金人民币1万元。

法条链接：

《刑法》（2023年12月29日修正）

第二十四条　在犯罪过程中，自动放弃犯罪或者自动有效地防止犯罪结果发生的，是犯罪中止。

对于中止犯,没有造成损害的,应当免除处罚;造成损害的,应当减轻处罚。

第二百六十三条 以暴力、胁迫或者其他方法抢劫公私财物的,处三年以上十年以下有期徒刑,并处罚金;有下列情形之一的,处十年以上有期徒刑、无期徒刑或者死刑,并处罚金或者没收财产:

(一)入户抢劫的;

(二)在公共交通工具上抢劫的;

(三)抢劫银行或者其他金融机构的;

(四)多次抢劫或者抢劫数额巨大的;

(五)抢劫致人重伤、死亡的;

(六)冒充军警人员抢劫的;

(七)持枪抢劫的;

(八)抢劫军用物资或者抢险、救灾、救济物资的。

第二百六十九条 犯盗窃、诈骗、抢夺罪,为窝藏赃物、抗拒抓捕或者毁灭罪证而当场使用暴力或者以暴力相威胁的,依照本法第二百六十三条的规定定罪处罚。

【法条解析】

抢劫罪的犯罪主体是年满14周岁的自然人。本罪的行为是暴力、胁迫或者其他方法,使被害人不能反抗、不知道反抗或者不敢反抗,结果是非法取得被害人财物。实施本罪,具有八种从重处罚情节。

抢劫罪存在转化型抢劫的情况。转化型抢劫的犯罪主体是年满16周岁的自然人。转化型抢劫,实施的前提行为是盗窃、诈骗、抢夺,不要求达到构成犯罪的标准,目的是窝藏赃物、抗拒抓捕或者毁灭罪证,实施的行为是当场使用暴力或者以暴力相威胁。14~16周岁的未成年人,在实施盗窃、诈骗、抢夺罪时,为窝藏赃物、抗拒抓捕或者毁灭罪证而当场使用暴力,致人重伤或者死亡的,按照故意伤害罪(致人死亡)或者故意杀人罪定罪处罚。

需要注意的是,盗窃、抢夺、诈骗行为转化为抢劫罪的,前三项行为不需要达到构成犯罪的标准,如案例所表现,本来是行为相对比较轻微的有可能不构成犯罪的盗窃行为,因行为人实施了后续的其他行为,转化为抢劫罪。如果行为人在案发现场接受处罚或者对被害人进行赔礼道歉、赔偿损失,则不会成立更重的抢劫罪。在日常生活中,实施了罪错行为,应及时停止下来,不能一错再错。

(二)抢夺罪

【典型案例】

2021 年 6 月,被告人袁某某因无力偿还网络赌债,遂产生抢他人财物的想法,随后到菜市场面店购买散装面粉为抢夺做准备,并多次进行踩点。2021 年 6 月 16 日 23 时许,被告人袁某某驾驶电动车在路上寻找作案目标,后发现步行的被害人陈某。被告人袁某某停放电动车后,尾随被害人,趁被害人不备,使用事先准备好的面粉撒在被害人陈某脸上后,迅速扯断其脖子上的黄金项链并抢走。被害人陈某在追击的过程中摔倒,经法医鉴定为轻微伤。黄金项链价值人民币 14,624 元。法院判决被告人袁某某犯抢夺罪,判处有期徒刑 1 年,并处罚金人民币 5000 元。

法条链接:

《刑法》(2023 年 12 月 29 日修正)

第二百六十七条　抢夺公私财物,数额较大的,或者多次抢夺的,处三年以下有期徒刑、拘役或者管制,并处或者单处罚金;数额巨大或者有其他严重情节的,处三年以上十年以下有期徒刑,并处罚金;数额特别巨大或者有其他特别严重情节的,处十年以上有期徒刑或者无期徒刑,并处罚金或者没收财产。

携带凶器抢夺的,依照本法第二百六十三条的规定定罪处罚。

【法条解析】

本罪的主体是 16 周岁以上的自然人。本罪的行为是当场直接夺取他人紧密占有的、数额较大的公私财物或者多次抢夺的行为,不需要像抢劫一样达到使被害人不能反抗、不知道反抗、不敢反抗的程度。需要注意的是,携带凶器实施本罪行为,《刑法》要求按照抢劫罪处理,不需要展示或者使用凶器。

(三)盗窃罪

【典型案例】

案例1:

2021年7月15日1时许,被告人冯某某伙同王某某(另案处理)经预谋后,驾车至某工地项目部大院内盗走电缆4捆,后将所盗电缆全部变卖。经鉴定,被盗电缆价值人民币53,997元。法院认为,被告人冯某某认罪认罚,对其可以从宽处罚;其具有坦白、退赔被害单位的损失并获得谅解等法定、酌定从轻处罚情节。被告人冯某某犯盗窃罪,判处有期徒刑1年2个月,并处罚金人民币2万元。

案例2:

2020年9月26日晚上,被告人赵某某在中山市某麻辣烫商铺门口处盗走被害人周某放在椅子上的iPhone 8 Plus手机1部(无法鉴定价格),得手后逃离现场。次日,赵某某在中山市某工业区附近被公安人员人赃并获。破案后,公安机关已将缴回的上述被盗手机发还被害人。

2021年2月15日晚上9时许,被告人赵某某在中山市某足浴门口共享单车停放点盗走停放在该处的一辆共享单车(无法鉴定价格)。破案后赃车未能缴回。

2021年2月20日晚上10时许,被告人赵某某在中山市某共享单车停放点盗走停放在该处的一辆共享单车(无法鉴定价格)。破案后赃车未能缴回。

2021年2月22日晚上10时许,被告人赵某某在中山市某办事处左侧共享单车停放点盗走停放在该处的一辆共享单车(无法鉴定价格)。破案后赃车未能缴回。

2021 年 2 月 23 日晚上 9 时许，被告人赵某某在中山市某文化艺术中心外共享单车停放点，盗走停放在该处的一辆共享单车（无法鉴定价格）。破案后赃车未能缴回。

2021 年 3 月 3 日晚上 9 时许，被告人赵某某在中山市某文化艺术中心外共享单车停放点，盗走停放在该处的一辆共享单车（无法鉴定价格）。破案后，赃车已缴回并发还被害单位。

2021 年 3 月 9 日中午 12 时许，被告人赵某某在中山市南区城南路被公安人员抓获。

法院判决：(1) 被告人赵某某犯盗窃罪，判处有期徒刑 10 个月，并处罚金人民币 2000 元；(2) 责令被告人赵某某退赔被害单位中山市公交自行车有限公司被盗的共享自行车 4 辆（均无法鉴定价格）。

案例 3：

被告人杜某某分别于 2018 年 10 月 7 日、10 月 9 日、10 月 11 日晚间到某小区入户盗窃 3 次，盗窃现金 500 余元及衣服、香烟等物。2018 年 10 月 13 日晚，杜某某再次到该小区进入业主家中盗窃时被发现，其逃至该小区地下室后被抓获。法院认为，杜某某以非法占有为目的，多次入户盗窃，其行为构成盗窃罪。判决被告人杜某某犯盗窃罪，判处有期徒刑 1 年 2 个月，并处罚金人民币 1000 元。

案例 4：

2011 年 12 月 25 日 22 时许，被告人欧某某携带水果刀、棉手套来到某小区楼顶，伺机入户盗取钱财。次日凌晨，欧某某从 11 楼室外空调主机爬入 1102 房被害人邓某家中盗窃，窃取菜刀及充电线后，又于 7 时许沿该房阳台赤脚爬入 1202 房被害人廖某 1（时年 43 岁）、廖某 2（女，殁年 38 岁）夫妇家中。欧某某趁廖某 1、廖某 2 熟睡，携带从 1202 房内找到的一把菜刀和一个洋酒瓶在卧室内翻找财物，被廖某 2 醒来发现，遂持洋酒瓶砸打廖某 2、廖某 1 的头部，逼迫廖某 2 用布条捆绑廖某 1 的手脚，用充电线捆绑自己。欧某某从廖某1的钱包中劫取人民币及港币共计1000余元和一部手机(价值人民币1218元)。随后,欧某某向廖某2索要银行卡密码,遭到廖某2、廖某1的反抗,遂持菜刀砍击廖某2颈部、肩部等处致其当场死亡,后又砍击廖某1头面部、肩部等处数刀。廖某1家的保姆潘某(被害人,女,时年50岁)闻声过来查看,欧某某又持菜刀追砍潘某头部等处数刀。廖某1趁潘某与欧某某搏斗之机跑出求救,欧某某随即逃离现场。经鉴定,廖某2系颈椎、颈髓横断死亡;廖某1的损伤程度为重伤,伤残等级五级;潘某的损伤程度为重伤,伤残等级九级。2020年3月2日,欧某某被抓获归案。

被告人欧某某以非法占有为目的,采用暴力手段当场劫取他人财物,其行为已构成抢劫罪;以非法占有为目的,携带凶器入户窃取他人财物,其行为又构成盗窃罪,应依法数罪并罚。欧某某入户抢劫,致一人死亡、二人重伤,犯罪性质恶劣,手段残忍,情节、后果严重,社会危害性大,应依法惩处。

最高人民法院裁定如下:核准原判决,同意原审对被告人欧某某以抢劫罪判处死刑,剥夺政治权利终身,并处没收个人全部财产;以盗窃罪判处有期徒刑1年,并处罚金人民币1000元,决定执行死刑,剥夺政治权利终身,并处没收个人全部财产的刑事裁定。

案例5:

被告人杨某某与刘某某多次实施盗窃:(1)2021年10月21日9时许,被告人杨某某窃取曹某上衣兜内的某品牌手机一部,后被民警当场抓获。经鉴定,被盗手机价值人民币910元。(2)2021年10月28日11时许,被告人刘某某窃取许某上衣兜内的某品牌手机一部,后被许某当场发现遂丢弃手机并驾车逃跑,许某的近亲属拦截被告人刘某某后将其抓获。经鉴定,被盗手机价值人民币5390元。(3)2021年11月13日9时许,被告人杨某某、刘某某在某集市内,窃取孙某大衣兜内的某品牌手机一部。经鉴定,被盗手机价值人民币4030元。

法院认为，被告人杨某某、刘某某以非法占有为目的，扒窃他人财物，且数额较大，二被告人的行为均构成盗窃罪，均应依法予以惩处。被告人杨某某、刘某某曾因故意犯罪被判处有期徒刑，刑罚执行完毕后5年内再犯应当判处有期徒刑以上刑罚之罪，系累犯，应当依法从重处罚；二被告人均有多次前科劣迹，可酌情从重处罚。鉴于被告人杨某某当庭认罪认罚，依法可对其从轻处罚；被告人刘某某到案后如实供述自己的罪行，并自愿认罪认罚，依法可对其从轻处罚；被告人刘某某有立功表现，依法可对其从轻处罚；部分赃物已起获发还，可酌情对二被告人从轻处罚；被告人刘某某已赔偿部分被害人并取得谅解，可酌情对其从轻处罚。法院判决，被告人杨某某犯盗窃罪，判处有期徒刑1年3个月，并处罚金人民币2000元。被告人刘某某犯盗窃罪，判处有期徒刑1年，并处罚金人民币1000元。在案扣押的镊子4个，予以没收；在案扣押的存储卡、手机、衣物等若干物品，由扣押机关依法处理。

法条链接：

《刑法》(2023年12月29日修正)

第二百六十四条　盗窃公私财物，数额较大的，或者多次盗窃、入户盗窃、携带凶器盗窃、扒窃的，处三年以下有期徒刑、拘役或者管制，并处或者单处罚金；数额巨大或者有其他严重情节的，处三年以上十年以下有期徒刑，并处罚金；数额特别巨大或者有其他特别严重情节的，处十年以上有期徒刑或者无期徒刑，并处罚金或者没收财产。

【法条解析】

盗窃罪有以下五种行为模式：第一种，盗窃公私财物，数额较大的；第二种，多次盗窃；第三种，入户盗窃；第四种，携带凶器盗窃；第五种，扒窃。根据《最高人民法院、最高人民检察院关于办理盗窃刑事案件适用法律若干问题的解释》第1条的规定，盗窃公私财物价值1000元至3000元以上、3万元至10万元以上、30万元至50万元以上的，应当分别认定为《刑法》第264条规定的“数额较大”“数额巨大”“数额特别巨大”。多次盗窃是指2年以内盗窃3次以上,行为人在任何时间起算的2年内盗窃3次以上,即可构成多次盗窃。入户盗窃是非法进入他人住宅内盗窃,户包括封闭的院落、牧民的帐篷、渔民作为家庭生活的渔船等。携带凶器盗窃,凶器是在性质上或者使用、操作方式上具有一定杀伤力的物品。扒窃,一般指在公共场所或者公共交通工具上盗窃他人随身携带的财物的行为。

需要注意的是,现代社会,很多场所都有高清摄像设备,盗窃行为能被拍摄得一清二楚,侦破率越来越高。携带凶器盗窃容易引发更加严重的犯罪,“身怀利器,杀心自起”,由盗窃转化为抢劫甚至引发杀人行为的案例不在少数。最好的状态是不实施盗窃犯罪,通过自己的勤劳奋斗挣钱养家。

(四)侵占罪

【典型案例】

自诉人许某某在高速搅拌站承包了倒弃土等工程,2020年8月其经人介绍,雇请被告人甄某某到工地开铲车,每月工资为6000元,要求甄某某每天下班后将铲车停在工地上或工地附近。2020年12月5日,许某某发现铲车不在工地,甄某某也未来上班,其联系甄某某后,甄某某始终未告知铲车下落,其怀疑铲车被盗后报警。2020年12月22日,甄某某主动投案自首,供述其于2020年12月4日晚将铲车私自卖给他人,得赃款26,000元,铲车至今下落不明。

被告人甄某某为自诉人务工期间,将代为保管的轮胎式装载机擅自出售,且拒不退还,数额较大,其行为已构成侵占罪,依照《刑法》予以惩处。被告人甄某某被判处有期徒刑刑罚执行完毕后,在5年以内再犯,应当判处有期徒刑以上刑罚之罪的,系累犯,依法应当从重处罚。被告人甄某某主动投案自首,当庭自愿认罪认罚,依法可以从轻处罚和从宽处理。被告人甄某某擅自出售轮胎式装载机给自诉人造成经济损失 48,000 元,应当予以退赔。被告人甄某某犯侵占罪,判处有期徒刑 1 年 2 个月;责令被告人甄某某退赔自诉人许某某经济损失人民币 48,000 元。

法条链接:

《刑法》(2023 年 12 月 29 日修正)

第二百七十条　将代为保管的他人财物非法占为己有,数额较大,拒不退还的,处二年以下有期徒刑、拘役或者罚金;数额巨大或者有其他严重情节的,处二年以上五年以下有期徒刑,并处罚金。

将他人的遗忘物或者埋藏物非法占为己有,数额较大,拒不交出的,依照前款的规定处罚。

本条罪,告诉的才处理。

【法条解析】

本罪的主体是年满 16 周岁的自然人。行为是将代为保管的他人财物非法占为己有,数额较大,拒不退还的,或者将他人的遗忘物或者埋藏物非法占为己有,数额较大,拒不交出的行为。侵占罪有一个前提,事先合法占有财物,事后拒不退还或者拒不交出。案例中,行为人具有累犯的情节,故而不能适用缓刑。本罪是告诉才处理的案件,即被害人去法院自诉,需自己准备证据材料等。

需要注意的是,将代为保管的财物非法占为己有,不仅侵犯了财产所有权,还造成了人与人之间信任的破坏。将遗忘物或者埋藏物据为己有,则是侵犯了他人财产。拾金不昧是中华传统美德,归还他人财物是每个公民应该做到的。

(五)诈骗罪

【典型案例】

2019 年 1 月至 2021 年 11 月,被告人李某在某小区,谎称给同学荆某介绍女友,后又虚构女性身份通过微信与荆某进行交往。其间,被告人李某以购物、治病等理由骗取荆某共计人民币160,801元,后被告人李某将上述钱款用于个人日常消费和归还网络贷款。被告人李某于2022年2月25日在北京市某小区等待民警传唤,到案后自愿如实供述自己的罪行。被告人李某已赔偿荆某的损失并取得谅解。

法院认为,被告人李某主动到案,如实供述自己的罪行,系自首,依法可以从轻或者减轻处罚。被告人李某自愿认罪认罚,依法可以从轻处罚。被告人李某无犯罪记录、已赔偿被害人经济损失并获得谅解,依法可以酌情从轻处罚。法院判决被告人李某犯诈骗罪,判处有期徒刑2年4个月,缓刑3年,并处罚金人民币3万元。

法条链接:

《刑法》(2023年12月29日修正)

第二百六十六条　诈骗公私财物,数额较大的,处三年以下有期徒刑、拘役或者管制,并处或者单处罚金;数额巨大或者有其他严重情节的,处三年以上十年以下有期徒刑,并处罚金;数额特别巨大或者有其他特别严重情节的,处十年以上有期徒刑或者无期徒刑,并处罚金或者没收财产。本法另有规定的,依照规定。

【法条解析】

本罪的主体是年满16周岁的自然人。本罪的行为是使用虚构事实、隐瞒真相的方法,骗取数额较大的公私财物。被害人基于受骗,在被害当时自愿交付财物。

需要注意的是,诈骗往往发生在熟人之间,自己的钱不要轻易给别人,出借财物时多问几个为什么,凭什么,怎么会这么幸运。

(六)敲诈勒索罪

【典型案例】

2021年1月至3月,被告人路某1、路某2趁到多家KTV消费之机,偷拍KTV内部的场景及女性工作人员,事后将图片发布在微博上,配文称上述KTV内存在色情服务,并@公安机关微博账号。KTV负责人员看到微博后,通过微博联系路某1要求删帖,路某1则以删帖为条件向其索要钱财。被告人路某1以删除曝光他人负面信息的网帖为条件,敲诈勒索他人人民币5.2万元,其中既遂2.2万元,未遂3万元;被告人路某2参与敲诈勒索,犯罪数额3.9万元,其中9000元既遂,3万元未遂;夏某某为敲诈勒索犯罪提供收取赃款的帮助。法院判决:被告人路某1犯敲诈勒索罪,判处有期徒刑2年9个月,并处罚金1万元。被告人路某2犯敲诈勒索罪,判处有期徒刑1年3个月,并处罚金5000元。被告人夏某某犯敲诈勒索罪,判处拘役5个月,宣告缓刑10个月,并处罚金3000元。

法条链接:

《刑法》(2023年12月29日修正)

第二百七十四条　敲诈勒索公私财物,数额较大或者多次敲诈勒索的,处三年以下有期徒刑、拘役或者管制,并处或者单处罚金;数额巨大或者有其他严重情节的,处三年以上十年以下有期徒刑,并处罚金;数额特别巨大或者有其他特别严重情节的,处十年以上有期徒刑,并处罚金。

【法条解析】

本罪的主体是年满16周岁的自然人。行为是对他人实施威胁、恐吓、索取公私财物,数额较大或者多次敲诈勒索的行为。被敲诈勒索的被害人因威胁、恐吓而产生了恐惧心理,被迫处分财产,致使遭受财产损失。如果敲诈勒索是用暴力或者以暴力胁迫实施,且造成了被害人不能、不敢、不知道反抗的效果,则成立抢劫罪。

需要注意的是,日常生活中,假如发现他人有违法违规行为,无论是否侵害到自己,都可以通过正当途径报警、起诉等。维护自己权利、社会秩序等,要在法律限度内,不能通过不满足自己的金钱要求就制造舆论等恐吓的方式。否则,合法的维权行为就变成了违法的侵权、犯罪行为。

(七)职务侵占罪

【典型案例】

2017 年 3 月,被告人方某某与郑某 1、郑某 2 约定,由被告人方某某收购郑某 1 在某电网科技股份有限公司的股份,并担任法定代表人。2017 年 5 月 16 日,被告人方某某到税务部门缴纳了其本人和郑某 1 股权转让产生的个人所得税和印花税共计人民币 618,083.31 元,并于次日将其变更为公司法定代表人。2017 年 8 月,被告人方某某将以上 618,083.31 元税收缴款发票拿到公司报销,将已在其个人账户内的厂房租金、押金等公司资金共计人民币 60 万元作为报销款占为己有。

2018 年 6 月 20 日,被告人方某某由民警电话传唤到公安机关接受调查。案发后,被告人方某某已向公安机关退缴赃款人民币 60 万元。法院认为,被告人方某某身为公司法定代表人,利用职务上的便利,将公司财物非法占为己有,数额较大,其行为已构成职务侵占罪。被告人方某某犯罪以后自动投案,如实供述自己的罪行,系自首,依法从轻处罚。判决如下:(1)被告人方某某犯职务侵占罪,判处有期徒刑 1 年 3 个月,缓刑 2 年(缓刑考验期限,从判决确定之日起计算);(2)在公安阶段退缴的违法所得人民币 60 万元,退赔给某电网科技股份有限公司。

法条链接：

《刑法》(2023年12月29日修正)

第二百七十一条第一款　公司、企业或者其他单位的工作人员，利用职务上的便利，将本单位财物非法占为己有，数额较大的，处三年以下有期徒刑或者拘役，并处罚金；数额巨大的，处三年以上十年以下有期徒刑，并处罚金；数额特别巨大的，处十年以上有期徒刑或者无期徒刑，并处罚金。

【法条解析】

本罪的主体是具有特定身份的公司、企业或者其他单位的人员。公司的法定代表人与公司本身有区别，公司财产并非法定代表人个人财产。村委会等村基层组织人员，利用职务便利侵吞集体财产的，以职务侵占罪论处。本罪的行为是利用职务便利，将数额较大的单位财物非法据为己有。

需要注意的是，工作中的职务便利是用来为职务服务的，是用来给单位创造利润和价值的，是对单位财物进行保管或者升值，非法据为己有将成立犯罪。

(八)故意毁坏财物罪

【典型案例】

案例1：

2022年5月初，被害人雷某1为便于自家车辆通行，在被告人雷某某挖的水窖旁堆码塑料袋加宽路面。5月26日，雷某某以影响水窖安全为由让雷某1恢复原状，双方因此发生口角。5月27日9时许，雷某某见雷某1继续修缮道路，质问雷某1为何没有恢复原状，雷某1辱骂雷某某。11时许，雷某某驾驶自己的铲车将雷某1家南侧房背毁坏后驶离现场。经鉴定，雷某某故意毁坏财物价格为18,000元。法院判决：被告人雷某某犯故意毁坏财物罪，判处拘役4个月，缓刑6个月。被告人雷某某赔偿附带民事诉讼原告人雷某1

房屋损失 18,000 元(限判决生效后 3 日内执行)。

案例 2:

2022 年 7 月 22 日晚上 9 时 30 分,被告人段某某驾驶二轮电动车到某小区找前女友张某某谈复合一事,看见张某某现男友管某的轿车停放在路边停车位上。当晚 9 时 54 分许,段某某持石头将该车活动天窗玻璃盖罩及遮阳卷帘砸毁,后离开现场。经价格认证中心认定,被损毁小型轿车损失价格为人民币 9813 元。2022 年 8 月 22 日,被告人段某某赔偿被害人管某经济损失人民币 12,000 元,并取得对方的谅解。法院判决,被告人段某某犯故意毁坏财物罪,判处拘役 6 个月,缓刑 10 个月。

法条链接:

《刑法》(2023 年 12 月 29 日修正)

第二百七十五条　故意毁坏公私财物,数额较大或者有其他严重情节的,处三年以下有期徒刑、拘役或者罚金;数额巨大或者有其他特别严重情节的,处三年以上七年以下有期徒刑。

【法条解析】

本罪的主体是年满 16 周岁的自然人。行为是毁坏财物的行为,包括物理上毁坏财物的形态和通过对财物施加影响,使财物效用丧失或者减少的行为。本罪的犯罪对象是国家、单位、他人的财物,动产、不动产均可。需要注意的是,故意毁坏财物,不是赔钱就能了事,达到 5000 元标准即可成立犯罪。日常生活中,因为矛盾纠纷砸车、摔东西等问题较为常见,这其中就包含了诱发犯罪的风险。学会控制自己的情绪和行为,远离犯罪。

（九）破坏生产经营罪

【典型案例】

被告人杨某某为某新材料科技有限公司的员工，为宣泄其对公司工作安排的不满情绪，分别于2022年3月11日和23日两次故意将螺丝扔进某新材料科技有限公司的无纺布生产机器中，导致两台机器不同程度损毁。经鉴定，被损坏机器价值共计37,000元人民币。被告人杨某某犯罪以后自动投案，如实供述自己的罪行，是自首行为，依法可从轻或减轻处罚。被告人杨某某认罪认罚，可依法从宽处理。法院判决，被告人杨某某犯破坏生产经营罪，判处有期徒刑10个月。

法条链接：

《刑法》(2023年12月29日修正)

第二百七十六条　由于泄愤报复或者其他个人目的，毁坏机器设备、残害耕畜或者以其他方法破坏生产经营的，处三年以下有期徒刑、拘役或者管制；情节严重的，处三年以上七年以下有期徒刑。

【法条解析】

本罪的主体是年满16周岁的自然人。行为是毁坏机器设备、残害耕畜或者以其他方法破坏生产经营的行为。本罪主要着眼于对生产经营中的生产资料的破坏，实现了对生产经营的破坏效果。需要注意的是，本罪是故意毁坏财物罪的特殊形式，是对生产经营中生产资料的破坏。

■ 试题演练

一、选择题

1. 关于抢劫罪，下列说法错误的是____。（单选）

A. 抢劫罪需要使用暴力、胁迫或者其他方法

B. 抢劫罪可以由盗窃罪转化而来

C. 抢劫数额要到一定标准才可以,没有到一定标准,不成立犯罪

D. 诈骗后当场被发现,为了防止被害人报案,对其暴力威胁,有可能成立抢劫罪

2. 关于盗窃罪,说法正确的是____。(单选)

A. 盗窃不达到一定数额,是不能成立盗窃罪的

B. 公交车上从别人口袋里偷一个价值 1000 元的手机,不构成盗窃罪

C. 去别人家里盗窃,没有拿到什么东西就不成立盗窃罪

D. 2 年内盗窃 3 次以上的,没有达到数额,也成立盗窃罪

3. 关于侵占罪,下列说法错误的是____。(单选)

A. 老板不发工资,我把他工地上我管理的材料卖了顶替工资没问题

B. 捡到别人遗忘的东西,应该返还,别人要求返还不返还,有可能构成犯罪

C. 在饭店捡到客人遗忘的手机,应该返还失主或者交给警察

D. 替他人保管财物,不能据为己有

4. 关于盗窃罪,下列说法正确的有____。(单选)

A. 多次实施盗窃行为,但是盗窃财物总数额不足 1000 元,因此不构成盗窃罪

B. 入户实施盗窃行为,不要求达到数额较大的标准,即可构成盗窃罪

C. 侵入渔民用于家庭生活的渔船实施盗窃行为,不属于入户盗窃

D. 多次盗窃是指 3 年以内盗窃 2 次以上

5. 关于抢夺罪,下列说法错误的是____。(单选)

A. 携带凶器实施抢夺行为的,仍然按照抢夺罪处理

B. 本罪不需要像抢劫罪一样达到使被害人不能反抗、不知道反抗、不敢反抗的程度

C. 多次抢夺数额不大的财物,有可能构成抢夺罪

D. 当场显露凶器,强行劫取被害人财物的,不构成抢夺罪

6. 关于职务侵占罪,下列说法错误的是____。(单选)

A. 国有公司总经理,利用职务上的便利,将本单位财物非法占为己有,数额较大的,构成职务侵占罪

B. 公司、企业或者其他单位的人员，没有利用职务上的便利，将本单位财物非法占为己有的，不构成职务侵占罪

C. 村委会等村基层组织人员，利用职务便利侵吞集体财产的，以职务侵占罪论处

D. 工作中的职务便利是用来为职务服务的，是用来给单位创造利润和价值的，是对单位财物进行保管或者升值，非法据为己有将成立犯罪

二、判断题

1. 将遗忘物或者埋藏物据为己有，并不侵犯他人财产权利。(　)
2. 熟人之间互相带着赚钱，所以如果有钱财来往不用过多怀疑。(　)
3. 在合法维权中，如果对方不满足自己的金钱要求，也不能通过制造舆论等方式进行恐吓。(　)
4. 日常生活中，因为矛盾纠纷砸车、摔东西等，只要赔了钱，就不会构成犯罪。(　)
5. 对生产经营中生产资料进行破坏，不构成故意毁坏财物罪。(　)

三、个人感悟

签名：

年　　月　　日

六、妨害社会管理秩序罪

(一)妨害公务罪

【典型案例】

2021年9月3日19时许,林某某等人以平阳县动车站北侧建立移动5G信号塔有辐射,会影响附近村民身体健康为由,叫来吊机并雇用梁某某爬上信号塔将钩子挂在信号塔顶部准备私自将信号塔拆除。某派出所接警后派民警谢某某、杨某某及协警陈某6人陆续出警。现场聚集了包括被告人吴某某在内的百余名附近村民,现场秩序混乱,民警为维持秩序设立警戒区,被告人吴某某冲闯警戒带被民警强制传唤,被带上警车后试图逃脱,在逃脱过程中以牙咬协警陈某的方式反抗,致陈某受伤。经鉴定,陈某右上肢咬伤造成皮肤破损,其损伤程度评定为轻微伤。

法院认为,被告人吴某某以暴力方法阻碍国家机关工作人员依法执行职务,其行为已触犯刑律,构成妨害公务罪。法院判决被告人吴某某犯妨害公务罪,判处有期徒刑7个月,缓刑1年2个月。

法条链接:

《刑法》(2023年12月29日修正)

第二百七十七条　以暴力、威胁方法阻碍国家机关工作人员依法执行职务的,处三年以下有期徒刑、拘役、管制或者罚金。

以暴力、威胁方法阻碍全国人民代表大会和地方各级人民代表大会代表依法执行代表职务的,依照前款的规定处罚。

在自然灾害和突发事件中,以暴力、威胁方法阻碍红十字会工作人员依法履行职责的,依照第一款的规定处罚。

故意阻碍国家安全机关、公安机关依法执行国家安全工作任务,未使用暴力、威胁方法,造成严重后果的,依照第一款的规定处罚。

……

【法条解析】

本罪的主体是年满16周岁的自然人。构成本罪实施的行为,是以暴力、威胁方法阻碍国家机关工作人员依法执行职务。

需要注意的是,国家机关工作人员依法执行职务,不是个人行为,是代表国家在行使权力,是为了维护国家、社会、集体、他人的权利等。阻碍国家机关工作人员依法执行职务,会直接伤害相关人员人身权利等,间接伤害国家、社会等利益。对国家机关工作人员执行公务,个人有配合的义务,不能实施阻碍行为。

(二)袭警罪

【典型案例】

案例1:

2021年11月2日10时许,在某街东南角,被告人闫某驾驶非机动车违法,被西城交通支队西外队民警处罚,在民警刘某依法执行职务期间,闫某辱骂并抡打了民警。被告人闫某于2021年11月2日被抓获,到案后能如实供述自己的罪行,愿意接受处罚。法院判决如下:被告人闫某犯袭警罪,判处有期徒刑6个月,缓刑1年。

案例2:

被告人刘某某于2021年9月22日17时许,在市区某路边草坪内,因焚烧纸钱被路人发现后报警。民警到现场处置,被告人刘某某拒不配合民警执法,被依法强制传唤,并在反抗过程中踢踹、抓挠民警,致民警甘某“左侧大腿软组织损伤”,致民警白某“左腕部软组织损伤伴皮肤挫伤”。其被现场抓获。经其如实供述、认罪认罚。法院判决如下:被告人刘某某犯袭警罪,判处拘役3个月,缓刑5个月。

法条链接:

《刑法》(2023年12月29日修正)

第二百七十七条第五款　暴力袭击正在依法执行职务的人民警察的,处三年以下有期徒刑、拘役或者管制;使用枪支、管制刀具,或者以驾驶机动车撞击等手段,严重危及其人身安全的,处三年以上七年以下有期徒刑。

【法条解析】

本罪的主体是年满16周岁的自然人。本罪的行为是暴力袭击,行为对象是正在依法执行职务的人民警察。暴力,是用有形力对人身体造成伤害的行为,包括拳打脚踢、摔挠牙咬等,不要求达到轻伤的标准,也不要求达到使警察不敢反抗、不能反抗、不知道反抗的程度。没有使用暴力直接针对警察的身体,使用了威胁的语言等阻碍警察执行职务的,可以按照妨害公务罪处罚。人民警察依照《人民警察法》《治安管理处罚法》《刑法》《刑事诉讼法》等执行职务,其行为受到各种法律保护,尽管可能部分执法行为存在瑕疵,但不影响相对人权利或者国家、社会利益的,属于依法执行职务,应按照人民警察的指挥等规范、约束自己的行为。

需要注意的是,人民警察依法执行职务,履行职责,保护群众利益,应该得到人民群众的配合。如果因为各种原因拒不配合,将严重损害人民警察的权威,影响人民警察对群众利益的保护。

(三)伪造、变造、买卖身份证件罪,使用虚假身份证件、盗用身份证件罪

【典型案例】

案例1:

被告人田某某于2021年1月4日至1月26日,违反铁路实名购票制度,9次使用伪造的田某1、田某2、王某某等人的虚假身份证件购买火车票并乘坐火车在多地往返。被告人田某某归案后如实供述自己的犯罪事实。经法院判决,被告人田某某犯使用虚假身份证件罪,判处拘役1个月,并处罚金人民币1000元。

案例2：

2017年8月29日，被告人李某某明知本人与冯某不是同一人的情况下，仍以冯某的名义向某派出所提出证件丢失补领申请，并于2017年9月22日领取名为冯某的居民身份证一张。2017年9月27日，被告人李某某使用伪造的冯某的居民身份证与其丈夫田某向某民政局婚姻登记处提出结婚登记申请并取得结婚证。法院判决，被告人李某某犯伪造身份证件罪，判处有期徒刑10个月，并处罚金人民币2000元；犯使用虚假身份证件罪，判处拘役4个月，并处罚金人民币1000元，数罪并罚，决定执行有期徒刑10个月，缓刑1年，并处罚金人民币3000元。在案扣押居民身份证一张（名为冯某），依法予以没收。

法条链接：

《刑法》（2023年12月29日修正）

第二百八十条第三款　伪造、变造、买卖居民身份证、护照、社会保障卡、驾驶证等依法可以用于证明身份的证件的，处三年以下有期徒刑、拘役、管制或者剥夺政治权利，并处罚金；情节严重的，处三年以上七年以下有期徒刑，并处罚金。

第二百八十条之一　在依照国家规定应当提供身份证明的活动中，使用伪造、变造的或者盗用他人的居民身份证、护照、社会保障卡、驾驶证等依法可以用于证明身份的证件，情节严重的，处拘役或者管制，并处或者单处罚金。

有前款行为，同时构成其他犯罪的，依照处罚较重的规定定罪处罚。

【法条解析】

本罪的主体是年满16周岁的自然人。实施的行为是伪造、变造、买卖可以用于证明身份的证件，或者使用虚假身份证件、盗用虚假身份证件的行为。

需要注意的是，冒用他人的身份骗领身份证的，也是伪造的一种形式。在现代社会，根据《居民身份证法》的规定，使用身份证的场合非常多,伪造、变造、买卖或者使用虚假的身份证件等,会给社会管理秩序带来严重问题,“行不更名,坐不改姓”,光明磊落做人做事是中华民族的优秀传统。

(四)代替考试罪

【典型案例】

被告人吴某某与马某某(另案处理)经合谋,在某考试场由被告人吴某某代替他人进行驾照科目三道路驾驶技能考试,并通过考试;被告人吴某某于2016年7月15日再次到某考试场代替他人进行驾照科目三道路安全文明驾驶考试时,被当场查获。被告人吴某某犯代替考试罪,判处拘役2个月,并处罚金人民币1000元。

法条链接:

《刑法》(2023年12月29日修正)

第二百八十四条之一　在法律规定的国家考试中,组织作弊的,处三年以下有期徒刑或者拘役,并处或者单处罚金;情节严重的,处三年以上七年以下有期徒刑,并处罚金。

为他人实施前款犯罪提供作弊器材或者其他帮助的,依照前款的规定处罚。

为实施考试作弊行为,向他人非法出售或者提供第一款规定的考试的试题、答案的,依照第一款的规定处罚。

代替他人或者让他人代替自己参加第一款规定的考试的,处拘役或者管制,并处或者单处罚金。

【法条解析】

本罪的主体是年满16周岁的自然人。本罪的行为是代替或者让他人代替自己参加法律规定的国家考试的行为。

需要注意的是,国家考试范围相对比较宽,例如驾照考试、建造师考试、教师资格考试等。替考或者请人替考,都会破坏考试的公正性，无形中侵犯他人获得某种机会的可能。替考者和考生都会构成犯罪。

（五）帮助信息网络犯罪活动罪

【典型案例】

2022年6月底的一天，被告人张某在手机中看到一条为需要用钱的人提供帮助的信息。张某通过信息中的电话号码与一男子取得联系后约定，张某提供银行卡用于支付结算，每一张银行卡向张某支付2000元，并向张某提供前往某市的机票。2022年6月30日中午，张某与两名男子在某市见面后，将自己的手机、身份证、银行卡给了该两名男子，其中一名男子利用张某的银行卡进行转账操作。1小时后，该男子将手机、身份证、银行卡还给了张某，付给张某1000元现金，并称银行卡里被冻结的6万元给张某。2022年6月30日，张某的中国邮政银行账户（卡号：略）进账流水达475,000元，其中在某地被网络诈骗的李某有200,000元资金转入该账户。

法院认为，被告人张某构成帮助信息网络犯罪活动罪。张某到案后如实供述自己的罪行，系坦白，可以从轻处罚；张某认罪认罚，可以从宽处理。法院判决：（1）被告人张某犯帮助信息网络犯罪活动罪，判处拘役3个月，并处罚金人民币3000元；（2）追缴被告人张某违法所得人民币1000元，上缴国库。

法条链接：

《刑法》（2023年12月29日修正）

第二百八十七条之二　明知他人利用信息网络实施犯罪，为其犯罪提供互联网接入、服务器托管、网络存储、通讯传输等技术支持，或者提供广告推广、支付结算等帮助，情节严重的，处三年以下有期徒刑或者拘役，并处或者单处罚金。

单位犯前款罪的，对单位判处罚金，并对其直接负责的主管人员和其他直接责任人员,依照第一款的规定处罚。

有前两款行为,同时构成其他犯罪的,依照处罚较重的规定定罪处罚。

【法条解析】

本罪的主体是16周岁以上的自然人或者单位。实施的是为他人利用信息网络实施犯罪提供互联网接入、服务器托管、网络存储、通讯传输等技术支持,或者提供广告推广、支付结算等帮助的行为。根据最高人民检察院的消息①,从2015年《刑法》增设帮信罪至2020年10月“断卡”行动前,检察机关共以帮信罪起诉6000余人。“断卡”行动以来,起诉人数直线增加,尤其是2021年逐月上升,共起诉近13万人,是2020年的9.5倍。2022年上半年起诉帮信犯罪6.4万人。实施犯罪的主要有三类人:第一类是在校学生。一些在校学生受老乡、校园周边不法分子蛊惑,出售、出租“两卡”,沦为“工具人”;也有在校园里招揽同学收购“两卡”,发展为“卡商”的。如某大学学生涂某,长期在校园内外收购他人银行卡提供给不法分子使用,同时唆使其女友万某(在校学生)向同学收购8套银行卡后出售。这些银行卡被用于实施电信网络诈骗犯罪,共有21名被害人向银行卡内转入被骗资金207万余元。第二类是科技公司从业人员。这类人员抱着“赚快钱”“炫耀能力”的想法,以“技术中立”为“挡箭牌”,实则沦为犯罪的“技术助攻”。第三类是通信、金融等行业内部人员。他们违反“实名制”等规定大量办理“两卡”并非法出售、提供,成为电信网络犯罪主要的工具输送渠道。如某通信公司驻某大学校园网点代理商,利用申请手机卡的学生信息,私自办理校园宽带账号500余个,并以每个账号200元的价格出售给上游买家,其中部分账号被用于电信网络诈骗犯罪。

需要注意的是,现代社会的金融管理、电信管理等均实行实名制,相关犯罪人为顺利转移犯罪所得,往往利用其他人账户实施转账。将银行卡或具有金融属性的App账户卖、租借给他人等,均有可能为虎作

---

① 最高人民检察院:《2022年上半年检察机关起诉帮信罪6.4万人》,载最高人民检察院官网,https://www.spp.gov.cn/spp/xwfbh/wsfbt/202207/t20220722_566409.shtml#1,2022年12月10日访问。

依,成为本罪的犯罪人。古人云:“唯器与名,不可以假人,君之所司也。名以出信,信以守器,器以藏礼,礼以行义,义以生利,利以平民,政之大节也。”虽说在当时指的是权位不能随便让给他人,但在今天不妨理解为自己的姓名以及名下的相关权利不能随便给他人尤其是陌生人使用。不可贪小利误大事。

(六)高空抛物罪

【典型案例】

被告人杨某某于2021年12月13日21时许,在家中将装有酱油玻璃瓶等物品的垃圾袋从19层高空抛出。法院判决,被告人杨某某犯高空抛物罪,判处拘役4个月,缓刑4个月,罚金人民币2000元。

法条链接:

《刑法》(2023年12月29日修正)

第二百九十一条之二　从建筑物或者其他高空抛掷物品,情节严重的,处一年以下有期徒刑、拘役或者管制,并处或者单处罚金。

有前款行为,同时构成其他犯罪的,依照处罚较重的规定定罪处罚。

【法条解析】

本罪的主体是年满16周岁的自然人。本罪行为是指从建筑物或者高空抛掷物品情节严重的行为。

需要注意的是,高空抛物行为,即使是从二楼抛物,情节严重的也有可能构成本罪。家里无论是生活垃圾还是建筑垃圾等,不要因嫌麻烦或者泄私愤等原因从高处抛出,高空抛物会构成犯罪。如果构成故意伤害、故意杀人等,还会按照重罪处罚。

(七)聚众斗殴罪

【典型案例】

2021年5月6日晚,周某某与秦某(均另案处理)因物品被盗产生纠纷后相约斗殴。周某某方纠集了被告人张某某等十余人,秦某方纠集了包括郑某某(均另案处理)在内等十余人,双方在某公园碰面并斗殴,造成郑某某、秦某二人面部或肩背部受伤。其间,被告人张某某受周某某纠集参与斗殴,并用拳脚殴打郑某某。经鉴定,秦某主要损伤为面部挫伤,郑某某主要损伤为下唇黏膜破损,左肩背部、项背部、右肩部、腰背部软组织挫、擦伤(累计挫伤面积超过15.0cm^2),二人的损伤程度均构成轻微伤。法院判决,被告人张某某犯聚众斗殴罪,判处有期徒刑10个月。

法条链接:

《刑法》(2023年12月29日修正)

第二百九十二条　聚众斗殴的,对首要分子和其他积极参加的,处三年以下有期徒刑、拘役或者管制;有下列情形之一的,对首要分子和其他积极参加的,处三年以上十年以下有期徒刑:

(一)多次聚众斗殴的;

(二)聚众斗殴人数多,规模大,社会影响恶劣的;

(三)在公共场所或者交通要道聚众斗殴,造成社会秩序严重混乱的;

(四)持械聚众斗殴的。

聚众斗殴,致人重伤、死亡的,依照本法第二百三十四条、第二百三十二条的规定定罪处罚。

【法条解析】

本罪的主体是年满16周岁的自然人,处罚首要分子和其他积极参与人员,普通参加者不进行处罚。本罪的行为是出于各种原因纠集他人成帮结队互相进行殴打,破坏公共秩序。

需要注意的是,解决问题不是人多势众就可以了,更不是通过暴力殴打就能让对方心服口服,需要讲理讲法。聚众斗殴,不仅会造成公共场所秩序混乱,对方或者己方身体受伤,还很有可能在斗殴过程中造成重伤或者死亡,失去健康和生命,构成更重的故意伤害罪或者故意杀人罪。

(八)寻衅滋事罪

【典型案例】

2022年6月10日2时40分许,被告人陈某志、马某某、刘某1、陈某2、李某1、沈某某及李某某、刘某2、姜某萍在河北省唐山市路北区机场路某烧烤店吃饭时,陈某志到正在店内用餐的被害人王某某、李某、远某、刘某某桌旁,对王某某进行骚扰遭拒后殴打王某某,王某某与李某进行反抗。陈某志、马某某、陈某2、李某1等人分别在烧烤店内、店外便道及店旁小胡同内,对王某某、李某、远某、刘某某持椅子、酒瓶击打或拳打脚踢,沈某某在烧烤店及旁边小胡同内威胁远某不得报警。经鉴定,王某某、刘某某的损伤程度构成轻伤二级;李某、远某的损伤程度构成轻微伤。

法院判决,陈某志等6名被告人构成寻衅滋事罪,对4名被害人的医药费、护理费、误工费、伙食补助费、营养费、交通费等各项损失承担相应的赔偿责任。

法条链接:

《刑法》(2023年12月29日修正)

第二百九十三条　有下列寻衅滋事行为之一,破坏社会秩序的,处五年以下有期徒刑、拘役或者管制:

(一)随意殴打他人,情节恶劣的;

(二)追逐、拦截、辱骂、恐吓他人,情节恶劣的;

(三)强拿硬要或者任意损毁、占用公私财物,情节严重的;

(四)在公共场所起哄闹事,造成公共场所秩序严重混乱的。

纠集他人多次实施前款行为,严重破坏社会秩序的,处五年以上十年以下有期徒刑,可以并处罚金。

【法条解析】

本罪的主体是年满16周岁的自然人。实施的行为是随意殴打他人,情节恶劣的行为,以及其他寻衅滋事的行为。

需要注意的是,寻衅滋事行为扰乱公共秩序或者社会秩序,对他人在公共场合的人身安全、行动自由、名誉荣誉、财产安全等进行了破坏。网络不是法外之地,在网络空间随意辱骂他人的,如果造成线下公共秩序的混乱的,也有可能成立本罪。

(九)组织、领导、参加黑社会性质组织罪

【典型案例】

2001年,被告人周某某通过被告人周广某等人利用拉票等方式,当选A村村委会主任,于2003年隐瞒前科劣迹违规取得中共党员身份,于2006年至2007年代理甲镇B村党支部书记,于2007年至2018年担任A村党支部书记,于2008年至2009年代理甲镇C村党支部书记,并于2006年至2016年当选区人大代表。其间,周某某扶持团伙成员被告人赵某自2007年5月起担任A村村委会主任、党支部副书记,周某某在因前科劣迹无法继续担任A村党支部书记后,又扶持被告人赵某自2018年12月起担任A村党支部书记、村委会主任,使A村继续被非法控制在周某某手中。周某某还通过时任甲镇D村党支部书记、团伙成员被告人甘某某,时任甲镇E村治保主任、团伙成员被告人窦某某,以及其他关系人担任周边其他村党支部书记、村委会主任等职务,直接或间接地逐步把持、操控甲镇多个村基层政权。

2004年至2020年，被告人周某某先后纠集、指使被告人周广某、窦某某等人，有组织地实施寻衅滋事、聚众斗殴、敲诈勒索、串通投标、诈骗等50余起违法犯罪活动，逐步形成以周某某为组织者、领导者，以周广某、赵某、甘某某等为骨干成员，以孙某某、窦某某等为积极参加者，以杨某某为一般参加者这种骨干成员基本固定、人数较多、结构较为稳定、分工明确的犯罪组织。

被告人周某某及其组织成员通过在甲镇有组织地实施敲诈勒索、串通投标、非法倒卖土地使用权、诈骗等犯罪活动，并在有关国家机关工作人员的纵容下，垄断土地资源，包揽当地政府园林绿化养护、抗震节能等民生项目；利用高速公路、市内公路线及城铁工程，以及农村集体经营性建设用地入市试点项目拆迁腾退补偿之机，在甲镇多个村租赁土地，采用倒签土地租赁合同日期、虚增土地面积、抢建抢栽抢种等方式，骗取拆迁腾退补偿款，攫取巨额非法利益，聚敛巨额财富。其中，将部分财产用于犯罪活动和维系组织的生存、发展，在A村建造固定的活动基地，用以宴请组织成员及关系密切的周边各村村干部等；为组织成员购买住房、提供财物；收买国家工作人员，为组织获取不当利益提供便利等。

被告人周某某及其组织成员，为形成强势地位，树立非法权威，多次使用暴力、威胁等手段有组织地实施寻衅滋事、聚众斗殴、故意伤害等暴力犯罪活动，其中包括指使他人在春节期间凌晨向村民家中扔礼花弹进行恐吓的违法行为，为非作恶、欺压群众。其中，多起暴力犯罪系公开公然实施，尤其是在煤场聚众斗殴中，该组织成员及其纠集人员持砍刀等参与斗殴，致一人重伤、二人轻伤，案发后相关人员未被追究刑事责任，给当地群众造成了极大的心理压力和恐惧，致使当地群众、企业在合法权益遭到侵害后，不敢通过正常途径进行控告或举报，严重扰乱了社会秩序。

被告人周某某及其组织成员，通过上述违法犯罪活动，利用国家工作人员的纵容，在甲镇为非作恶、称霸一方，形成非法控制和恶劣影响，严重破坏了当地政治、经济、社会生活秩序。该组织通过把持、操控甲镇多个村基层政权,树立非法权威,严重破坏甲镇农村基层组织建设,严重损害基层政权基础。

法院判决,被告人周某某犯组织、领导黑社会性质组织罪,判处有期徒刑9年,剥夺政治权利3年,并处没收个人全部财产。

法条链接:

《刑法》(2023年12月29日修正)

第二百九十四条　组织、领导黑社会性质的组织的,处七年以上有期徒刑,并处没收财产;积极参加的,处三年以上七年以下有期徒刑,可以并处罚金或者没收财产;其他参加的,处三年以下有期徒刑、拘役、管制或者剥夺政治权利,可以并处罚金。

境外的黑社会组织的人员到中华人民共和国境内发展组织成员的,处三年以上十年以下有期徒刑。

国家机关工作人员包庇黑社会性质的组织,或者纵容黑社会性质的组织进行违法犯罪活动的,处五年以下有期徒刑;情节严重的,处五年以上有期徒刑。

犯前三款罪又有其他犯罪行为的,依照数罪并罚的规定处罚。

黑社会性质的组织应当同时具备以下特征:

(一)形成较稳定的犯罪组织,人数较多,有明确的组织者、领导者,骨干成员基本固定;

(二)有组织地通过违法犯罪活动或者其他手段获取经济利益,具有一定的经济实力,以支持该组织的活动;

(三)以暴力、威胁或者其他手段,有组织地多次进行违法犯罪活动,为非作恶,欺压、残害群众;

(四)通过实施违法犯罪活动,或者利用国家工作人员的包庇或者纵容,称霸一方,在一定区域或者行业内,形成非法控制或者重大影响,严重破坏经济、社会生活秩序。

【法条解析】

本罪的主体是年满16周岁的自然人。行为是组织、领导、参加黑社会性质组织，且实施一系列寻衅滋事、聚众斗殴等其他违法犯罪行为。黑社会性质组织称霸一方，欺压、残害群众，有一定的经济实力，人数多、成员比较稳定，对社会的损害更大。

需要注意的是，有些人最开始是参加普通犯罪组织，后来该组织逐渐成长为黑社会性质组织；有些人是参加当地有恶名的组织，参加时已经具有了黑社会性质组织的特征。黑社会性质组织危害巨大，组织“规矩”严厉，加入容易退出难，远离犯罪人员，远离犯罪组织，有利于自己的生活平稳、安定。

（十）赌博罪

【典型案例】

被告人卢某某于2022年3月9日23时许，在其自家住处，组织陈某、刘某、汤某、韩某1、韩某2、韩某3等8人以“推牌九”的方式进行赌博活动并从中渔利，赌资数额共计人民币76,458元。法院认为，被告人卢某某以营利为目的聚众赌博，其行为已构成赌博罪，判处有期徒刑7个月，罚金人民币5000元，在案扣押骰子2个、牛牌32张，依法予以没收。

法条链接：

《刑法》(2023年12月29日修正)

第三百零三条第一款　以营利为目的，聚众赌博或者以赌博为业的，处三年以下有期徒刑、拘役或者管制，并处罚金。

【法条解析】

本罪的主体是16周岁以上的自然人。本罪的行为是以营利为目的聚众赌博或者以赌博为业的行为。成立本罪，不以是否赢到钱为标准，没有赢到钱，也成立本罪。

需要注意的是，“小赌怡情，大赌伤身”的说法是靠不住的。不想输，永远不要实施赌博行为。一旦沾染赌博恶习，很容易输得倾家荡产,还会构成犯罪。赌博无赢家。

(十一)开设赌场罪

【典型案例】

2017年4月至11月初,被告人刘某和甘某1、刘某1(均另案处理)以营利为目的,置备专门接送赌客、赌具等的面包车4辆,先后纠集甘某2(均另案处理)等23人,形成人员基本固定、分工相对明确的犯罪集团,分别在民房内、山上树林中简易棚内,以"二八杠"形式组织他人赌博,期间赌场开设至少120天,平均每天抽头渔利至少3万元人民币,抽头渔利累计至少360万元。上述赌场中,被告人刘某等人系组织者,负责赌场实际经营管理;甘某2在赌场内负责望风看场、保管抽头款、发放工资,并与刘某2、王某4等人维持赌场秩序;王某1负责通知赌场开设地点、负责车队并与何某1、李某、王某3驾驶面包车接送赌客;黄某现、王某2、崔某、张某1、何某2在赌场内负责洗牌、抽头;夏某、卢某辉、梁某、武某介绍并接送赌客至赌场;黄某等人为赌场保管赌具,为赌场望风。

法条链接:

《刑法》(2023年12月29日修正)

第三百零三条第二、三款　开设赌场的,处五年以下有期徒刑、拘役或者管制,并处罚金;情节严重的,处五年以上十年以下有期徒刑,并处罚金。

组织中华人民共和国公民参与国(境)外赌博,数额巨大或者有其他严重情节的,依照前款的规定处罚。

【法条解析】

本罪的主体是年满16周岁的自然人。本罪的行为是实施开设赌场空间或者场所的行为。成立本罪,不仅是传统意义上在房屋等地方为赌局提供场所等能够成立本罪,在互联网上利用网络平台也能成立本罪。为赌博网站提供各种技术支持,为网站发展会员,担任程序代理等,都能够成立本罪。

需要注意的是,有些人以为自己提供的是与赌博没有直接关系的接送、转账、程序维护等行为,不成立犯罪,行为实质上为赌场提供帮助的,均能成立本罪。

(十二)掩饰、隐瞒犯罪所得、犯罪所得收益罪

【典型案例】

某日凌晨,被告人罗某某按照朋友王某2提供的信息,赶至某市火车站,从陆姓中介及“赵某某”处以人民币34,000元的价格收购获得了一辆全新品牌“某”型汽车,并向对方索要了一份证明非盗抢车及租赁车的书面保证。经查,该车系证人俞某于当日代某建设集团有限公司购买,次日7时许发现在本市某车位失窃。经鉴定,涉案车辆价值人民币156,717元。被告人罗某某驾驶该车至某高速服务区时被俞某等人扭获。

法院认为,罗某某从事二车手生意,熟悉交易流程。本案车辆交易地点为某火车站,被告人罗某某无论是受人委托,还是自行交易,其仅凭目测,在车辆没有合法有效来历凭证、未办理审核过户的情况下,即将车款交付对方,既不符合交易习惯也没有在国家指定的车辆交易场所交易。涉案某品牌轿车系被害单位购买的新车,市场价在15万余元,被告人罗某某仅以3万多元的价格便与他人交易,成交价格明显低于市场价格。从被告人罗某某让对方出具非盗抢车辆的保证书这一行为,已能表明当时罗某某意识到涉案车辆可能来源不明,故应当认定被告人罗某某主观上对交易车辆系赃车是明知的。罗某某仍予以买卖或抵押,其行为已构成掩饰、隐瞒犯罪所得罪。

法院判决,被告人罗某某犯掩饰、隐瞒犯罪所得罪,判处有期徒刑4年,并处罚金人民币1万元。扣押的涉案车辆发还被害单位。

法条链接:

《刑法》(2023年12月29日修正)

第三百一十二条 明知是犯罪所得及其产生的收益而予以窝藏、转移、收购、代为销售或者以其他方法掩饰、隐瞒的,处三年以下有期徒刑、拘役或者管制,并处或者单处罚金;情节严重的,处三年以上七年以下有期徒刑,并处罚金。

单位犯前款罪的,对单位判处罚金,并对其直接负责的主管人员和其他直接责任人员,依照前款的规定处罚。

【法条解析】

本罪的主体是年满16周岁的自然人,单位也能成立本罪。本罪的行为是窝藏、转移、收购、代为销售或者以其他方法掩饰、隐瞒犯罪所得及其产生的收益行为。成立本罪需要明知是犯罪所得及其产生的收益。

需要注意的是,经常有人以自己不明知是犯罪所得及其产生的收益为自己辩护。明知不是确切知道,《刑法》没有要求犯罪人确切知道这是在什么时间、地点得来的犯罪所得,以及这是通过何种犯罪方式得来的,只要达到概括知道自己掩饰、隐瞒的是犯罪所得及其收益即可,认识到可能是来路不明即可。实践中,能证明自己知道收买的财物来路不明的最大证据,就是交易价格明显低于市场价格即存在来路不明的可能。另外,交易的时间、地点、方式、特殊商品的交易是否符合国家规定的交易程序等也是证据。购买二手商品不是法律禁止的,但仍需要遵循国家的相关规定,在正规场所通过正规手续购买,切不可贪小便宜,心存侥幸。

(十三)非法捕捞水产品罪

【典型案例】

2022年6月4日14时许,被告人蒋某某在未取得渔业捕捞许可证的前提下,在禁渔期内,驾驶旅游船搭载游客,在渤海某海域使用拖网进行捕捞作业,船舶靠岸后即被某地海警局工作人员查获,从该船上发现捕捞的皮皮虾、螃蟹等渔获物10余公斤。根据农业农村部规定,北纬35度以北的渤海海域每年的5月1日至9月1日为禁渔期。经河北省渔政执法总队鉴定,查扣的渔具属于在渤海禁止使用的渔具。法院认为,被告人蒋某某违反保护水产资源相关法规,在禁渔期使用禁用的工具捕捞水产品,情节严重,其行为已构成非法捕捞水产品罪。法院判决,被告人蒋某某因犯非法捕捞水产品罪,判处有期徒刑6个月,缓刑1年;在案扣押的网具一个、渔获物变卖款人民币140元,依法没收,上缴国库;其他物品由扣押机关依法处理。

法条链接:

《刑法》(2023年12月29日修正)

第三百四十条　违反保护水产资源法规,在禁渔区、禁渔期或者使用禁用的工具、方法捕捞水产品,情节严重的,处三年以下有期徒刑、拘役、管制或者罚金。

【法条解析】

本罪的主体是年满16周岁的自然人,单位也能够成立本罪。本罪的行为是违反保护水产资源相关法规,在禁渔区、禁渔期或者使用禁用的工具、方法捕捞水产品,要求达到情节严重的程度。需要注意的是,在禁渔区、禁渔期,非人工养殖的湖泊、河流等地,禁止实施捕捞,即使是小鱼、小虾、田螺等也不允许捕捞。电鱼、炸鱼、“绝户”网等方法往往会给水生资源造成不可逆转的伤害,禁止使用这些方法捕捞。

需要注意的是,中国自古就有长期发展的观念,“竭泽而渔,岂不获得?而来年无鱼;焚薮而田,岂不获得?而来年无兽”。捕捞也需要符合法律规定。“绿水青山就是金山银山”,保护好人类生存环境,功在千秋。

(十四)非法狩猎罪,非法猎捕、收购、运输、出售陆生野生动物罪

【典型案例】

案例1:

2016年秋天,被告人韦某某与李某某为牟利,共同商定:由被告人韦某某猎捕野生画眉,被告人李某某以每只40~50元的价格予以收购并出售牟利。2018年下半年至2020年1月初,被告人韦某某在山上采取电媒引诱、捕网猎捕的方式,猎捕野生画眉共计120只,并出售给被告人李某某。随后被告人李某某分三次将上述120只野生画眉加价出售给被告人刘某某。被告人刘某某明知李某某出售的画眉系野生动物且来历不明,为牟利仍予以收购。2020年4月23日,被告人刘某某在集市上出售画眉时,被巡逻民警当场查获,并缴获尚未出售的野生画眉39只。次日,上述39只野生画眉被公安机关移送至某市野生动物救护中心。经司法鉴定中心鉴定,被缴获的39只鸟类动物特征组合均为画眉鸟(Garrulaxcanorus)所有,其被列入《国家保护的有重要生态、科学、社会价值的陆生野生动物名录》,简称"三有动物"。

被告人韦某某、李某某到案后,能如实供述其犯罪事实,均系坦白,依法可以从轻处罚;被告人刘某某犯罪后主动投案并如实供述其犯罪事实,系自首,依法亦可以从轻处罚;被告人李某某协助公安机关抓获被告人韦某某,系立功。三被告人均认罪认罚并签署《认罪认罚具结书》,可以从宽处理。法院判决:(1)被告人韦某某犯非法狩猎罪,判处拘役4个月。(2)被告人李某某犯非法狩猎罪,判处拘役4个月,缓刑6个月。(3)被告人刘某某犯掩饰、隐瞒犯罪所得罪,判处拘役3个月,缓刑5个月,并处罚金人民币5000元。(4)扣押在案的作案工具播音器1个、U盘1个、遥控器1个、捕鸟网1张、小格式鸟笼13个、画眉鸟39只,均予以没收。

案例2:

自2021年9月至2022年1月,被告人邓某长期在新干县范围内非法收购野猪、麂子等野生动物,其间还多次从抚州乐安唐姓老板处收购,并将收购来的野生动物主要贩卖给峡江县的袁某,再转卖至新余的各大饭店,或者零星贩卖给周边的群众食用,从中赚取差价。2022年1月7日,新干县公安局民警依法对邓某的住处进行搜查,当场查获野猪头1个、野猪肚1个、野猪肉2扇、华南兔(野兔)8只、小麂2只、中华竹鼠22只、王锦蛇1条。在检查为邓某送货的司机易某驾驶的出租车中当场查获野猪头2个、野猪内脏2串、野猪肉2扇、野猪脚4只。经司法鉴定中心鉴定:邓某非法收购的野猪、中华竹鼠、华南兔、小麂、王锦蛇均被列入《国家保护的有重要生态、科学、社会价值的陆生野生动物名录》。上述物种价值共计12,840元。

2022年1月7日,新干县公安局将被告人邓某抓获归案。到案后,邓某如实供述犯罪事实,并退缴赃款5万元。2022年11月1日,新干县人民检察院向法院提起公诉。在诉讼过程中,新干县人民检察院提出刑事附带民事公益诉讼。新干县法院组成合议庭,于2022年11月11日公开开庭进行了合并审理。经庭审质证,法院于2022年11月17日依法判决:邓某犯非法收购、出售陆生野生动物罪,判处拘役3个月,缓刑6个月;赔偿因非法收购、出售34只野生动物给国家造成的直接经济损失12,460元。

法条链接:

《刑法》(2023年12月29日修正)

第三百四十一条第二、三款　违反狩猎法规,在禁猎区、禁猎期或者使用禁用的工具、方法进行狩猎,破坏野生动物资源,情节严重的,处三年以下有期徒刑、拘役、管制或者罚金。

违反野生动物保护管理法规,以食用为目的非法猎捕、收购、运输、出售第一款规定以外的在野外环境自然生长繁殖的陆生野生动物,情节严重的,依照前款的规定处罚。

【法条解析】

本罪的主体是年满16周岁的自然人。实施的行为是非法狩猎或者非法猎捕、收购、运输、出售陆生野生动物的行为。

需要注意的是,我国对野生动物的保护力度日益增强,生态环境日益好转。无论为了出售还是为了食用,非法捕猎野外环境下的野生动物,都有构成犯罪的可能。现代社会,娱乐方式多元,食物来源多元,基本能满足人们的需求;不能为了小的利益、满足个人豢养或者口腹之欲等就实施捕猎行为。

(十五)走私、贩卖、运输、制造毒品罪

【典型案例】

被告人刘大某,因犯贩卖毒品罪于2015年6月被判处有期徒刑5年,2015年7月被暂予监外执行;因犯贩卖毒品罪于2016年4月被判处有期徒刑9个月,数罪并罚决定执行有期徒刑5年7个月,2016年8月被暂予监外执行。

季某(另行处理)经张某2(另行处理)介绍搭识被告人刘大某,季某向其表达了购买毒品的意向。2014年9月18日,季某抵达深圳,由刘大某安排入住某国际酒店。经刘大某介绍,季某从卢某(另行处理)处以人民币30万元的价格购买了毒品甲基苯丙胺10,000克。同年9月23日,季某与刘大某驾车至某高速出口附近,将季某从卢某及其他人处购得的毒品甲基苯丙胺放入由秦某1(另行处理)驾驶的重型货车,由秦某1将上述毒品运输来沪。同月25日,公安人员在高速公路上海某收费站截获上述车辆,当场从车内查获毒品甲基苯丙胺21,220.34克(含量为72.51%~73.02%)。

法院认为,被告人刘大某居间介绍贩卖毒品甲基苯丙胺10,000克,应以贩卖毒品罪追究刑事责任。被告人刘大某贩卖毒品数量大,应予严惩,鉴于其在毒品犯罪中主要起居间介绍的作用,到案后

能如实供述犯罪事实，具有坦白情节等，依法予以从轻处罚。法院判决，被告人刘大某犯贩卖毒品罪，判处无期徒刑，剥夺政治权利终身，并处没收个人全部财产，连同前罪没有执行完毕的刑罚，决定执行无期徒刑，剥夺政治权利终身，并处没收个人全部财产。

法条链接：

《刑法》(2023 年 12 月 29 日修正)

第三百四十七条　走私、贩卖、运输、制造毒品，无论数量多少，都应当追究刑事责任，予以刑事处罚。

走私、贩卖、运输、制造毒品，有下列情形之一的，处十五年有期徒刑、无期徒刑或者死刑，并处没收财产：

(一)走私、贩卖、运输、制造鸦片一千克以上、海洛因或者甲基苯丙胺五十克以上或者其他毒品数量大的；

(二)走私、贩卖、运输、制造毒品集团的首要分子；

(三)武装掩护走私、贩卖、运输、制造毒品的；

(四)以暴力抗拒检查、拘留、逮捕，情节严重的；

(五)参与有组织的国际贩毒活动的。

走私、贩卖、运输、制造鸦片二百克以上不满一千克、海洛因或者甲基苯丙胺十克以上不满五十克或者其他毒品数量较大的，处七年以上有期徒刑，并处罚金。

走私、贩卖、运输、制造鸦片不满二百克、海洛因或者甲基苯丙胺不满十克或者其他少量毒品的，处三年以下有期徒刑、拘役或者管制，并处罚金；情节严重的，处三年以上七年以下有期徒刑，并处罚金。

单位犯第二款、第三款、第四款罪的，对单位判处罚金，并对其直接负责的主管人员和其他直接责任人员，依照各该款的规定处罚。

利用、教唆未成年人走私、贩卖、运输、制造毒品，或者向未成年人出售毒品的，从重处罚。

对多次走私、贩卖、运输、制造毒品，未经处理的，毒品数量累计计算。

【法条解析】

贩卖毒品罪的主体是年满 14 周岁的自然人,以其他行为实施本罪的年龄为年满 16 周岁。本罪的行为是走私、贩卖、运输、制造毒品。我国对毒品犯罪打击历来保持高压态势,处罚严厉。

需要注意的是,上述案例中的被告人在暂予监外执行期间,正在接受社区矫正,不吸取教训依然实施犯罪,系毒品犯罪再犯,应予以严厉惩罚。生活中,涉及毒品的行为和人都应该远离,防止沾染毒品或犯罪。

(十六)非法持有毒品罪

【典型案例】

被告人陈某于 2021 年 7 月至 9 月,在某戒毒中心接受戒毒治疗期间,多次将应当场口服的美沙酮药水私自带出治疗点,并存放于其暂住处。2021 年 9 月 2 日,被告人陈某在上述治疗点再次将美沙酮药水 117.44 克装于塑料瓶中私自带出,即被公安人员查获。被告人陈某即主动交代了其暂住处还存有美沙酮药水,公安人员至其暂住处搜查到陈存放于冰箱内用塑料瓶装的橙色液体 417.27 克。案发后,缴获的上述液体经某 B 中心检验,送检陈某的 534.71 克液体中检出国家管制药品美沙酮成分。法院判决被告人陈某犯非法持有毒品罪,判处有期徒刑 8 个月,并处罚金人民币 2000 元。缴获的毒品予以没收。

法条链接:

《刑法》(2023 年 12 月 29 日修正)

第三百四十八条　非法持有鸦片一千克以上、海洛因或者甲基苯丙胺五十克以上或者其他毒品数量大的,处七年以上有期徒刑或者无期徒刑,并处罚金;非法持有鸦片二百克以上不满一千克、海洛因或者甲基苯丙胺十克以上不满五十克或者其他毒品数量较大的,处三年以下有期徒刑、拘役或者管制,并处罚金;情节严重的,处三年以上七年以下有期徒刑，并处罚金。

【法条解析】

本罪的主体是年满16周岁的自然人。行为是非法持有一定数量的毒品。需要注意的是，毒品系违禁品，禁止个人持有、私藏。案例中被告人在接受戒断治疗过程中，私自将应该现场服用的美沙酮药水带走的行为系私藏毒品，具有一定社会危害性，应该予以惩罚。

（十七）非法种植毒品原植物罪

【典型案例】

2021年11月至12月，被告人姚某某认为罂粟可以止痛，遂将其祖父（已故）遗留下来的罂粟种子种植在自家菜园里，被告人姚某某对种植过的罂粟施过一次肥，之后再未打理，任其在地里生长。2022年5月18日，民警进行查处并当场铲除了被告人种植的罂粟，共计595株。2022年7月29日，经某局物质鉴定所鉴定：送检的04202207660001号检材中检验出吗啡、可待因、罂粟碱、那可汀、蒂巴因成分。被告人姚某某到案后如实供述了其罪行，并自愿认罪认罚。

法院判决，被告人姚某某犯非法种植毒品原植物罪，判处拘役5个月，缓刑8个月，并处罚金人民币2000元，上缴国库。

法条链接：

《刑法》(2023年12月29日修正)

第三百五十一条　非法种植罂粟、大麻等毒品原植物的，一律强制铲除。有下列情形之一的，处五年以下有期徒刑、拘役或者管制，并处罚金：

（一）种植罂粟五百株以上不满三千株或者其他毒品原植物数量较大的；

（二）经公安机关处理后又种植的；

（三）抗拒铲除的。

非法种植罂粟三千株以上或者其他毒品原植物数量大的,处五年以上有期徒刑,并处罚金或者没收财产。

非法种植罂粟或者其他毒品原植物,在收获前自动铲除的,可以免除处罚。

【法条解析】

本罪的主体是年满16周岁的自然人。行为是种植罂粟、大麻等毒品原植物,情节严重的行为。需要注意的是,毒品原植物是提炼毒品的重要来源,该植物的种植具有严重的社会危害性,不会因为没有提炼、加工制造等不构成犯罪。如果对毒品原植物进行加工,将构成更加严重的制造毒品罪等。不能因为好奇、不是用于个人吸食等各种原因而种植。

(十八)容留他人吸毒罪

【典型案例】

被告人黄小某自2021年2月18日至5月16日,在自己家中,多次容留周某、居某吸食毒品大麻。被告人周某于2021年4月4日至5月21日,在其位于本市的家中,多次容留黄小某、居某吸食毒品大麻。

法院判决,被告人周某犯容留他人吸毒罪,判处有期徒刑7个月,罚金人民币1万元。被告人黄小某犯容留他人吸毒罪,判处有期徒刑6个月,罚金人民币1万元。

法条链接:

《刑法》(2023年12月29日修正)

第三百五十四条　容留他人吸食、注射毒品的,处三年以下有期徒刑、拘役或者管制,并处罚金。

【法条解析】

本罪的主体是年满16周岁的自然人。构成本罪实施的是容留他人吸食、注射毒品的行为,即为他人吸食注射毒品提供场所便利。需要注意的是,“毒友”之间互相提供场所的,均成立犯罪。远离毒品,拥抱健康生活。

(十九)制作、复制、出版、贩卖、传播淫秽物品牟利罪

【典型案例】

案例1:

2021年3月至案发,被告人张某通过移动电话“某特”App发布信息,向他人出售淫秽视频并从中获利。经查实,2021年9月16日、18日,被告人张某向刘某先后出售视频224段,非法牟利人民币95元。经鉴定,查实的224段视频,其中197段为淫秽视频。经法院判决,被告人张某犯传播淫秽物品牟利罪,判处有期徒刑1年,缓刑1年,并处罚金人民币2万元(此款于判决生效后1个月内缴纳)。扣押在案的作案工具予以没收;违法所得予以追缴或者责令退赔。

案例2:

2021年6月至12月,被告人郝某某以牟利为目的,利用在某直播平台上注册的直播账号及购买的直播设备,用设备偷拍并直播自己嫖娼的经过。被告人郝某某通过此种方式共直播47场,违法所得246,346元。2022年2月25日,被告人郝某某在某酒店被抓获。被告人郝某某归案后如实供述了自己的罪行,在公诉机关表示认罪认罚,对指控的事实、罪名及量刑建议没有异议且签字具结。

法院判决,被告人郝某某犯传播淫秽物品牟利罪,判处有期徒刑8年6个月,并处罚金人民币25万元。追缴被告人郝某某的违法所得人民币246,346元,予以没收,上缴国库。随案移送的手机3台,予以没收,上缴国库。

案例3:

2019年5月许,为牟取不法利益,被告人朱某某提出合伙开发能播放淫秽视频的App软件牟利,被告人陈某、谢高某、叶某某、寿某某先后均表示同意。后被告人叶某某负责该App的后台淫秽视频的数据资源库开发,被告人寿某某负责App的前端安卓客户端界面开发,用户在App上充值人民币成功后,可通过该App观看淫秽视频。该App开发成功后,被告人谢高某负责联系第四方支付平台并由昵称为“猫少”“KK”“JK”(均身份信息不详)等的人员为App提供充值资金支付接口,并负责联系昵称为“查理”“木木”(均身份信息不详)等具有推广渠道的代理商在网络上对该App进行推广;被告人陈某通过在网页上植入该App的下载链接,利用搜索引擎的关键词排名对App进行推广;被告人朱某某负责核对App软件的用户充值金额、与代理商结算推广费用,并向团伙成员分配利润;被告人叶某某、寿某某负责为支付接口等提供技术支持。五名被告人利润分配比例为陈某40%、谢高某25%、朱某某15%、叶某某15%、寿某某5%。该淫秽视频App软件的视频以链接的方式存在于某云的后台服务器上。用户经下载注册并充值人民币成功后,可通过该App的链接观看淫秽视频。经查,该App注册用户有5,568,679人。经鉴定,该App后台数据资源库内供用户点击观看的淫秽视频为14,095部。截至2020年5月18日被抓时,五名被告人非法获利共计人民币2363.9万元(以下币种均为人民币),其中被告人陈某非法获利1059.7万元、被告人谢高某非法获利460.7万元、被告人朱某某非法获利361.5万元、被告人叶某某非法获利361.5万元、被告人寿某某非法获利120.5万元。

法院判决:(1)被告人朱某某犯传播淫秽物品牟利罪,判处有期徒刑11年,并处罚金人民币90万元。

(2)被告人陈某犯传播淫秽物品牟利罪,判处有期徒刑11年,并处罚金人民币270万元。

(3)被告人谢高某犯传播淫秽物品牟利罪,判处有期徒刑10年6

个月,并处罚金人民币115万元。

(4)被告人叶某某犯传播淫秽物品牟利罪,判处有期徒刑10年,并处罚金人民币90万元。

(5)被告人寿某某犯传播淫秽物品牟利罪,判处有期徒刑10年,并处罚金人民币30万元。

(6)扣押在案的被告人朱某某退出的非法获利人民币361.5万元、被告人陈某退出的非法获利人民币1059.7万元、被告人谢高某退出的非法获利人民币418.2万元、被告人叶某某退出的非法获利人民币339万元、被告人寿某某退出的非法获利人民币102万元,均予以没收,上缴国库(款由原扣押机关负责上缴);继续追缴被告人谢高某非法获利人民币42.5万元、被告人叶某某非法获利人民币22.5万元、被告人寿某某非法获利人民币185万元后均予以没收,上缴国库。

(7)各被告人扣押在案的作案工具手机、电脑全部均予以没收,上缴国库。其他扣押在案物品由原扣押机关负责发还。

法条链接:

《刑法》(2023年12月29日修正)

第三百六十三条第一款　以牟利为目的,制作、复制、出版、贩卖、传播淫秽物品的,处三年以下有期徒刑、拘役或者管制,并处罚金;情节严重的,处三年以上十年以下有期徒刑,并处罚金;情节特别严重的,处十年以上有期徒刑或者无期徒刑,并处罚金或者没收财产。

【法条解析】

本罪的主体是年满16周岁的自然人或者单位。本罪的行为是以牟利为目的,制作、复制、出版、贩卖、传播淫秽物品。网络时代,本罪犯罪形式有翻新,例如,进行网络淫秽直播、通过即时通讯聊天工具,网络云盘等传播淫秽视频、文字或者提供下载链接以牟利等。

需要注意的是,制作、复制、出版、贩卖、传播淫秽物品牟利不是生财之道,尽管有不法平台为实施上述行为提供便利,但是搭建平台本身即为非法行为,在平台上进行淫秽表演收费不能认为是合法行为。

(二十)传播淫秽物品罪

【典型案例】

案例1:

被告人赵某芬在某按摩店内,利用本人微信向应某、杜某等人发送淫秽视频共计109部。法院判决,被告人赵某芬犯传播淫秽物品罪,判处拘役5个月,缓刑7个月。

案例2:

2019年3月至2021年4月,被告人卜某在网络论坛以账户名发布淫秽图片。经鉴定,卜某发布的7个帖子含有淫秽图片共58张,查看数总计为114,556次。2022年1月13日,被告人卜某在原籍地被抓获,到案后如实供述所犯事实。法院判决,被告人卜某犯传播淫秽物品罪,判处有期徒刑6个月,缓刑1年。

法条链接:

《刑法》(2023年12月29日修正)

第三百六十四条　传播淫秽的书刊、影片、音像、图片或者其他淫秽物品,情节严重的,处二年以下有期徒刑、拘役或者管制。

……

向不满十八周岁的未成年人传播淫秽物品的,从重处罚。

【法条解析】

本罪的主体是年满16周岁的自然人或者单位。本罪的行为是传播淫秽物品。需要注意的是,传播的形式多种多样,使淫秽物品得以给更多人看到即可。在聊天群中发布淫秽视频的行为,也可能成立传播淫秽物品罪。

试题演练

一、选择题

1. 关于袭警罪，下列说法正确的是____。（单选）
   A. 醉酒后扰民被警察拉去醒酒，醉酒中把警察打了不构成袭警罪
   B. 对正在执勤的人民警察，应尊重执法的权威性，不能干扰或者袭击
   C. 辅警不是正式的人民警察，袭击他们没问题
   D. 对执法不当的警察，该出手时就出手，打了不用负责任
2. 下列说法正确的是____。（单选）
   A. 国家机关工作人员依法执行职务，个人应当依法配合，不能进行阻碍
   B. 冒用他人的身份骗领身份证的，不属于伪造的一种形式
   C. 驾照考试中，考生请人替考，考生不会构成代替考试罪
   D. 银行卡或具有金融属性的 App 账户属于个人所有，将银行卡或具有金融属性的 App 账户卖出、租借给他人，不构成犯罪
3. 关于高空抛物罪，下列说法错误的是____。（单选）
   A. 如果家里有生活垃圾，即使确保四下无人的情况，也不能随意将垃圾从楼上丢下
   B. 高空抛物造成他人人身损害的，有可能构成故意伤害罪
   C. 从二楼抛物的，不可能构成高空抛物罪
   D. 高空抛物是一种违反社会公共道德的行为。它不仅易造成人身伤害、财产损失、环境破坏，也使邻里关系、社会风气，甚至城市形象遭到破坏
4. 下列说法错误的是____。（单选）
   A. 解决问题不是人多势众就可以，更不是通过暴力殴打，就能让对方心服口服，需要讲理讲法
   B. 网络不是法外之地，在网络空间随意辱骂他人的，如果造成了线下公共秩序的混乱，也有可能构成寻衅滋事罪
   C. 黑社会性质组织对社会稳定危害极大，我们应当远离这些组织
   D. 以营利为目的聚众赌博，没有赢到钱，不构成赌博罪
5. 关于掩饰、隐瞒犯罪所得、犯罪所得收益罪，下列说法错误的是____。

(单选)

A. 自己只要认识到财物可能是来路不明的,仍然对其进行掩饰、隐瞒,就可以构成本罪

B. 在偏僻的角落里,有人在低价售卖高档智能手机,可以购买

C. 在正规二手市场,通过正常市场价购买二手商品,不构成本罪

D. 遵循国家的相关规定,在正规场所通过正规手续购买商品,切不可贪小便宜,心存侥幸

6. 关于毒品犯罪,下列说法错误的是____。(单选)

A. 利用、教唆未成年人走私、贩卖、运输、制造毒品,或者向未成年人出售毒品的,从重处罚

B. 毒品原植物是提炼毒品的重要来源,其种植具有严重的社会危害性,不能随意种植

C. 为了自己吸食而持有一定数量的毒品,不会构成非法持有毒品罪

D. 如果有朋友想要借自己的住所吸食毒品,我们应当予以拒绝,否则可能构成犯罪

二、判断题

1. 偷着电鱼、炸鱼没事儿,荒郊野外的,不是别人的鱼塘,没人管。(　)
2. 野生动物营养价值较高,为了满足口腹之欲,可以偶尔进行捕猎。(　)
3. 不以营利为目的的传播淫秽物品,不会构成犯罪。(　)
4. 淫秽图书、淫秽录音、淫秽视频,均属于淫秽物品。(　)
5. 替考是不道德的行为,严重的情况下,会成立犯罪。(　)
6. 小赌怡情,大赌伤身,几个人玩牌输赢几万元不构成犯罪。(　)
7. 不管别人怎么诱惑,毒品不能帮着买,不能帮着运,一点儿不能沾。(　)
8. 别人卖给我的二手手机,便宜到市场上根本不可能,他愿意卖,我愿意买,法律管不着。(　)

三、个人感悟

签名：
年　　月　　日

七、贪污贿赂罪

（一）受贿罪

【典型案例】

案例1：

被告人王某在某市不动产登记中心工作期间，利用受理不动产登记的职务便利，接受侯某（另案处理）请托，多次为其违规加塞办理不动产登记提供帮助，收受侯某给予好处费共计人民币6.2万元。

法院判决，被告人王某犯受贿罪，判处有期徒刑8个月，缓刑1年，并处罚金人民币17万元。

案例2：

被告人沈某历任"某集团"设计研发中心等部门领导，利用负责设计类供应商考察、招标、管理等职务便利，为某建筑设计公司在招标项目中提供帮助，接受某建筑设计公司总经理李某以给其妻子安排工作为名，使其妻子不实际工作却获取薪酬共计人民币181,998.72元。某日，沈某主动到案，后如实供述了上述犯罪事实。同时，沈某退赔人民币181,998.72元。

法院认为，被告人沈某犯罪以后自动投案，如实供述自己的罪行，系自首，本院结合其认罪态度较好、悔罪态度诚恳、积极退赃等情节对其依法从轻处罚，并宣告缓刑。法院判决：（1）被告人沈某犯受贿罪，判处有期徒刑1年6个月，缓刑1年6个月，罚金人民币10万元。（2）在案扣押的赃款及孳息人民币182,087.75元，依法予以没收。

法条链接:

《刑法》(2023 年 12 月 29 日修正)

第三百八十五条　国家工作人员利用职务上的便利,索取他人财物的,或者非法收受他人财物,为他人谋取利益的,是受贿罪。

国家工作人员在经济往来中,违反国家规定,收受各种名义的回扣、手续费,归个人所有的,以受贿论处。

【法条解析】

本罪的主体是年满 16 周岁的国家工作人员。行为是利用职务上的便利,索取他人财物的,或者非法收受他人财物,为他人谋取利益。需要注意的是,作为国家工作人员,秉公用权、依法用权、廉洁用权、为民用权,国家决不让党和人民赋予的权力变成少数人牟利的工具。权钱交易是国家严厉打击的违法犯罪行为,国家工作人员需要严格约束自己的行为,时刻自重自省,严守纪法规矩,扣好廉洁从政的"第一粒扣子"。

(二)行贿罪

【典型案例】

被告人龚某某通过侯某 1(另案处理)请托时任某国有企业党委副书记、副董事长、总经理侯某 2(另案处理),为其子女和朋友亲属在某国有企业下属单位工作提供帮助,先后给予侯某 1、侯某 2 好处费共计人民币 70 万元。被告人龚某某经电话通知自行到监察委员会配合工作。归案后,已自愿签署《认罪认罚具结书》。

法院判决,被告人龚某某犯行贿罪,判处有期徒刑 1 年 6 个月,缓刑 1 年 6 个月,罚金人民币 10 万元。

法条链接:

《刑法》(2023 年 12 月 29 日修正)

第三百八十九条　为谋取不正当利益,给予国家工作人员以财物的,是行贿罪。

在经济往来中,违反国家规定,给予国家工作人员以财物,数额较大的,或者违反国家规定,给予国家工作人员以各种名义的回扣、手续费的,以行贿论处。

因被勒索给予国家工作人员以财物,没有获得不正当利益的,不是行贿。

【法条解析】

本罪的主体是年满16周岁的自然人。本罪的行为是为谋取不正当利益,给予国家工作人员财物。

需要注意的是,行贿侵犯了国家权力的不可收买性和国家工作人员职务的廉洁性,破坏了公平的社会机会,应该受到惩罚。不能一方面斥责少数官员的腐败,另一方面自己也给少数官员行贿。

■ 试题演练

一、选择题

1. 关于受贿罪,下列说法正确的是____。(单选)

   A. 国家工作人员,利用职务上的便利,索取他人财物的,没有为他人谋取利益的,不构成受贿罪

   B. 国家决不让党和人民赋予的权力变成少数人牟利的工具

   C. 国家工作人员在经济往来中,收受各种名义的回扣、手续费,归个人所有的,不构成受贿罪

   D. 国有公司工作人员,不是受贿罪的成立主体

2. 关于行贿罪,下列说法错误的是____。(单选)

   A. 行贿侵犯了国家权力的不可收买性和国家工作人员职务的廉洁性

   B. 被勒索而给予国家工作人员财物,获得不正当利益的,是行贿行为

   C. 如果被国家工作人员勒索财物,可以向纪检部门检举反映

   D. 为了谋取正当利益,给予国家工作人员财物,构成行贿罪

二、判断题

1. 收钱办事是常态,熟人给点感谢费是正常的。(　)

2. 面对国家工作人员的勒索,为了得到工程尾款而给付财物的行为,不构成行贿罪。(　)

3. 权钱交易是国家严厉打击的违法犯罪行为,无论是国家工作人员还是公民,都应该约束好自己的行为,严守纪法规矩。(　)
4. 违反国家规定,给予国家工作人员以各种名义的回扣、手续费的,不以行贿论处。(　)

三、个人感悟

签名:

年　　月　　日

八、渎 职 罪

(一)滥用职权罪

【典型案例】

被告人王某某担任某镇土地与规划建设巡查大队队员,承担该地区的拆违控违工作。被告人王某某明知某村党支部书记李某1(另案处理)实际控制的集体土地存在违法建设,仍根据时任主管领导、副镇长的张某某(另案处理)及某镇土地规划与建设巡查大队队员李某(另案处理)的指示,对该处违法建设予以保留。

被告人王某某伙同时任主管领导、副镇长的张某某及某镇土地规划与建设巡查大队副队长李某,在某市违法违规用地整改行动中,使用虚假材料谎报该处违法建设已拆除整改的情况,且未继续推进拆违工作,致使该处违法建设长期保留,导致李某1利用该处违法建设在该地区集体经营性建设用地入市试点项目中获得拆除腾退补偿款人民币709.524万元。

法院认为，鉴于被告人王某某在共同犯罪中系从犯，有自首情节，能够自愿认罪认罚，依法可予减轻处罚。法院判决，被告人王某某犯滥用职权罪，判处有期徒刑2年。

法条链接：

《刑法》(2023年12月29日修正)

第三百九十七条　国家机关工作人员滥用职权或者玩忽职守，致使公共财产、国家和人民利益遭受重大损失的，处三年以下有期徒刑或者拘役；情节特别严重的，处三年以上七年以下有期徒刑。本法另有规定的，依照规定。

国家机关工作人员徇私舞弊，犯前款罪的，处五年以下有期徒刑或者拘役；情节特别严重的，处五年以上十年以下有期徒刑。本法另有规定的，依照规定。

【法条解析】

本罪的主体是年满16周岁的国家机关工作人员。本罪的行为是滥用职权，系不法行使职务行为，以行使职务的外观，实施违法、犯罪的行为，结果是造成了公共财产、国家和人民利益遭受重大损失。需要注意的是，国家机关工作人员在工作中应该认真行使国家赋予的权力，如果有类似案例中上级要求实施违法行为的情形，不能盲目服从，应该采取合理合法的方式劝阻或者制止，更不能同流合污。

(二)玩忽职守罪

【典型案例】

被告人刘某某在担任某市规划和国土资源管理委员会某分局矿产执法队负责人期间，未能及时发现“王某1涉恶团伙”、王某2、王某3、王某4无证开采矿产资源的行为，未对涉嫌违法的主体、占地位置、面积、用途等情况全面收集证据材料,对符合立案条件的国土资源违法行为未及时立案查处,对书面制止无效的违法行为未及时函告同级人民政府和上一级国土资源主管部门,导致非法采矿行为持续发生,国家矿产、林木资源损失共计人民币 1260 余万元。

法院认为,被告人刘某某身为国家机关工作人员,在执法过程中不认真履行职责,致使公共财产、国家和人民利益遭受重大损失,其行为已构成玩忽职守罪,且情节特别严重,依法应予以惩处。法院判决,被告人刘某某犯玩忽职守罪,判处有期徒刑 3 年 6 个月。

法条链接:

《刑法》(2023 年 12 月 29 日修正)

第三百九十七条　国家机关工作人员滥用职权或者玩忽职守,致使公共财产、国家和人民利益遭受重大损失的,处三年以下有期徒刑或者拘役;情节特别严重的,处三年以上七年以下有期徒刑。本法另有规定的,依照规定。

国家机关工作人员徇私舞弊,犯前款罪的,处五年以下有期徒刑或者拘役;情节特别严重的,处五年以上十年以下有期徒刑。本法另有规定的,依照规定。

【法条解析】

本罪的主体是年满 16 周岁的国家机关工作人员。本罪的行为是玩忽职守,严重不负责任,不履行或者不正确履行职责,结果是造成了公共财产、国家和人民利益遭受重大损失。

需要注意的是,国家机关工作人员在工作中应该认真行使国家赋予的权力,不能潦草马虎,对违法犯罪行为应该积极查处,及时处理,减少国家损失。不能对违法犯罪行为坐视不管,更不能同流合污。

试题演练

一、选择题

1. 关于滥用职权罪,下列说法正确的是____。(单选)

A. 国企负责人，滥用职权克扣员工工资，构成滥用职权罪

B. 国家机关上级工作人员要求下级工作人员实施违法行为，由于下级无法违抗上级的命令，故下级国家机关工作人员不构成滥用职权罪

C. 国家机关工作人员滥用职权或者玩忽职守，并没有致使公共财产、国家和人民利益遭受重大损失的，也构成滥用职权罪

D. 国家机关工作人员在工作中应该认真行使国家赋予的权力，不能滥用权力和玩忽职守

2. 关于玩忽职守罪，下列说法正确的是____。(单选)

A. 某国有企业的总经理在经营活动中严重不负责任，造成该公司严重亏损

B. 某高校校长对财务管理严重不负责任，造成巨额资金无法收回

C. 某法院执行庭庭长在执行民事判决中严重不负责任，不履行法定执行职责，致使当事人利益遭受重大损失

D. 某外汇管理部门临时工在外汇管理工作中严重不负责任，造成大量逃汇，致使国家利益遭受重大损失

3. 玩忽职守罪在主观方面表现为____。(单选)

A. 过错　　B. 故意　　C. 意外　　D. 过失

二、判断题

1. 滥用职权罪的主观方面不仅可以是故意，也可以是过失。(　)

2. 玩忽职守罪的犯罪主体是国家工作人员。(　)

三、个人感悟

签名：

年　　月　　日

第七章

法治教育(四):《监狱法》

在一般人的认知里，监狱处于社会的隐秘角落，是“黑暗”“暴力”“肮脏”“罪恶”的代名词。提到监狱，人们脑海中闪现的往往是高墙电网，是铁门铁窗铁锁链，是恃强凌弱的牢头狱霸和“凶神恶煞”的监狱警察。然而，真实的监狱果真如此吗？有的社区矫正对象曾经在监狱里服刑，对监狱有着切身的认识和感受，而有的社区矫正对象被判决之后直接在社区接受矫正，对监狱的了解还停留在影视作品，或者道听途说的层面。所以，在本章的学习中，让我们走近监狱，走近监狱里的人和事，揭开监狱的神秘面纱，揭秘监狱里的服刑生活。

有的社区矫正对象可能不太理解，我们接受的是社区矫正，为什么要了解监狱？监狱跟我们有什么关系？简单来说，社区矫正和监狱矫正之间并没有不可逾越的鸿沟，而是可以相互转换、有序衔接的。与监狱矫正相比，社区矫正可以使矫正对象拥有更多的人身自由以及与家人相处的机会，可以不脱离现有的工作、家庭和社会生活环境，故而更加宽松、人道，更能体现党和国家的关怀。因此，希望学员能珍惜在社区、在亲人身边接受矫正的机会，服从监督管理、配合教育帮扶，顺顺利利走过这场还不算太“苦”的“新生之旅”，千万不要把自己“作”进监狱、把社区矫正变成监狱矫正。当然，如果你是被暂予监外执行的社区矫正对象，也不要过度紧张和焦虑，即便暂予监外执行的情形消失、回到监狱，也没有你想象的那么可怕，因为我们的监狱是规范的、文明的、以改造人为宗旨的。不论你参加的是社区矫正还是监狱矫正，都要以平和的心态、虚心的姿态、积极向上的状态去面对，才能实现“凤凰涅槃，浴火重生”。

重点提示：

1. 监狱负责执行何种刑罚？
2. 监狱服刑人员的特点有哪些？
3. 当前我国监狱工作的方针是什么？
4. 监狱的两大职能是什么？如何理解二者的关系？

5. 根据服刑人员的性别、年龄,可将监狱分为哪几种类型?
6. 未成年犯管教所的关押对象是什么?
7. 未成年犯管教所如何对未成年犯进行特殊保护?
8. 如何客观看待监狱服刑人员?
9. 服刑人员在监狱中如何度过服刑生活?
10. 监狱服刑人员的地位如何?
11. 如何看待监狱矫正和社区矫正的关系?

一、监狱:高墙电网的监禁场所

什么是监狱? 直观来看,监狱是一处有着高墙电网的监禁场所。所谓“监禁”,就是将人关押起来,使其失去人身自由。学员们可以观察一下监狱的“狱”字,这是一个典型的会意字,中间的“言”指代的是会说话的人,两犬看守一人,防止其逃脱,就是监狱的本来含义;再看与监狱密切相关的“囚”字,也是如此,“口”字像是四面围墙,将“人”围住,所以“囚”的本意就是关押、监禁,也指被关押、监禁的人。事实上,监狱自产生之日起,就与防逃、关押、监禁密不可分。在漫长的历史长河中,出现过形形色色的监狱,不同时期、不同地域的监狱担负着不同的任务和使命,在监狱中生活过的人,亦有各自的人生故事和最终归宿。然而,不论监狱的性质和形式如何变迁,人们关于监狱的认知和理念如何嬗变,监禁都是监狱的底色和基础,也是其他工作得以开展的条件。失去了监禁,失去了对人身自由的管控和束缚,监狱将不称为监狱。接下来让我们了解一下,如今我国的监狱用来监禁哪些人。

(一)监狱的监禁对象

我们将监狱的监禁对象称作监狱服刑人员,其具有以下特点:

首先,监狱监禁的对象必须实施了犯罪行为。那些实施了危害社会的行为但未达到犯罪程度的,不可能由监狱负责监禁。比如,对于因违反《治安管理处罚法》而被行政拘留的人,由作出决定的公安机关将其送达拘留所执行。

其次,监狱监禁的对象必须被判处了刑罚。也就是说,监狱监禁的依据是法院作出的生效裁判文书,监禁活动的内容就是将这些裁判文书确定的刑罚付诸实施。所以,从法律性质上看,监狱是国家的刑罚执行机关,在整个刑事诉讼过程中,负责最后的执行环节。这和看守所是不同的。看守所监禁的对象通常是被刑事拘留、逮捕的未决犯(尚未获得生效判决),目的是防止他们实施自杀、逃跑、串供、毁灭或伪造证据等行为,从而确保刑事诉讼顺利进行。

最后,监狱监禁的对象必须被判处了特定刑罚。虽然说监狱是国家的刑罚执行机关,负责执行刑罚,但并不是法院判处的所有刑罚都归监狱执行。在我国,刑罚包括主刑和附加刑,其中主刑由轻到重依次是管制、拘役、有期徒刑、无期徒刑、死刑(分为缓期两年执行和立即执行两种方式),附加刑主要有罚金、没收财产、剥夺政治权利、驱逐出境(仅适用于犯罪的外国人)。这些刑罚由不同的机关负责执行:公安机关负责执行拘役、剥夺政治权利、驱逐出境;法院负责执行死刑(立即执行)、罚金、没收财产;社区矫正机构负责执行管制、缓刑、假释和暂予监外执行;监狱负责执行有期徒刑、无期徒刑、死刑(缓期二年执行)。当然,这里需要注意的是,并不是所有被判有期徒刑的都由监狱负责执行,例外情况是,如果犯罪人在被交付执行刑罚前,剩余刑期在 3 个月以下的,由看守所代为执行。

对于这些监禁对象,也就是服刑人员,监狱是不是单纯地将其进行关押、做到“收得下、管得住、跑不了”就行了?当然不是,监禁仅仅是最基本的,而监狱要做的,远远比这要多得多、难得多、有意义得多。当前我国监狱工作的方针是“惩罚与改造相结合,以改造人为宗旨”,意思是监狱有两个重要职能——惩罚与改造,其中改造是核心,“以改造人为宗旨”是监狱工作的总体性要求,而“惩罚与改造相结合”是实现工作宗旨的根本途径。下面我们详细介绍一下这两大职能。

(二)监狱的职能

监狱具有以下两大职能:

第一,监狱具有惩罚职能。监狱实施监禁活动,其实就是将法院判处的刑罚付诸实施,而刑罚是犯罪人对自己实施的犯罪行为所应承担的法律后果,故天然具有惩罚性。对于服刑人员来说,这种惩罚性体现在以下几个方面:一是监狱的建筑和设施。高墙电网、专门的门窗设计及材料,以及各种监控设备,形成一种让人生畏的环境,让人产生一种强烈的受罚联系。二是监狱的纪律、管理和控制。监狱有着严格的规章制度和行为规范,同时对服刑人员的饮食起居、言行举止进行严格要求和全面管控,就好像一张无形的大网束缚住服刑人员,让人感到紧张和压抑。三是行刑给服刑人员带来的身心痛苦。被监禁于监狱,服刑人员与家庭、社会隔离,失去了自由,失去了向前发展的机会,失去了原有的社会地位,失去了与亲人相处的条件,甚至还会对子女的入学、就业产生消极的影响,这些都是监狱惩罚功能的体现。通过惩罚,让服刑人员为其过去实施的危害社会行为付出代价,并深刻感受到国家法律的严厉性,同时也在一定程度上威慑潜在犯罪人,预防和减少犯罪。因此,惩罚功能体现了刑罚的内在属性,是改造功能的前提和保证。

第二,监狱具有改造职能。惩罚固然重要,但却不是监狱的唯一功能,也不是监狱执行刑罚的目的。《监狱法》第 3 条规定:“监狱对罪犯实行惩罚和改造相结合、教育和劳动相结合的原则,将罪犯改造成为守法公民。”这说明监狱以改造人为宗旨,其出发点和归宿是改造服刑人员并使其重获新生。改造,不是一句口号,而是监狱工作的主旋律。过去,我国监狱成功改造了末代皇帝溥仪等伪满洲国战犯、日本战犯、国民党战犯,进入新时期又有众多的服刑人员从这里重返社会,在各自的岗位上为国家、社会贡献力量。然而,监狱如何改造服刑人员呢?概括来说,就是通过严格管理、组织生产劳动、思想政治文化教育等手段,使其转化思想、矫正恶习、增长知识、掌握劳动技能,转变成无害于他人和社会的守法公民,从而在刑满释放后能够重新融入社会,不会再次走上犯罪的道路。改造职能是监狱的核心职能,监狱的各项工作都是围绕改造目的而展开和实施的。

总之,惩罚与改造是我国监狱工作不可分割、辩证统一的有机整体。其中,惩罚是监狱工作的前提和保证,改造是监狱工作的根本目的和出发点,二者相辅相成、相互促进。惩罚与改造从不同方面共同实现着我国犯罪预防和减少犯罪的目的与任务,惩罚是以改造为目的的惩罚,改造是惩罚中的改造。

法条链接:

《监狱法》(2012年10月26日修正)

第一条　为了正确执行刑罚,惩罚和改造罪犯,预防和减少犯罪,根据宪法,制定本法。

第二条　监狱是国家的刑罚执行机关。

依照刑法和刑事诉讼法的规定,被判处死刑缓期二年执行、无期徒刑、有期徒刑的罪犯,在监狱内执行刑罚。

第三条　监狱对罪犯实行惩罚和改造相结合、教育和劳动相结合的原则,将罪犯改造成为守法公民。

第四条　监狱对罪犯应当依法监管,根据改造罪犯的需要,组织罪犯从事生产劳动,对罪犯进行思想教育、文化教育、技术教育。

(三)监狱的分类

过去的监狱是把各种服刑人员混合关押在一起,这样会造成管理上的混乱,并产生很多弊端。随着社会的进步,区分不同类型的服刑人员进行分类关押、分类管理已经成为世界各国的通行做法,我国也不例外。在实际工作中,为了更好地实现改造目的、提高改造质量,我们根据不同服刑人员的特点设置了不同类型的监狱。其中,最为常见的是根据服刑人员的性别、年龄,分别设置了成年男犯监狱、女犯监狱(女子监狱)、未成年犯管教所。

成年男犯监狱在我国数量最多,用于关押被判处死刑(缓期二年执行)、无期徒刑、有期徒刑且年满18周岁的男性服刑人员。

女子监狱主要用于关押被判处死刑(缓期二年执行)、无期徒刑、有期徒刑且年满18周岁的女性服刑人员。相较于男犯监狱,女子监狱的数量较少,多数省份仅有一所,也有少数省份有两所或者两所以上。根据《监狱法》规定,女性服刑人员由女性人民警察直接管理,对女性服刑人员的改造,应当照顾其生理、心理特点。所以女子监狱在硬件设施、劳动项目等方面具有自己的特色。

未成年犯管教所主要用于关押被判处有期徒刑、无期徒刑的未满

18 周岁的服刑人员。但是《监狱法》第 76 条规定:“未成年犯年满十八周岁时,剩余刑期不超过二年的,仍可以留在未成年犯管教所执行剩余刑期。”所以,通常来讲,当服刑人员年满 18 周岁时,应根据其剩余刑期决定其下一步的服刑场所。根据《监狱法》的规定,对未成年服刑人员的改造,应当照顾其生理、心理特点。故未成年犯管教所贯彻“惩罚和改造相结合,以改造人为宗旨”和“教育、感化、挽救”的方针,将未成年服刑人员改造成为具有一定文化知识和劳动技能的守法公民。在改造手段的使用上,以教育为主;在组织劳动活动中,以学习、掌握技能为主。这些都体现了我国对于未成年服刑人员的特殊保护。

除了女子监狱和未成年犯管教所,很多省份还有专门的老病残犯监狱等承载特殊功能的监狱。此外,在监狱内部,除了普通监区之外,也有一些特殊的监区,比如入监监区、出监监区、医院监区等。不论何种类型的监狱、何种功能的监区,都是将“改造人”这一宗旨融入日常工作的方方面面、点点滴滴,致力于帮助服刑人员矫正恶习、自食其力,从而顺利回归社会、拥抱新生。

法条链接:

《监狱法》(2012 年 10 月 26 日修正)

第三十九条　监狱对成年男犯、女犯和未成年犯实行分开关押和管理,对未成年犯和女犯的改造,应当照顾其生理、心理特点。

监狱根据罪犯的犯罪类型、刑罚种类、刑期、改造表现等情况,对罪犯实行分别关押,采取不同方式管理。

第四十条　女犯由女性人民警察直接管理。

第七十四条　对未成年犯应当在未成年犯管教所执行刑罚。

第七十五条　对未成年犯执行刑罚应当以教育改造为主。未成年犯的劳动,应当符合未成年人的特点,以学习文化和生产技能为主。

监狱应当配合国家、社会、学校等教育机构,为未成年犯接受义务教育提供必要的条件。

第七十六条　未成年犯年满十八周岁时,剩余刑期不超过二年的,仍可以留在未成年犯管教所执行剩余刑期。

(四)监狱的建设

由于历史原因,新中国成立后很长一段时期,监狱多建在远离城市、交通不便、信息闭塞的偏远地区,自然环境恶劣,基础设施陈旧,而且其正常运转所需经费缺乏财政保障,主要靠监狱自办企业实现自给自足。

到了20世纪80年代末90年代初,随着我国从计划经济向市场经济转轨,监狱企业的劣势日益凸显,加之布局的状况及经费的影响,监狱面临着前所未有的困难,有些地方连干警的工资都保障不了。所以监狱留给人的印象多是简陋、落后、物资匮乏的,去监狱服刑就是"活受罪"。

然而,21世纪初,国家大力推进监狱布局调整及监狱体制改革,上述情况得到明显改观。现在我国的绝大多数监狱基本位于或者靠近大中城市、城镇和主要交通干线,基础设施明显增强,干警和服刑人员的工作、生活条件明显得到改善。《监狱法》第8条规定:"国家保障监狱改造罪犯所需经费。监狱的人民警察经费、罪犯改造经费、罪犯生活费、狱政设施经费及其他专项经费,列入国家预算。国家提供罪犯劳动必需的生产设施和生产经费。"所以如今的监狱不用再为"生计"发愁,监狱企业的主要目的不是营利,而是为服刑人员提供劳动改造的场所和岗位,帮助服刑人员养成劳动习惯、学会生产技能,从而为释放后就业创造条件。

值得一提的是,近年来,随着经济社会的发展及科学技术的进步,监狱的物质条件大大改善、监管监控及教育改造设施日益先进,特别是在当前大力推进智慧监狱建设的背景下,各地监狱充分运用大数据、物联网、人工智能等现代科技手段,将现代信息技术与监狱各项业务融合,从而有助于推动监狱治理体系和治理能力现代化,进一步提高改造工作的针对性、科学性和有效性,实现监狱高质量发展。

延伸阅读：

揭秘北京女子监狱回归中心，这些课程助女性服刑人员提前适应高墙外①

为了让服刑人员提前适应出狱后的生活，北京市女子监狱打造了一个回归适应体验中心。即将出狱的服刑人员可以在这里，实景模拟骑单车逛街、人机对话面试找工作、超市移动支付、上网淘宝购物等，尽量能在出狱前跟上时代的步伐。

骑单车逛街走上回家路

"真是不一样了，变化太大了……"服刑人员李某目不转睛地盯着前方大屏幕上的城市街景，不由自主地感叹。她眼前的街景就是真实的北京城，隔了7年多的时间，李某竟认不出了。再过几天，李某就要刑满出狱了，这段虚拟影像也将很快变成现实。李某练习的这个"城市骑行漫游"是女子监狱回归适应体验中心最具科技感的项目，在回归中心最为抢眼。一面弧形大屏幕上展示着动态城市街道实景。大屏幕前放置着一辆黄色单车，只要蹬起单车，大屏幕上的街景就随之变化，骑得快，变得快，你转弯，它也转。大屏幕上展现的街景就是女子监狱附近的城市实景，服刑人员可以提前在狱中走上回家的路，甚至能模拟骑着车去银行办事、找工作、开店三个情景。

迷你超市体验扫码购物

年过半百的李某是这批临释服刑人员中最快出狱的。最近一个多月，她已经来回归中心体验两三次了。"我最惦记的就是那个扫码购物。我进来时用手机也就是发发短信、打个电话而已，哪知道现在连买菜都扫码了。"李某笑着说，来回归中心学过之后，她才知道了什么是二维码，怎么扫码结账。"要是没学这个，出去怕是连菜也买不了。"

在回归中心的现代生活体验馆，设计了一个迷你超市，货架上摆放着牙膏、香皂等一些日常生活用品，收银台上有扫码器。货不在多，也不真卖，就是为了能让服刑人员实地练习扫码购物，移动支付。监狱里

---

① 参见《揭秘北京女子监狱回归中心，这些课程助女性服刑人员提前适应高墙外》，载百家号"北晚在线"2018年9月19日，https://baijiahao.baidu.com/s?id=1612019806613597908&wfr=spider&for=pc，2022年7月31日访问。

不能用手机,扫码支付的设备都是定制的电子设备,但扫码和支付流程与现实生活中完全一样。体验区内还有一排电脑,内有监狱设计的模拟购物网站,浏览、下单、购物流程也与真实网站无异。

四大部门狱内有“坐席”

对于38岁的赵某来说,共享单车、手机扫码这些新玩意儿没什么难度。服刑5年马上就要出狱了,一些更为现实的问题急迫地摆在她面前,让她不免头大。“出狱后的户口、身份证、社保怎么重新建立? 驾照得作废了吧,还要重考吗?”赵某像连珠炮一样,列出了一串问题。这些问题是所有临释服刑人员都急切想知道的。

在回归中心,赵某的这些问题都能得到解答。新出监社会流程体验区里的4台电脑分别对应司法所、公安局、民政局、工商局四大部门,到司法所报到、到公安局办户口和身份证、到民政部门办理低保、做小买卖要去工商局办执照……这四个单位正是服刑人员出狱后必须及最有可能接触到的部门。服刑人员可以在电脑上全面了解相关政策法规和办事流程。

对着机器应聘找工作

大多数服刑人员出狱后都要面对谋生的问题,回归中心也未雨绸缪,配备了一台具备人机对话功能的电脑。这可不是一般的电脑,在回归中心,它成了“面试官”。服刑人员还可以通过人机交互对话,根据自己的特长,选择应聘的岗位,回答问题,模拟面试流程。记者注意到,面试的题目根据职位设置而不同,大多为某个职业应知应会的专业问题。据监狱干警介绍,这些题目都是他们向招聘相应职位的社会单位了解得来的,都是真实的面试题。服刑人员通过模拟面试,一方面锻炼应聘技巧,另一方面也找到自己的不足和差距,方便日后补足短板。

在监狱服刑了7年多,还有几天就要回家了,服刑人员李某反而睡不着觉了,开始担心。在她入狱这些年,儿子也有了自己的小家和孩子。虽说儿子表示,一切都帮她准备好了,可李某自己却不能安心。“我才50岁,上有老下有小,本来就亏欠他们了,不能伸着手管孩子要啊”。李某说。为了让服刑人员出狱后有一技之长,立足之本,女子监狱开设了插花、美容美发、烘焙等多种适合女性的习艺课程。入狱前李某没有工作,服刑这些年,她学会了缝纫机,还拿到了中级证书,现在只要有块布,她就能做套衣服。“这个岁数,出去应聘找工作是没戏了,我琢磨着开个改衣店倒是可行。”会见时,她特意问了问儿子,现在还有卷裤边的吗?

回归适应紧跟时代步伐

在美国电影《肖申克的救赎》中,一位服刑多年的老人就是因为出狱后无法适应生活而自杀了。虽然这是艺术创作的桥段,但现实中,服刑人员回归社会也确实面临着一些难题。按理说走出监狱大门,监狱的职责就结束了,但是为了帮助他们安心回到社会,开始更好的生活,监狱一直都在延伸自己的工作触角,进行出监教育,提前向他们渗透出狱后的生活。随着监狱挽救人的理念不断深入,出监教育也在不断完善,包括回归前的心理调适、就业指导、政策指导等,监狱还会针对服刑人员的个性化困难,对他们进行“私人订制”的出监指导。设立罪犯回归体验适应中心,也是为了将出监教育系统化、规范化。北京女子监狱干警说:“服刑人员能回归正常的生活,对我们的社会稳定同样有益。通过回归体验,也会让她们看到时代的发展变化,让她们好好珍惜出狱后的生活。”

■ 试题演练

一、选择题

1. 监狱的核心职能是____。(单选)

   A. 惩罚与改造　　B. 惩罚　　C. 改造　　D. 监禁

2. 监狱负责执行的刑罚包括____。(多选)

   A. 有期徒刑　　B. 无期徒刑

   C. 死刑(缓期二年执行)　　D. 拘役

3. 下列关于未成年犯管教所的表述,正确的是____。(多选)

   A. 关押的主要是被判处有期徒刑、无期徒刑的未满18周岁的服刑人员

   B. 贯彻“惩罚和改造相结合,以改造人为宗旨”和“教育、感化、挽救”的方针,将未成年服刑人员改造成为具有一定文化知识和劳动技

能的守法公民

C. 对未成年服刑人员的改造,应当照顾其生理、心理特点

D. 在改造手段的使用上,以教育为主;在组织劳动活动中,以学习、掌握技能为主

二、判断题

1. 监狱的任务就是监禁服刑人员,做到“收得下、管得住、跑不了”即可。(　)

2. 女性服刑人员由女性人民警察直接管理。(　)

3. 当前监狱改造罪犯所需经费由监狱自给自足。(　)

三、个人感悟

签名:

年　　月　　日

二、监狱服刑人员:剥夺自由,强制改造

如前所述,监狱服刑人员,就是那些因实施犯罪行为而被人民法院依法判处死刑(缓期二年执行)、无期徒刑、有期徒刑并在监狱内接受惩罚和改造的犯罪人。他们曾经实施了犯罪行为,对社会、对他人造成了一定的危害,所以要为自己的行为付出代价,在监狱中度过或短暂或漫长的服刑时光。与普通公民相比,他们失去了人身自由,被剥夺或限制了部分公民权利,接受监狱实施的强制改造活动。

但是,大家想一下,监狱里的服刑人员都是“坏人”吗?当然不是。因为每个人走上犯罪道路的原因各不相同,其中有些人可能并没有太

大的主观恶性,其犯的罪更多是外界因素的刺激所致。比如,在山东聊城的“刀刺辱母者案”中,于欢因目睹其母亲被十多名催债男子以常人难以忍受的方式凌辱,而持刀乱捅致他人死伤,其行为虽然构成了犯罪且后果严重,但却获得了社会公众一边倒的同情。因为基于案发当时的情形来看,这实际上是一位儿子出于保护母亲的本能而对不法侵害者所采取的防卫行为,只不过力度超过了防卫所需的必要限度。再如近年来媒体报道的一些受虐妇女杀夫案中,那些长年累月受到丈夫虐待、身心俱疲、万念俱灰的妇女,在忍无可忍的情况下杀死了她们的丈夫,手段残忍、后果惨重,但是其本身却不具有太大的人身危险性。相反,在生活中她们是比较隐忍、柔弱、善良的一个群体。此外,还有一部分服刑人员是因为过失犯罪才进了监狱。对于这些通常意义上来看“并不坏”的服刑人员,监狱当然要给其机会,帮其悔过自新。事实上,即便是对于那些主观恶性和人身危险性较大的服刑人员,监狱同样会通过各种手段进行引导和挽救。因为我们相信,每个人的人性中都有善的一面,每个人都有自己的优点和长处,哪怕是犯下重罪、被判重刑的服刑人员也不例外。正是基于这一点,监狱才想方设法开展改造工作,在强制改造的前提下,尽可能地激活和启动服刑人员在社会化过程中形成和保留的积极因素,并将其转化为有利于改造的思想动力,从而使服刑人员从内心深处真正认罪、真正愿意接受教育和改造。

延伸阅读:

你激活了我尘封已久的爱心①

一个女孩经常加班。有一天,她到晚上11点才坐末班地铁回家,上车后发现整个车厢里只有她和另外一名陌生男子。她偷眼看了一下那男子就莫名地紧张起来:染着黄发,脖子上挂着金链子,文着身,穿个短裤,还时不时看向她。第六感告诉她这个男人很危险,她浑身的汗毛不由得都竖了起来。

① 参见《永远为人性中善良的一面赋能》,载百家号“真好的世界”,https://baijiahao.baidu.com/s?id=1623963889147223832&wfr=spider&for=pc,2022年8月7日访问。

很快,地铁就要到达她家所在的站了。她想先不着急下车,等地铁快要关门的一刹那冲出去,好甩开这个人。没想到,几乎就在她冲下去的同时,那个男子也一个箭步冲了下去。她更害怕了。

也就在这时,女孩仅存的一点理智告诉她:自救的办法不是大喊救命,而是想办法让他恢复理智,她决定试一试。于是,女孩突然转身面对那个男子,乞求般地说:"大哥,我一看你就像个好人,让我想起我哥哥。我想这么晚能在地铁上相遇,肯定是上帝派你来保护我的。不知道你能不能像当年我哥哥送我上学一样保护我?我家就在地铁站C口出去300米的地方,您能送我一程吗?"

男子先是一愣,然后就点头答应了,两人一路无话地走到女孩的小区门口。女孩向男子鞠了一躬,说:"非常感谢,你真的像大哥哥一样把我送回家。我还想跟你说声对不起,因为刚才在地铁上时我把你错当成了坏人,对不起!"

没想到那个男子说:"应该说对不起的是我。在地铁上我确实对你有过歹心。是你哀婉的声音和可怜的眼神唤醒了我的爱心,让我想起了我的妹妹,从小我就保护她。谢谢你让我恢复了理智。应该道歉的人是我,如果不是你的一番话,我可能会酿成大错。"

(一)监狱服刑人员的生活

服刑人员在监狱中将如何度过他们的服刑生活呢?可以说,服从管理、接受改造是贯彻服刑生活的主线,也是服刑人员走向新生的必由之路。具体来说,包括以下几个方面:

1. 服从管理

监狱对服刑人员的行政管理,被称为狱政管理。狱政管理涉及服刑人员日常生活的方方面面,与其权益息息相关,包括分管分押,武装警戒,戒具和武器的使用,通信、会见,生活、卫生,奖惩,以及服刑期间犯罪的处理等。这种管理具有严格、规范、以国家强制力做后盾等特点,服刑人员必须无条件服从,否则就要受到相应的惩罚。通过服从管理,服刑人员可逐渐改掉过去一些不良的生活方式,形成良好的生活习惯和精神面貌,为将来重新融入社会打下坚实的基础。

为了激励服刑人员服从管理、积极改造,监狱通常会采取一系列的管理措施:比如,对服刑人员实行分级处遇,根据其改造表现,调整其处遇级别,给予其差别化的活动时间和空间、生活待遇、劳动报酬等,激励服刑人员为享受更好的待遇而努力。又如,对服刑人员实行严格的考核监督,以分数考核来评估、评价其改造进度和程度。再如,对服刑人员依法进行奖励和惩罚,激发其改造积极性,促使其认罪悔罪、积极接受改造。

法条链接:

《监狱法》(2012 年 10 月 26 日修正)

第五十六条　监狱应当建立罪犯的日常考核制度,考核的结果作为对罪犯奖励和处罚的依据。

第五十七条　罪犯有下列情形之一的,监狱可以给予表扬、物质奖励或者记功:

(一)遵守监规纪律,努力学习,积极劳动,有认罪服法表现的;

(二)阻止违法犯罪活动的;

(三)超额完成生产任务的;

(四)节约原材料或者爱护公物,有成绩的;

(五)进行技术革新或者传授生产技术,有一定成效的;

(六)在防止或者消除灾害事故中作出一定贡献的;

(七)对国家和社会有其他贡献的。

被判处有期徒刑的罪犯有前款所列情形之一,执行原判刑期二分之一以上,在服刑期间一贯表现好,离开监狱不致再危害社会的,监狱可以根据情况准其离监探亲。

第五十八条　罪犯有下列破坏监管秩序情形之一的,监狱可以给予警告、记过或者禁闭:

(一)聚众哄闹监狱,扰乱正常秩序的;

(二)辱骂或者殴打人民警察的;

(三)欺压其他罪犯的;

(四)偷窃、赌博、打架斗殴、寻衅滋事的;

(五)有劳动能力拒不参加劳动或者消极怠工,经教育不改的;

(六)以自伤、自残手段逃避劳动的;

(七)在生产劳动中故意违反操作规程,或者有意损坏生产工具的;

(八)有违反监规纪律的其他行为的。

依照前款规定对罪犯实行禁闭的期限为七天至十五天。

罪犯在服刑期间有第一款所列行为,构成犯罪的,依法追究刑事责任。

2. 接受教育

服刑人员有接受思想、文化和技术教育的义务。思想问题是服刑人员走上犯罪道路的重要原因,也是改造工作的主要障碍。因此,对服刑人员开展以法制、道德、形势、政策、前途等为内容的思想教育就显得尤为重要,只有通过长期、细致的思想教育,才能逐步转变其错误的人生观、道德观和法纪观,促使其认罪悔罪,自觉接受改造。服刑人员中有相当一部分人文化水平较低,以致善恶不分、黑白颠倒、冲动任性。因此,监狱根据服刑人员不同的文化程度,分别开展扫盲、小学、初中文化教育,有条件的还会开展高中(中专)教育,同时鼓励服刑人员自学参加电大、函大、高等教育自学考试。许多服刑人员在监狱中脱盲、完成了义务教育,有的甚至获得了国家承认的大专及以上毕业证书,圆了大学梦。为了激发服刑人员的改造积极性,提高其刑满释放后的就业谋生能力,巩固改造成果,监狱还对服刑人员进行职业技术培训,使其掌握一定的生产技能,很多服刑人员拿到了职业资格证书,为其重新融入社会、实现人生价值增加了砝码。

法条链接:

《监狱法》(2012年10月26日修正)

第六十一条　教育改造罪犯,实行因人施教、分类教育,以理服人的原则,采取集体教育与个别教育相结合、狱内教育与社会教育相结合的方法。

第六十二条　监狱应当对罪犯进行法制、道德、形势、政策、前途等内容的思想教育。

第六十三条　监狱应当根据不同情况，对罪犯进行扫盲教育、初等教育和初级中等教育，经考试合格的，由教育部门发给相应的学业证书。

第六十四条　监狱应当根据监狱生产和罪犯释放后就业的需要，对罪犯进行职业技术教育，经考核合格的，由劳动部门发给相应的技术等级证书。

第六十五条　监狱鼓励罪犯自学，经考试合格的，由有关部门发给相应的证书。

第六十六条　罪犯的文化和职业技术教育，应当列入所在地区教育规划。监狱应当设立教室、图书阅览室等必要的教育设施。

第六十七条　监狱应当组织罪犯开展适当的体育活动和文化娱乐活动。

延伸阅读：

践行与女儿的约定[①]

"我是如何走上自考路的呢？是因为当时家中小孩读书，自己正在服刑无法陪伴，也不好意思对她说教，就想以另一种方式陪她成长。"陈某军说。

获得法律专科毕业资格的赤山监狱服刑人员陈某军，自考初衷缘于和女儿的约定。2009 年年底，在与女儿的通话中，陈某军为鼓励正读初中的女儿努力读书，便和她约定：女儿在学校读书，他在监狱参加自考，父女俩比一比谁先大学毕业。

2010 年 4 月，为了履行诺言和给女儿做榜样，陈某军开始了漫长而艰辛的自考之路。最初他报考的是餐饮管理专业，考了十几门课程，并取得多门单科合格证，但在即将完成全部课程并取得毕业资格时，因省教育考试院和组考学校的调整，餐饮管理专业停止向社会招生。他因

① 参见《把刑期当学期赤山监狱 3 名罪犯考取大学文凭》，载搜狐网，https://www.sohu.com/a/445265410_120214188，2022 年 8 月 8 日访问。

此十分沮丧。

“当时，我打起了退堂鼓，想放弃自考。”陈某军回忆当时的情景，心存感激地说，“幸亏监区警官及时找我谈心，鼓励我继续报考，不要半途而废，不能做个食言的父亲。2013 年，我重新报考了法律专业。”

2015 年，女儿考上了大学，而陈某军报考的法律专业才通过 3 门课程。为了能在女儿大学毕业之前拿到法律专业的毕业文凭，陈某军更加刻苦地自学，碰到法理方面的问题，就找警官寻求帮助，克服了一个又一个难关。

当问起获得毕业证、拿到奖学金后，最想给谁报喜时，陈某军脱口而出：“当然是女儿！我要让她知道，父亲没有食言。”

为激励服刑人员“在改造中学习，在学习中改造”，赤山监狱于 1986 年 10 月设立全国高等教育自学考试考点，为高墙内的服刑人员搭起了自学成才、涅槃重生的“大舞台”。如今，高教自考已经成为监狱教化、劝学、启智、促改的励志文化并深入人心，通过刻苦自学拥抱新生已成为许多服刑人员的思想共识。截至 2021 年，监狱先后有 7113 人次报考了 30 多个专业的 13,487 科目，已有 3387 人次通过了 5334 科考试，其中，52 人获得了专科或本科毕业证书，121 人原在押考生在刑满释放回归社会后仍继续报考直至毕业。

3. 参加劳动

《监狱法》规定，有劳动能力的服刑人员，必须参加劳动。这就说明监狱里的劳动具有法律强制性，只要身体条件允许，服刑人员不得抗拒。积极劳动、超额完成生产任务的，可以获得一定的奖励，而有劳动能力拒不参加劳动或者消极怠工、经教育不改的，则属于破坏监管秩序的行为，将受到一定的惩罚。事实上，组织服刑人员参加劳动，通过劳动改造服刑人员，使其成为守法公民，是我国监狱刑罚执行的一项基本制度，也是我国监狱改造事业的特色之一。一些服刑人员入狱前存在好吃懒做、游手好闲、好逸恶劳的恶习。通过强制其参加集体劳动，可以矫正恶习，转化思想，使其养成劳动习惯、珍惜劳动成果、学会集体合作。另外，通过适宜的劳动，既可以增强服刑人员的体质，避免单纯监禁引发的意志消沉、精神颓废等问题，又可以防止服刑人员无所事事、无事生非,使其保持良好的身心状态。监狱的劳动项目具有多样性,包括生产性劳动、习艺性劳动、自我服务性劳动,通过参加劳动,服刑人员可以学习谋生技能,待回归社会之后,能够自食其力,开启新的人生篇章。

延伸阅读:

从服刑者到创业者的"蜕变"人生①

清晨的曙光照在双峰县走马街镇九点塘生态文化园的果蔬上,沉甸甸的果实昭示着一年的好收成。曹卫平还是像往常一样,一大早就起床,精心打理着生态文化园,除草、培土、淋水,一刻都不得闲。8点左右,工人们也陆续上班开始一天的忙碌。谁能想到,九点塘生态文化园的创办者曹卫平和丈夫刘住农,20年前都是服刑人员。他们有着怎样不堪回首的过往?又是什么原因让浪子回头,完成他们的人生蜕变呢?

故事得从20年前说起。20世纪90年代,曹卫平怀着想赚大钱的梦想开始自主创业,但由于没有经验,致使经商不顺、债台高筑,被人频频逼债。于是,走投无路的曹卫平走上了"制贩假证"的违法犯罪道路。在一次送赃过程中,她被公安机关当场抓获,被判处有期徒刑1年。刑满释放不久,其丈夫因病去世,无依无靠的她又重操旧业,可天网恢恢,她再次被抓,又被判处有期徒刑1年半。"二进宫"让她对生活彻底失去了信心,看着嗷嗷待哺的女儿,忍着骨肉分离的锥心之痛,她眼泪簌簌滚落、追悔莫及。

服刑期间,在民警的关心、鼓励和感化下,她痛定思痛、洗心革面。有一次,监狱厕所下水道被堵塞,她奋勇争先挽起裤腿走进粪池,通过连续4小时的苦干,终于疏通了管道。由于服刑表现突出,她担任了劳动班班长,学会了编织十字绣的技能。

2009年刑满出狱后,她凭着自己在监狱中学到的技能,借钱在双峰县城开起了第一家十字绣与书画装裱店。因业务需要,她邀请了颇有

① 参见《曹卫平夫妇:从服刑者到创业者的"蜕变人生"》,载网易号,https://www.163.com/dy/article/ FNFMEBFP0534AANP.html,2022年8月8日访问。

艺术天赋的刘住农来厂里帮忙打理事务,可她万万没想到刘住农竟是一名“瘾君子”。发现情况后,她内心如热锅上的蚂蚁急得团团转,但又故作从容。最终凭借真心实意帮助刘住农一点一点成功戒毒。

刘住农曾是一名县工商局干部,因轻信他人误坠吸毒深渊,后被开除公职、判刑坐牢,导致妻离子散。但这次戒毒,他在曹卫平的鼓舞和感染下,以非凡的自制力,强忍身如针刺的折腾和痛楚,历时半年时间终于戒掉了毒瘾。戒毒后,他和曹卫平领取了结婚登记证,两人开始携手创业。他们结合自身技能,创办了一家集书画交易、装裱、文房四宝经营于一体的“润宝斋画廊”。

世上无难事,只怕有心人。历经 2 年的耕耘和努力,曹卫平夫妇经营的生意越做越好,2012 年年初在“润宝斋画廊”的基础上,还成立了双峰润宝斋文化艺术发展有限责任公司,可正当自己悉心呵护的事业迎来全新发展机遇之际,曹卫平却被确诊身患乳腺癌。

3 年抗病期间,曹卫平以顽强的意志和不屈的信念与病魔作斗争,经过 6 次化疗,她的病情奇迹般地得到了有效控制,现已基本康复。在历经与“死神”擦肩而过之后,她倍加珍惜生命的可贵,也对生活有了全新的思考和定位。

2015 年,大病初愈的曹卫平看到本村许多农田都处于抛荒状态,她看在眼里、急在心里,于是和丈夫几经商量,决定要把农村资源利用起来,多为社会、农村、群众做贡献、做公益。夫妻二人说干就干,在本村流转土地 300 多亩进行第二次创业,成功创办了湖南九点塘生态文化园,园内设有果蔬种植、家禽养殖、休闲垂钓、辣酱晒制、生态体验等独具特色的 5 个基地,致力传播远离毒品、远离“两诈”、远离“三假”等文明新风和法治知识。同时,坚持公益导向,积极关心和支持村里的公路硬化、环卫整改、扶贫帮扶、社区矫正等工作。

这些年,曹卫平夫妇精心为胡平文、李福清等 16 名建档立卡贫困户持久提供劳务协作就业帮扶岗位,用心感召涉“电诈”“三假”违法犯罪分子,引导和帮助走马、甘棠等 5 名刑满释放人员办起了企业、做起了农业、开起了小店,切实用实际行动回馈社会。

几多曲折与艰辛,几多汗水与泪水。曹卫平夫妇用洗心革面的决心、锲而不舍的执着、坚韧顽强的毅力，弹奏了一曲跌宕起伏的人生乐章，走出了一条自立自强的“蜕变”之路。浪子回头金不换，任何人犯了错误、走了弯路，都不可耻，也不可怕，只要有与过去告别的勇气和毅力，同样可以被这个世界温柔以待，同样可以创造属于自己灿烂美好的人生。

综上，监管、教育和劳动是监狱改造服刑人员的三大手段，也是服刑生活的重要组成部分。改造融于服刑生活之中，服刑生活本身就是改造，我国监狱正是通过这种包含在服刑生活中的改造，为服刑人员架起了回归社会的“金桥”。

（二）监狱服刑人员的地位

了解了服刑人员在监狱中的主要生活，大家可能还有疑虑：服刑人员在监狱中处于什么地位，受到怎样的对待，吃得如何，住得好不好，会不会受到警察的欺负和压迫呢？事实上，这种担忧是不必要的。服刑人员虽然实施了犯罪行为，但是其首先是作为人而存在的，应当享有人之为人所应当享有的最基本的权利。无论是《监狱法》还是监狱，都充分认可并保障服刑人员享有《宪法》规定的各项基本权利。

服刑人员犯了罪，但是其所应当受到的来自监狱的惩罚仅仅是失去人身自由，而不是精神上的折磨、肉体上的摧残，以及财产上的剥夺。因此，服刑人员的人格不受侮辱，人身安全、合法财产不受侵犯。服刑人员在监狱中有权获得律师帮助，处理各种法律事务；如不服法院已经生效的刑事、民事及行政裁判，有权向法院、检察院提出申诉；如不服监狱及所属部门的纪律处分或者行政处理，有权向监狱或监狱的上级机关提出申诉或复议，对于国家机关及其工作人员的渎职侵权行为，有权向有关国家机关进行揭发检举。劳动对于服刑人员来说，既是义务又是权利，并且其在劳动时有权获得相应的劳动保护、劳动报酬，有权按照国家规定休息，监狱不得强迫服刑人员进行超体力、超强度、超时间劳动。服刑人员在劳动中致伤、致残或者死亡的，由监狱参照国家劳动保险的有关规定处理。服刑人员在服刑期间可以与外界联系，其既可以会见亲属和监护人,又可以与他人通信,但是来往信件应当经过监狱检查。监狱发现有碍服刑人员改造内容的信件,可以扣留。服刑人员写给监狱的上级机关和司法机关的信件,不受检查;没有被剥夺政治权利的服刑人员,依然可以行使选举权,也可以享有言论和出版自由。服刑人员享有信仰宗教或者不信仰宗教的自由,其在服刑期间有保持原有宗教信仰的权利。

当这些基本权利受到侵犯时,服刑人员可以通过监区长信箱、监狱长信箱、检察官信箱等途径反映情况、表达意见,符合条件的可以申请国家赔偿,也可以通过行政诉讼的方式解决纠纷、维护权益。

当前,我国建立了全面有效的服刑人员权利保障机制,从物质、制度、组织、监督等各个方面加以努力,确保服刑人员的各项权利落到实处。物质方面,服刑人员生活经费被列入国家预算,生活费标准按实物量计算。服刑人员伙食管理工作以保证服刑人员“吃饱、吃热、吃熟、吃得卫生”为原则,还为有特殊饮食习惯的少数民族服刑人员设有专门食灶。服刑人员被服由国家统一配发,人均生活设施面积在 5 平方米以上,所有监舍要求坚固、整洁、透光、保暖、通风。服刑人员的医疗保健被列入监狱所在地区的卫生、防疫计划,生病将在狱内及时诊治,必要时,可办理保外就医或者送往社会医院诊治。为了丰富服刑人员的业余生活,监狱每年还拨出专款,用于购置书籍、报刊、文具、文娱体育器材。制度方面,监狱系统建立了一系列的制度。比如,分级分类处遇制度、通信会见制度等,其中需要特别提及的是狱务公开制度,即面向服刑人员亲属及全社会公开相关信息,主动接受各方面监督,对服刑人员权利保障起到了积极作用。组织方面,近年来,监狱系统高度重视对监狱人民警察的教育和培训,强化警察的权利保障意识,提高警察的业务素质和执法水平。严格规定了警察应当遵守的各项义务和纪律,确保其依法履行职权,防止侵权行为的发生。监督方面,人民检察院作为宪法规定的法律监督机关,对监狱工作进行全方位监督。另外,我国实行人大代表、政协委员视察制度,各级人大代表、政协委员会不定期视察监狱,从而有助于规范监狱的执法行为,维护服刑人员的合法权利。

延伸阅读：

大爱无疆塑新生　铁面柔情铸警魂

——济南第二监狱成功救治一名脑出血危重病犯①

某日上午，一名德州籍许姓中年妇女将一面印有“大爱无疆塑新生　铁面柔情铸警魂——心怀感激的小许”字样的锦旗送到济南第二监狱监狱长赵新明手上，激动地说：“感谢你们监狱民警给了我丈夫第二次生命！”

许女士的丈夫崔某患有家族高血压和脑出血病史，在看守所关押期间就曾发病住院治疗，家中数位亲人也均因此病早逝。

监狱在崔某入监检查身体时得知这一情况，将其列为重点病号，密切观测，并制定日常诊疗和紧急救治方案。某天早上7时许，监区值班民警观察到崔某突然出现言语不清和意识模糊症状，经卫生所民警初步诊断，如不及时治疗会有生命危险。监狱立即启动紧急救治预案，报省监狱局批准后，组成押解小组，押解该犯前往省警官医院检查治疗。经医院检查确诊为“左侧枕叶脑出血”，需尽快转院手术治疗。生命危在旦夕，病情刻不容缓。监狱领导指示，调动一切力量，全力实施救治，在保证绝对安全的前提下，开辟了病犯转院绿色通道，迅速将崔某转院至省立医院神经外科，并与其家属取得了联系，在征得家属同意后，医院对崔某实施了“脑出血钻孔引流术”。

崔某送医救治期间，押解民警密切关注其状态，并不停地与他交流，鼓励他相信监狱、相信医生，一定要增强生命的信心，绝不放弃。为了确保崔某安全度过危险期，手术和住院期间，监狱抽调警力组成看护小组，每天24小时轮流陪护，充分发挥人道主义关怀，反复与医院沟通治疗方案，对崔某悉心照料，彻夜不眠。民警们警容严整，尊重生命，执法严格，展现出扎实过硬作风，得到了社会医院医护人员和群众的一致好评。崔某苏醒后第一时间向民警们致谢，对自己曾经犯下的过错深感羞愧，表示一定洗心革面、改过自新，回报政府和社会对自己的不离

① 参见海报新闻网，https://w.dzwww.com/p/3987585.html，2024年1月19日访问。

不弃。当崔某的妻子许女士得知民警们一幕幕不是亲人胜似亲人的举动后,感动得数度落泪,表示相信监狱民警不仅可以救治好她的丈夫,也一定能够改造好她的丈夫。

经过历时两周的抢救和治疗,该犯已病情平稳,转入新康监狱进一步康复治疗。

试题演练

一、选择题

1. 不属于服刑人员享有的权利和自由的是____。(单选)

A. 人格不受侮辱

B. 不服法院已经生效的裁判,有权向法院、检察院提出申诉

C. 在劳动时获得劳动保护

D. 人身自由

2. 监狱改造服刑人员的手段包括____。(多选)

A. 体罚　　B. 监管　　C. 教育　　D. 劳动

3. 让服刑人员参加劳动的意义和作用是____。(多选)

A. 转化思想　　B. 矫正恶习

C. 学习谋生技能　　D. 监狱获得高额利润

二、判断题

1. 有劳动能力的服刑人员,必须参加劳动。(　)

2. 服刑人员有接受思想、文化和技术教育的义务。(　)

3. 监狱服刑人员没有资格享有并行使权利。(　)

三、个人感悟

签名:

年　　月　　日

三、监狱矫正与社区矫正：各有所长，有序衔接

监狱矫正和社区矫正有很多共同之处，它们都是由司法行政部门主管和领导，都发生在刑事案件的执行环节，目的都是教育、帮助、矫正服刑人员，使其成为守法公民，重新融入社会，并防止其再次实施犯罪。当然，二者也存在一些明显的区别。

（一）监狱矫正与社区矫正的区别

首先，环境不同。监狱矫正在监狱中进行，有高墙电网与外界社会形成物理隔离，以剥夺服刑人员的人身自由为前提；而社区矫正是在不脱离社会的情况下进行矫正的，当然在矫正过程中，社区矫正对象的人身自由也要受一定的限制。

其次，主体不同。监狱矫正的执法主体是监狱，承担具体监督管理和教育改造任务的是监狱人民警察。而承担社区矫正的执法主体是社区矫正机构，各地建立了以社区矫正机构工作人员为核心、社会工作者为辅助、社会志愿者为补充的社区矫正工作队伍。

再次，对象不同。监狱矫正的对象主要是依法被判处有期徒刑、无期徒刑、死刑缓期二年执行的人员。社区矫正的对象主要是被判处管制、宣告缓刑、假释和暂予监外执行的人员。

最后，方式不同。监狱矫正主要是通过狱内管理、教育、生产劳动等方式实施矫正。社区矫正主要依托并充分运用社会资源、社会力量，并通过组织开展一定的社会公益活动，开展有针对性的监督管理和教育帮扶，促进社区矫正对象修复社会关系。

(二)监狱矫正的价值

通过上述对比可以看出,监狱矫正最为突出的优势是其威慑、预防功能。“铁门铁窗铁锁链,手扶着铁窗望外边,外边的生活是多么美好啊,何日重返我的家园”,这是“囚歌之王”迟志强的《铁窗泪》中的一段歌词,与歌词描述的20世纪80年代监狱生活相比,如今的监狱在硬件方面早已发生了翻天覆地的变化。但是,在监狱服刑带给人的孤独、悔恨、羞耻却是相同的。所以,提到监狱,人们会不自觉地产生一种受罚联想,想到犯罪之后将被送到监狱服刑,那些潜在的犯罪人在很大程度上会自我抑制犯罪意识,尽量不去犯罪。这便是监狱的一般预防功能,其执行刑罚的行为能够对社会公众、特别是潜在犯罪人起到威慑作用,使其不敢犯罪,从而实现保护社会的功效。

另外,监狱将服刑人员置于高度封闭的环境之中,切断其与外界的联系,并施以“规训化”的管理和严密的监视,从而在客观上剥夺了其再次实施犯罪的条件,使其不能犯罪。与此同时,监狱通过严格监管、组织教育和劳动活动对服刑人员进行有目的、有计划的系统性改造,强制其在日复一日、年复一年的服刑生活中逐渐形成正确的思想观念和行为习惯,使其主观上认同遵纪守法的重要性,从而自觉远离犯罪,不愿再次实施犯罪。而服刑人员客观上不能犯罪、主观上不愿犯罪,正是监狱特殊预防功能的生动体现。尽管近年来学者们更加倾向于论证社区矫正相较于监狱矫正的优越性,监狱矫正因交叉感染、脱离社会、成本高等问题饱受诟病,但不得不承认,监狱矫正在威慑、预防方面的功能是社区矫正所无法比拟的。在长期的行刑实践中,监狱确实威慑了一些“蠢蠢欲动”的公众,改造了一批服刑人员,同时也安抚了一部分受害人,因而对社会的稳定和发展至关重要。

如前所述,监狱的首要原则是隔离,使服刑人员与外部世界、与促成犯罪的一切事物隔离开。但是,大家可以想一下,如果一个人被关押在高度封闭环境里,他每天睡觉、起床、吃饭时间和每时每刻应做的事都被规定得严丝合缝,数年之后我们将他推向社会并期待他成为一名正常公民，像那些从来没有进过监狱的人一样正常地生活，究竟能不能做到？这恐怕很难。大家可能都看过《肖申克的救赎》这部电影，影片中的老布鲁斯在监狱中生活了几十年，被释放后回到社会处处不适应，一个人无助又彷徨，最后在一个小房间用上吊的方式结束了自己的生命。这就说明监狱为服刑人员提供的是一个与正常社会迥然不同的服刑环境，所以监狱矫正在实现服刑人员的再社会化方面不可避免地存在短板。虽然近年来监狱一直强调行刑社会化，尽可能地吸收社会资源开展社会帮教活动，缩小监狱环境与外部环境的差距，但是效果并不理想。

(三)社区矫正的优势

相较之下，社区矫正最显著的特征是更加注重矫正对象的再社会化，其将犯罪人置于正常的社会生活之中，在不脱离家庭环境、不割裂社会关系的情况下进行矫正。对于那些被判管制、被宣告缓刑的社区矫正对象而言，其从未离开正常的社交活动和熟悉的生活环境，故在矫正期满之时不会产生“洞中方一日、世上已千年”这种恍如隔世的陌生感和不适感。其虽然被判了刑，但仍然可以与家人共处，享受亲情的滋养，并为家庭贡献自己的力量，从而有助于维护家庭的稳定与完整，在家人的关心和帮助下塑造符合社会正常生活的信念与人格。其虽然被判了刑，但却没有失去人身自由，故一般情况下还可以继续从事原有的工作，维护正常的社交网络，在激烈的竞争中不断精进自己的技艺，保持相对稳定的经济收入和生活水平。综合上述因素，这部分人员重新融入社会并不存在太大的障碍。对于被假释的社区矫正对象而言，其在监狱中服刑一定时间后，由于认真遵守监规、接受教育改造、确有悔改表现、没有再犯罪危险而被附条件提前释放，并在考验期限之内接受社区矫正。与从监狱里直接释放相比，多了一个考验期、缓冲期，故可以在社区矫正机构的监督、管理、帮扶、教育之下“缓着陆”，逐步步入正常的社会生活。如此一来，其融入社会将变得容易很多，再犯罪的可能性也随之下降很多。对于被暂予监外执行的社区矫正对象而言，虽然其在社区接受矫正只是暂时的,待法定情形消失之后,仍然会被收监执行,但是在社区矫正的这段时间里,其除了接受常规的帮扶、监督之外还有更多的收获;他们或完成了生育、哺乳子女的人生大事,或在一定程度上治疗了严重疾病,这对于其今后重新融入社会起着至关重要的作用。为了更好地帮助社区矫正对象实现再社会化,社区矫正充分利用各种社会资源,为社区矫正对象解决回归社会过程中所遇到的各种实际问题,其在社会力量参与的深度、广度和形式方面,是监狱矫正无法实现的。而正是由于社会力量的积极参与,对社区矫正对象予以全方位的教育、帮助、引导,才使得回归之路变得更加顺畅,从而减少了重新犯罪的可能性,维护了社会的安全与稳定。

(四)监狱矫正与社区矫正的联系

综上所述,监狱矫正和社区矫正各有所长,相辅相成,在各自的适用领域发挥功效。同时二者之间并不存在不可逾越的鸿沟,而是可以相互转化、有序衔接。一方面,监狱服刑人员如果因积极接受改造、人身危险性降低而获得假释,或者因患上严重疾病、生活不能自理等原因而被暂予监外执行,则监狱矫正可转化为社区矫正;另一方面,被判缓刑、被宣告假释的社区矫正对象,头顶上则悬着"达摩克利斯之剑",如果在考验期内违反法律、行政法规、国务院有关部门的监督管理规定,或者犯新罪、发现漏罪,则会被撤销缓刑、假释,重新收监。被暂予监外执行的社区矫正对象,如果发现其不符合暂予监外执行条件、严重违反有关暂予监外执行监督管理规定、暂予监外执行的情形消失而刑期未满的,也将会被及时收监。这两种情形下,社区矫正便转化为了监狱矫正。

可以说,监狱矫正是社区矫正的坚强后盾与有力支撑,重新收监执行的规定消解了社区矫正刚性不足的弱点。反过来,社区矫正又成为疏解监狱矫正弊端的途径,有助于行刑目的的最终实现。对于监狱服刑人员而言,如果能够认罪悔罪、积极改造,完全有机会提前摆脱监禁痛苦,早日重返社会;对于社区矫正对象而言,如果目无法纪,违反相关监督管理规定甚至再次犯罪,则会失去在社区中改过自新的机会,到高墙之内接受教育改造。总之,究竟是参加监狱矫正还是社区矫正,既取决于已然发生的犯罪事实,又受制于未然的再犯风险。前者是无法扭转的,而后者却是服刑人员自身可以控制的。亡羊补牢,为时不晚;破罐破摔,只会每况愈下。所以,服刑人员要努力掌握自己的命运。从现在做起,从每一天做起,遵纪守法,弃恶从善,以崭新的面貌、积极的心态开启未来、拥抱新生。

法条链接:

《刑法》(2023 年 12 月 29 日修正)

第七十七条　被宣告缓刑的犯罪分子,在缓刑考验期限内犯新罪或者发现判决宣告以前还有其他罪没有判决的,应当撤销缓刑,对新犯的罪或者新发现的罪作出判决,把前罪和后罪所判处的刑罚,依照本法第六十九条的规定,决定执行的刑罚。

被宣告缓刑的犯罪分子,在缓刑考验期限内,违反法律、行政法规或者国务院有关部门关于缓刑的监督管理规定,或者违反人民法院判决中的禁止令,情节严重的,应当撤销缓刑,执行原判刑罚。

第八十六条　被假释的犯罪分子,在假释考验期限内犯新罪,应当撤销假释,依照本法第七十一条的规定实行数罪并罚。

在假释考验期限内,发现被假释的犯罪分子在判决宣告以前还有其他罪没有判决的,应当撤销假释,依照本法第七十条的规定实行数罪并罚。

被假释的犯罪分子,在假释考验期限内,有违反法律、行政法规或者国务院有关部门关于假释的监督管理规定的行为,尚未构成新的犯罪的,应当依照法定程序撤销假释,收监执行未执行完毕的刑罚。

《刑事诉讼法》(2018 年 10 月 26 日修正)

第二百六十八条　对暂予监外执行的罪犯,有下列情形之一的,应当及时收监:

(一)发现不符合暂予监外执行条件的;

(二)严重违反有关暂予监外执行监督管理规定的;

(三)暂予监外执行的情形消失后,罪犯刑期未满的。

对于人民法院决定暂予监外执行的罪犯应当予以收监的,由人民法院作出决定,将有关的法律文书送达公安机关、监狱或者其他执行机关。

不符合暂予监外执行条件的罪犯通过贿赂等非法手段被暂予监外执行的,在监外执行的期间不计入执行刑期。罪犯在暂予监外执行期间脱逃的,脱逃的期间不计入执行刑期。

罪犯在暂予监外执行期间死亡的,执行机关应当及时通知监狱或者看守所。

延伸阅读:

缓刑考验期最后一天"失联"
许昌魏都:一社区矫正对象被撤销缓刑①

社区矫正对象孙某某本来剩一天时间就将宣告解除社区矫正,却因购买并吸食毒品被检察机关建议依法收监。2021 年 3 月 1 日,河南省许昌市魏都区检察院收到刑事裁定书,孙某某被撤销缓刑,执行原判刑罚 3 年有期徒刑。

2017 年 12 月 26 日,孙某某因犯故意伤害罪被法院依法判处有期徒刑 3 年,缓刑 3 年,社区矫正期自 2017 年 12 月 26 日起至 2020 年 12 月 25 日止。在社区矫正期间,孙某某因违反有关规定,曾被给予警告处理并列为重点矫正对象。

2020 年 12 月 25 日,孙某某社区矫正期满,应宣告解除矫正,谁知当日孙某某却迟迟没有出现。经查看监控发现,其监控轨迹于 12 月 24 日突然消失,电话也无人接听。

多部门随即启动应急预案,通过调查取证发现,孙某某跨区域为他人购买毒品并吸食毒品,于 2020 年 12 月 24 日被信阳市公安机关抓获,被处以行政拘留 15 日。由于孙某某已触犯《刑法》第 77 条第 2 款之规定,为切实维护法律的尊严与权威,魏都区检察院提出将其收监执行的检察意见。最终,孙某某被依法撤销缓刑,执行原判刑罚 3 年有期徒刑。

办案检察官介绍,孙某某有一个幸福温馨的家庭,还有一天就要解

① 《缓刑考验期最后一天"失联"》,载《检察日报》2021 年 3 月 30 日,第 6 版。

除社区矫正，回归正常社会生活，但他却因再次违法辜负了家人的期盼，付出的代价是惨痛的。社区矫正体现了宽严相济的刑事政策和司法的人文关怀，每一个社区矫正人员都应该倍加珍惜，在社区矫正期间遵纪守法，自觉接受监督管理，否则必将承担相应的法律后果。

试题演练

一、选择题

1. 监狱矫正和社区矫正的区别主要包括____。(多选)

A. 环境不同。监狱矫正在监狱中进行，社区矫正在不脱离社会的情况下进行矫正

B. 主体不同。监狱矫正的执法主体是监狱，社区矫正的执法主体是社区矫正机构

C. 对象不同。监狱矫正的对象主要是依法被判处有期徒刑、无期徒刑、死刑缓期二年执行的罪犯，社区矫正的对象主要是被判处管制、宣告缓刑、假释和暂予监外执行的罪犯

D. 方式不同。监狱矫正主要是通过狱内管理、教育、生产劳动等方式实施矫正，社区矫正主要依托并充分运用社会资源开展有针对性的监督管理和教育帮扶

2. 监狱矫正可以转化为社区矫正的情形有____。(多选)

A. 监狱服刑人员获得假释

B. 监狱服刑人员获得减刑

C. 监狱服刑人员被暂予监外执行

D. 监狱服刑人员被特赦

3. 社区矫正可以转化为监狱矫正的情形有____。(多选)

A. 被判缓刑的社区矫正对象在考验期内再次犯罪

B. 被宣告假释的社区矫正对象在考验期内再次犯罪

C. 被暂予监外执行的社区矫正对象暂予监外执行的情形消失而刑期未满的

D. 被暂予监外执行的社区矫正对象被发现并不符合暂予监外执行条件

二、判断题

1. 监狱执行刑罚,能够对潜在犯罪人起到威慑作用。(　)

2. 服刑多年后出狱的人,一般能够比较容易适应社会。(　)

3. 监狱服刑人员被假释后,意味着监狱矫正彻底结束。(　)

三、个人感悟

签名:

年　　月　　日

第八章

权 利 义 务

权利和义务是人们在社会生活中经常遇到的现实问题,权利与义务的关系也是社会关系中的核心内容。根据我国宪法及相关法律规定,我国公民享有广泛的权利,同时也需要承担相应的义务。公民的权利与义务是统一的,不存在只享有法律权利,而不履行法律义务的情形。同时,公民的权利与义务是平等的,也不存在享有法律规定以外的特殊权利的情形。

社区矫正是与监狱矫正相对的行刑方式,是社区矫正机构或其委托的司法所依法在开放性的社区中监督管理、教育帮扶社区矫正对象的刑事执行制度。由于社区矫正对象这一特殊的公民身份,在接受社区矫正过程中,他们的某些公民权利会受到限制或剥夺,实际享有法定权利的内容和范围有所减少或缩小,并享有一些特殊的权利。同时,社区矫正对象的某些权利不仅不能被剥夺或限制,反而应该予以特别强调和保护。这就要求社区矫正机构及其工作人员要严格依法执法,尊重和保障社区矫正对象的合法权利。在享有法定权利的同时,社区矫正对象同样需要履行作为公民应当履行的义务,还要承担刑法、刑事诉讼法、社区矫正法等法律法规明确的特殊义务。社区矫正对象应当依法行使权利和履行义务,妥善处理社会生活中遇到的法律问题和各种矛盾,这也是不断提高自己法治意识和法律素养的重要方法。

重点提示:

1. 什么是法律权利?
2. 什么是法律义务?
3. 如何正确理解权利与义务的关系?
4. 社区矫正对象的一般权利有哪些?
5. 社区矫正对象的特殊权利有哪些?
6. 社区矫正对象行使法律权利的要求有哪些?
7. 社区矫正对象的一般义务有哪些?
8. 社区矫正对象的特殊义务有哪些?

一、权利义务关系:一枚硬币的两面

(一)法律权利的依据

法律权利是指由一定的社会物质生活条件所制约的行为自由,是法律所允许的权利人为了满足自己的利益而采取的、由其他人的法律义务所保障的法律手段。简单地讲,权利对应的是"许可与保障"。

根据我国《宪法》第 33 条规定:"中华人民共和国公民在法律面前一律平等。国家尊重和保障人权。任何公民享有宪法和法律规定的权利,同时必须履行宪法和法律规定的义务。"据此,作为公民的社区矫正对象,除了根据法律和生效刑事判决被明确剥夺或限制的权利外,在其他权利的行使上与普通公民是一样的。《宪法》第 34 ~ 48 条规定了公民的基本权利。《社区矫正法》第 4 条规定:"社区矫正工作应当依法进行,尊重和保障人权。社区矫正对象依法享有的人身权利、财产权利和其他权利不受侵犯,在就业、就学和享受社会保障等方面不受歧视。"第 34 条规定:"开展社区矫正工作,应当保障社区矫正对象的合法权益。社区矫正的措施和方法应当避免对社区矫正对象的正常工作和生活造成不必要的影响;非依法律规定,不得限制或者变相限制社区矫正对象的人身自由。"这些规定为社区矫正对象权利的行使与保护提供了法律依据。

(二)义务的依据

法律义务是指由一定的社会物质生活条件所制约的社会责任,是保证法律所规定的义务人按照权利人要求从事一定行为或不从事一定行为,以满足权利人利益的法律手段。简单地说,义务是法律对人们的一种约束手段,是法律对人们应当做出或不得做出某种行为的界限的规定。例如,父母有抚养子女的义务,子女有赡养父母的义务。如果说权利体现的是一种行为自由,那么义务就是一种与行为自由相对立统一的社会责任，是社会对个人、国家对公民提出的社会的、政治的、法律的、道德的要求。义务包括“作为”或“不作为”两种方式，分别称为“作为义务”（积极义务）和“不作为义务”（消极义务）。作为义务就是义务人实施积极的行为，如子女履行赡养父母的义务。不作为义务就是义务人不得实施某种行为，如未经许可不得公开他人的隐私等。法律义务具有强制性，违反法律义务必须承担相应的法律责任。

我国《宪法》第52～56条规定了公民的基本义务。《社区矫正法》第4条规定：“社区矫正对象应当依法接受社区矫正，服从监督管理。”《社区矫正法》第23条明确了社区矫正对象的义务，即“社区矫正对象在社区矫正期间应当遵守法律、行政法规，履行判决、裁定、暂予监外执行决定等法律文书确定的义务，遵守国务院司法行政部门关于报告、会客、外出、迁居、保外就医等监督管理规定，服从社区矫正机构的管理”。同时，《刑法》《刑事诉讼法》等法律还为不同类型的社区矫正对象规定了不同的义务。在社区矫正过程中，社区矫正对象应当履行这些法定义务，否则将承担相应的法律责任。

（三）权利与义务的关系

法律权利与法律义务就像一枚硬币的两面，相互依存，对立统一。正如马克思所言，没有无义务的权利，也没有无权利的义务。在生活中，每个公民既是权利的主体，也是义务的主体。在法治国家，不存在只享有权利的主体，也不存在只履行义务的主体。法律权利的实现必须以履行相应的法律义务为条件，而法律义务的履行也必须以法律权利的享有为根据。离开了法律权利，法律义务就失去了价值；离开了法律义务，法律权利也就失去了意义。

在权利与义务一致的条件下，无论行使权利还是履行义务，都是对公民自身有利的。法律中明确规定的权利和义务，不是抽象的条文，也不是虚幻的摆设，而应是具体的、现实的实践。社区矫正对象应当准确理解，并依法行使权利和履行义务，既要认真行使权利又要自觉履行义务。

试题演练

一、判断题

1. 中华人民共和国公民在法律面前一律平等。(　)
2. 在我国,任何公民享有宪法和法律规定的权利,同时必须履行宪法和法律规定的义务。(　)
3. 社区矫正对象依法享有的人身权利、财产权利和其他权利不受侵犯,在就业、就学和享受社会保障等方面不受歧视。(　)
4. 法律权利与法律义务就像一枚硬币的两面,相互依存,对立统一。(　)
5. 非依法律规定,不得限制或者变相限制社区矫正对象的人身自由。(　)
6. 父母有抚养子女的义务,子女有赡养父母的义务。(　)
7. 义务包括"作为"或"不作为"两种方式,分别称为"作为义务"和"不作为义务"。(　)
8. 权利是法律对人们的一种约束手段,是法律对人们应当做出或不得做出某种行为的界限的规定。(　)
9. 社区矫正工作应当依法进行,尊重和保障人权。(　)
10. 社区矫正对象应当准确理解,依法行使权利和履行义务,既要认真行使权利又要自觉履行义务。(　)

二、个人感悟

签名:

年　　月　　日

二、依法行使权利

由于社区矫正对象这一特殊的公民身份,在接受社区矫正过程中,他们的某些公民权利会受到限制或剥夺,实际享有法定权利的内容和范围有所减少或缩小。但是,某些公民权利不仅不能被剥夺或限制,反而应该予以特别强调和保护。这就要求社区矫正机构及其工作人员要严格依法执法,尊重和保障他们的法定权利。

(一)一般权利

社区矫正对象的一般权利是指社区矫正对象作为公民所享有的权利。一般权利主要包括以下几个方面:

1.人身权利

人身权利是指公民的人身不受非法侵犯的权利。人身权利主要包括生命健康权、人身自由权、人格尊严权、住宅安全权、通信权等。人身权利是公民参加国家政治、经济和社会活动的基础,是公民权利的重要内容。

(1)生命健康权

生命健康权是指维护生命存在和身体健康的权利。生命健康权是人最基本的权利,是享有其他权利的基础和前提。公民的生命健康受法律保障,不可转让,不可非法剥夺。

【典型案例】

陈某某与被害人陈某系亲兄弟。2019 年 12 月 21 日 7 时许,二人因移动家门口的石臼,在家门口发生争执。陈某首先用拳头殴打陈某某,陈某某随即也用拳头回击。互殴中,因被陈某持铁铲追打,陈某某遂到自家厨房取一把尖刀回到门口。陈某再次持铁铲上来殴打,陈某某持刀迎上,在与陈某对打过程中刺中陈某胸腹部、颈部。

后陈某某叫旁边群众打“120”急救电话，自己拨打“110”电话报警。随后陈某某的弟弟陈某1开车赶到现场，与陈某某一起将陈某送到医院救治，经医生确认陈某已死亡。后陈某某被公安人员带走。经鉴定，被害人陈某系被他人用单刃锐器刺中右颈部及前上胸部，致右颈外静脉离断、左头臂静脉破裂引起急性失血性休克死亡。

法院认为，陈某某因琐事纠纷，持刀捅刺他人身体致人死亡，其行为已构成故意伤害罪。陈某某故意伤害犯罪手段残忍，后果严重，应依法惩处。陈某某具有自首情节，依法可以从轻处罚。被害人陈某在双方发生争执后两次先持铁铲追打陈某某，对引发本案具有明显过错，对陈某某可酌情从轻处罚。本案系亲友间因琐事纠纷引发，陈某某能积极参与抢救被害人，其亲属积极代为赔偿被害方经济损失，亦可酌情予以从轻处罚。

法条链接：

《刑法》(2023年12月29日修正)

第二百三十四条　故意伤害他人身体的，处三年以下有期徒刑、拘役或者管制。

犯前款罪，致人重伤的，处三年以上十年以下有期徒刑；致人死亡或者以特别残忍手段致人重伤造成严重残疾的，处十年以上有期徒刑、无期徒刑或者死刑。本法另有规定的，依照规定。

第六十七条　犯罪以后自动投案，如实供述自己的罪行的，是自首。对于自首的犯罪分子，可以从轻或者减轻处罚。其中，犯罪较轻的，可以免除处罚。

被采取强制措施的犯罪嫌疑人、被告人和正在服刑的罪犯，如实供述司法机关还未掌握的本人其他罪行的，以自首论。

犯罪嫌疑人虽不具有前两款规定的自首情节，但是如实供述自己罪行的，可以从轻处罚；因其如实供述自己罪行，避免特别严重后果发生的，可以减轻处罚。

【解读】

如果将生命健康与其他利益相比,生命是“1”,名誉、金钱、友情、地位等都是“1”后面的“0”。有了“1”,这个数可以是10、100、1000、10,000乃至无穷大;若失去“1”,即失去了生命,后面的名誉、金钱等再多也是“0”。这段话说明了生命健康的重要性。

我国法律明确规定,公民的生命健康权不受非法侵害。侵害公民生命健康权的行为应承担相应的法律责任。我国《刑法》第232条规定:“故意杀人的,处死刑、无期徒刑或者十年以上有期徒刑;情节较轻的,处三年以上十年以下有期徒刑。”第234条规定:“故意伤害他人身体的,处三年以下有期徒刑、拘役或者管制。犯前款罪,致人重伤的,处三年以上十年以下有期徒刑;致人死亡或者以特别残忍手段致人重伤造成严重残疾的,处十年以上有期徒刑、无期徒刑或者死刑。本法另有规定的,依照规定。”《民法典》第110条规定:“自然人享有生命权、身体权、健康权。”《治安管理处罚法》第43条规定:“殴打他人的,或者故意伤害他人身体的,处五日以上十日以下拘留,并处二百元以上五百元以下罚款;情节较轻的,处五日以下拘留或者五百元以下罚款。”

从上述法律条文我们可以看出,国家通过了一系列法律法规来保护公民的生命健康权。社区矫正机构工作人员与社区矫正对象的生命健康权都不受侵犯。在社区矫正过程中,社区矫正机构工作人员严禁体罚、虐待社区矫正对象,社区矫正对象不得殴打、威胁、报复社区矫正机构工作人员和其他依法参与社区矫正工作的人员及其近亲属。

法条链接:

《社区矫正法》(2019年12月28日公布)

第六十条　社区矫正对象殴打、威胁、侮辱、骚扰、报复社区矫正机构工作人员和其他依法参与社区矫正工作的人员及其近亲属,构成犯罪的,依法追究刑事责任;尚不构成犯罪的,由公安机关依法给予治安管理处罚。

第六十一条　社区矫正机构工作人员和其他国家工作人员有下列行为之一的,应当给予处分;构成犯罪的,依法追究刑事责任:

（一）利用职务或者工作便利索取、收受贿赂的；

（二）不履行法定职责的；

（三）体罚、虐待社区矫正对象，或者违反法律规定限制或者变相限制社区矫正对象的人身自由的；

（四）泄露社区矫正工作秘密或者其他依法应当保密的信息的；

（五）对依法申诉、控告或者检举的社区矫正对象进行打击报复的；

（六）有其他违纪违法行为的。

（2）人身自由权

人身自由权是指公民的人身自由不受非法逮捕、拘禁，以及身体不受非法搜查的权利。人身自由是人们生活、工作和学习的前提。

【典型案例】

2015 年 4 月 6 日 12 时许，在某公园附近，被告人周某某、张某某及一戴眼镜男子（身份不明）以帮助杨某某索要被害人尚某某（男，39 岁）所担保欠款为名，周某某和戴眼镜男子对尚某某进行殴打，后强行将其带至轿车内。二人坐在后排座上，尚某某坐在二人中间，由张某某驾驶该车，其间将尚某某拘禁于车内，并强迫其写下 10 万元欠条 1 张和无具体数额欠条 1 张。直至当日 15 时 30 分许，才将尚某某送回该公园附近。经诊断：被害人尚某某左耳廓挫伤，额部软组织挫伤，皮下血肿。经侦查，被告人周某某、张某某于 2015 年 4 月 19 日被公安机关抓获。法院认为，被告人周某某、张某某为帮助他人索取债务，非法限制他人人身自由，其行为构成非法拘禁罪。[①]

法条链接：

《刑法》（2023 年 12 月 29 日修正）

第二百三十八条　非法拘禁他人或者以其他方法非法剥夺他人人身自由的，处三年以下有期徒刑、拘役、管制或者剥夺政治权利。具有殴打、侮辱情节的，从重处罚。

---

① 参见黑龙江省哈尔滨市香坊区人民法院（2015）香刑初字第 417 号刑事判决书。

犯前款罪，致人重伤的，处三年以上十年以下有期徒刑；致人死亡的，处十年以上有期徒刑。使用暴力致人伤残、死亡的，依照本法第二百三十四条、第二百三十二条的规定定罪处罚。

为索取债务非法扣押、拘禁他人的，依照前两款的规定处罚。

国家机关工作人员利用职权犯前三款罪的，依照前三款的规定从重处罚。

《社区矫正法》(2019 年 12 月 28 日公布)

第四条第二款　社区矫正工作应当依法进行，尊重和保障人权。社区矫正对象依法享有的人身权利、财产权利和其他权利不受侵犯，在就业、就学和享受社会保障等方面不受歧视。

【解读】

人身自由权强调公民有按照自己意愿支配其行为，不受非法剥夺、限制、妨碍、侵害的权利。我国《宪法》第 37 条规定：“中华人民共和国公民的人身自由不受侵犯。任何公民，非经人民检察院批准或者决定或者人民法院决定，并由公安机关执行，不受逮捕。禁止非法拘禁和以其他方法非法剥夺或者限制公民的人身自由，禁止非法搜查公民的身体。”非法拘禁是一种严重剥夺公民人身自由的非法行为。在我国，对逮捕、拘留有严格的法律规定，必须由专门机关按照法律规定的程序进行。因此，任何机关和个人不依照法律规定或者不依照法律规定的程序拘禁他人都是非法的。

社区矫正对象的人身自由权同样受到保护，非经正当程序，不得剥夺或限制。除《刑法》《社区矫正法》等法律规定，社区矫正机构及其工作人员不得采取限制社区矫正对象人身自由为目的的措施和方法，不得限制或变相限制社区矫正对象的人身自由。为保护社区矫正对象的人身自由权，保护其正常工作和生活，帮助其顺利适应、融入社会，《社区矫正法》第 34 条也明确规定，非依法律规定，不得限制或者变相限制社区矫正对象的人身自由。社区矫正对象认为其合法权益受到侵害的，有权向人民检察院或者有关机关申诉、控告和检举。受理机关应当及时办理，并将办理结果告知申诉人、控告人和检举人。

法条链接：

《刑法》(2023年12月29日修正)

第三十八条 管制的期限，为三个月以上二年以下。

判处管制，可以根据犯罪情况，同时禁止犯罪分子在执行期间从事特定活动，进入特定区域、场所，接触特定的人。

对判处管制的犯罪分子，依法实行社区矫正。

违反第二款规定的禁止令的，由公安机关依照《中华人民共和国治安管理处罚法》的规定处罚。

第三十九条 被判处管制的犯罪分子，在执行期间，应当遵守下列规定：

(一)遵守法律、行政法规，服从监督；

(二)未经执行机关批准，不得行使言论、出版、集会、结社、游行、示威自由的权利；

(三)按照执行机关规定报告自己的活动情况；

(四)遵守执行机关关于会客的规定；

(五)离开所居住的市、县或者迁居，应当报经执行机关批准。

对于被判处管制的犯罪分子，在劳动中应当同工同酬。

第七十二条 对于被判处拘役、三年以下有期徒刑的犯罪分子，同时符合下列条件的，可以宣告缓刑，对其中不满十八周岁的人、怀孕的妇女和已满七十五周岁的人，应当宣告缓刑：

(一)犯罪情节较轻；

(二)有悔罪表现；

(三)没有再犯罪的危险；

(四)宣告缓刑对所居住社区没有重大不良影响。

宣告缓刑，可以根据犯罪情况，同时禁止犯罪分子在缓刑考验期限内从事特定活动，进入特定区域、场所，接触特定的人。

被宣告缓刑的犯罪分子，如果被判处附加刑，附加刑仍须执行。

第七十五条 被宣告缓刑的犯罪分子，应当遵守下列规定：

(一)遵守法律、行政法规，服从监督；

(二)按照考察机关的规定报告自己的活动情况；

(三)遵守考察机关关于会客的规定;

(四)离开所居住的市、县或者迁居,应当报经考察机关批准。

第八十四条　被宣告假释的犯罪分子,应当遵守下列规定:

(一)遵守法律、行政法规,服从监督;

(二)按照监督机关的规定报告自己的活动情况;

(三)遵守监督机关关于会客的规定;

(四)离开所居住的市、县或者迁居,应当报经监督机关批准。

《社区矫正法》(2019年12月28日公布)

第二十七条　社区矫正对象离开所居住的市、县或者迁居,应当报经社区矫正机构批准。社区矫正机构对于有正当理由的,应当批准;对于因正常工作和生活需要经常性跨市、县活动的,可以根据情况,简化批准程序和方式。

因社区矫正对象迁居等原因需要变更执行地的,社区矫正机构应当按照有关规定作出变更决定。社区矫正机构作出变更决定后,应当通知社区矫正决定机关和变更后的社区矫正机构,并将有关法律文书抄送变更后的社区矫正机构。变更后的社区矫正机构应当将法律文书转送所在地的人民检察院、公安机关。

(3)人格尊严权

人格尊严权是指与人身有密切联系的姓名、肖像、名誉等不受非法侵犯的权利。人格尊严权主要包括姓名权、肖像权、名誉权、荣誉权、隐私权等。人格尊严是人之为人所应当享有的地位、待遇或尊重的总称,集中体现为人的自尊心和自爱心。

姓名权

【典型案例】

1986年7月18日,江西省鹰潭市的赵某给刚出生的儿子取名"赵C"。2007年,已长大成人的赵C申请换发第二代居民身份证,结果遭到拒绝。赵C认为当地公安部门的行为侵犯了自己的合法权益,遂于2008年1月8日以鹰潭市公安局月湖分局为被告,提起行政诉讼。本案经过一审、二审,最终在法院的调解下,赵C主动撤回起诉。这起被媒体冠以“中国姓名权第一案”的案件,在当时引来学者、媒体以及网友关于姓名权的热议。有人认为,公民姓名权不容非法侵犯,也有人认为,使用英文字母取名有违公序良俗。

【解读】

姓名并不限于公民在户籍机关正式登记的本名,亦包括艺名、笔名、乳名等非正式姓名。我国《民法典》第110条规定:“自然人享有生命权、身体权、健康权、姓名权、肖像权、名誉权、荣誉权、隐私权、婚姻自主权等权利。”第1012条规定:“自然人享有姓名权,有权依法决定、使用、变更或者许可他人使用自己的姓名,但是不得违背公序良俗。”公民的姓名权受到侵害时,有权要求侵权方停止侵害、排除妨碍、消除危险、消除影响、恢复名誉、赔礼道歉等,不适用诉讼时效的规定。

法条链接:

《民法典》(2020年5月28日公布)

第一千零一十二条　自然人享有姓名权,有权依法决定、使用、变更或者许可他人使用自己的姓名,但是不得违背公序良俗。

第一千零一十三条　法人、非法人组织享有名称权,有权依法决定、使用、变更、转让或者许可他人使用自己的名称。

第一千零一十四条　任何组织或者个人不得以干涉、盗用、假冒等方式侵害他人的姓名权或者名称权。

第一千零一十五条　自然人应当随父姓或者母姓,但是有下列情形之一的,可以在父姓和母姓之外选取姓氏:

(一)选取其他直系长辈血亲的姓氏;

(二)因由法定扶养人以外的人扶养而选取扶养人姓氏;

(三)有不违背公序良俗的其他正当理由。

少数民族自然人的姓氏可以遵从本民族的文化传统和风俗习惯。

第一千零一十六条　自然人决定、变更姓名,或者法人、非法人组织决定、变更、转让名称的,应当依法向有关机关办理登记手续,但是法律另有规定的除外。

民事主体变更姓名、名称的，变更前实施的民事法律行为对其具有法律约束力。

第一千零一十七条　具有一定社会知名度，被他人使用足以造成公众混淆的笔名、艺名、网名、译名、字号、姓名和名称的简称等，参照适用姓名权和名称权保护的有关规定。

肖像权

【典型案例】

赵某某与某信息科技有限公司肖像权纠纷案①

被告某信息科技有限公司运营一款手机换脸软件，在该软件中，被告将众多网红或明星的肖像视频上传为模板供用户换脸使用，但用户如果想解锁全部视频模板以及高清无水印导出视频，必须要付费购买被告的会员方可使用。用户在付费成为被告的会员后，能够自行创设换脸图片，形成除脸部特征不同之外其他内容仍为网红或明星的肖像视频。本案原告赵某某是网络红人、汉服模特，经常拍摄国风造型短视频在抖音平台上发表。抖音号为“BI-MOM0816”、昵称为“笔墨伺候”，粉丝人数8.2万人，作品总点赞量93.4万人次，其本人及作品具有巨大的商业价值。被告在原告未授权同意的情况下，在其运营的“秀颜”换脸软件中，上传以原告肖像为原内容的视频作品并提供给用户换脸使用进而非法牟利。

法院认为，任何组织或者个人不得以丑化、污损，或者利用信息技术手段伪造等方式侵害他人的肖像权。未经肖像权人同意，不得制作、使用、公开肖像权人的肖像。原告具有一定网络热度，抖音“笔墨伺候”账号经原告本人实名身份认证，其在抖音账号中发布的视频资料中的肖像权应受到法律保护。被告未经原告授权同意，以营利为目的使用含有原告肖像的视频，已经侵害了原告的肖像权。

① 参见上海市佘山区人民法院(2022)沪0116民初15727号民事判决书。

【解读】

自然人享有肖像权，有权依法制作、使用、公开或者许可他人使用自己的肖像。常见的侵犯公民肖像权的行为，主要是未经本人同意，以营利为目的使用他人肖像做商业广告、商品装潢、书刊封面及印刷挂历等。对于侵犯肖像权的行为，可以要求侵权方停止侵害、排除妨碍、消除危险、消除影响、恢复名誉、赔礼道歉等，不适用诉讼时效的规定。

法条链接：

《民法典》(2020年5月28日公布)

第一千零一十八条　自然人享有肖像权，有权依法制作、使用、公开或者许可他人使用自己的肖像。

肖像是通过影像、雕塑、绘画等方式在一定载体上所反映的特定自然人可以被识别的外部形象。

第一千零一十九条　任何组织或者个人不得以丑化、污损，或者利用信息技术手段伪造等方式侵害他人的肖像权。未经肖像权人同意，不得制作、使用、公开肖像权人的肖像，但是法律另有规定的除外。

未经肖像权人同意，肖像作品权利人不得以发表、复制、发行、出租、展览等方式使用或者公开肖像权人的肖像。

第一千零二十条　合理实施下列行为的，可以不经肖像权人同意：

(一)为个人学习、艺术欣赏、课堂教学或者科学研究，在必要范围内使用肖像权人已经公开的肖像；

(二)为实施新闻报道，不可避免地制作、使用、公开肖像权人的肖像；

(三)为依法履行职责，国家机关在必要范围内制作、使用、公开肖像权人的肖像；

(四)为展示特定公共环境，不可避免地制作、使用、公开肖像权人的肖像；

(五)为维护公共利益或者肖像权人合法权益，制作、使用、公开肖像权人的肖像的其他行为。

第一千零二十一条　当事人对肖像许可使用合同中关于肖像使用条款的理解有争议的，应当作出有利于肖像权人的解释。

第一千零二十二条　当事人对肖像许可使用期限没有约定或者约定不明确的，任何一方当事人可以随时解除肖像许可使用合同，但是应当在合理期限之前通知对方。

当事人对肖像许可使用期限有明确约定，肖像权人有正当理由的，可以解除肖像许可使用合同，但是应当在合理期限之前通知对方。因解除合同造成对方损失的，除不可归责于肖像权人的事由外，应当赔偿损失。

第一千零二十三条　对姓名等的许可使用，参照适用肖像许可使用的有关规定。

对自然人声音的保护，参照适用肖像权保护的有关规定。

名誉权、荣誉权

【典型案例】

仇某侵害英雄烈士名誉、荣誉案[①]

被告人仇某，男，1982年出生，南京某投资管理有限公司法定代表人。2020年6月，印度军队公然违背与我方达成的共识，悍然越线挑衅。在与之交涉和激烈斗争中，团长祁发宝身先士卒，身负重伤；营长陈红军、战士陈祥榕突入重围进行营救，奋力反击，最后英勇牺牲；战士肖思远突围后义无反顾返回营救战友，战斗至生命最后一刻；战士王焯冉在渡河支援途中，拼力救助被冲散的战友脱险，自己却淹没在冰河中。边防官兵誓死捍卫祖国领土，彰显了新时代卫国戍边官兵的昂扬风貌。同年6月，陈红军、陈祥榕、肖思远、王焯冉被评定为烈士；2021年2月，中央军委追授陈红军“卫国戍边英雄”荣誉称号，追记陈祥榕、肖思远、王焯冉一等功，授予祁发宝“卫国戍边英雄团长”荣誉称号。

2021年2月19日上午，仇某在卫国戍边官兵英雄事迹宣传报道后，为博取眼球，获得更多关注，在其住处使用其新浪微博账号“辣笔小球”（粉丝数250余万）先后发布2条微博，歪曲卫国戍边官兵祁发宝、陈红军、陈祥榕、肖思远、王焯冉等英雄事迹，诋毁、贬损卫国戍边官兵的英雄精神。

---

① 参见检例第136号。

上述微博在网络上迅速扩散，引起公众强烈愤慨，造成恶劣社会影响。截至当日 15 时 30 分仇某删除微博时，上述 2 条微博共计被阅读 202,569 次、转发 122 次、评论 280 次。

处理结果：建邺区人民法院经审理后当庭宣判，采纳检察机关指控的事实、罪名及量刑建议，支持检察机关的公益诉讼，以仇某犯侵害英雄烈士名誉、荣誉罪判处有期徒刑 8 个月，并责令仇某自判决生效之日起 10 日内，通过国内主要门户网站及全国性媒体公开赔礼道歉，消除影响。判决宣告后，仇某未提出上诉，判决已生效。2021 年 6 月 25 日，仇某在《法治日报》及法制网发布道歉声明。

【解读】

名誉是对民事主体的品德、声望、才能、信用等的社会评价。人的名誉是指具有人格尊严的名声，是人格的重要内容，受法律的保护。任何人对公民的名誉不得损害，损坏他人名誉，损害他人形象的行为，都是对名誉权的侵犯，行为人应负法律责任。荣誉权是指公民享有获得各种物质奖励和荣誉称号，并享有维护其荣誉不受非法侵害的权利。民事主体享有荣誉权。任何组织或者个人不得非法剥夺他人的荣誉称号，不得诋毁、贬损他人的荣誉。如果公民的名誉权、荣誉权受到了损害，可以要求侵权方停止侵害、排除妨碍、消除危险、消除影响、恢复名誉、赔礼道歉等，不适用诉讼时效的规定。

法条链接：

《民法典》(2020 年 5 月 28 日公布)

第一千零二十四条　民事主体享有名誉权。任何组织或者个人不得以侮辱、诽谤等方式侵害他人的名誉权。

名誉是对民事主体的品德、声望、才能、信用等的社会评价。

第一千零二十五条　行为人为公共利益实施新闻报道、舆论监督等行为，影响他人名誉的，不承担民事责任，但是有下列情形之一的除外：

(一)捏造、歪曲事实;

(二)对他人提供的严重失实内容未尽到合理核实义务;

(三)使用侮辱性言辞等贬损他人名誉。

第一千零二十六条　认定行为人是否尽到前条第二项规定的合理核实义务,应当考虑下列因素:

(一)内容来源的可信度;

(二)对明显可能引发争议的内容是否进行了必要的调查;

(三)内容的时限性;

(四)内容与公序良俗的关联性;

(五)受害人名誉受贬损的可能性;

(六)核实能力和核实成本。

第一千零二十七条　行为人发表的文学、艺术作品以真人真事或者特定人为描述对象,含有侮辱、诽谤内容,侵害他人名誉权的,受害人有权依法请求该行为人承担民事责任。

行为人发表的文学、艺术作品不以特定人为描述对象,仅其中的情节与该特定人的情况相似的,不承担民事责任。

第一千零二十八条　民事主体有证据证明报刊、网络等媒体报道的内容失实,侵害其名誉权的,有权请求该媒体及时采取更正或者删除等必要措施。

第一千零二十九条　民事主体可以依法查询自己的信用评价;发现信用评价不当的,有权提出异议并请求采取更正、删除等必要措施。信用评价人应当及时核查,经核查属实的,应当及时采取必要措施。

第一千零三十条　民事主体与征信机构等信用信息处理者之间的关系,适用本编有关个人信息保护的规定和其他法律、行政法规的有关规定。

第一千零三十一条　民事主体享有荣誉权。任何组织或者个人不得非法剥夺他人的荣誉称号,不得诋毁、贬损他人的荣誉。

获得的荣誉称号应当记载而没有记载的,民事主体可以请求记载;获得的荣誉称号记载错误的,民事主体可以请求更正。

隐私权

【典型案例】

近距离安装可视门铃可构成侵害邻里隐私权

——人脸识别装置侵害邻居隐私权案①

简要案情：原、被告系同一小区前后楼栋的邻居，两家最近距离不足20米。在小区已有安防监控设施的基础上，被告为随时监测住宅周边，在其入户门上安装了一款采用人脸识别技术、可自动拍摄视频并存储的可视门铃，位置正对原告等前栋楼多家住户的卧室和阳台。原告认为，被告可通过手机App操控可视门铃、长期监控原告住宅，侵犯其隐私，生活不得安宁。被告认为，可视门铃感应距离仅3米，拍摄到的原告家模糊不清，不构成隐私。其从未有窥探原告的意图，对方应予以理解，不同意将可视门铃拆除或移位。后原告诉至法院，请求判令被告拆除可视门铃、赔礼道歉并赔偿财产损失及精神损害抚慰金。

裁判结果：上海市青浦区人民法院经审理认为，被告虽是在自有空间内安装可视门铃，但设备拍摄的范围超出其自有领域，摄入了原告的住宅。而住宅具有私密性，是个人生活安宁的起点和基础，对于维护人格尊严和人格自由至关重要。可视门铃能通过人脸识别、后台操控双重模式启动拍摄，并可长期录制视频并存储，加之原、被告长期近距离相处，都为辨认影像提供了可能，以此获取住宅内的私密信息和行为现实可行，原告的生活安宁确实将受到侵扰。因此，被告的安装行为已侵害了原告的隐私权。被告辩称其没有侵犯原告隐私的主观意图，原告对此应予容忍等意见，于法无据，法院不予采纳。因无充分证据证明原告因被告的行为造成实际精神及物质损害，故法院支持了原告要求被告拆除可视门铃的诉讼请求，而对其赔礼道歉及赔偿损失的请求未予支持。

---

① 参见《民法典颁布后人格权司法保护典型民事案例》，载最高人民法院官网，https://www.court.gov.cn/zixun-xiangqing-354261.html，2024年1月18日访问。

典型意义：本案就人工智能装置的使用与隐私权的享有发生冲突时的权利保护序位进行探索，强调了隐私权的优先保护，彰显了人文立场，对于正当、规范使用智能家居产品，避免侵害人格权益具有一定的借鉴和指导意义。

【解读】

隐私是指自然人的私人生活安宁和不愿为他人知晓的私密空间、私密活动、私密信息。隐私权是指自然人享有的对自己的个人秘密和私生活进行支配并排除他人干涉的权利。[①] 隐私权现已成为我国《民法典》中人格权的重要组成，主要包括个人生活安宁权、个人信息保密权和个人通讯秘密权。任何组织或者个人不得以刺探、侵扰、泄露、公开等方式侵害他人的隐私权。

与普通公民一样，社区矫正对象同样享有隐私权。由于罪犯的身份和地位，社区矫正对象的隐私权容易受到侵犯，社区矫正机构及其工作人员应当注意保护其隐私权。为保护社区矫正对象隐私权，我国《社区矫正法》第 26 条规定，社区矫正机构开展实地查访等工作时，应当保护社区矫正对象的身份信息和个人隐私。第 31 条规定，社区矫正机构对通过电子定位装置获得的信息应当严格保密，有关信息只能用于社区矫正工作，不得用于其他用途。这些充分体现了对社区矫正对象隐私权的保护。另外，需要强调的是，行为人实施犯罪行为以及由此产生的罪犯身份，或者说社区矫正对象被定罪量刑的事实，并不属于隐私权的范围。反过来，社会公众有权获悉社区矫正对象的身份及罪行，这也是公众参与社区矫正的前提。

---

① 吴宗宪主编：《社区矫正导论》（第二版），中国人民大学出版社 2020 年版，第 99 页。

个人信息权

【典型案例】

柯某侵犯公民个人信息案①

基本案情：被告人柯某，男，1980年出生，系安徽某信息技术有限公司经营者，开发了"房利帮"网站。

2016年1月起，柯某开始运营"房利帮"网站并开发同名手机App，以对外售卖上海市二手房租售房源信息为主营业务。运营期间，柯某对网站会员上传真实业主房源信息进行现金激励，吸引掌握该类信息的房产中介人员（另案处理）注册会员并向网站提供信息，有偿获取了大量包含房屋门牌号码及业主姓名、电话等非公开内容的业主房源信息。

柯某在获取上述业主房源信息后，安排员工冒充房产中介人员逐一电话联系业主进行核实，将有效的信息以会员套餐形式提供给网站会员付费查询使用。上述员工在联系核实信息过程中亦未如实告知业主获取、使用业主房源信息的情况。

自2016年1月至案发，柯某通过运营"房利帮"网站共非法获取业主房源信息30余万条，以会员套餐方式出售获利达人民币150余万元。

上海市公安局金山分局在侦办一起侵犯公民个人信息案时，发现该案犯罪嫌疑人非法出售的部分信息购自"房利帮"网站，根据最高人民法院、最高人民检察院、公安部《关于办理网络犯罪案件适用刑事诉讼法若干问题的意见》的规定，柯某获取的均为上海地区的业主信息，遂对柯某立案侦查。

处理结果：2019年12月31日，金山区人民法院作出判决，采纳金山区人民检察院指控的犯罪事实和意见，以侵犯公民个人信息罪判处柯某有期徒刑3年，缓刑4年，并处罚金人民币160万元。宣判后，柯某未提出上诉，判决已生效。

---

① 参见检例第140号。

法条链接：

《民法典》(2020年5月28日公布)

第一千零三十二条　自然人享有隐私权。任何组织或者个人不得以刺探、侵扰、泄露、公开等方式侵害他人的隐私权。

隐私是自然人的私人生活安宁和不愿为他人知晓的私密空间、私密活动、私密信息。

第一千零三十三条　除法律另有规定或者权利人明确同意外，任何组织或者个人不得实施下列行为：

（一）以电话、短信、即时通讯工具、电子邮件、传单等方式侵扰他人的私人生活安宁；

（二）进入、拍摄、窥视他人的住宅、宾馆房间等私密空间；

（三）拍摄、窥视、窃听、公开他人的私密活动；

（四）拍摄、窥视他人身体的私密部位；

（五）处理他人的私密信息；

（六）以其他方式侵害他人的隐私权。

第一千零三十四条　自然人的个人信息受法律保护。

个人信息是以电子或者其他方式记录的能够单独或者与其他信息结合识别特定自然人的各种信息，包括自然人的姓名、出生日期、身份证件号码、生物识别信息、住址、电话号码、电子邮箱、健康信息、行踪信息等。

个人信息中的私密信息，适用有关隐私权的规定；没有规定的，适用有关个人信息保护的规定。

第一千零三十五条　处理个人信息的，应当遵循合法、正当、必要原则，不得过度处理，并符合下列条件：

（一）征得该自然人或者其监护人同意，但是法律、行政法规另有规定的除外；

（二）公开处理信息的规则；

（三）明示处理信息的目的、方式和范围；

（四）不违反法律、行政法规的规定和双方的约定。

个人信息的处理包括个人信息的收集、存储、使用、加工、传输、提供、公开等。

第一千零三十六条 处理个人信息,有下列情形之一的,行为人不承担民事责任:

(一)在该自然人或者其监护人同意的范围内合理实施的行为;

(二)合理处理该自然人自行公开的或者其他已经合法公开的信息,但是该自然人明确拒绝或者处理该信息侵害其重大利益的除外;

(三)为维护公共利益或者该自然人合法权益,合理实施的其他行为。

第一千零三十七条 自然人可以依法向信息处理者查阅或者复制其个人信息;发现信息有错误的,有权提出异议并请求及时采取更正等必要措施。

自然人发现信息处理者违反法律、行政法规的规定或者双方的约定处理其个人信息的,有权请求信息处理者及时删除。

第一千零三十八条 信息处理者不得泄露或者篡改其收集、存储的个人信息;未经自然人同意,不得向他人非法提供其个人信息,但是经过加工无法识别特定个人且不能复原的除外。

信息处理者应当采取技术措施和其他必要措施,确保其收集、存储的个人信息安全,防止信息泄露、篡改、丢失;发生或者可能发生个人信息泄露、篡改、丢失的,应当及时采取补救措施,按照规定告知自然人并向有关主管部门报告。

第一千零三十九条 国家机关、承担行政职能的法定机构及其工作人员对于履行职责过程中知悉的自然人的隐私和个人信息,应当予以保密,不得泄露或者向他人非法提供。

《刑法》(2023年12月29日修正)

第二百五十三条之一 违反国家有关规定,向他人出售或者提供公民个人信息,情节严重的,处三年以下有期徒刑或者拘役,并处或者单处罚金;情节特别严重的,处三年以上七年以下有期徒刑,并处罚金。

违反国家有关规定,将在履行职责或者提供服务过程中获得的公民个人信息,出售或者提供给他人的,依照前款的规定从重处罚。

窃取或者以其他方法非法获取公民个人信息的,依照第一款的规定处罚。

单位犯前三款罪的,对单位判处罚金,并对其直接负责的主管人员和其他直接责任人员，依照各该款的规定处罚。

【解读】

个人信息是指以电子或者其他方式记录的能够单独或者与其他信息结合识别特定自然人的各种信息，包括自然人的姓名、出生日期、身份证件号码、生物识别信息、住址、电话号码、电子邮箱、健康信息、行踪信息等。自然人的个人信息受法律保护。该案中柯某在运营“房利帮”网站并开发同名手机App的过程中侵犯了业主的个人信息，构成犯罪。社区矫正对象在日常生活也要注意个人信息的保护，发现个人信息处理者违反法律、行政法规的规定或者双方的约定处理其个人信息的，有权请求信息处理者及时删除。

(4)住宅安全权

住宅安全权是指公民居住、生活、休息的场所不受非法侵入和搜查的权利。这里的住宅包括固定居住的住宅，也包括临时性住所。

【典型案例】

田某非法搜查案[①]

2018年10月10日早上6时许，被告人田某因怀疑自己女儿的一套纱料衣服和一块四方包裹布被丁某1拿走，便窜至丁某1家里翻柜子查找，丁某1当时正独自在家中炕上睡觉，听到响动后，发现田某在自己家里翻柜子，便上前阻止，后两人发生厮打，造成丁某1头部、胸部、腰部、左腕部等多处受伤。事后双方达成了赔偿谅解协议。

法院认为，被告人田某非法搜查他人住宅，其行为已构成非法搜查罪，应受刑罚处罚，判有期徒刑6个月，缓刑1年。

【解读】

住宅是公民的私人生活空间，受法律保护。我国《宪法》和有关法律规定，我国公民的住宅不受侵犯，禁止非法搜查或者非法侵入公民的

① 参见辽宁省建昌县人民法院(2019)辽1422刑初176号刑事判决书。

住宅。执法人员因侦查等需要进入公民住宅的,要求严格遵守相应的程序,并办理相关的法律手续,否则构成侵权甚至犯罪。为保证公民这一权利的实现,我国《刑法》第245条规定,非法搜查他人身体、住宅,或者非法侵入他人住宅的,处三年以下有期徒刑或者拘役。司法工作人员滥用职权,犯前款罪的,从重处罚。

(5)通信权

通信权是指公民通过书信、电报、传真、电话及其他通信手段,根据自己的意愿进行通信,不受他人干涉的权利。通信权包括通信自由权和通信秘密权。

【典型案例】

侵犯通信自由权案①

某厂车间技术员李某多次到传达室信架上窃取3名女青年职工的信件,私自开拆,阅后又在信纸的背面或空白处画上女人裸体像,并写了一些极为低级下流的污言秽语,装进信封,放回信架,让女职工取走。李某还多次私拆其他职工的信件,影响极坏,结果受到了法律的惩处。

【解读】

通信是人们日常生活中不可缺少的联系方法。通信自由是公民的一项基本的民主权利,受到法律的保护。隐匿、毁弃、非法开拆他人信件是对公民民主权利的侵犯。我国《宪法》明确规定,通信自由和通信秘密是公民的基本权利,受到法律的保护,不得非法侵犯。我国《刑法》也规定了侵犯通信自由罪。侵犯通信自由罪是指隐匿、毁弃或者非法开拆他人信件,侵犯公民通信自由权利,情节严重的行为。所谓"隐匿"

① 参见法研堂:《公民的通信自由不可侵犯》,载微信公众号"长安司法"2017年1月10日,https://mp.weixin.qq.com/s?__biz=MzA5MTkwODE0Nw==&mid=2663658533&idx=5&sn=cf686caffb1a01c2ce21ed1dcd2ade90&chksm=8b45a579bc322c6ff0eaff21c3b04bd09769905426ab53c08673859d1b2cf4f599b163cc089b&scene=27。

他人信件,是指将他人投寄的信件秘密隐藏起来,使收件人无法查收的行为;“毁弃”他人信件,是指故意丢弃、撕毁、焚毁信件的行为;“非法开拆”他人信件,是指擅自开拆他人信件,偷看他人信件内容的行为。“情节严重”主要指多次、经常隐匿、毁弃、非法开拆他人信件或者隐匿、毁弃、非法开拆他人信件数量较多或者造成严重后果等。本案的被告人李某,私自开拆他人信件,侮辱女青年的人格,手段卑鄙,性质恶劣,造成了很坏的影响,其行为已构成侵犯公民通信自由罪,理应受到法律的制裁。

社区矫正对象同样具有通信权。与身处封闭、隔离状态的监狱服刑人员相比,社区矫正对象享有与普通公民基本一致的通信权。在监狱中,监狱服刑人员不允许使用手机,通过信件与外界交往,或通过亲情电话与家属沟通,并且这些也要受到监管或检查,可以说他们的通信权受到了限制。虽然社区矫正对象被适用手机定位或电子定位装置,但并不妨碍其通信权的使用。社区矫正机构工作人员在进行手机定位、电子定位装置管理时,需要保护社区矫正对象的通信自由和秘密。除非社区矫正对象涉嫌犯罪而被立案侦查,公安机关通过法定程序,实施侦听、监听或信息检查、截取等特殊侦查手段。

法条链接:

《宪法》(2018 年 3 月 11 日修正)

第四十条　中华人民共和国公民的通信自由和通信秘密受法律的保护,除国家安全或者追查刑事犯罪的需要,由公安机关或者检察机关依照法律规定的程序对通信进行检查外,任何组织或者个人不得以任何理由侵犯公民的通信自由和通信秘密。

《刑法》(2023 年 12 月 29 日修正)

第二百五十二条　隐匿、毁弃或者非法开拆他人信件,侵犯公民通信自由权利,情节严重的,处一年以下有期徒刑或者拘役。

第二百五十三条　邮政工作人员私自开拆或者隐匿、毁弃邮件、电报的,处二年以下有期徒刑或者拘役。

犯前款罪而窃取财物的,依照本法第二百六十四条的规定定罪从重处罚。

2. 政治权利

政治权利是公民参加国家管理和政治活动的权利。政治权利主要包括选举权和被选举权,言论、出版、集会、结社、游行、示威自由的权利。除被剥夺的政治权利以外,社区矫正对象在法律上仍然享有其他政治权利。需要注意的是,被判处管制的犯罪分子,在执行期间,未经执行机关批准,不得行使言论、出版、集会、结社、游行、示威自由的权利。

(1)选举权与被选举权

选举权是指公民依法享有选举国家权力机关的代表和特定国家机关公职人员的权利;被选举权是指公民依法享有被选举为国家权力机关代表和特定国家机关公职人员的权利。在我国,国家的一切权利属于人民,行使好选举权和被选举权是公民政治参与能力的重要体现。

【典型案例】

正确行使手中权利　有效维护选举秩序①

案例1:

2017年12月4日,门源县某村在村主任候选人预选前,该村村民李某指派同村村民马某以每张选票50元的价格进行拉票,让选民在预选时投票给村主任候选人张某,同时,张某以说情、打招呼的方式为自己拉取选票。

案例2:

2017年12月12日,门源县某村村民孔某先后给鲁某、李某等人打电话,在电话里要求他们叫上几个人在第二天的村主任换届选举会上将村支部书记换掉,之后再进行村主任的投票选举。如果不将村支部书记换下台就不参加村主任的选举。2017年12月13日上午,该村村主任选举期间,孔某又以现任村支部书记在灾后重建

① 《以案释法|正确行使手中权利　有效维护选举秩序》,载海北公安,2020年12月14日发布,https://m.thepaper.cn/baijiahao_10399571。

上有问题、村里不修硬化路等为借口，带头要求镇上罢免村支部书记，如果不罢免村支部书记就不参加村主任选举工作，在镇政府工作人员、县领导做了大量思想工作后，孔某等人仍然拒绝参加选举，并离开了选举现场，导致选举工作未能顺利进行。

案例3：

门源县某村村民林某为成为村主任候选人人选，于2017年11月29日17时许，为拉票将本村村民任某等9人邀至浩门镇某茶餐厅进行宴请。

【调查与处理】

案例1：根据《治安管理处罚法》第23条第1款第5项规定，马某、李某、张某的行为破坏选举秩序，公安机关依法分别给予马某行政拘留5日、李某行政拘留7日、张某行政拘留8日的行政处罚。

案例2：根据《治安管理处罚法》第23条第1款第5项规定，孔某的行为破坏选举秩序，公安机关依法给予孔某行政拘留7日并处罚款300元的行政处罚。

案例3：根据《治安管理处罚法》第23条第1款第5项规定，林某的行为破坏选举秩序，公安机关依法给予林某行政拘留10日的行政处罚。

【解读】

选举权和被选举权是公民的基本政治权利，是公民参与国家管理和政治活动的重要标志。我国《宪法》第34条规定："中华人民共和国年满十八周岁的公民，不分民族、种族、性别、职业、家庭出身、宗教信仰、教育程度、财产状况、居住期限，都有选举权和被选举权，但是依照法律被剥夺政治权利的人除外。"对于破坏选举的行为，《全国人民代表大会和地方各级人民代表大会选举法》第58条规定："为保障选民和代表自由行使选举权和被选举权，对有下列行为之一，破坏选举，违反治安管理规定的,依法给予治安管理处罚;构成犯罪的,依法追究刑事责任:(一)以金钱或者其他财物贿赂选民或者代表,妨害选民和代表自由行使选举权和被选举权的;(二)以暴力、威胁、欺骗或者其他非法手段妨害选民和代表自由行使选举权和被选举权的;(三)伪造选举文件、虚报选举票数或者有其他违法行为的;(四)对于控告、检举选举中违法行为的人,或者对于提出要求罢免代表的人进行压制、报复的。国家工作人员有前款所列行为的,还应当由监察机关给予政务处分或者由所在机关、单位给予处分。以本条第一款所列违法行为当选的,其当选无效。”因此,在上述案例中,违反选举法律规定的村民受到了相应的治安管理处罚。

(2)言论、出版、集会、结社、游行、示威自由的权利

言论自由是指《宪法》规定公民通过口头或书面形式表达自己意见的自由。出版自由是指公民以出版物形式表达其思想和见解的自由。集会自由是指公民享有宪法赋予的聚集在一定场所商讨问题或表达意愿的自由。结社自由是指公民为一定宗旨,依照法定程序组织或参加具有连续性的社会团体的自由。游行自由是指公民采取列队行进的方式来表达意愿的自由。示威自由是指通过集会或游行、静坐等方式表达强烈意愿的自由。

【典型案例】

不当上访警示案例系列——非法集会、游行、示威罪①

资源县粟某等因其姐姐被打伤住院,为了引起政府重视,在未经任何申请的情况下,纠集百余名村民通过拉条幅、喊口号的形式来到县政府讨要说法,县公安局局长带领干警赶到现场维持秩序,劝说游行示威队伍。但其拒不听从劝阻,还追打公安民警和保安,严重破坏了社会秩序,造成了恶劣的社会影响。法院以非法集会、游行、示威罪判处粟某等人拘役缓刑。

---

① 《不当上访警示案例系列——非法集会、游行、示威罪》,载微信公众号“鼎湖发布”,2022 年 9 月 20 日发布,https://mp. weixin. qq. com/s? __biz = MzI4MzYxODE2MA = = &mid = 2247698250&idx = 6&sn = 868eaff5b5841db7341ee111de1fa2c4&chksm = eb8a7955dcfdf0435c92dc3d3a1ecf5188347e6d375fd0c10aebb4fb4729907ccd39bf246d48&scene = 27。

【解读】

言论、出版、集会、结社、游行、示威的自由是我国《宪法》规定的公民的基本权利。但是,如果集会、游行、示威行为未依照法律规定申请或者申请未获许可,或者未按照主管机关许可的时间、地点、路线进行,又或者不服从解散命令,严重破坏了社会秩序,就构成了犯罪。我国《刑法》第296条规定:“举行集会、游行、示威,未依照法律规定申请或者申请未获许可,或者未按照主管机关许可的起止时间、地点、路线进行,又拒不服从解散命令,严重破坏社会秩序的,对集会、游行、示威的负责人和直接责任人员,处五年以下有期徒刑、拘役、管制或者剥夺政治权利。”也就是说,虽然宪法赋予公民集会、游行和示威的自由,但必须按照公安机关等部门的许可进行并服从安排,否则就是非法,还可能涉嫌犯罪。

3. 监督权

监督权是指宪法赋予公民监督国家机关及其工作人员活动的权利。监督权主要包括批评权、建议权、控告权、检举权、申诉权。我国《宪法》第41条规定:“中华人民共和国公民对于任何国家机关和国家工作人员,有提出批评和建议的权利;对于任何国家机关和国家工作人员的违法失职行为,有向有关国家机关提出申诉、控告或者检举的权利,但是不得捏造或者歪曲事实进行诬告陷害。对于公民的申诉、控告或者检举,有关国家机关必须查清事实,负责处理。任何人不得压制和打击报复。由于国家机关和国家工作人员侵犯公民权利而受到损失的人,有依照法律规定取得赔偿的权利。”据此,公民享有批评和建议的权利,也有提出申诉、控告或者检举的权利。

【典型案例】

网络监督促使“最牛房管局长”落马①

2008年12月10日,在南京江宁区房管局四楼会议室举行的媒体见面会上,房管局长周久耕提出“对于开发商低于成本价格销售楼盘,下一步将和物价部门一起对其进行查处”,引发公众不满。网

① 参见刘萱主编:《中国人权在行动(2008~2009)》,五洲传媒出版社2001年版,第289页。

民根据记者拍录下来的视听资料发现,周久耕所抽香烟价格为1500元一条,所佩戴的手表价格为10万元一块,所开轿车品牌为凯迪拉克。这些现象引起了公众的广泛质疑,周久耕也因此成为网络热议的对象,被网民们称为"史上最牛房管局长"。

2008年12月18日,南京市纪委迅速对"周久耕事件"作出回应,称没有一家房地产企业因为降价受到处罚。在接下来的几天里,周久耕被宣布免职。2009年3月20日,南京市纪委和监察局负责人向媒体宣布,周久耕因严重违纪和腐败行为被开除党籍、开除公职,由于涉嫌犯罪,已被移送司法机关处理。

【解读】

随着互联网的发展,网络监督已经成为公民行使监督权的重要形式,成为公民参与民主政治的重要渠道。2003年最高人民检察院开通了"网上举报中心",标志着我国反腐工作进入网络时代。周久耕案件是典型的网络监督案件。

社区矫正对象同样享有批评权、建议权、控告权、检举权、申诉权。社区矫正对象有权指出社区矫正机构及工作人员存在的问题,有权提出改进工作的合理化意见。社区矫正对象的控告权是指社区矫正对象认为自己的合法权益受到社区矫正机构或其他社会公民侵害时,可以向有关机关揭发并要求处理的权利。社区矫正对象的检举权是指社区矫正对象对社区矫正机构及其工作人员,或其他社会公民实施的违法犯罪行为,有向有关国家机关进行举报的权利。

社区矫正对象的申诉权,是指社区矫正对象不服人民法院已经生效的刑事、民事及行政裁判的,可以提出申诉。对于社区矫正对象来说,其申诉权主要体现在:(1)社区矫正对象在服刑过程中,如果认为已经发生法律效力的原法院判决、裁定在认定事实或者适用法律上有错误,可以依法提出申诉。申诉是提起审判监督程序的重要材料来源。这项权利的赋予,无疑给社区矫正对象提供了最后的申辩机会,用以对抗法院审判中的偏差,达到撤销或变更原有判决和裁定的目的,以维护法律尊严，保证刑罚公正。（2）社区矫正对象在服刑过程中，如果对矫正机构的纪律处分不服，可以向矫正机构或主管司法机关申诉，请求审查处理或重新审查处理。考核是社区矫正工作中的重要环节，尤其对社区矫正对象日常行为的奖惩是提起司法奖惩的基础，关系到社区矫正对象是否会被提请减刑、撤销缓刑或假释，监外执行人员是否会被收监等。因此，社区矫正机构或主管司法机关应当重视社区矫正对象的该项权利，切实保障其申诉权的正当行使。①

4. 社会经济权

社会经济权是指公民要求国家根据社会经济的发展状况，积极采取措施干预社会经济生活，加强社会建设，提供社会服务，以促进公民的自由和幸福，保障公民过上健康而有尊严的生活的权利。社会经济权主要包括劳动权、休息权、社会保障权和物质帮助权。

（1）劳动权

劳动权是指有劳动能力的公民参与社会劳动，并且获得劳动报酬及相关待遇的权利。劳动权主要包括：参加劳动的权利，获得劳动报酬的权利，获得劳动福利的权利，接受职业培训的权利等。

【典型案例】

未签订书面劳动合同应当支付双倍工资差额②

——黄某与合肥某科技公司劳动争议案

案情简介：2019 年 6 月 27 日，黄某入职合肥某科技公司从事会计工作，填写了《录用人员登记表》，但未签订书面劳动合同。2020 年 4 月 8 日，黄某离职并提起劳动仲裁，要求合肥某科技公司因未签订书面劳动合同支付其双倍工资差额。仲裁机构认定合肥某科技公司应支付黄某双倍工资差额共计 4 万余元。黄某和合肥某科技公司均不服该裁决，向高新区人民法院提起诉讼。案经高新区人民

① 参见吴宗宪主编：《社区矫正导论》（第二版），中国人民大学出版社 2020 年版，第 102 页。

② 《合肥法院劳动争议十大典型案例》，合肥市中级人民法院 2022 年 4 月 30 日，载澎湃政务网，https://m.thepaper.cn/baijiahao_17895526。

法院一审、合肥市中级人民法院二审，均认定合肥某科技公司应支付黄某2019年7月27日至2020年4月8日的双倍工资差额共计4万余元。

法官点评：《劳动合同法》第82条规定："用人单位自用工之日起超过一个月不满一年未与劳动者订立书面劳动合同的，应当向劳动者每月支付二倍的工资。"虽然合肥某科技公司为黄某办理了入职登记，但该入职登记没有约定黄某的工作岗位、工资待遇等劳动合同必备要件，故不符合书面劳动合同的要素特征。合肥某科技公司认为黄某是负责签订劳动合同的职能部门负责人，但根据该公司提供的公司组织架构图，黄某仅为财务人员，其工作职责并不包括签订劳动合同等人事工作，故未予采纳该意见。合肥某科技公司既未能举证证明双方已经签订书面劳动合同，所举证据又不足以证明双方之间未签订书面劳动合同的责任在于黄某，故应当根据《劳动合同法》的规定，支付黄某未签订书面劳动合同的双倍工资差额共计4万余元。

典型意义：劳动合同是劳动者与用人单位双方遵循平等自愿、协商一致的原则订立的协议，可以明确双方的权利和义务。《劳动法》规定用人单位自用工之日起超过1个月不满1年未与劳动者订立书面劳动合同的，应当向劳动者每月支付二倍工资的规定，是一种手段而非目的，作出这样的规定是为了更好地确定劳动者和用工方的权利与义务，规范好劳动关系，促进合法用工，减少劳动争议纠纷。

【解读】

在我国，劳动既是一项权利，也是一项义务。我国《宪法》第42条规定："中华人民共和国公民有劳动的权利和义务。国家通过各种途径，创造劳动就业条件，加强劳动保护，改善劳动条件，并在发展生产的基础上，提高劳动报酬和福利待遇。劳动是一切有劳动能力的公民的光荣职责。国有企业和城乡集体经济组织的劳动者都应当以国家主人翁的态度对待自己的劳动。国家提倡社会主义劳动竞赛，奖励劳动模范和先进工作者。国家提倡公民从事义务劳动。国家对就业前的公民进行必要的劳动就业训练。”为保护公民劳动权不受侵害,我国还专门出台了《劳动合同法》。

社区矫正对象同样具有劳动的权利和义务。一方面,劳动是我国改造犯罪人的一种手段。在监狱中,劳动是改造服刑人员的重要手段之一。但是,在社区矫正过程中,社区矫正对象参加社区矫正机构或委托司法所组织的公益活动不属于一般意义上的劳动,而是教育矫正的一种措施。社区矫正对象应当积极参加公益活动,修复社会关系,培养社会责任感。另一方面,劳动也是获得物质财富的手段。通过诚实劳动、合法经营,社区矫正对象获得生存和发展的物质基础。需要强调的是,我国《刑法》第 39 条还明确规定,对于被判处管制的犯罪分子,在劳动中应当同工同酬。这也是对劳动权保护的体现。

(2)休息权

休息权是指劳动者在付出一定的劳动以后所享有的休息和休养的权利。休息权是劳动权的基础。休息权是提高劳动效率,保障劳动者的生活和身体健康的必要措施。

【典型案例】

劳动者拒绝违法超时加班安排,
用人单位能否解除劳动合同[①]

基本案情:张某于 2020 年 6 月入职某快递公司,双方订立的劳动合同约定试用期为 3 个月,试用期月工资为 8000 元,工作时间执行某快递公司规章制度相关规定。某快递公司规章制度规定,工作时间为早 9 时至晚 9 时,每周工作 6 天。2 个月后,张某以工作时间严重超过法律规定上限为由拒绝超时加班安排,某快递公司即以张某在试用期间被证明不符合录用条件为由与其解除劳动合同。张

① 参见《人社部、最高法联合发布超时加班劳动人事争议典型案例》,载最高人民法院官网 2021 年 8 月 26 日,https://baijiahao.baidu.com/s?id=1709137270026217794&wfr=spider&for=pc。

某向劳动人事争议仲裁委员会(以下简称仲裁委员会)申请仲裁。

申请人请求:请求裁决某快递公司支付违法解除劳动合同赔偿金 8000 元。

处理结果:仲裁委员会裁决某快递公司支付张某违法解除劳动合同赔偿金 8000 元(裁决为终局裁决)。仲裁委员会将案件情况通报劳动保障监察机构,劳动保障监察机构对某快递公司规章制度违反法律、法规规定的情形责令其改正,给予警告。

案例分析:本案的争议焦点是张某拒绝违法超时加班安排,某快递公司能否与其解除劳动合同。《劳动法》第 41 条规定:"用人单位由于生产经营需要,经与工会和劳动者协商后可以延长工作时间,一般每日不得超过一小时;因特殊原因需要延长工作时间的,在保障劳动者身体健康的条件下延长工作时间每日不得超过三小时,但是每月不得超过三十六小时。"第 43 条规定:"用人单位不得违反本法规定延长劳动者的工作时间。"《劳动合同法》第 26 条规定:"下列劳动合同无效或者部分无效:……(三)违反法律、行政法规强制性规定的。"为确保劳动者休息权的实现,我国法律对延长工作时间的上限予以明确规定。用人单位制定违反法律规定的加班制度,在劳动合同中与劳动者约定违反法律规定的加班条款,均应认定为无效。

本案中,某快递公司规章制度中"工作时间为早 9 时至晚 9 时,每周工作 6 天"的内容,严重违反法律关于延长工作时间上限的规定,应认定为无效。张某拒绝违法超时加班安排,系维护自己合法权益,不能据此认定其在试用期间被证明不符合录用条件。故仲裁委员会依法裁决某快递公司支付张某违法解除劳动合同赔偿金。

典型意义:《劳动法》第 4 条规定:"用人单位应当依法建立和完善规章制度,保障劳动者享有劳动权利和履行劳动义务。"法律在支持用人单位依法行使管理职权的同时,也明确其必须履行保障劳动者权利的义务。用人单位的规章制度以及相应工作安排必须符合法律、行政法规的规定,否则既要承担违法后果,也不利于构建和谐稳定的劳动关系、促进自身健康发展。

【解读】

近期,一些行业、企业超时加班问题引起社会广泛关注。劳动者应当依法享有相应的劳动报酬和休息休假权益。我国《宪法》第43条明确规定,“中华人民共和国劳动者有休息的权利。国家发展劳动者休息和休养的设施,规定职工的工作时间和休假制度”。遵守国家工时制度是用人单位的法定义务。超时加班极易引发劳动争议,影响劳动关系和谐与社会稳定。当社区矫正对象遇到侵犯休息休假权的事件,需要运用仲裁、诉讼等法律途径解决,而不能使用非法手段解决。

(3)社会保障权

社会保障权是指公民享有的要求国家提供维护有尊严的生活条件的权利,如我国宪法规定的退休人员生活受到国家和社会的保障、国家建立健全同经济发展水平相应的社会保障制度等。

【典型案例】

检察维权暖人心　社矫养老得保障①

为保障社区矫正对象的基本生活,让社区矫正对象能够安心在社区接受教育矫正,缙云县人民检察院对县域内的社区矫正对象的养老保险问题开展全面调查。经初步调查发现:确有社区矫正对象养老保险被停发扣发。其中扣发原因为领取人在社区矫正期间达到领取养老保险待遇后参与了基本养老金的调整,调整部分须依法追缴;停发原因为社保中心未收到服刑人员已接受社区矫正的通知。

根据浙江省司法厅、财政厅、人力资源和社会保障厅和医保局联合印发《关于社区矫正对象参加养老保险和医疗保险有关问题的通知》规定,社区矫正对象已参加企业职工基本养老保险并实现再就业的,按规定继续参保缴费,达到法定退休年龄或养老保险待遇领取年龄的,可按规定享受领取养老保险待遇,但社区矫正期间不

① 《检察维权暖人心　社矫养老得保障》,载搜狐网2020年5月8日,https://www.sohu.com/a/393720096_660595。

参与基本养老金调整;已参加城乡居民基本养老保险的,按规定继续参保缴费,达到养老保险待遇领取年龄并符合待遇领取条件的,可按规定享受领取养老保险待遇,其基础养老金按当地当年标准执行。

也就是说,社区矫正对象可以享受养老保险待遇。但是参加企业职工基本养老保险的参保人员在社区矫正期间不参与基本养老金调整;参加城乡居民基本养老保险的参保人员,其基础养老金按当地当年标准执行。停发养老保险的社区矫正对象多为保外就医的暂予监外执行对象,本身面临生活困难,无经济来源的困境。

为积极妥当处理社区矫正对象的合理诉求保障其合法权益,缙云县人民检察院通过县司法局调取符合领取养老保险待遇的社区矫正对象接受社区矫正的证明材料,并主动对接县社会保险事业服务中心,帮助停发养老保险的社区矫正对象办理养老保险恢复领取手续。

在成功办理恢复社区矫正对象的养老保险后,检察人员在第一时间将这个好消息告知了当事人,并向其讲解社区矫正对象参加养老保险和医疗保险有关政策。恢复养老保险待遇的社区矫正对象向检察官们连声道谢,并表示今后将继续好好接受社区矫正,早日回归社会,做合格公民。

【解读】

社区矫正对象同样享有社会保障权。我国《宪法》第 44 条规定:“国家依照法律规定实行企业事业组织的职工和国家机关工作人员的退休制度。”退休人员的生活受到国家和社会的保障。也就是说,退休人员如果违法犯罪,并接受社区矫正管理,不影响养老金发放。正在接受社区矫正的退休人员,不参与养老金调整。

(4)获得物质帮助权

物质帮助权是指公民在法定条件下有从国家和社会获得物质帮助的权利,如国家发展为公民享受这些权利所需要的社会保险、社会救济和医疗卫生事业。

【典型案例】

高某刑事申诉公开听证案①

要旨:为增加办理刑事申诉案件透明度,提高办案质量和司法公信力,检察机关举行听证会,解开申诉人的心结、法结。

基本案情:2003 年 7 月,孔某某、孙某某计划抢劫出租车,并购得铁棍 2 根作为作案工具。二人诱使驾驶员高某某将出租车开至郊外,趁高某某不备,用携带的铁棍猛打高某某致其死亡,抢得手机 1 部后逃离现场。被告人孔某春明知其弟孔某某涉嫌抢劫罪,仍资助孔某某现金,并唆使其到外地躲藏。

案件办理情况:2003 年 12 月,法院作出刑事附带民事判决,认定孔某某、孙某某犯抢劫罪,分别判处死刑、无期徒刑;孔某春犯窝藏罪,判处有期徒刑 3 年缓刑 4 年。孔某某不服,提出上诉,二审法院作出刑事裁定,维持原判。

被害人父亲高某不服,提出孙某某作案时已年满 18 周岁,应改判其死刑等理由,向江苏省检察机关提出申诉。江苏省检察机关审查认为申诉人的申诉理由不能成立,予以审查结案。高某仍不服,向最高人民检察院提出申诉。最高人民检察院认为申诉人的申诉理由不能成立,不予支持,审查结案。

为增加办理刑事申诉案件透明度,提高办案质量和司法公信力,解开申诉人的心结、法结,最高人民检察院举行公开听证。承办检察官针对申诉人提出的问题,作出说明。其中详细解释了为何推定孙某某不满 18 周岁。参加听证的监督员认为,原审判决程序合法,定性准确,符合法律和相关司法解释的规定。检察机关考虑到高某年事已高,没有固定收入来源,又没有得到经济赔偿的实际情况,依法决定给予高某 10 万元的国家司法救助。77 岁的高某写了一封长信,其中写道:"……把我从 16 年的痛苦中拯救出来,帮助我

① 北海网警巡查执法:《与宪法有关的 7 个典型案例》,载百度新闻网 2019 年 12 月 6 日,https://baijiahao.baidu.com/s?id=1652139535039349810&wfr=spider&for=pc。

从漫长的非难之日走出来，开始走向能够享受晚年的道路。”

典型意义：此次听证会充分体现了“民有所呼、检必有所应”的理念，彰显了以人民为中心、践行公平正义的司法情怀，做到了法度、力度、温度的有机统一，是一次接地气、敢担当又暖心的行动。

【解读】

获得物质帮助权是公民基于生存权而享有的社会经济保障权利。我国《宪法》第45条规定：“中华人民共和国公民在年老、疾病或者丧失劳动能力的情况下，有从国家和社会获得物质帮助的权利。国家发展为公民享受这些权利所需要的社会保险、社会救济和医疗卫生事业。国家和社会保障残废军人的生活，抚恤烈士家属，优待军人家属。国家和社会帮助安排盲、聋、哑和其他有残疾的公民的劳动、生活和教育。”作为公民的社区矫正对象同样享有获得物质帮助权。为平等对待社区矫正对象，我国《社区矫正法》第4条规定：“社区矫正对象依法享有的人身权利、财产权利和其他权利不受侵犯，在就业、就学和享受社会保障等方面不受歧视。”第43条规定：“社区矫正对象可以按照国家有关规定申请社会救助、参加社会保险、获得法律援助，社区矫正机构应当给予必要的协助。”这为社区矫正对象获得物质帮助权提供了进一步保障。

5. 文化教育权

文化教育权是公民按照宪法的规定在文化和教育领域享有的权利。文化教育权主要包括教育方面的权利和文化活动方面的权利。

（1）受教育权

【典型案例】

冒名顶替侵犯受教育权[①]

案情介绍：2010年，齐某某通过考试获得了山东省某大学的入学资格。录取通知书由该校发出后，由她就读的某市八中转交。同

① 《〈中华人民共和国宪法〉学习专题（三）》，载恩施土家族苗族自治州农业农村局官网2020年7月7日，http://nyj.enshi.gov.cn/zcfg/202007/t20200707_570642.shtml。

学陈某某得知后，从市八中领走了该录取通知书，并在其父的运作下，以齐某某的名义到某大学就读直至毕业。毕业后，陈某某仍然使用齐某某的姓名，到中国银行某支行工作。齐某某发现陈某某冒用其姓名后，以姓名权、受教育权及相关权益被侵害为由，向人民法院提起民事诉讼，以陈某某、陈父、大学、市八中和市教育委员会为被告。请求法院判令被告停止侵害、赔礼道歉，并赔偿原告经济损失16万元，精神损失40万元。此案经过二审，最终由山东省高级人民法院作出判决：(1)被上诉人陈某某、陈父赔偿齐某某因受教育的权利被侵犯造成的直接经济损失7000元，大学、市八中、市教育委员会承担连带赔偿责任；(2)被上诉人陈某某、陈父赔偿齐某某因受教育的权利被侵犯造成的间接经济损失（按陈某某以齐某某名义领取的工资扣除最低生活保障费后计算）41,045元，大学、市八中、市教育委员会承担连带赔偿责任；(3)被上诉人陈某某、陈父、大学、市八中、市教育委员会赔偿齐某某精神损害费50,000元。

以案释法：《宪法》第46条第1款规定："中华人民共和国公民有受教育的权利和义务。"陈某某等以侵犯姓名权为手段，侵犯了齐某某依据《宪法》规定所享有的受教育的基本权利，并造成了具体的损害后果，应承担相应的民事责任。因此，法院判令陈某某等赔偿齐某某的复读费、为将农业户口转为非农业户口缴纳的城市增容费、为诉讼支出的律师费等直接经济损失，并判令其侵权所得的工资收入归齐某某所有。

【解读】

受教育权是公民享有的一项基本性宪法权利。教育是现代社会个人生存和发展的关键因素。我国《宪法》第46条规定："中华人民共和国公民有受教育的权利和义务。国家培养青年、少年、儿童在品德、智力、体质等方面全面发展。"接受教育少，文化程度低，直接关系公民的认知、心理、行为、素质、技能等，进而影响其人际交往、就业状态和经济水平等。

作为公民的社区矫正对象同样享有《宪法》规定的受教育权。《社区矫正法》第五章专门规定了教育帮扶。同时,社区矫正机构可以协调有关部门和单位,帮助社区矫正对象中的在校学生完成学业;对未完成义务教育的未成年社区矫正对象,社区矫正机构应当通知并配合教育部门为其完成义务教育提供条件;未成年社区矫正对象的监护人应当依法保证其按时入学接受并完成义务教育。这些规定充分保障了在校学生、未成年人的受教育权。此外,年满16周岁的社区矫正对象有就业意愿的,社区矫正机构可以协调有关部门和单位为其提供职业技能培训,给予就业指导和帮助;社区矫正机构可以协调有关部门和单位,依法对就业困难的社区矫正对象开展职业技能培训、就业指导;社区矫正机构可以通过公开择优购买社区矫正社会工作服务或者其他社会服务的方式,为社区矫正对象在教育、心理辅导、职业技能培训、社会关系改善等方面提供必要的帮扶。实际上,这些规定也充分保障了社区矫正对象的受教育权。

法条链接:

《社区矫正法》(2019年12月28日公布)

第三十五条　县级以上地方人民政府及其有关部门应当通过多种形式为教育帮扶社区矫正对象提供必要的场所和条件,组织动员社会力量参与教育帮扶工作。

有关人民团体应当依法协助社区矫正机构做好教育帮扶工作。

第三十六条　社区矫正机构根据需要,对社区矫正对象进行法治、道德等教育,增强其法治观念,提高其道德素质和悔罪意识。

对社区矫正对象的教育应当根据其个体特征、日常表现等实际情况,充分考虑其工作和生活情况,因人施教。

第三十七条　社区矫正机构可以协调有关部门和单位,依法对就业困难的社区矫正对象开展职业技能培训、就业指导,帮助社区矫正对象中的在校学生完成学业。

第三十八条　居民委员会、村民委员会可以引导志愿者和社区群众,利用社区资源,采取多种形式,对有特殊困难的社区矫正对象进行必要的教育帮扶。

第三十九条　社区矫正对象的监护人、家庭成员，所在单位或者就读学校应当协助社区矫正机构做好对社区矫正对象的教育。

第四十条第一款　社区矫正机构可以通过公开择优购买社区矫正社会工作服务或者其他社会服务，为社区矫正对象在教育、心理辅导、职业技能培训、社会关系改善等方面提供必要的帮扶。

(2)文化活动权

文化活动权是公民文化活动方面的自由，主要包括科学研究的自由、文学艺术创作的自由和进行其他文化活动的自由。科学文化活动是经济发展和社会进步的动力，是社会主义精神文明的重要内容，是推动社会主义物质文明建设的强大力量。为促进科学文化的繁荣和发展，广大公民应当享有广泛的科学文化活动的自由和权利，国家对公民的科学文化活动自由也应当给予支持和帮助。国家通过各种方式促进科学文化事业的发展，我国已确立了科教兴国的政策，在教育、科学、文化等方面也制定了一系列促进和保护科学文化事业发展的法律、法规。

我国《宪法》第47条规定："中华人民共和国公民有进行科学研究、文学艺术创作和其他文化活动的自由。国家对于从事教育、科学、技术、文学、艺术和其他文化事业的公民的有益于人民的创造性工作，给以鼓励和帮助。"作为公民的社区矫正对象同样享有文化活动权。

【典型案例】

匠心意造启新航

——社区矫正对象竹刻习艺班①

嘉定竹刻创始于明朝隆庆、万历年间(公元1567~1619年)，距今已有400多年的历史。嘉定竹刻艺人以刀代笔，将书、画、诗、文、印诸种艺术融为一体，赋予竹子以新的生命，使竹刻作品获得了书

① 参见上海社区矫正：《嘉定区：匠心意造启新航——社区矫正对象竹刻习艺班》，载澎湃政务网2022年10月25日，https://m.thepaper.cn/baijiahao_20449896。

卷之气和金石品味,风雅绝俗,成为历代文人士大夫的雅玩。2006年,嘉定竹刻入选第一批国家非物质文化遗产名录。

嘉定区司法局立足“三分矫正”实践,创造性地把嘉定竹刻这一地方特色与社区矫正手段相结合,以来沪社区矫正对象为主,创办竹刻习艺班,着力增强社区矫正对象的传统艺术修养,促进其教育转化,增强社会适应能力。

曹某,男,1985年生,离异,无业。2018年12月因非法吸收公众存款罪被判处有期徒刑3年,缓刑3年。曹某是家中独子,自小受尽家里长辈的宠爱,但现在却因犯罪导致妻子与其离婚,曹某感觉不能抬头见人,对自己所犯的罪后悔不已。加上因判刑被单位辞退,丢掉了原来较为稳定的工作,心理负担很重,常常把自己关在房里,不和外界接触,变得更加少言寡语,情绪极其消沉。针对曹某的不良情绪,司法所工作人员对其开展了多次心理疏导,恰逢竹刻班开办,也借机为其报了培训班。

竹刻以刀代笔,以竹子为载体,将书、画、诗、印等艺术样式融为一体,赋予竹子以新的生命。曹某从竹刻的去皮、刀具的使用等基本功开始练习,起步很难,但在培训老师的一次次鼓励和指导下,曹某从经常会刻坏竹片,到作品渐有雏形,生活中的烦恼都在一笔一划、一刀一刻中释放出来了,曹某在竹刻的过程中,慢慢体会到了学习的快乐,也逐渐领悟到正直、坚韧、向上的“竹精神”,也正是这坚韧的“竹精神”一点点驱散了曹某内心里的阴霾,让其鼓足了勇气重新积极阳光地面对生活。

竹刻习艺已经成为一种对社区矫正对象有一定影响力的教育方法和模式,以学习、欣赏、切磋与交流艺术为主要内容的竹刻小组不仅能陶冶情操、净化灵魂、丰富生活、充实人生,而且有助于发挥潜移默化的教育功能和心理调节作用,比一般的同伴教育来得更深刻、持久和有效。

【解读】

社区矫正机构通过组织竹刻习艺活动,增强社区矫正对象的素养、修养,稳定他们的情绪、心态,转变他们的认知、习惯,促进他们教育转化。社区矫正对象也可以结合自身的兴趣、特长或是经历等,培养适合的文化活动,例如,绘画、书法、雕刻、棋类、弹奏乐器等,以提高文化素养,陶冶情操,转化不良心理及行为恶习,实现适应、融入社会的目标。

6. 财产权

财产权是指公民、法人或其他组织通过劳动或其他合法方式取得财产和占有、使用、收益、处分财产的权利。对公民个人而言,财产权是在社会生活中获得自由与实现经济利益的必要途径。财产权主要包括私有财产权、继承权。我国《宪法》第13条规定:"公民的合法的私有财产不受侵犯。国家依照法律规定保护公民的私有财产权和继承权。国家为了公共利益的需要,可以依照法律规定对公民的私有财产实行征收或者征用并给予补偿。"

【典型案例】

网络账号、虚拟货币、游戏道具……虚拟财产受法律保护①

基本案情:原告周某以自己的身份信息注册了"和平精英"游戏账号,并在账号中充值且留有未用完金额,后原告周某通过某某网络科技有限公司运营的"租号玩"平台将游戏账号出租给被告邹某某使用,但由于邹某某游戏时多次使用外挂操作,违反游戏平台相关规范,导致原告周某的游戏账号被腾讯平台查封,查封期为10年。因该账号被封号,原告周某游戏账号中的充值款10年不能使用,故诉至法院要求被告邹某某赔偿其相关经济损失。

裁判结果:该案经法院立案受理后,依法适用简易程序公开进行了审理。法院向双方当事人释明,根据《民法典》的相关规定,游

① 参见《网络账号、虚拟货币、游戏道具……虚拟财产受法律保护——省法院发布适用民法典典型案例》,载贵州长安网2022年1月17日,http://www.gzpeace.gov.cn/info/1620/50461.htm。

戏账号、装备等网络虚拟财产,有一定的资产属性,当网络虚拟财产遭到非法侵害时,与普通财物遭到侵害一样,受到法律保护。在法院主持调解下,双方当事人自愿达成调解协议:一是由被告邹某某赔偿原告周某同等级别的游戏账号;二是若被告邹某某未赔偿同等级别游戏账号,则赔偿原告周某相应的经济损失。

【解读】

随着互联网技术的发展,网络游戏、社交平台等互联网电子服务也日益进入广大网民的生活,网络游戏、社交平台等电子服务创造的各类网络虚拟财产在互联网服务中也纷纷涌现,如何保护网民的虚拟财产就显得尤为重要和迫切。《民法典》中首次对网络虚拟财产“身份”地位予以确立,明确网络虚拟财产具有独立于其他网络资源或现实财产的价值,将网络虚拟财产正式纳入法律的保护范畴,明确了虚拟财产作为财产权客体的法律地位,填补了法律的空白,也为今后对网络虚拟财产保护的立法探索和司法实践打下了基础。

法条链接:

《社区矫正法》(2019 年 12 月 28 日公布)

第四条　社区矫正对象应当依法接受社区矫正,服从监督管理。

社区矫正工作应当依法进行,尊重和保障人权。社区矫正对象依法享有的人身权利、财产权利和其他权利不受侵犯,在就业、就学和享受社会保障等方面不受歧视。

《民法典》(2020 年 5 月 28 日公布)

第三条　民事主体的人身权利、财产权利以及其他合法权益受法律保护,任何组织或者个人不得侵犯。

第一百一十三条　民事主体的财产权利受法律平等保护。

第一百二十七条　法律对数据、网络虚拟财产的保护有规定的,依照其规定。

7. 宗教信仰自由权

宗教信仰自由是指公民依据内心的信念，自愿地信仰宗教的自由。具体内容包括信仰宗教的自由、从事宗教活动的自由、参加宗教仪式的自由等。我国《宪法》第36条第1、2款规定："中华人民共和国公民有宗教信仰自由。任何国家机关、社会团体和个人不得强制公民信仰宗教或者不信仰宗教，不得歧视信仰宗教的公民和不信仰宗教的公民。"公民有信仰宗教的自由，也有不信仰宗教的自由；有信仰这种宗教的自由，也有信仰那种宗教的自由；有过去信仰宗教而现在不信仰宗教的自由，也有过去不信仰宗教而现在信仰宗教的自由；在同一宗教里，有信仰这种教派的自由，也有信仰那种教派的自由。同时，公民行使宗教自由权时也要受法律的约束。我国《宪法》第36条第3、4款规定："国家保护正常的宗教活动。任何人不得利用宗教进行破坏社会秩序、损害公民身体健康、妨碍国家教育制度的活动。宗教团体和宗教事务不受外国势力的支配。"

【典型案例】

能不能强迫他人信仰宗教①

信仰佛教的青年胡某与信仰基督教的张某于2006年相恋，2009年年底，二人决定到婚姻登记机关登记结婚。正当他们准备举行婚礼的时候，信仰基督教的张某和哥哥向胡某提出了一个要求。要求胡某也必须信仰基督教，否则他们就不结婚。胡某不答应，张某的哥哥于是纠集了家中亲友将胡某"好好教育"了一番，并声称如果胡某不信基督教就休想与自己的妹妹结婚。

【解读】

上述案例中，张某和她哥哥强迫胡某信仰宗教的行为已经触犯了法律，违反了我国《宪法》关于公民有宗教信仰自由的规定，亦违反了婚姻自由原则。虽然法律并不限制不同宗教信仰的男女之间结婚，但是，

① 《能不能强迫他人信仰宗教》，载百度百家号智慧普法服务2020年8月21日，https://baijiahao.baidu.com/s?id=1675616452222389909&wfr=spider&for=pc。

任何人都不能因结婚就强迫他人信仰某种宗教。在不同宗教信仰的当事人之间的婚姻中,我们应从有利于家庭和睦的基点出发,互谅互让、求同存异,创造和谐的婚姻家庭关系。

作为公民的社区矫正对象同样享有宗教信仰自由。1997 年,我国首次对外发布《中国的宗教信仰自由状况》白皮书,向世界介绍中国的宗教信仰自由状况。国务院于 2004 年制定并于 2017 年修订了《宗教事务条例》,依法保护宗教教职人员的正常教务活动,保护信教公民正常宗教活动,保障宗教界的合法权益,将宗教界可以享有的诸多权利以法律形式确定下来,防止权利遭到侵犯,为公民充分享有宗教信仰自由权利提供了重要法治保障。同时,我国《刑法》第 251 条还规定,国家机关工作人员非法剥夺公民的宗教信仰自由,情节严重的,处 2 年以下有期徒刑或拘役。社区矫正机构不应限制社区矫正对象的宗教信仰。但是,“邪教不是宗教”“宗教极端主义不是宗教”。因此,对于类似“法轮功”这种打着宗教旗号从事犯罪活动的邪教并不属于《宪法》保护的宗教信仰自由的范畴。

需要强调的是,一些不法分子利用部分公众对宗教的虔诚,盗用、曲解和亵渎教义实施诈骗、性侵等违法犯罪行为,以满足其个人私欲或贪欲。社会公众可以到国家宗教局等官方机构设立的查询系统检索,或者致电地方政府的宗教事务部门,核实真伪。大家一定要树立这种“正信”的观念,提高信仰素质和对善恶的甄别能力,一旦发现可疑行为,及时向宗教事务部门和公安机关举报。同时,公民要在正规合法宗教活动场所开展宗教活动,增强防范意识,防止上当受骗。

除上述《宪法》规定的公民基本权利以外,还对特定群体作出专门规定,给予特别保护。主要保护妇女、儿童、老年人、华侨等。为保护未成年人的权利,在《社区矫正法》中专章对未成年社区矫正对象的管理、教育、帮扶作了具体规定。

法条链接:

《宪法》(2018 年 3 月 11 日修正)

第四十八条　中华人民共和国妇女在政治的、经济的、文化的、社会的和家庭的生活等各方面享有同男子平等的权利。

国家保护妇女的权利和利益,实行男女同工同酬,培养和选拔妇女干部。

第四十九条　婚姻、家庭、母亲和儿童受国家的保护。

夫妻双方有实行计划生育的义务。

父母有抚养教育未成年子女的义务,成年子女有赡养扶助父母的义务。

禁止破坏婚姻自由,禁止虐待老人、妇女和儿童。

第五十条　中华人民共和国保护华侨的正当的权利和利益,保护归侨和侨眷的合法的权利和利益。

(二)特殊权利

1. 依法接受刑事处罚的权利

所谓依法接受刑事处罚的权利,是指对社区矫正对象剥夺或限制权利的措施,必须由法定机构依照正当程序作出,且有关执行机构在执行中,不得超出原裁决所确定的剥夺或限制权利的范围和程度。社区矫正对象依法接受刑事处罚的权利是罪刑法定原则和行刑法治精神的要求,也符合国际规则。

社区矫正对象依法接受刑事处罚主要体现在社区矫正有关部门及其工作人员需要依法开展工作。《社区矫正法》第 4 条规定,社区矫正工作应当依法进行,尊重和保障人权。社区矫正相关部门及其工作人员必须严格履行法定职责,按照《刑法》《刑事诉讼法》《社区矫正法》《社区矫正法实施办法》等法律法规进行。如果违反相关法律工作,未依法开展社区矫正工作,将区分情况,追究相应的法律责任。

2. 知情权

知情权是指社区矫正对象在矫正过程中知悉、获取相关信息的权利。知情权是社区矫正对象的一项基本权利,与这一权利相对应的就是社区矫正机构的告知义务。社区矫正对象享有相关信息的知情权,包括:有权知道社区矫正机构等国家机关行政管理、刑事审判、刑罚执行方面的各项事务、职责、权力、程序及与此相关的各项政策规定；有权知悉外出、迁居、会客等申请的审批结果及原因的信息；有权知悉自己参与教育矫正、公益活动等矫正项目各方面的情况；有权知悉考核、管理等级调整、具体管理措施、奖惩等方面的信息等。

为切实保障人民群众对社区矫正工作的知情权、参与权、表达权、监督权，维护社区矫正对象合法权益，为建设法治政府、推进社会治理现代化发挥积极作用，有些地区专门出台了“基层矫务公开制度”，例如，2022 年 7 月 5 日宁夏回族自治区司法厅发布《关于做好全区社区矫正基层矫务公开的通知》，明确规定了应当依法向社会公众公开的信息，应当依法向社区矫正对象公开的信息以及不予公开的信息。

法条链接：

《宁夏回族自治区司法厅关于做好全区社区矫正基层矫务公开的通知》(2022 年 7 月 5 日发布)

二、基层矫务公开的主体和内容

(二)应当依法向社区矫正对象公开下列信息

1. 社区矫正期间应当遵守的监督管理、教育学习等规定；

2. 分级管理及级别调整情况；

3. 日常考核、奖惩结果；

4. 进入特定区域(场所)、会客、外出、经常性跨市县活动、执行地变更、使用电子定位装置等管理审批结果；

5. 提请减刑、撤销缓刑、撤销假释和暂予监外执行收监执行的结果；

6. 保证人(监护人)监督责任义务；

7. 申诉、控告、检举的方式和途径；

8. 其他依法需要向社区矫正对象公开的事项。

3. 依法获得减刑的权利

依法获得减刑的权利是指社区矫正对象在社区矫正执行过程中依照法律规定减轻其刑罚或者免除一部分刑罚的权利。《刑法》第 78 条规定：“被判处管制、拘役、有期徒刑、无期徒刑的犯罪分子，在执行期间，如果认真遵守监规，接受教育改造，确有悔改表现的，或者有立功表现的,可以减刑;有重大立功表现的,应当减刑。”据此,社区矫正对象在接受社区矫正期间,仍然有获得减刑的权利。

4. 按期解除社区矫正权

按期解除社区矫正权是指在社区矫正期限届满时社区矫正机构必须对社区矫正对象按期解除社区矫正的权利。社区矫正机构不得提前,也不得延长社区矫正期限。

【典型案例】

嘉善县对缓刑社区矫正对象张某某依法解除社区矫正案例①

社区矫正对象基本情况:张某某,男,1970 年出生,户籍地、居住地均为浙江省嘉善县。2019 年,因开设赌场罪被嘉善县人民法院判处有期徒刑 1 年 8 个月,缓刑 2 年 6 个月。缓刑考验期自 2019 年 10 月 25 日起至 2022 年 4 月 24 日止。2019 年 11 月张某某到嘉善县社区矫正机构报到,由执行地受委托的司法所负责对其日常管理。

张某某在社区矫正期间,服从社区矫正监督管理规定,主动汇报工作生活情况,积极参加教育学习、公益活动,无违法犯罪行为,社区矫正期满,依法解除社区矫正。

对社区矫正对象依法解除和终止社区矫正的情况:

(一)作出个人小结

2022 年 4 月 5 日,司法所工作人员与张某某进行解除社区矫正前的教育谈话,张某某在社区矫正期间的个人总结中回顾了接受社区矫正的历程,谈到了社区矫正给自己思想、行为带来的积极变化,表示在今后的生活中要增强法治意识,做一个守法公民。

(二)出具书面鉴定

2022 年 4 月 22 日,司法所根据张某某在社区矫正期间的表现情况,出具了书面鉴定意见报嘉善县社区矫正机构审核,审核通过后

① 《嘉善县对缓刑社区矫正对象张某某依法解除社区矫正案例》,载中共嘉善县委嘉善县人民政府网,http://www.jiashan.gov.cn/art/2022/7/8/art_1229661698_4948966.html。

制作了《社区矫正期满鉴定表》。同时,将张某某纳入安置帮教对象,与张某某所在村委会、家属成立安置帮教小组,并签订《帮教协议书》,在其解除社区矫正后继续进行帮困扶助,助其顺利融入社会。

(三)组织解矫宣告

2022 年 4 月 24 日,司法所对张某某进行解除社区矫正宣告。宣告由司法所所长主持,张某某及其矫正小组成员参加,其宣告由司法所所长主持,其宣读了《解除社区矫正宣告书》和社区矫正期满鉴定意见,宣布张某某社区矫正期限届满,依法解除社区矫正。

(四)办理解矫手续

解矫宣告结束后,司法所向张某某发放《解除社区矫正证明书》,同时,按照《社区矫正法》《社区矫正法实施办法》的规定,将《解除社区矫正通知书》送达嘉善县人民法院等部门。

【解读】

解除是社区矫正工作的最后一个环节,但也是需要按照相应的条件与程序进行,以确保其严肃性与权威性,对社区矫正对象起到总结、提醒、警示的作用。

解除矫正的条件是社区矫正对象矫正期限届满或被赦免。根据裁判内容的不同,矫正期限届满可以分为四种情况:第一,管制期满,即人民法院对罪犯依法判处的管制刑期届满。《刑法》第 40 条规定,被判处管制的犯罪分子管制期满,执行机关应立即向本人和其所在单位或者居住地的群众宣布解除管制。第二,缓刑考验期满。《刑法》第 76 条规定,对宣告缓刑的犯罪分子,在缓刑考验期限内,依法实行社区矫正,如果没有《刑法》第 77 条规定的情形,缓刑考验期满,原判的刑罚就不再执行,并公开予以宣告。第三,假释考验期满。《刑法》第 85 条规定,对假释的犯罪分子,在假释考验期限内,依法实行社区矫正,如果没有《刑法》第 86 条规定的情形,假释考验期满,就认为原判刑罚已经执行完毕,并公开予以宣告。第四,暂予监外执行期间刑期届满。暂予监外执行是《刑事诉讼法》规定的对符合特定条件的罪犯，出于人道主义考虑在监外执行刑罚的措施，没有独立的期限，暂予监外执行期间罪犯被判处的刑期届满的，属于刑罚执行完毕的情形。

解除社区矫正的另一个条件是社区矫正对象被赦免。赦免是指国家对特定罪犯赦免刑罚或者余刑的人道主义制度。《宪法》第 67 条第 18 项规定，全国人大常委会决定特赦。第 80 条规定，中华人民共和国主席根据全国人大常委会的决定，发布特赦令。《刑法》《刑事诉讼法》《引渡法》等法律中也有关于赦免的规定。新中国成立以来，我国先后进行了 9 次特赦。对于被赦免的社区矫正对象，也应当依法解除社区矫正。

需要注意的是，矫正期满是指不同类型社区矫正对象的矫正期限届满，并且在社区矫正期间社区矫正对象没有发生依法应当被撤销缓刑、假释或者收监执行的情形。如果在社区矫正期间社区矫正对象发生了依法应当被撤销缓刑、假释或者收监执行的情形，应当依照《刑法》《刑事诉讼法》《社区矫正法》等相关规定办理，即使已经到了社区矫正期满的时间，也不应认定为社区矫正期满，也不能解除社区矫正。

另外，在解除环节，社区矫正机构要向社区矫正对象发放《解除社区矫正证明书》。《解除社区矫正证明书》是证明社区矫正对象依法接受并完成社区矫正的法律文书。

法条链接：

《社区矫正法》(2019 年 12 月 28 日公布)

第四十四条　社区矫正对象矫正期满或者被赦免的，社区矫正机构应当向社区矫正对象发放解除社区矫正证明书，并通知社区矫正决定机关、所在地的人民检察院、公安机关。

《社区矫正法实施办法》(2020 年 6 月 18 日公布)

第五十四条　社区矫正对象矫正期满，执行地县级社区矫正机构或者受委托的司法所可以组织解除矫正宣告。

解矫宣告包括以下内容：

(一)宣读对社区矫正对象的鉴定意见；

(二)宣布社区矫正期限届满,依法解除社区矫正;

(三)对判处管制的,宣布执行期满,解除管制;对宣告缓刑的,宣布缓刑考验期满,原判刑罚不再执行;对裁定假释的,宣布考验期满,原判刑罚执行完毕。

宣告由社区矫正机构或者司法所工作人员主持,矫正小组成员及其他相关人员到场,按照规定程序进行。

(三)行使法律权利的要求

社区矫正对象行使权力时需要严格依据法律,以法律的相关规定为界限,不得侵犯他人的权利或者损害国家、社会的利益。具体而言:

1. 权利行使目的的正当性

公民行使法律赋予的权利时,不得违反宪法法律的规定,不得违反立法的精神,不得妨碍法律的社会功能和法律价值的实现。例如,宗教信仰自由是宪法赋予公民的基本权利,但是不能借此宣传邪教,不得借此实施诈骗等犯罪行为。

2. 权利行使范围的限定性

公民行使法律赋予的权利时,不得超越法律许可和保障的范围,不能超过必要的限度。我国《宪法》第 51 条规定,中华人民共和国公民在行使自由和权利的时候,不得损害国家、社会、集体的利益和其他公民的合法自由和权利。也就是说,如果公民行使权利损害国家、社会、集体的利益和其他公民的合法自由和权利,超出了法律所认可的界限,那么权利行使就转换为权利侵犯,应当受到法律的追究。

3. 权利行使方式的法定性

公民行使权利的方式是多样的,有口头方式、书面方式和行为方式。例如,我国《民事诉讼法》规定,起诉应当向人民法院提交起诉状。起诉状是书面形式。如果行为人书写有困难的,可以口头起诉,由人民法院记录,并告知对方当事人。

4. 权利行使程序的规范性

公民行使权利的程序应当是规范的。因为权利行使的过程也是义务履行的过程。在一般情况下,权利行使的程序是由法律明确规定的,具有强制性和规范性。例如,我国《社区矫正法》规定了社区矫正对象接受矫正的程序,包括接收、执行、解除与终止等环节。

试题演练

一、选择题

1. 社区矫正对象不服人民法院已经生效的刑事、民事及行政裁判的,可以提出____。(单选)

   A. 批评　　B. 建议　　C. 申诉　　D. 控告

2. 下列不属于社会经济权的是____。(单选)

   A. 劳动权　　B. 休息权

   C. 社会保障权　　D. 受教育权

3. 人身权利主要包括____。(多选)

   A. 生命健康权　　B. 人身自由权

   C. 人格尊严权　　D. 住宅安全权

4. 下列行为属于破坏选举的是____。(多选)

   A. 以金钱或者其他财物贿赂选民或者代表的

   B. 以暴力、威胁、欺骗或者其他非法手段妨害选民和代表自由行使选举权和被选举权的

   C. 伪造选举文件、虚报选举票数的

   D. 对于控告、检举选举中违法行为的人,或者对于提出要求罢免代表的人进行压制、报复的

5. 社区矫正对象的知情权包括____。(多选)

   A. 有权知道社区矫正机构等国家机关行政管理、刑事审判、刑罚执行方面的各项事务、职责、权力、程序及与此相关的各项政策规定

   B. 有权知悉外出、迁居、会客等申请的审批结果及原因的信息

   C. 有权知悉自己参与教育矫正、公益活动等矫正项目各方面的情况

   D. 有权知悉考核、管理等级调整、具体管理措施、奖惩等方面的信息

二、判断题

1. 在社区矫正过程中,社区矫正工作人员严禁体罚、虐待社区矫正对

象。( )

2. 社区矫正对象不得殴打、威胁、报复社区矫正机构工作人员和其他依法参与社区矫正工作的人员及其近亲属。( )

3. 非依法律规定,不得限制或者变相限制社区矫正对象的人身自由。( )

4. 在社区矫正期间,社区矫正对象绝对不可以离开居住地。( )

5. 社区矫正机构工作人员不得以刺探、侵扰、泄露、公开等方式侵害社区矫正对象的隐私权。( )

6. 社区矫正机构工作人员在进行手机定位、电子定位管理时,需要保护社区矫正对象的通信自由和秘密。( )

7. 游戏账号、装备等是网络虚拟财产,不受法律保护。( )

8. 在社区矫正过程中,社区矫正对象参加社区矫正机构或委托司法所组织的公益活动属于一般意义上的劳动。( )

9. 社区矫正体现了国家司法的宽容,因此,社区矫正对象不再享有减刑的权利。( )

10. 社区矫正对象享有按期解除社区矫正的权利。( )

三、个人感悟

____

签名:

年 月 日

三、依法履行义务

社区矫正对象的义务是指社区矫正对象依法应当遵守的事项或者应尽的责任。从法律意义上来看,权利和义务的根本区别在于:权利可以放弃，义务必须履行。如果法律主体放弃义务的履行，要承担相应的法律后果。根据我国《宪法》第33条的规定，中华人民共和国公民在法律面前一律平等；任何公民享有宪法和法律规定的权利，同时必须履行宪法和法律规定的义务。由此，作为公民的社区矫正对象，也应当履行《宪法》规定的义务。同时，《刑法》《社区矫正法》等法律还明确规定了社区矫正对象的特殊义务。特殊义务的履行也体现了社区矫正的惩罚性。

（一）一般义务

一般义务是指社区矫正对象作为公民应当履行的法律义务。根据我国《宪法》规定，我国公民的一般义务有：

1. 维护国家统一和民族团结；
2. 遵守宪法和法律，保守国家秘密，爱护公共财产，遵守劳动纪律，遵守公共秩序，遵守社会公德；
3. 维护祖国的安全、荣誉和利益；
4. 保卫祖国、依法服兵役和参加民兵组织；
5. 依法纳税。

法条链接：

《宪法》(2018年3月11日修正)

第五十二条　中华人民共和国公民有维护国家统一和全国各民族团结的义务。

第五十三条　中华人民共和国公民必须遵守宪法和法律，保守国家秘密，爱护公共财产，遵守劳动纪律，遵守公共秩序，尊重社会公德。

第五十四条　中华人民共和国公民有维护祖国的安全、荣誉和利益的义务，不得有危害祖国的安全、荣誉和利益的行为。

第五十五条　保卫祖国、抵抗侵略是中华人民共和国每一个公民的神圣职责。

依照法律服兵役和参加民兵组织是中华人民共和国公民的光荣义务。

第五十六条　中华人民共和国公民有依照法律纳税的义务。

除上述的基本义务以外，我国宪法还规定了劳动的义务、受教育的义务、父母抚养教育未成年子女的义务、成年子女赡养扶助父母的义务。这些义务既具有社会伦理和道德的性质，同时也具有一定形式的法律性质。但是，某些公民义务因社区矫正对象接受刑事处罚的事实而不能正常履行。例如，根据2004年10月9日公布的《征兵政治审查工作规定》，对曾被刑事处罚、劳动教养、收容教育、行政拘留的公民，不得征集服现役。

（二）特殊义务

1. 社区矫正对象应当共同遵守的特定义务

作为一名社区矫正对象，为了更好地接受矫正，必须遵守以下规定：

（1）遵守法律、行政法规以及国务院司法行政部门关于报告、会客、外出、迁居、保外就医等监督管理规定；

（2）积极参加教育学习和公益活动；

（3）定期向社区矫正机构报告活动情况；

（4）外出、迁居、会客、进入特定场所等必须经社区矫正机构批准；

（5）服从监督管理。

2. 被判处管制的社区矫正对象应当遵守的义务

《刑法》第39条规定，被判处管制的犯罪分子，在执行期间，应当遵守下列规定：遵守法律、行政法规，服从监督；未经执行机关批准，不得行使言论、出版、集会、结社、游行、示威自由的权利；按照执行机关规定报告自己的活动情况；遵守执行机关关于会客的规定；离开所居住的市、县或者迁居，应当报经执行机关批准。对于被判处管制的犯罪分子，在劳动中应当同工同酬。

为了进一步明确禁止令的具体内容和规范禁止令的合理适用，最高人民法院、最高人民检察院、公安部、司法部于2011年4月28日发布的《关于对判处管制、宣告缓刑的犯罪分子适用禁止令有关问题的规定（试行）》，明确了可以通过适用禁止令要求管制犯、缓刑犯遵守的义务。具体而言，禁止令的内容主要有：

第一，禁止从事特定活动：

(1)个人为进行违法、犯罪活动而设立公司、企业、事业单位或者在设立公司、企业、事业单位后以实施犯罪为主要活动的，禁止再次设立公司、企业或者事业单位；

(2)实施证券犯罪、贷款犯罪、票据犯罪、信用卡犯罪等金融犯罪的，禁止从事证券交易、申领贷款、使用票据或者申领、使用信用卡等金融活动；

(3)利用从事特定生产经营活动实施犯罪的，禁止从事相关生产经营活动；

(4)附带民事赔偿义务未履行完毕，违法所得未追缴、退赔到位，或者罚金尚未足额缴纳的，禁止从事高消费的活动；

(5)其他确有必要禁止从事的活动。其中兜底条款给了审判法官根据具体情况发出与前4类情形相当的禁止令的空间。

【典型案例】

四川省成都市青白江区对缓刑
社区矫正对象依法给予警告案例①

社区矫正对象基本情况：刘某，男，汉族，1965年1月出生，已婚，初中文化，无业，户籍地为泸州市泸县，居住地为成都市青白江区。2020年10月，因犯销售不符合安全标准的食品罪被四川省梓潼县人民法院判处有期徒刑1年，缓刑2年，同时被判有禁止令。矫正期限及禁止令期限为2021年6月23日起至2023年6月22日止。2021年7月1日，社区矫正对象刘某到成都市青白江区社区矫正管理局报到，7月2日到执行地执法中心报到并接受其日常监督管理，工作人员向刘某宣读了社区矫正管理规定以及禁止令的详细规定要求，强调其应遵纪守法、服从管理，认真完成社区矫正任务。

① 《四川省成都市青白江区对缓刑社区矫正对象依法给予警告案例》，载中国法律服务网(12348中国法网)，http://alk.12348.gov.cn/Detail?dbID=81&dbName=SJJDGL&sysID=1804。

对社区矫正对象依法实施监督管理情况：

（一）违反人民法院禁止令的事实

2021年7月27日，执法中心利用集中教育对社区矫正对象再次强调了禁止令相关规定要求。集中教育后对被判有禁止令的社区矫正对象进行了单独谈话警示教育，在此过程中，发现刘某使用手机微信时有意避开工作人员，随后便对刘某进行询问并核查其微信聊天记录，发现其确实存在违反人民法院禁止令规定的行为，刘某私自在微信上从事食品交易买卖相关活动。执法中心立即对刘某开展了面对面个人谈话，责令其交代违规的具体情形。经工作人员耐心批评教育后，刘某陈述了自入矫以来从事食品的销售买卖行为，其涉及金额约5万元，盈利1000多元的违规事实。

（二）给予警告情况

2021年7月28日，执法中心工作人员对刘某的行为进行集体会议讨论和研究，一致认为刘某的行为违反了人民法院禁止令，事实清楚、证据充分，根据《社区矫正法实施办法》第35条第1项、《四川省社区矫正实施细则（试行）》第164条第1项之规定，应当给予警告。执法中心向成都市青白江区社区矫正管理局提请对刘某给予警告处分，上报了《社区矫正对象警告审批表》、谈话笔录、罪犯检讨书、微信交易凭证等相关证明材料。成都市青白江区社区矫正管理局集体研究，经社区矫正机构负责人批准，于2021年7月28日作出警告决定。

【案例解读】

为预防再犯，结合罪犯过去实施的犯罪行为，人民法院判处管制、宣告缓刑时，可以宣告一项或几项禁止令，禁止从事特定活动是其中之一。社区矫正对象应当遵守法院判处的禁止令，违反禁止令应当承担相应的法律责任。本案中刘某的行为违反了禁止令的规定，受到警告处分。

第二,禁止进入特定区域、场所:

(1)禁止进入夜总会、酒吧、迪厅、网吧等娱乐场所;

(2)未经执行机关批准,禁止进入举办大型群众性活动的场所;

(3)禁止进入中小学校区、幼儿园园区及周边地区,确因本人就学、居住等原因,经执行机关批准的除外,而且所谓周边地区的范围,交由法官裁量;

(4)其他确有必要禁止进入的区域、场所。同样,兜底条款中的具体禁止区域,由法官根据具体情况发出命令。

【典型案例】

原州区法院发出刑事禁止令
禁止矫正人员进入特定场所①

原州区人民法院对窦某某故意毁坏财物罪一案进行公开宣判,在对被告人判处拘役4个月、宣告缓刑6个月的同时,判决被告人在缓刑考验期内,禁止进入KTV、酒吧、夜总会、音乐餐厅及其他提供相同或相近服务的娱乐场所。

法院查明,被告人窦某某在其朋友刘某、南某经营的KTV消费后,因琐事与刘某发生争执,后被告人为发泄情绪故意毁坏KTV多个包厢内的电视机、麦克风、酒杯等财物。经物价部门认定,被损坏物品价值共计9000余元。法院认为,被告人窦某某仅因简单的言语纠纷,为发泄情绪即肆意毁坏他人财物,影响娱乐场所的正常经营活动,为保障商业主体正常开展经营活动,营造良好的法治营商环境,对被告人窦某某应在依法判处刑罚的同时,发出禁止其进入特定场所的禁止令。

① 参见《大学习 大讨论 大宣传 大实践丨原州区法院发出刑事禁止令 禁止矫正人员进入特定场所》,载澎湃政务网2022年9月13日,https://m.thepaper.cn/baijiahao_19893249。

【案例解读】

为充分发挥刑事惩戒的作用,促进犯罪人深刻认识自身犯罪行为的社会危害,预防和控制其再次实施类似犯罪,维护特定场所的安全稳定,人民法院结合实际案情,作出刑事裁判的同时宣告禁止进入特定区域、场所的禁止令。本案中窦某某在KTV消费时与他人发生争执,实施了故意毁坏财产的犯罪行为,受到法律的制裁。为预防其再次在KTV、酒吧等其他娱乐场所实施犯罪,为维护KTV、酒吧等娱乐场所的正常经营,判决被告人缓刑的同时,禁止其进入KTV、酒吧等娱乐场所。

第三,禁止接触特定人员:

(1)未经对方同意,禁止接触被害人及其法定代理人、近亲属;

(2)未经对方同意,禁止接触证人及其法定代理人、近亲属;

(3)未经对方同意,禁止接触控告人、批评人、举报人及其法定代理人、近亲属;

(4)禁止接触同案犯;

(5)禁止接触其他可能遭受其侵害、滋扰的人或者可能诱发其再次危害社会的人。

3. 被宣告缓刑的社区矫正对象应当遵守的义务

《刑法》第75条规定,被宣告缓刑的犯罪分子,应当遵守下列规定:遵守法律、行政法规,服从监督;按照考察机关的规定报告自己的活动情况;遵守考察机关关于会客的规定;离开所居住的市、县或者迁居,应当报经考察机关批准。

被判处禁止令的缓刑犯在考验期内应遵守禁止令规定的内容。法官对缓刑犯适用并由社区矫正机构执行的禁止令内容与管制犯相同。

被附加剥夺政治权利的缓刑犯,还必须遵守被剥夺政治权利并在社会上服刑的剥夺政治权利犯应当履行的服刑义务。

4. 被裁定假释的社区矫正对象应当遵守的义务

《刑法》第84条规定,被宣告假释的犯罪分子,应当遵守下列规定:

遵守法律、行政法规,服从监督;按照监督机关的规定报告自己的活动情况;遵守监督机关关于会客的规定;离开所居住的市、县或者迁居,应当报经监督机关批准。

被附加剥夺政治权利的假释犯,还必须遵守被剥夺政治权利并在社会上服刑的剥夺政治权利犯应当履行的服刑义务。

5. 被决定暂予监外执行的社区矫正对象应当遵守的义务

根据刑事诉讼法和社区矫正方面的有关规定,暂予监外执行犯在暂予监外执行期间,应当遵守以下服刑义务:

(1)每月报告本人身体情况;

(2)保外就医的暂予监外执行犯应到指定医院进行检查;

(3)保外就医的暂予监外执行犯应当每3个月提交病情复查情况。

公民在法律规定的范围内行使自己的权利,那应当如何忠实地履行法定义务呢?其实,说起来很简单,也就是三句话:法律鼓励做的,我们积极去做;法律要求我们做的,我们必须去做;法律禁止做的,我们坚决不做。只愿享有权利,不愿意承担义务,曾经是一些社区矫正对象走上歧途的原因之一,也是社区矫正对象法律观念模糊的重要表现。社区矫正对象应从中吸取教训,正确认识自由与法律的关系、权利与义务的关系,知法懂法,敬法守法,在接受矫正期间自觉地、积极地履行应承担的法律义务,从现在开始,做一个守法公民。

试题演练

一、选择题

1. 我国公民的一般义务有____。(多选)
   A. 维护国家统一和民族团结
   B. 遵守宪法和法律,保守国家秘密,爱护公共财产,遵守劳动纪律,遵守公共秩序,遵守社会公德
   C. 维护祖国的安全、荣誉和利益
   D. 保卫祖国、依法服兵役和参加民兵组织
   E. 依法纳税

2. 社区矫正对象应当遵守的特定义务有____。(多选)

A. 遵守法律、行政法规以及国务院司法行政部门关于报告、会客、外出、迁居、保外就医等监督管理规定

B. 积极参加教育学习和公益活动

C. 定期向社区矫正机构报告活动情况

D. 外出、迁居、会客、进入特定场所等必须经社区矫正机构批准

E. 服从监督管理

3.《关于对判处管制、宣告缓刑的犯罪分子适用禁止令有关问题的规定(试行)》中明确,禁止从事特定活动包括____。(多选)

A. 个人为进行违法、犯罪活动而设立公司、企业、事业单位或者在设立公司、企业、事业单位后以实施犯罪为主要活动的,禁止再次设立公司、企业或者事业单位

B. 实施证券犯罪、贷款犯罪、票据犯罪、信用卡犯罪等金融犯罪的,禁止从事证券交易、申领贷款、使用票据或者申领、使用信用卡等金融活动

C. 利用从事特定生产经营活动实施犯罪的,禁止从事相关生产经营活动

D. 附带民事赔偿义务未履行完毕,违法所得未追缴、退赔到位,或者罚金尚未足额缴纳的,禁止从事高消费的活动

4.《关于对判处管制、宣告缓刑的犯罪分子适用禁止令有关问题的规定(试行)》中明确,禁止进入特定区域、场所包括____。(多选)

A. 禁止进入夜总会、酒吧、迪厅、网吧等娱乐场所

B. 未经执行机关批准,禁止进入举办大型群众性活动的场所

C. 禁止进入中小学校区、幼儿园园区及周边地区,确因本人就学、居住等原因,经执行机关批准的除外,而且所谓周边地区的范围,交由法官裁量

D. 其他确有必要禁止进入的区域、场所

5.《关于对判处管制、宣告缓刑的犯罪分子适用禁止令有关问题的规定(试行)》中明确,禁止接触特定人员包括____。(多选)

A. 未经对方同意,禁止接触被害人及其法定代理人、近亲属

B. 未经对方同意,禁止接触证人及其法定代理人、近亲属

C. 未经对方同意,禁止接触控告人、批评人、举报人及其法定代理人、近亲属

D. 禁止接触同案犯

E. 禁止接触其他可能遭受其侵害、滋扰的人或者可能诱发其再次危害社会的人

二、判断题

1. 权利可以放弃,义务必须履行。(　)
2. 对于被判处管制的犯罪分子,在劳动中应当同工同酬。(　)
3. 被判处管制的犯罪分子,在执行期间,未经执行机关批准不得行使言论、出版、集会、结社、游行、示威自由的权利。(　)
4. 被宣告缓刑的犯罪分子,应当按照考察机关的规定报告自己的活动情况。(　)
5. 暂予监外执行犯在暂予监外执行期间,应当每月报告本人身体情况。(　)

三、个人感悟

____

____

____

____

____

签名:

年　　月　　日

第九章

考 核 奖 惩

考核与奖惩是社区矫正工作中重要性、细致性的基础工作。考核奖惩关系社区矫正对象的切身利益，关系社区矫正工作的质量，关系社区矫正工作目标的实现。社区矫正对象的具体表现是衡量其是否确有悔改表现的重要指标。为客观、准确掌握社区矫正对象的现实表现，社区矫正机构应当对社区矫正对象实施考核，通过考核奖惩，有效引导社区矫正对象的行为，并根据考核结果，给予相应的奖励或处罚，保障社区矫正工作的正常进行。可以说，社区矫正的过程也是社区矫正对象参加"考试"的过程。

考核是开展奖惩工作的基础，也是保障刑事判决、刑事裁定和暂予监外执行决定的正确执行，维护社区矫正安全稳定的基础。社区矫正对象要清楚为什么考核？考核的内容是什么？具体的考核方法是什么？考核的结果如何应用？考核要保持怎样的心态等问题。奖惩是考核结果的落实。及时、公正的奖惩能够调动社区矫正对象的积极性，也能够实时控制和消除社区矫正对象的再犯危险。根据社区矫正法律法规，对社区矫正对象的奖励措施有表扬和减刑，对社区矫正对象处罚的措施有训诫、警告、治安管理处罚、撤销缓刑、撤销假释、决定收监执行。

重点提示：

1. 为什么说"接受社区矫正的过程就像一场漫长的'考试'"？

2. 什么是社区矫正对象的考核？

3. 社区矫正对象考核的内容有哪些？

4. 社区矫正对象考核的方法有哪些？

5. 如何应用社区矫正对象的考核结果？

6. 面对考核，社区矫正对象应当保持怎样的心态？

7. 社区矫正对象获得表扬和减刑的条件分别是什么？

8. 社区矫正对象受到警告、训诫、治安管理处罚的条件分别是什么？

9. 缓刑犯被撤销缓刑、假释犯被撤销假释、暂予监外执行犯被决定收监执行的条件分别是什么？

一、考核：认真对待的“考试”

古语有云，“公生明，偏生暗”“公则生明，廉则生威”“水至平而邪者取法，镜至明而丑者无怒”。公平、正义是执法的基本理念。

在社区矫正过程中，社区矫正机构及其工作人员自然也要贯彻公平、正义的执法理念。社区矫正工作者公正执法有利于教育、感化社区矫正对象；反之，则不利于矫正工作的顺利开展。社区矫正机构通过考核奖惩的方法来管理社区矫正对象。公平、公正、公开的考核，加之及时、适当的奖惩，有助于激发社区矫正对象的改造积极性，也有助于控制社区矫正对象的再犯危险性。

从进入社区矫正程序后，社区矫正对象无时无刻不处于考核之中，表现好才能按时摆脱现有的角色与身份，表现差可能会受到处罚，甚至被收监，不能顺利回归社会。从这个意义上说，接受社区矫正的过程就像一场漫长的“考试”，能否递交让自己、家人和社会满意的“答卷”，主要在于社区矫正对象个人的努力和坚持。

延伸阅读：

只因为你是“完美的右手”①

1963 年，一个名叫玛丽·班尼的女孩写信给《芝加哥论坛报》儿童版栏目主持人西勒·库斯特。信中写道，玛丽不明白，她帮妈妈把烤好的甜饼圈送到餐桌上，得到的只是一句“好孩子”的夸奖，而那个什么都不干，只知道捣蛋的弟弟得到的却是一个甜饼。这是为什么呢？所以她想求助于无所不知的库斯特先生。她想知道，上帝真的是公平的吗？其实在过去十多年时间里，库斯特收到过上千封这样的来信，孩子们提出的问题大同小异：“上帝为什么不奖赏好人？”“为什么不惩罚坏人？”而库斯特也不知道如何回答他们，他因此感到心情沉重。碰巧的是，一

① 西门：《只因为你是“完美的右手”》，载《知识窗》2010 年第 12 期。

次在朋友的婚礼上,库斯特偶然找到了问题的答案,而这答案也使他名扬天下。在那次婚礼上,牧师主持完婚礼后,两位新人互赠戒指。可能是过于激动,他们把戒指戴到了对方的右手上(应该戴在左手)。牧师于是幽默地提醒说:"右手够完美了,我想你们还是用它来装扮左手吧!"牧师的这段话让库斯特茅塞顿开:右手作为右手,本身就是非常完美了,已经没有必要再装扮了,同样,那些有道德的人,之所以常常被忽略,是因为他们已经非常完美了。库斯特于是得出结论:让右手成为右手,是上帝对右手的最高奖赏;同理,让善人成为善人,就是上帝对善人的最高奖赏。

这个故事告诉我们应当努力成为被上帝钟爱的"右手"。但是,为了公平,社会也不应该让"完美的右手"无私奉献。除个人在精神上的自我满足,价值上的自我实现外,同样也需要鼓励和赞扬,让社会成员感到骄傲,进而更加努力维护好这份荣耀,也能让更多的人愿意成为"完美的右手"。

社会成员的良好行为若得不到及时的肯定,势必伤害其积极性。社区矫正对象的积极行为得不到认可,同样会影响其矫正动力。社区矫正对象的行为如何评价才能达到公平、正义?才能让其心服口服?才能调动其积极性呢?

(一)为什么要"考试"

这里的"考试"是指社区矫正机构对社区矫正对象的考核。考核是指社区矫正机构依法对社区矫正对象认罪悔罪、遵守法律法规、服从监督管理、接受教育等情况进行考察、核实的执法活动。考核是社区矫正监督管理工作中一项基础性、日常性、重要性的执法工作。依法、公开、公平的考核是开展奖惩工作的基础,也是规范开展社区矫正工作,保障刑事判决、刑事裁定和暂予监外执行决定的正确执行,维护社区矫正安全稳定的基础。

考核的结果是奖惩的依据。对社区矫正对象的奖惩是指在考核的基础上,社区矫正机构对社区矫正对象进行奖励或处罚的活动。考核要直接与奖惩挂钩,否则就失去了自身的意义。《社区矫正法实施办法》第21条规定,社区矫正机构应当把社区矫正对象的考核结果和奖惩情况作为分类管理的依据。对社区矫正对象而言,考核奖惩直接关系到他们的处遇措施,关系到是获得表扬、减刑,还是受到警告、训诫处罚,甚至收监执行刑罚等,所以是其最关心的问题。

法条链接:

《社区矫正法》(2019年12月28日公布)

第二十八条　社区矫正机构根据社区矫正对象的表现,依照有关规定对其实施考核奖惩。社区矫正对象认罪悔罪、遵守法律法规、服从监督管理、接受教育表现突出的,应当给予表扬。社区矫正对象违反法律法规或者监督管理规定的,应当视情节依法给予训诫、警告、提请公安机关予以治安管理处罚,或者依法提请撤销缓刑、撤销假释、对暂予监外执行的收监执行。

对社区矫正对象的考核结果,可以作为认定其是否确有悔改表现或者是否严重违反监督管理规定的依据。

《社区矫正法实施办法》(2020年6月18日公布)

第二十一条　社区矫正机构应当根据社区矫正对象被判处管制、宣告缓刑、假释和暂予监外执行的不同裁判内容和犯罪类型、矫正阶段、再犯罪风险等情况,进行综合评估,划分不同类别,实施分类管理。

社区矫正机构应当把社区矫正对象的考核结果和奖惩情况作为分类管理的依据。

社区矫正机构对不同类别的社区矫正对象,在矫正措施和方法上应当有所区别,有针对性地开展监督管理和教育帮扶工作。

第三十二条　社区矫正机构应当根据有关法律法规、部门规章和其他规范性文件,建立内容全面、程序合理、易于操作的社区矫正对象考核奖惩制度。

社区矫正机构、受委托的司法所应当根据社区矫正对象认罪悔罪、遵守有关规定、服从监督管理、接受教育等情况,定期对其考核。对于符合表扬条件、具备训诫、警告情形的社区矫正对象,经执行地县级社区矫正机构决定,可以给予其相应奖励或者处罚,作出书面决定。对于涉嫌违反治安管理行为的社区矫正对象,执行地县级社区矫正机构可以向同级公安机关提出建议。社区矫正机构奖励或者处罚的书面决定应当抄送人民检察院。

社区矫正对象的考核结果与奖惩应当书面通知其本人,定期公示,记入档案,做到准确及时、公开公平。社区矫正对象对考核奖惩提出异议的,执行地县级社区矫正机构应当及时处理,并将处理结果告知社区矫正对象。社区矫正对象对处理结果仍有异议的,可以向人民检察院提出。

考核奖惩是激励人的一种基本手段。很多人都听过"胡萝卜加大棒"的说法,简单地说就是表现好给胡萝卜,表现不好就用大棒打。"胡萝卜加大棒"所产生的积极效果是由人或者动物趋利避害的本性决定的。为什么"胡萝卜加大棒"能够影响人的行为呢? 其心理学依据是条件反射。接下来让我们先来看看两个心理学实验:第一个是苏联生理学家巴甫洛夫用狗做的"经典条件反射"实验;第二个是美国心理学家斯金纳用老鼠做的"操作性条件反射"实验。

延伸阅读:

"经典条件反射"实验

巴甫洛夫把狗用一副套具固定住,唾液是用联结在狗颚外侧的管道收集的,管道连接到一个既可以以立方厘米计测量总量,也可以记录分泌滴数的装置。当狗嘴里有食物时,会产生分泌唾液的反应。这种反应是本能固有的,巴甫洛夫把这种食物称为无条件刺激,简称"UCS",把反射性唾液分泌称为无条件反射,简称"UCR"。为了使狗对某一种刺激(如铃声)形成条件作用,把这种原来只会引起探索性反射的中性刺激(铃声)与无条件刺激(肉)配对。经过一系列配对尝试后,单是发出铃声,不提供肉,也能引起狗产生唾液分泌。在这种情况下,铃声就成了条件刺激,简称"CS",铃声引起的唾液分泌就是条件反射,简称"CR"。由此可见,条件反射仅仅是由于条件刺激与无条件刺激配对呈现的结果。

“操作性条件反射”实验

关于操作性条件反射作用的实验,是斯金纳在他设计的一种动物实验仪器,即著名的“斯金纳箱”中进行的。将饥饿的白鼠放进一个设有供食装置的箱(斯金纳箱)。箱里装有一个操纵杆,与另一个提供食物的装置连接。白鼠进入箱子之后并不能直接看到食物,只是无目的地乱撞。直到偶然碰到操纵杆,供食装置投入一粒食丸作为“奖励”。经过几次尝试后,白鼠会不断按压操纵杆以获得食物,直到吃饱。

斯金纳的实验比巴甫洛夫的更为复杂,动物需要完成某种操作来获得“奖励”形成条件反射,所以将其称为“操作性条件反射”。斯金纳通过实验发现,动物的学习行为是随着一个起强化作用的刺激而发生的。斯金纳把动物的学习行为推而广之到人类的学习行为上,他认为,虽然人类学习行为的性质比动物复杂得多,但也要通过操作性条件反射。

在社区矫正过程中,同样可以运用上述心理学原理,通过考核奖惩的办法来强化社区矫正对象的良好行为,约束社区矫正对象的不良行为,并对其不良行为及时进行处罚,进而促进其行为规范,以此转变其人生观和价值观。

(二)“考试”考什么

了解考核奖惩的原理及重要作用后,社区矫正对象最关心的就是考核什么。掌握了考核的内容,社区矫正对象才能找到努力的方向。可以说,考核是全方位的,并贯穿整个社区矫正过程。科学设定考核内容是有效开展考核工作的前提,是保证考核结果能够准确反映社区矫正实际效果的必然要求;同时,也可以实现对社区矫正对象的有效监管,教育、激励他们遵守有关社区矫正的各项规定,争取早日回归社会。

《社区矫正法实施办法》和一些省(区、市)的社区矫正对象考核奖惩办法中对考核的内容作了相关规定。《社区矫正法实施办法》第32条第2款规定:“社区矫正机构、受委托的司法所应当根据社区矫正对象认罪悔罪、遵守有关规定、服从监督管理、接受教育等情况,定期对其考核。对于符合表扬条件、具备训诫、警告情形的社区矫正对象,经执行地县级社区矫正机构决定,可以给予其相应奖励或者处罚,作出书面决定。对于涉嫌违反治安管理行为的社区矫正对象,执行地县级社区矫正机构可以向同级公安机关提出建议。社区矫正机构奖励或者处罚的书面决定应当抄送人民检察院。”综上所述,社区矫正对象考核的主要内容就是围绕以下四个方面展开的。

1. 认罪悔罪

认罪悔罪主要包括社区矫正对象是否认同法院判决,是否有正确的犯罪归因,是否认识犯罪的社会危害,是否悔恨自身的犯罪行为,是否获得被害人谅解,是否积极进行赔偿等。

2. 遵守有关规定

遵守有关规定主要包括社区矫正对象是否遵守法律、行政法规,是否履行判决、裁定、暂予监外执行决定等法律文书确定的义务,是否遵守国务院司法行政部门关于报告、会客、外出、迁居、保外就医等监督管理规定。具体而言,遵守的有关规定主要包括以下方面:按时报到规定,定期报告规定,会客管理规定,外出管理规定,变更执行地规定,教育学习规定,公益活动规定,禁止令规定,信息化监管规定,其他法律法规和社区矫正监督管理规定。

3. 服从监督管理

服从监督管理主要包括服从社区矫正机构工作人员、受委托司法所工作人员的监督管理,也要服从村(居)民委员会、社会工作者的管理。这些社会力量能有效协助社区矫正机构及司法所开展相应社区矫正工作,是社区矫正工作队伍的重要组成。

4. 接受教育情况

接受教育情况是指社区矫正对象参加法治、道德、文化、职业技术培训等方面教育的情况,主要包括参加学习的次数、学习的态度以及学习的效果等。

总体来看,社区矫正对象考核的内容比较全面,主要包括矫正态度和矫正表现两个方面。但是,考核过程中也要充分考虑社区矫正对象的特殊性，有些考核指标仅适用部分考核对象，例如禁止令、电子监控、月病情报告、提交病情复查等。同时，还要考虑社区矫正对象的身体状态，如患严重疾病且行动不便的，怀孕且行动不便的，生活不能自理的，以及年老体弱且行动不便的社区矫正对象，经社区矫正机构批准，可以免除其参加集中学习教育、公益活动等活动。考核处于特殊身体状态的社区矫正对象时，社区矫正机构不用考察集中学习、公益活动等方面的情况。

（三）“考试”怎么考

考核方法是开展考核工作的关键。考核方法是否科学，直接影响考核结果的全面性与客观性。为了准确、真实地反映社区矫正对象的矫正表现，考核工作应当采取科学的方法。对社区矫正对象的考核是一项严肃认真而又具体细致的日常工作。实务工作中，考核的主要方法有：

1. 记事评议法

记事法是社区矫正机构、司法所对社区矫正对象日常行为表现以文字材料的形式记录在册，并对其矫正表现进行评价的考核方法。记录时可以一事一记。例如，记录并评价社区矫正对象在某次学习教育、公益活动中的表现等；也可以对某一时期的矫正表现做出综合记载，例如，社区矫正工作人员综合评价社区矫正对象提交的书面报告情况。矫正小组依据相关记录，对社区矫正对象的现实表现进行讨论，评价社区矫正对象的考核等次。

2. 计分考核法

计分考核法是将社区矫正对象的矫正态度和行为表现等方面分解成若干具体的指标，并赋予相应的分值，然后根据社区矫正对象的实际表现情况，逐项进行赋分的考核方法。计分考核法是我国社区矫正工作中使用较为普遍的一种考核方法。但是目前各地的具体做法有所不同，还没有形成统一标准。例如，有些地区用加、扣分的形式，而有些地区用的是不加分、只扣分的形式。

社区矫正考核工作应当坚持依法、公平、公开的考核原则。考核直接与奖惩挂钩,所以考核能否依法、公平、公开是所有社区矫正对象关心的问题。社区矫正考核工作应当坚持依法、公平、公开,尊重和保障人权,实事求是、准确及时,惩罚与教育相结合,综合考核与动态评估相结合等原则。公平是指社区矫正机构应当平等地考核每一位社区矫正对象,不因其财富、地位等个人情况而区别对待,应当秉公执法,严禁徇私舞弊,弄虚作假。公开是指考核的内容、方法、程序、结果等不仅应向社区矫正对象公开,而且应向监督机关以及社会公开。社区矫正对象的考核结果与奖惩应当书面通知其本人,定期公示,记入档案,做到准确及时、公开公平。社区矫正对象对考核奖惩提出异议的,执行地县级社区矫正机构应当及时处理,并将处理结果告知社区矫正对象。社区矫正对象对处理结果仍有异议的,可以向人民检察院提出。

(四)“考试”结果的应用

社区矫正对象考核的结果是分类管理的依据。在实践中,社区矫正对象的考核通常按月进行,考核结果分为合格、基本合格、不合格三种。但是,各地规定的三种考核结果的标准却不同。例如,2020 年 12 月 28 日河北省司法厅发布的《河北省社区矫正对象考核办法(试行)》第 18 条规定,社区矫正对象考核按月进行,考核结果分为合格、基本合格、不合格三种:(1)社区矫正对象认罪悔罪、遵守法律法规和社区矫正相关监管规定的,考核结果为合格。(2)社区矫正对象违反社区矫正相关监管规定,受到批评教育立即改正的,考核结果为基本合格。(3)社区矫正对象违反法律法规或社区矫正相关监管规定,受到训诫、警告或治安管理处罚的,或者被提请收监执行的,考核结果为不合格。2020 年 7 月 31 日浙江省高级人民法院、浙江省人民检察院、浙江省公安厅、浙江省司法厅联合发布的《浙江省社区矫正对象考核奖惩办法(试行)》(浙司〔2020〕64 号)第 28 条规定,社区矫正对象当月认罪悔罪、遵守法律法规、服从监督管理、按规定参加教育学习和公益活动的,未受到训诫以上处罚的,考核结果为合格。社区矫正对象当月遵守法律法规,但违反监督管理、教育学习、公益活动等规定,未受到警告或者治安管理处罚的,考核结果为基本合格。社区矫正对象当月违反法律法规或者监督管理、教育学习、公益活动等规定,受到警告或者治安管理处罚的,考核结果为不合格。

考核结果是分类管理的依据,直接影响社区矫正对象的具体处遇。但是,各地运用考核结果以及相应的处遇措施也有所差异。例如,根据《河北省社区矫正对象考核办法(试行)》的相关规定,社区矫正对象连续3个月月度考核结果均为合格的,可以调整为或维持普通管理等级。社区矫正对象3个月内月度考核结果出现两次基本合格的,或者一次不合格的,或者是社区矫正重点人、犯危害国家安全罪的、累犯,其他重新违法犯罪风险较大的,应当调整为或维持严格管理等级。严格管理的社区矫正对象,每周报告不少于一次、每半月当面报告不少于一次,外出请假审批从严限制。普通管理的社区矫正对象,每半月报告不少于一次、每月当面报告不少于一次。

(五)"考试"要保持什么样的心态

在考试中社区矫正对象要考出好成绩,除要知道考什么,怎么考,还要注意考试的心态。心态与实力同样重要,有时候心态不好,也难以考出佳绩。对社区矫正对象来说,在"考试"中保持积极的心态十分重要。所谓积极的心态是指"从不自由中获得自由"。什么是"从不自由中获得自由"呢?计分考核是把社区矫正对象的矫正态度和行为表现量化为分数,其言行、举动都在考核范围内,这看似不自由。但是,如果社区矫正对象能够掌握考核内容与标准,积极面对,就能从中发现"自由"。孔子曾言"七十而从心所欲,不逾矩",就是说七十岁的时候,可以随心所欲地做事,但是不超过规范的限制。在规范之内随心所欲,这就是"从不自由中获得自由"。没有绝对的自由,自由都是有限度的。尽管社区矫正对象在社区中接受矫正,但其行为也要受到约束。社区矫正对象能够做到在规范允许的范围内自由行事,就把握了自己的命运,就获得了自由。

好成绩是靠自己努力争取来的,不是被动等来的。畅销书《谁动了我的奶酪》中把人生比作“迷宫”,每个人都在其中寻找各自的“奶酪”——稳定的工作、健康的身心、和谐的人际关系、甜蜜美满的爱情,或是令人充满想象的财富……奶酪代表了利益,每个人的奶酪都是靠自己去发现和看护的。社区矫正对象“最大的奶酪”就是考核中的成绩。成绩和奖励挂钩,和自由相联系。如果你没有找到你的奶酪,那么你要努力去寻找;如果你找到了,那么你就要小心保护好你的奶酪。在犯罪学史上,古典学派曾主张犯罪原因在于个人的自由意志,犯罪是个体选择的结果。这种观点或许不太正确,因为导致犯罪的原因是多样的,仅强调自由意志肯定是不全面的。但是,在社区矫正对象接受矫正方面,表现好坏主要取决于其个人。中国古代有“三不朽”之说,是指“立德”、“立功”和“立言”。哲学家冯友兰说,在这“三不朽”当中,唯有“立德”是通过个人努力能实现的。而“立功”需要机遇。“立言”需要天赋。它们都不是个人努力所能求得的。在社区矫正过程中,社区矫正对象要进步,要改造,都可以通过努力实现,这与“立德”的道理是一样的。

试题演练

一、选择题

1. 对社区矫正对象进行考核奖惩的主体是____。(单选)
   A. 公安机关　　B. 人民法院
   C. 村(居)民委员会　　D. 社区矫正机构
2. 开展考核工作的关键是____。(单选)
   A. 考核主体　　B. 考核内容
   C. 考核时间　　D. 考核方法
3. 社区矫正对象应该遵守有关规定的内容包括____。(多选)
   A. 是否遵守法律、行政法规
   B. 是否履行判决、裁定、暂予监外执行决定等法律文书确定的义务
   C. 是否遵守国务院司法行政部门关于报告、会客、外出、迁居、保外就医等监督管理规定

D. 是否遵守社区矫正机构工作人员的命令

4. 社区矫正机构、受委托的司法所对社区矫正对象进行考核的内容主要包括____。(多选)

A. 认罪悔罪　　B. 遵守有关规定

C. 服从监督管理　　D. 接受教育等情况

5. 社区矫正对象的认罪悔罪主要包括____。(多选)

A. 是否认同法院判决

B. 是否有正确的犯罪归因

C. 是否认识犯罪的社会危害

D. 是否悔恨自身的犯罪行为

二、判断题

1. 考核应当坚持依法、公正、公平、公开的原则。(　)
2. 计分考核法是我国社区矫正工作中使用较为普遍的一种考核方法。(　)
3. 社区矫正对象考核的结果是分类管理的依据。(　)
4. 对社区矫正对象来说,在“考试”中保持积极的心态十分重要。(　)
5. 在社区矫正过程中,社区矫正对象需要服从社区矫正机构工作人员的管理,没有服从村(居)民委员会、社会工作者以及志愿者管理的义务。(　)
6. 社区矫正对象的考核结果与奖惩不需要书面通知其本人。(　)
7. 公开是指考核的内容、方法、程序、结果等只需要向社区矫正对象公开,不需要向监督机关以及社会公开。(　)
8. 对社区矫正对象的考核结果,不能作为认定其是否确有悔改表现或者是否严重违反监督管理规定的依据。(　)
9. 考核要直接与奖惩挂钩,否则就失去了自身的意义。(　)
10. 在社区矫正过程中,社区矫正对象要进步,要改造,都可以通过努力实现。(　)

三、个人感悟

签名：

年　　月　　日

二、奖励：努力争取的“蛋糕”

考核是对社区矫正对象在矫正过程中的现实表现进行评定，这本身是没有意义的。只有将考核结果及时与社区矫正对象的处遇及利益挂钩，才能充分调动其积极性。社区矫正对象关心什么呢？应当是尽快摆脱罪犯的身份和服刑人员的角色，恢复被限制的自由和被剥夺的权利。考核好的受鼓励，差的受惩罚。有奖有罚才能真正达到鼓励先进，鞭策后进的目的。

在社区矫正过程中，奖惩包括行政奖惩和司法奖惩。行政奖惩是指由社区矫正机构依照行政权限对社区矫正对象给予的奖励或处罚。根据《社区矫正法》第 28 条的规定，行政奖励主要是表扬；行政处罚主要是训诫、警告和治安管理处罚。司法奖惩是指由人民法院依据司法权限对社区矫正对象给予奖励或处罚。根据《社区矫正法》第 33 条规定，司法奖励主要是减刑；《社区矫正法》第 28 条规定，司法处罚主要包括撤销缓刑、撤销假释、对暂予监外执行的收监执行。与行政奖惩相比，司法奖惩的力度更大，对社区矫正对象的影响和触动也更大。下面我们分别来介绍一下奖惩的具体内容。

（一）表扬

表扬是一种行政奖励，是社区矫正机构依法对社区矫正对象进行公开赞美的奖励措施。《社区矫正法》第 28 条规定：“社区矫正对象认罪悔罪、遵守法律法规、服从监督管理、接受教育表现突出的，应当给予表扬。”《社区矫正法实施办法》第33条细化了表扬的条件，即“社区矫正对象接受社区矫正六个月以上并且同时符合下列条件的，执行地县级社区矫正机构可以给予表扬：(一)服从人民法院判决，认罪悔罪；(二)遵守法律法规；(三)遵守关于报告、会客、外出、迁居等规定，服从社区矫正机构的管理；(四)积极参加教育学习等活动，接受教育矫正的。社区矫正对象接受社区矫正期间，有见义勇为、抢险救灾等突出表现，或者帮助他人、服务社会等突出事迹的，执行地县级社区矫正机构可以给予表扬”。社区矫正对象的表扬情况应当在社区矫正机构、司法所办公场所公示。对未成年的社区矫正对象的表扬情况不予公示，但应当及时通知其监护人和矫正小组成员。

【典型案例】

广东省湛江市徐闻县对缓刑社区矫正对象郑某依法给予表扬案例①

郑某，男，1986年9月出生，户籍地、居住地均为广东省湛江市徐闻县。2019年4月3日，郑某因犯赌博罪被广东省湛江市徐闻县人民法院判处有期徒刑2年，缓刑3年，并处罚金人民币5000元。缓刑考验期自2019年4月24日起至2022年4月23日止。2019年5月7日，郑某到徐闻县司法局社区矫正管理股报到，由执行地受委托的司法所负责社区矫正期间的日常管理。

2020年4月24日上午，郑某在驾车途经某路口时，发现一名60多岁老人因闪躲过往车辆操作失误，引起摩托车侧翻，老人身体被车辆压住，受伤并昏迷。郑某发现后，不假思索，立即主动对受伤老人进行营救，并及时拨打“120”、“110”电话，最终老人获救，无生命危险。

① 参见《社区矫正监督管理案例——广东省湛江市徐闻县对缓刑社区矫正对象郑某依法给予表扬案例》，载中国法律服务网(12348中国法网)，http://alk.12348.gov.cn/Detail?dbID=81&dbName=SJJDGL&sysID=2547。

2020年12月25日，郑某被湛江市见义勇为评定委员会、湛江市见义勇为基金会授予“见义勇为”奖并颁发证书，事后司法所将郑某的“见义勇为”情况上报至县司法局，经县司法局审批同意表扬后，司法所向辖区内在册社区矫正对象宣读了郑某的表扬决定书，并号召全体社区矫正对象向郑某学习，自觉接受监管，积极改造自我，做一个诚实、守信、守法、乐于助人的公民。

《社区矫正法实施办法》第33条第4款规定，社区矫正对象接受社区矫正期间，有见义勇为、抢险救灾等突出表现，或者帮助他人、服务社会等突出事迹的，执行地县级社区矫正机构可以给予表扬。

郑某从社区矫正对象到“见义勇为”先进个人的蜕变，充分展示了社区矫正的教育矫正作用。社区矫正机构依法给予表扬，能有效促进社区矫正对象，悔过自新、回报社会。

（二）减刑

减刑是一种司法奖励，是社区矫正对象符合法定减刑条件时，各级区矫正机构依据程序向执行地的中级以上人民法院提请减刑裁定，由人民法院给予社区矫正对象的奖励措施。我国《刑法》第78条规定，被判处管制、拘役、有期徒刑或无期徒刑的犯罪分子，在执行期间，如果认真遵守监规，接受教育改造，确有悔改表现的，或者有立功表现的，可以减刑；有重大立功表现的，应当减刑。缓刑类社区矫正对象同样可以享受减刑的奖励。

法条链接：

《刑法》（2023年12月29日修正）

第七十八条　被判处管制、拘役、有期徒刑、无期徒刑的犯罪分子，在执行期间，如果认真遵守监规，接受教育改造，确有悔改表现的，或者有立功表现的，可以减刑；有下列重大立功表现之一的，应当减刑：

(一)阻止他人重大犯罪活动的;

(二)检举监狱内外重大犯罪活动,经查证属实的;

(三)有发明创造或者重大技术革新的;

(四)在日常生产、生活中舍己救人的;

(五)在抗御自然灾害或者排除重大事故中,有突出表现的;

(六)对国家和社会有其他重大贡献的。

减刑以后实际执行的刑期不能少于下列期限:

(一)判处管制、拘役、有期徒刑的,不能少于原判刑期的二分之一;

(二)判处无期徒刑的,不能少于十三年;

(三)人民法院依照本法第五十条第二款规定限制减刑的死刑缓期执行的犯罪分子,缓期执行期满后依法减为无期徒刑的,不能少于二十五年,缓期执行期满后依法减为二十五年有期徒刑的,不能少于二十年。

《社区矫正法》(2019 年 12 月 28 日公布)

第三十三条　社区矫正对象符合刑法规定的减刑条件的,社区矫正机构应当向社区矫正执行地的中级以上人民法院提出减刑建议,并将减刑建议书抄送同级人民检察院。

人民法院应当在收到社区矫正机构的减刑建议书后三十日内作出裁定,并将裁定书送达社区矫正机构,同时抄送人民检察院、公安机关。

《社区矫正法实施办法》(2020 年 6 月 18 日公布)

第四十二条　社区矫正对象符合法定减刑条件的,由执行地县级社区矫正机构提出减刑建议书并附相关证据材料,报经地(市)社区矫正机构审核同意后,由地(市)社区矫正机构提请执行地的中级人民法院裁定。

依法应由高级人民法院裁定的减刑案件,由执行地县级社区矫正机构提出减刑建议书并附相关证据材料,逐级上报省级社区矫正机构审核同意后,由省级社区矫正机构提请执行地的高级人民法院裁定。

人民法院应当自收到减刑建议书和相关证据材料之日起三十日内依法裁定。

社区矫正机构减刑建议书和人民法院减刑裁定书副本,应当同时抄送社区矫正执行地同级人民检察院、公安机关及罪犯原服刑或者接收其档案的监狱。

【典型案例】

四川省宜宾市叙州区对缓刑社区矫正对象
谢某某依法提请减刑案例[①]

社区矫正对象基本情况:

社区矫正对象谢某某,男,1976年出生,户籍地、居住地均为四川省宜宾市叙州区。2020年4月21日,因犯非法采矿罪被四川省宜宾市叙州区人民法院判处有期徒刑1年,缓刑2年,并处罚金人民币5000元,违法所得75,000元予以没收,缓刑考验期限自2020年5月7日起至2022年5月6日止。2020年5月7日,谢某某到四川省宜宾市叙州区社区矫正机构办理入矫接收手续,同日到执行地受委托的司法所报到并接受社区矫正。

对社区矫正对象依法解除和终止社区矫正的情况:

(一)社区矫正对象在接受矫正期间的综合表现情况

社区矫正对象谢某某在接受社区矫正期间认罪服法,自觉遵守社区矫正各项规定,服从监督管理,积极参加学习和公益活动,态度端正,未受到训诫及以上处罚,表现较好。

(二)社区矫正对象存在重大立功情形

社区矫正对象谢某某在抗御2020年"8·18"岷江流域某段特大洪灾抢险工作中表现突出。一是在洪水侵袭某镇之际,主动配合当地党委、政府组织动员群众转移,用自用船只无偿将530余名遇险群众及物资转移到安全地带;二是不顾个人安危跳入洪水中排除障碍物,确保将船上群众转移到安全地带;三是在整个抗洪抢险工作中,舍小家为大家,眼见洪水即将冲毁自家房屋,仍然义无反顾地

① 《社区矫正解除和终止案例——四川省宜宾市叙州区对缓刑社区矫正对象谢某某依法提请减刑案例》,载中国法律服务网(12348中国法网),http://alk.12348.gov.cn/Detail?dbID=83&dbName=SJJCZZ&sysID=1093。

带着妻子积极帮助转移受灾群众和物资，其房屋也在此次洪灾中被洪水冲毁。洪水退去后，又与妻子继续投入到清淤和物资运输等工作中，来回接送人员20余趟。其抗洪救灾故事分别被叙州传媒网、《宜宾日报》以《用“生命之舟”守护群众安全》和《舍小家顾大家，一心想着去救人》为题相继报道，被称为抗洪救灾一线的“平民英雄”“英雄船长”。

（三）社区矫正对象重大立功情形调查取证情况

2020年9月，宜宾市叙州区社区矫正机构组织专人与执行地受委托的司法所工作人员深入实地调查核实，通过走访当地党委政府有关人员、村委会干部、群众，查阅社区矫正工作档案，并到区应急管理、海事等部门调取文件、统计数据，多渠道、多途径收集证据材料，形成重大立功卷宗，并制作社区矫正对象重大立功审核表。2021年4月13日，宜宾市叙州区社区矫正机构将社区矫正对象谢某某重大立功审核表及证据材料组卷后层报市、省社区矫正机构审核认定。

（四）社区矫正对象重大立功情形层报审核认定情况

2021年5月27日，依据《四川省社区矫正实施细则（试行）》第153条第1款第6项、第5款规定，经四川省社区矫正管理局集体研究，认定社区矫正对象谢某某在抗御2020年“8·18”岷江流域某段特大洪灾抢险工作中表现突出，有“重大立功表现”。

（五）对社区矫正对象拟提出减刑建议公示情况

2021年6月1日至7日，依据《四川省社区矫正实施细则（试行）》第155条规定，宜宾市叙州区社区矫正机构就社区矫正对象谢某某拟提请减刑事宜在宜宾市叙州区社区矫正场所（宜宾市叙州区社区矫正中心、受委托的司法所）同步进行了为期7天的公示，且在规定公示期限内，没有任何单位或个人通过电话或信函等方式提出异议。

（六）对社区矫正对象依法提请减刑情况

2021年6月21日，依据《刑法》第78条、《刑事诉讼法》第273条、《社区矫正法》第33条规定，宜宾市叙州区社区矫正机构向宜宾市中级人民法院建议对社区矫正对象谢某某予以减刑，并附带减刑建议书、提请减刑审核表、拟减刑公示结果报告及公示图片、矫正小组讨论记录、社区矫正机构集体研究记录、市区两级检察机关减刑提请活动检察意见书、刑事判决书、执行通知书、罚金及违法所得缴纳凭证、重大立功卷宗等证据材料。

（七）人民法院裁定予以减刑情况

2021 年 11 月 29 日，四川省宜宾市中级人民法院根据《刑法》第 78 条、第 79 条，《刑事诉讼法》第 273 条第 2 款规定，裁定对社区矫正对象谢某某减去有期徒刑 3 个月，缩短缓刑考验期 5 个月（缓刑考验期自 2020 年 5 月 7 日起至 2021 年 12 月 6 日止）。

（八）接受检察机关法律监督情况

2021 年 6 月 21 日，宜宾市叙州区社区矫正机构将依法提请减刑建议书及证据材料副本抄送宜宾市叙州区人民检察院接受法律监督。2021 年 9 月 9 日，宜宾市司法局将依法提请减刑建议书及证据材料副本抄送宜宾市人民检察院接受法律监督。

（九）解除社区矫正情况

2021 年 12 月 6 日，社区矫正对象谢某某矫正期限届满，且在社区矫正期间没有应当撤销缓刑的情形。依据《社区矫正法》第 44 条、《社区矫正法实施办法》第 53 条的规定，宜宾市叙州区社区矫正机构依法为其办理解除矫正手续，发放解除社区矫正证明书，同时通知社区矫正决定机关、人民检察院、公安机关，并及时将社区矫正工作档案装订成册归档。

【案例解读】

本案中，执行地县级社区矫正机构和执行地受委托的司法所依据相关规定，对社区矫正对象谢某某在抗御 2020 年“8 · 18”岷江流域某段特大洪灾抢险工作中的突出表现进行调查核实并层报审核认定为有“重大立功表现”，依法提出减刑建议，人民法院依法予以减刑，充分体现了宽严相济刑事政策的贯彻落实，为激励社区矫正对象积极接受矫正、顺利回归社会提供了较好的司法实践样本，对提升教育矫正质量，预防和减少犯罪发挥了正面引导作用。

试题演练

一、选择题

1. 下列属于社区矫正对象行政奖励措施的是____。(单选)

A. 表扬　　B. 减刑

C. 评为积极分子　　D. 记功

2. 下列属于社区矫正对象司法奖励措施的是____。(单选)

A. 表扬　　B. 减刑

C. 评为积极分子　　D. 记功

3. 下列属于对社区矫正对象行政处罚的是____。(多选)

A. 警告　　B. 训诫

C. 治安管理处罚　　D. 收监执行

4. 社区矫正对象表扬的条件是____。(多选)

A. 服从人民法院判决,认罪悔罪

B. 遵守法律法规

C. 遵守关于报告、会客、外出、迁居等规定,服从社区矫正机构的管理

D. 积极参加教育学习等活动,接受教育矫正的

5. 在办理减刑案件中,“确有悔改表现”是指同时具备以下情形____。(多选)

A. 认罪悔罪

B. 认真遵守法律法规及监规,接受教育改造

C. 积极参加思想、文化、职业技术教育

D. 积极参加劳动,努力完成劳动任务

二、判断题

1. 在社区矫正过程中,奖惩包括行政奖惩和司法奖惩。(　)

2. 表扬是社区矫正对象的司法奖励措施。(　)

3. 减刑是社区矫正对象的行政奖励措施。(　)

4. 对未成年的社区矫正对象的表扬情况不予公示,但应当及时通知其监护人和矫正小组成员。(　)

5. 有些社区矫正对象不享受减刑的权利。(　)

三、个人感悟

签名：

年　　月　　日

三、惩罚：守住法律的底线

（一）行政惩罚

1. 训诫

训诫是社区矫正机构依法对符合条件的社区矫正对象进行批评教育，并责令其改正的处罚措施。训诫是一种较轻的行政处罚，其主要目的是警示，一般不会导致社区矫正对象监管等级的变化。《社区矫正法实施办法》第34条明确了训诫的条件，其具体规定是"社区矫正对象具有下列情形之一的，执行地县级社区矫正机构应当给予训诫：（一）不按规定时间报到或者接受社区矫正期间脱离监管，未超过十日的；（二）违反关于报告、会客、外出、迁居等规定，情节轻微的；（三）不按规定参加教育学习等活动，经教育仍不改正的；（四）其他违反监督管理规定，情节轻微的"。

社区矫正机构或者司法所应当在一定期限内向社区矫正对象或其家庭成员、监护人或者保证人送达训诫决定书，并抄送执行地同级人民检察院。

【典型案例】

福建省三明市清流县对缓刑社区矫正对象夏某依法给予训诫案例[①]

社区矫正对象基本情况:

社区矫正对象夏某,女,1982年1月出生,户籍地、居住地均为福建省三明市清流县。2020年5月20日,因犯收买被拐卖的儿童罪被福建省三明市清流县人民法院判处有期徒刑8个月,缓刑1年,缓刑考验期自2020年6月2日起至2021年6月1日止。由受委托司法所负责其日常管理。

对社区矫正对象依法实施监督管理情况:

(一)报到情况

2020年6月9日,夏某到清流县社区矫正机构报到,随后由受委托司法所负责对其在社区矫正期间的日常管理。受委托司法所为其建立了社区矫正小组,成员由司法所工作人员、村委会工作人员、社工以及夏某家庭成员构成,并为其制定了个性化矫正方案。

(二)发现、核查其违规行为情况

在社区矫正期间,司法所进行日常信息化核查工作时,发现社区矫正对象夏某多次不按规定时间汇报位置信息:

2020年12月2日晚上、2021年3月20日晚上,这两次未按规定时间汇报位置信息情况发生后,司法所立即对其进行电话核实和入户核实。经核实,社区矫正对象夏某因在家带孩子忘记汇报,司法所随后进行严肃的个别教育,其本人保证绝不再犯。

2021年5月15日下午,司法所在进行日常的信息化核查工作时,再次发现夏某在当天上午未在规定时间内汇报位置信息,立即对其进行电话核查和面对面核查。经核实,夏某在家中做家务,忘记了汇报时间。

---

① 《社区矫正监督管理案例——福建省三明市清流县对缓刑社区矫正对象夏某依法给予训诫案例》,载中国法律服务网(12348中国法网),http://alk.12348.gov.cn/Detail?dbID=81&dbName=SJJDGL&sysID=1065。

社区矫正对象夏某思想有所麻痹，不按规定时间汇报位置信息，且经司法所教育后仍不改正，其行为已经违反了报到、会客、外出等规定，根据《社区矫正法》第28条、《社区矫正法实施办法》第34条之规定，决定给予夏某训诫一次。

（三）给予训诫情况

2021年5月18日，受委托的司法所按要求填报《社区矫正训诫审批表》，提请县社区矫正管理局对社区矫正对象夏某给予训诫处罚。经县社区矫正管理局集体讨论，依法作出训诫处罚决定。

（四）训诫决定书送达情况

2021年5月19日，县社区矫正管理局工作人员、受委托的司法所，会同夏某的矫正小组，向夏某当面宣读并送达了《社区矫正训诫决定书》，并对夏某进行了个别谈话，严肃告知其违反社区矫正相关规定的后果，以及这次的训诫处罚对她的严重影响。要求其每日早中晚三次必须按规定通过福建省“在矫通”手机App汇报位置信息，不要抱有侥幸心理，同时加强学习教育，每两周到司法所报到并做书面报告，强化其在矫意识，使其认清自身身份，从而积极配合监管。

（五）训诫处罚的效果情况

通过谈话，工作人员进一步了解到社区矫正对象夏某独自一人抚养照顾孩子，同时又要上班赚钱，生活压力较大的情况。工作人员对其进行心理矫治，引导其释放压力，开启阳光生活。夏某通过此次训诫，再次明确了自身社区矫正对象身份，认识到自身行为的错误，也进一步认识到社区矫正的严肃性，并表示今后会严格遵守法律法规和社区矫正监管规定，端正态度服从监管。

（六）利用本案例开展警示教育情况

社区矫正对象夏某此次训诫后，司法所工作人员以此训诫为案例，要求辖区所有在册社区矫正对象要引以为戒，做到举一反三，自觉遵守社区矫正日常监管规定。同时，为了防止此类情况再次发生，司法所工作人员通过福建省社区矫正管理系统平台，加强对社区矫正对象每日打卡签到汇报位置信息的检查，以避免再次发生类似情况。

【案例解读】

本案中，社区矫正机构根据《社区矫正法》第 28 条、《社区矫正法实施办法》第 34 条之规定，依法对社区矫正对象夏某给予训诫一次。

追究其违反监管规定的根源，在于社区矫正对象当前生活状态存在的问题。作为一名社区矫正工作人员，在严格执法的过程中，也应当关注社区矫正对象现实存在的思想上的问题和生活上的困难，积极地为对象提供帮扶教育，帮助其化解社区矫正期内遇到的思想和生活上的困难，使其积极接受社区矫正，重新融入社会。

2. 警告

警告是指社区矫正机构依法对符合条件的社区矫正对象进行提醒、告诫的处罚措施。警告也是一种行政处罚，其严厉程度较训诫更高，一般会引起社区矫正对象监管等级的调整。《社区矫正法实施办法》第 35 条规定了警告的条件，其具体规定是："社区矫正对象具有下列情形之一的，执行地县级社区矫正机构应当给予警告：(一)违反人民法院禁止令，情节轻微的；(二)不按规定时间报到或者接受社区矫正期间脱离监管，超过十日的；(三)违反关于报告、会客、外出、迁居等规定，情节较重的；(四)保外就医的社区矫正对象无正当理由不按时提交病情复查情况，经教育仍不改正的；(五)受到社区矫正机构两次训诫，仍不改正的；(六)其他违反监督管理规定，情节较重的。"

社区矫正机构或者司法所应当及时向社区矫正对象或其家庭成员、监护人或者保证人送达警告决定书，并抄送执行地同级人民检察院。

【典型案例】

江西省吉安市吉州区对缓刑社区矫正对象沈某依法给予警告案例①

社区矫正对象基本情况:

社区矫正对象沈某,男,1971 年出生,户籍地、居住地均为吉安市吉州区。2017 年 10 月 7 日,沈某因电动车相撞事故,对该电动车驾驶人进行辱骂和殴打,致人轻伤。2021 年 1 月 19 日,吉安市吉州区人民法院认为,沈某在公共场合随意殴打他人,并致一人轻伤,情节严重,犯寻衅滋事罪,依法被判处有期徒刑 10 个月,缓刑 1 年 3 个月,缓刑考验期自 2021 年 2 月 2 日起至 2022 年 5 月 1 日止。2021 年 2 月 4 日到吉州区社区矫正管理局报到。

对社区矫正对象依法实施监督管理情况:

(一)沈某入矫后的监督管理情况

沈某于 2021 年 2 月 4 日到吉州区社区矫正机构报到并办理入矫手续,由受委托司法所负责对其进行社区矫正期间日常管理监督。受委托司法所通过入矫宣告、入矫谈话和教育,强化其法治意识,告知其必须遵守社区矫正相关法规及信息化核查事项,按规定报告有关情况,以及违反相关规定的后果。受委托司法所还为其确定了由社区矫正工作人员、社区干部、志愿者、社工等组成的矫正小组,并根据实际情况为沈某制定了矫正个案,负责对其严格管理和教育帮扶。入矫初期,沈某主动接受监管,积极配合,能完成按时报到、学习教育、公益活动等各项任务,表现较好。

(二)发现、认定事实情况

2021 年 6 月 6 日,吉州区司法局函请区公安分局核查比对吉州区社区矫正对象购票外出、外地住宿、治安管理处罚及(涉嫌)重新

① 《社区矫正监督管理案例——江西省吉安市吉州区对缓刑社区矫正对象沈某依法给予警告案例》,载中国法律服务网(12348 中国法网),http://alk.12348.gov.cn/Detail?dbID=81&dbName=SJJDGL&sysID=2294。

犯罪等环节和情况问题时，发现沈某于2021年4月22日有入住福建厦门酒店的记录，于是询问受委托司法所。受委托司法所反映沈某当天并未请假外出。通过分析确认：沈某未经批准开车前往厦门。5月6日、5月17日、5月28日、6月7日沈某到受委托司法所报到，均未报告其擅自外出的情况。6月10日，司法所询问沈某时，其承认了自己于2021年4月22日未经批准擅自驾车外出到厦门4天，在厦门酒店入住。

（三）给予警告情况

6月10日，受委托司法所社区矫正工作人员对沈某进行了讯问，形成了讯问笔录，与之前公安反馈其入住厦门酒店的记录、出行信息等，一并收集了沈某未经批准擅自外出的证据。6月21日，受委托司法所将《社区矫正警告审批表》及相关证明材料上报吉州区社区矫正管理局，建议给予沈某警告一次。6月22日，吉州区社区矫正管理局根据《社区矫正法》第28条，以及《社区矫正法实施办法》第26条、第35条第3款之规定，决定给予沈某警告一次，并制作了《社区矫正警告决定书》。

（四）警告决定书送达情况

6月24日，受委托司法所社区矫正工作人员当面向沈某宣读了《社区矫正警告决定书》，让其在警告决定书的存根上签字，并对沈某进行了一次个别谈话，告知其所犯错误和影响，以及提升一个管理级别并按一类管理级别实施各项社区矫正监管措施，重申了违反社区矫正监督管理规定的严重后果。沈某已认识到自身的错误，表示今后在接受社区矫正中一定遵守法律法规和社区矫正监管规定，决不再犯。

通过给予警告处罚，沈某向社区矫正工作人员坦白了犯错原因：抱着侥幸心理，认为二类管理每月报到两次就可以了，自己未经批准外出不易被社区矫正机构或受委托司法所发现。沈某认识到自己的错误后，遵守社区矫正监管规定的意识明显提高，对待社区矫正的态度明显改善，在接受社区矫正过程中能积极配合和服从受委托司法所的监管,按时参加集中学习和公益活动。目前,沈某在一家建筑公司有一份稳定工作,工作积极、生活稳定、家庭和睦。

【案例解读】

本案中,社区矫正对象抱着侥幸心理擅自外出的事实是通过信息化核查手段查出的。如单凭每月正常报到和提交思想汇报,由于信息化核查手段不畅,极难发现社区矫正对象脱离监管的违规行为。因此,对社区矫正对象的监管帮教,要转变观念,创新监管模式,充分应用现代科技,通过通信联络、信息化核查、智能化核查、微信位置共享、天网和“雪亮”工程等方式和手段,及时、准确掌握社区矫正对象的活动情况,强化科技赋能。

3. 治安管理处罚

治安管理处罚是由公安机关对扰乱公共秩序、妨害公共安全、侵犯人身权利和财产权利以及妨害社会管理,具有一定社会危害性,但尚不够刑事处罚的行为依法作出的行政处罚措施。治安管理处罚的类型可以分为:警告、罚款、行政拘留和吊销公安机关发放的许可证。《社区矫正法实施办法》第36条规定,社区矫正对象违反监督管理规定或者人民法院禁止令,依法应予治安管理处罚的,执行地县级社区矫正机构应当及时提请同级公安机关依法给予处罚,并向执行地同级人民检察院抄送治安管理处罚建议书副本,及时通知处理结果。由此,当社区矫正对象违反外出管理、会客管理等监督管理规定,或违反人民法院禁止令,情节不属于严重程度的,社区矫正机构应当及时提请同级公安机关。另外,当社区矫正对象实施斗殴、寻衅滋事等违反《治安管理处罚法》的行为,同样应当受到治安管理处罚。

【典型案例】

浙江省湖州市德清县对缓刑社区矫正对象马某依法提请治安管理处罚案例[①]

社区矫正对象基本情况：

社区矫正对象马某，男，1993 年 3 月出生，户籍地为福建省周宁县，居住地为浙江省德清县。因犯非法经营罪被德清县人民法院判处有期徒刑 2 年 2 个月，缓刑 2 年 8 个月，并处罚金人民币 45，000 元，缓刑考验期自 2019 年 2 月 12 日起至 2021 年 10 月 11 日止。2019 年 2 月 18 日自行到德清县司法局报到，由执行地司法所依法对其实施社区矫正。

对社区矫正对象依法实施监督管理情况：

（一）发现、认定行为情况

2021 年 2 月 16 日 15 时 54 分，浙江省社区矫正综合管理平台显示马某定位手机越界至浙江省湖州市南浔区某地。执行地司法所工作人员收到平台提示，拨打其定位手机无人接听。通过微信视频接通后，马某坚称自己在德清县某小区，微信位置共享显示信号位置与其辩称相符。因越界位置与微信信号位置相距约 40 公里，人员无法立即赶回，且全县无通信信号漂移到南浔区的历史，工作人员即要求其用定位手机进行通话，但通话过程伴有异响、话音不清及较重环境音，有利用定位手机扬声器转接可能性。工作人员综合分析，初步判断马某可能存在人机分离及未经批准外出的情形，遂要求其立即到指定地点视频。马某见难以隐瞒，承认自己人机分离且违规外出至福建省宁德市周宁县的事实。

执行地司法所工作人员责令马某立即返回，2021 年 2 月 17 日晚 20 时，马某到达德清县。同月 18 日第一次调查询问时，马某陈述

① 《社区矫正监督管理案例——浙江省湖州市德清县对缓刑社区矫正对象马某依法提请治安管理处罚案例》，载中国法律服务网（12348 中国法网），http://alk.12348.gov.cn/Detail？dbID=81&dbName=SJJDGL&sysID=743。

其指使朋友陆某持有定位手机，自己利用一手机 App 更改另一手机中的全部位置信息，并于 2021 年 2 月 15 日经高速路未经批准外出至福建省。工作人员根据马某陈述及其提供的车辆号牌，于同月 19 日至德清县公安局调取高速卡点记录，发现外出时间与马某笔录所述不相符。同月 20 日第二次调查询问，马某和陆某承认隐瞒真实外出时间的事实，确认社区矫正对象马某从 2021 年 2 月 10 日即未经批准外出。

经调查询问、提取浙江省社区矫正综合管理平台越界信息、提取微信联系及位置共享记录、提取“浙里矫”App 位置上报数据、录制篡改定位数据演示视频、调取公安机关道路卡口图片及数据等证据证实，发现其确有违反社区矫正监督管理规定的行为：一是 2021 年 2 月 10 日至 2 月 17 日，社区矫正对象马某未经批准外出至福建省宁德市周宁县；二是社区矫正对象马某未经批准外出期间，指使他人冒用社区矫正定位手机逃避信息化监管；三是社区矫正对象马某未经批准外出期间，利用手机 App 恶意篡改社区矫正软件“浙里矫”、微信等 App 定位数据逃避信息化监管；四是社区矫正对象马某在县司法局工作人员调查期间隐瞒真实外出时间及行踪；五是社区矫正对象马某在县司法局工作人员调查期间利用电话、微信联络方式指使他人帮其隐瞒真实外出时间及行踪。

（二）提请治安管理处罚情况

2021 年 2 月 18 日，执行地司法所决定立案启动调查程序。同月 20 日，执行地司法所调查终结提出调查终结报告，经合议后提出提请治安管理处罚建议，制作和填写合议意见表、提请《治安管理处罚审核表》，连同相关证据材料报送县社区矫正执法大队。县社区矫正执法大队经初审、评议审核、审批等，根据《社区矫正法》第 28 条、《治安管理处罚法》第 60 条第 4 项之规定，于同月 22 日向德清县公安局提请建议对社区矫正对象马某予以治安管理处罚，并送达治安管理处罚建议书并附相关证据材料，同时建议书抄送德清县人民检察院。

（三）治安管理处罚的实施情况

2021年3月7日，德清县公安局根据《治安管理处罚法》第60条第4项之规定，决定给予马某行政拘留6日并处罚款200元的行政处罚，由德清县公安局送德清县拘留所执行，并将行政处罚决定书面通知德清县社区矫正执法大队及德清县人民检察院。

（四）惩处后依法开展相关工作情况

2021年3月15日，社区矫正对象马某行政拘留期满，执行地司法所及时开展查访及个别谈话，依法采取教育引导。一方面重申刑事执行的严肃性，若仍不改正，等待他的将是时间更为长久的“铁窗生活”，同时告诫马某应端正态度、实事求是，在矫正期内要遵守法律法规及监督管理规定，主动学习法律知识，反思自身违规行为，争取成为守法公民；另一方面耐心细致地与马某家庭及其监护人沟通，开展法律法规宣传，加强社区矫正对象家庭成员对社区矫正工作的协助和支持。同时执行地司法所经风险评估，对社区矫正对象马某的矫正方案进行调整，增加电话抽查、定位核查和查访的频次。当月日常考核结果评定为不合格，调整管理等级为严格管理，要求马某每周一次电话或者微信等报告、每半月一次到执行地司法所当面报告。

（五）利用本案例开展警示教育、专项活动情况

执行地司法所利用本次对社区矫正对象马某违反监督管理规定被治安处罚的个案，对其他社区矫正对象开展警示教育，端正全体社区矫正对象在矫意识，告知他们不要以身试法。通过个案分析、警示教育，社区矫正对象纷纷表示一定珍惜改过自新的机会，端正矫正态度，树立正确的人生观、世界观、价值观，争取早日顺利回归社会。同时，司法所对马某出现违规行为的原因和心理动态进行剖析，采取相关措施，预防其他社区矫正对象发生类似的违规行为。

德清县社区矫正执法大队对本案发生、发现过程进行专题讨论，决定在全县开展“防为主防为上”专项活动：一是开展隐患大排

查,对全县社区矫正对象排查定位手机有无安装修改定位 App 及类似情况、有无持有多部手机情况;二是在全县范围内开展警示集中教育,通报马某违反监督管理规定被治安处罚案;三是加强社区矫正通信联络、信息化核查力度,线上巡查与实地核查相结合,重视每半月与公安机关协查工作,加强与检察院联合执法检察。

【案例解读】

此案例对社区矫正管理工作有很强的指导意义。针对对科技认知较强,方式方法掌握较为便捷,且自身文化水平不高、遵纪守法意识淡薄的社区矫正对象,开展社区矫正工作时不仅要加强日常监管,防止通过恶意篡改数据、屏蔽电子信号等手段逃避信息化监管,还要使社区矫正对象从内心深处对自己的在矫身份有明确的认识,要求每一个社区矫正对象正视自己的在矫身份及遵守法律法规。这就要求社区矫正工作要进行科学分类管理、分类教育、分段矫正,开展形式多样、内容丰富的教育矫正工作,通过多种方式方法加强监督管理,掌握了解思想动态,纠正其错误认知和行为。同时,应充分考虑如何动员和发挥社区矫正监护人的作用,对社区矫正对象的家庭情况进行了解,多与其父母或监护人沟通交流,使之与执行地司法所一起担负矫正监护责任,特别是在发现社区矫正对象出现异常情况时,能第一时间向司法所汇报情况。

(二)司法惩罚

1. 撤销缓刑

撤销缓刑是指缓刑类社区矫正对象出现应当撤销缓刑的情形时,人民法院依照程序裁定撤销缓刑的处罚措施。

撤销缓刑具有不同情形。根据我国《刑法》《社区矫正法》《社区矫正法实施办法》等相关规定,撤销缓刑的情形主要有以下几种:第一,在考验期限内犯新罪的;第二,发现判决宣告以前还有其他罪没有判决的;第三,违反禁止令,情节严重的;第四,无正当理由不按规定时间报到或者接受社区矫正期间脱离监管，超过1个月的；第五，因违反监督管理规定受到治安管理处罚，仍不改正的；第六，受到社区矫正机构两次警告，仍不改正的；第七，其他违反有关法律、行政法规和监督管理规定，情节严重的情形。

在撤销缓刑过程中，社区矫正机构可能需要同时提请逮捕。被提请撤销缓刑的社区矫正对象可能逃跑或者可能发生社会危险的，社区矫正机构可以在提出撤销缓刑、假释建议的同时，提请人民法院决定对其予以逮捕。这里的社会危险包括：具有危害国家安全、公共安全、社会秩序或者他人人身安全现实危险的；可能对被害人、举报人、控告人或者社区矫正机构工作人员等实施报复行为的；可能实施新的犯罪的。社区矫正机构提请人民法院决定逮捕社区矫正对象时，应当提供相应的证据，移送人民法院审查。人民法院应当在48小时内作出是否逮捕的决定。决定逮捕的，由公安机关执行。社区矫正机构向公安机关发协助社区矫正对象逮捕建议书。逮捕后的羁押期限不得超过30日。

【典型案例】

吉林省汪清县对缓刑社区矫正对象潘某撤销缓刑案例①

社区矫正对象基本情况：

社区矫正对象潘某，男，1974年3月出生，户籍地、居住地均为吉林省汪清县。2021年4月，因危害国家重点保护植物罪被吉林省汪清林区基层法院判处有期徒刑10个月，缓刑1年。2021年5月7日吉林省汪清林区基层法院下达社区矫正执行通知书，社区矫正期限自2021年5月3日起至2022年5月2日止。

对社区矫正对象依法解除和终止社区矫正的情况：

---

① 《社区矫正解除和终止案例——吉林省汪清县对缓刑社区矫正对象潘某撤销缓刑案例》，载中国法律服务网(12348中国法网)，http://alk.12348.gov.cn/Detail?dbID=83&dbName=SJJCZZ&sysID=776。

（一）依法进行调查评估及接收情况

2021 年 4 月 14 日，吉林省汪清林区基层法院对拟适用社区矫正的被告人潘某，需要调查其对所居住社区的影响，以发函的形式委托汪清县司法局进行调查评估。

汪清县司法局收到吉林省汪清林区基层法院的委托函后，依照《社区矫正法》《社区矫正法实施办法》等有关规定，组织对被告人潘某的居所情况、家庭和社会关系、犯罪行为的后果和影响、居住地社区委员会和被害人意见等进行调查了解。工作人员先对潘某本人提供的经常居住地所在社区以及本人进行调查了解，发现潘某提供的经常居住地为虚假地址；又从潘某户籍地所在村屯调查了解到，潘某未婚，已将自己的土地转包了出去，平时靠打零工为生，在村里没有房产且不经常在村里居住，潘某经常喝酒，村民对其印象较差。根据调查情况工作人员制作了调查笔录。4 月 16 日，汪清县司法局研究认为潘某不适合社区矫正，形成了评估意见，同日向汪清林区基层法院提交了评估报告，并将调查评估相关材料抄送至汪清县人民检察院。

2021 年 4 月 22 日潘某被汪清林区基层法院判处有期徒刑 10 个月，缓刑 1 年。5 月 7 日汪清县司法局收到相关法律文书，电话告知潘某于 5 月 12 日前到汪清县司法局报到办理入矫手续，并强调了不按期报到的后果。

（二）对社区矫正对象潘某依法终止社区矫正的情况

在告知潘某报到时限后，直到 5 月 18 日该人一直未报到办理入矫手续，其间司法局工作人员多次电话告知其前来报到，潘某辩称自己人在长春，孩子生病在长春住院，现已欠债 20 余万元。据了解，潘某一直未婚且从未听说其有孩子。工作人员再次告知其逾期不报到的后果，潘某态度蛮横，对工作人员恶语相向。5 月 19 日，汪清县司法局将《潘某未按期报到办理入矫手续的情况说明》送达汪清林区基层法院、汪清林区人民检察院及汪清县人民检察院。

5月20日至28日，司法局工作人员多次与潘某进行通话，反复强调其逾期不报到的后果，并要求其6月2日前到司法局报到，潘某表示会按期报到。6月2日潘某仍未报到，工作人员再次拨打潘某电话，一直未接通；6月3日工作人员再次拨打潘某电话，仍然未接通。考虑到潘某自称欠债，可能存在躲债潜逃的风险，6月3日，汪清县司法局再次将《潘某未按期报到办理入矫手续的情况说明》及通话记录截图送达汪清林区基层法院、汪清林区人民检察院及汪清县人民检察院，同时向汪清县公安局送达《协助查找社区矫正对象通知书》。6月10日，公安机关向司法局书面反馈未查找到潘某本人。在此期间，司法局工作人员于6月4日、5日、6日、10日、11日均试图电话联系潘某，但潘某电话一直处于关机状态；司法所工作人员多次去潘某家中查访，均未查访到潘某本人，问其邻居也不知其去向。

潘某按期报到的时限为2021年5月3日至12日，从5月13日起至6月12日该人仍未到司法局报到办理入矫手续，已经超期报到30日，且无法查找其下落。

依据《社区矫正法实施办法》第46条第1款第2项之规定：无正当理由不按规定时间报到或者接受社区矫正期间脱离监管，超过1个月的，由同级执行地社区矫正机构提出撤销缓刑建议。汪清县司法局于6月15日向汪清林区基层法院提交了《提请撤销缓刑审核表》、《撤销缓刑建议书》、《关于对社区矫正对象潘某提出撤销缓刑的情况说明》、《协助查找社区矫正对象通知书》及查找情况回复、司法局查访记录等材料。同时，据本人描述其欠外债20余万元，存在躲债潜逃的风险，在提请撤销缓刑的同时，向汪清林区基层法院提交了《社区矫正对象逮捕建议书》。

2021年6月24日汪清林区基层法院作出裁定，撤销对潘某宣告缓刑1年的执行部分，执行原判有期徒刑10个月。同日，汪清县司法局收到法律文书，对社区矫正对象办理社区矫正终止。

【案例解读】

本案中,潘某是因无正当理由不按规定时间报到超过1个月,被撤销缓刑而终止社区矫正的。对于此类情形在提请撤销缓刑时要注意以下几点:

一是要履行告知义务。在收到相关法律文书的第一时间通知社区矫正对象报到时限及超期报到的后果,若仍未报到,工作人员依然要积极联系社区矫正对象履行告知义务。

二是发现社区矫正对象未按规定时间报到的,要书面通报社区矫正决定机关和执行地县级人民检察院。(依据《社区矫正法实施办法》第19条:发现社区矫正对象未按规定时间报到的,县级社区矫正机构应当将有关情况书面通报社区矫正决定机关和执行地县级人民检察院)本案中潘某在工作人员多次告知的情况下,仍未按规定时间报到,司法局于5月18日和6月3日将《潘某未按期报到办理入矫手续的情况说明》送达汪清林区基层法院、汪清林区人民检察院及汪清县人民检察院。

三是发现失联状况,应立即组织查找。本案中潘某于6月2日开始电话处于关机状态,6月3日司法局组织工作人员查找潘某,同时向汪清县公安局送达《协助查找社区矫正对象通知书》,6月10日公安机关对查找结果进行了书面回复。(依据《社区矫正法》第30条:社区矫正对象失去联系的,社区矫正机构应当立即组织查找,公关机关等有关单位和人员应当予以配合协助)

2. 撤销假释

撤销假释是指假释类社区矫正对象出现应当被撤销假释的情形时,人民法院依法撤销假释的处罚措施。

撤销假释具有不同的情形。根据我国《刑法》《社区矫正法》《社区矫正法实施办法》的相关规定,撤销缓刑的情形主要有以下几种:第一,在假释考验期限内犯新罪;第二,被发现判决宣告以前还有其他罪没有判决;第三,无正当理由不按规定时间报到或者接受社区矫正期间脱离监管,超过1个月的;第四,受到社区矫正机构两次警告,仍不改正的;第五,其他违反有关法律、行政法规和监督管理规定,尚未构成新的犯罪的。

在撤销假释过程中,社区矫正机构同样可能需要同时提请逮捕。被提请撤销假释的社区矫正对象可能逃跑或者可能发生社会危险的,社区矫正机构可以在提出撤销假释建议的同时,提请人民法院决定对其予以逮捕。人民法院应当在48小时内作出是否逮捕的决定。决定逮捕的,由公安机关执行。逮捕后的羁押期限不得超过30日。这里的现实危险性与上述撤销缓刑提请逮捕的判断标准相同,在此不再赘述。

人民法院裁定撤销假释需要遵守法定时限,并保障社区矫正对象的合法权利。人民法院应当在收到社区矫正机构撤销假释建议书后30日内作出裁定,将裁定书送达社区矫正机构和公安机关,并抄送人民检察院。人民法院拟假释的,应当听取社区矫正对象的申辩及其委托的律师的意见。人民法院裁定撤销假释的,公安机关应当及时将社区矫正对象送交监狱或者看守所执行。执行以前被逮捕的,羁押一日折抵刑期一日。人民法院裁定不予撤销的,对被逮捕的社区矫正对象,公安机关应当立即予以释放。

【典型案例】

海南省文昌市对犯非法买卖枪支罪社区矫正对象许某某依法提请撤销假释案例①

社区矫正对象基本情况:

社区矫正对象许某某,男,1989年5月出生,户籍地、居住地均为海南省文昌市。2018年9月,因犯非法买卖枪支罪被海南省昌江黎族自治县人民法院判处有期徒刑3年6个月。2020年10月26日,经海南省海口市中级人民法院裁定假释,在假释期间依法实行

① 《社区矫正解除和终止案例——海南省文昌市对犯非法买卖枪支罪社区矫正对象许某某依法提请撤销假释案例》,载中国法律服务网(12348中国法网),http://alk.12348.gov.cn/Detail?dbID=83&dbName=SJJCZZ&sysID=305。

社区矫正。社区矫正期限自2020年10月30日起至2021年4月2日止。2020年11月9日，许某某到文昌市司法局报到，由执行地司法所在社区矫正期间负责对其日常管理。

对社区矫正对象依法解除和终止社区矫正的情况：

2021年1月11日，因许某某在社区矫正监管过程中态度恶劣，不服从工作人员的监管，并言语辱骂工作人员，且无故不参加受委托的司法所于2020年12月29日下午组织的集中教育活动和2021年1月8日组织的个人教育谈话，故意拖延上交2篇思想汇报，依据《社区矫正法》第28条、《社区矫正法实施办法》第35条第6项之规定，被文昌市司法局给予书面警告一次。

出于帮助其转变思想、服从社区矫正监管、更好地融入社会的目的，受委托的司法所工作人员及监狱选派民警多次对其开展个别教育，但社区矫正对象许某某仍未能正确认识自身所犯的罪行，认罪悔罪态度较差，多次言语辱骂顶撞受委托的司法所工作人员及监狱戒毒选派干警，故意不按规定上交每月思想汇报和拒绝参加学习教育活动，多次无视国家法律法规，屡次挑衅国家刑事执行权威，违反社区矫正监督管理规定，已经不具备继续开展社区矫正的监管条件。

依据《刑法》第86条第3款和《社区矫正法实施办法》第47条第1款第3项之规定，文昌市司法局积极向海南省海口市中级人民法院反馈该社区矫正对象情况，于2021年1月21日依法向海南省海口市中级人民法院提请撤销假释建议并随附证据材料。2021年2月1日，海南省海口市中级人民法院组织建议撤销许某某假释的听证会，许某某和文昌市司法局工作人员依法参加听证。2021年2月5日，海南省海口市中级人民法院裁定撤销对许某某予以假释的刑事裁定，收监执行未执行完毕的刑罚。2021年2月7日，文昌市司法局向文昌市公安局发函请求协助实施对许某某收监执行。2021年2月10日，文昌市司法局向许某某及其家属送达撤销假释裁定，协助执行地派出所将其逮捕并执行收押，送交监狱执行刑罚。

【案例解读】

文昌市司法局依据《刑法》《社区矫正法》《社区矫正法实施办法》对许某某依法提请撤销假释建议，事实清楚，理由充分，最终被法院采纳建议撤销了许某某的假释裁定，但是综观整个撤销假释过程，出现了诸多重点、难点。第一，撤销假释证据材料收集较为困难，社区矫正对象不服管教的行为表现仅仅依靠社区矫正档案材料的体现是不够的，还需依靠摄像、照片等载体来证明，这就需要工作人员日常工作的细致和耐心；第二，撤销假释的程序严谨，要主动作为，积极与多个单位进行沟通协调，才能确保衔接到位，顺利完成从提请撤销假释建议到收监的整个流程。

3. 暂予监外执行的收监执行

暂予监外执行的收监执行是暂予监外执行类社区矫正对象符合收监执行条件的，有关决定机关依照法定程序决定撤销暂予监外执行，收监执行的处罚措施。

收监执行具有不同的情形。根据《刑事诉讼法》《社区矫正法》《社区矫正法实施办法》的相关规定，暂予监外执行类社区矫正对象收监执行的情形主要有以下几种：

第一，不符合暂予监外执行条件的。根据《刑事诉讼法》第265条的规定，暂予监外执行犯不符合下列条件之一：(1)有严重疾病需要保外就医的；(2)怀孕或者正在哺乳自己婴儿的妇女；(3)生活不能自理适用暂予监外执行不致危害社会的，即被认定不符合暂予监外执行的条件，需要及时收监执行。

第二，严重违反有关暂予监外执行监督管理规定。根据《社区矫正法实施办法》第49条的规定，严重违反有关暂予监外执行的监督管理规定，具体包括：(1)不符合暂予监外执行条件的；(2)未经社区矫正机构批准擅自离开居住的市、县，经警告拒不改正，或者拒不报告行踪，脱离监管的；(3)因违反监督管理规定受到治安管理处罚，仍不改正的；(4)受到社区矫正机构两次警告的；(5)保外就医期间不按规定提交病情复查情况,经警告拒不改正的;(6)暂予监外执行的情形消失后,刑期未满的;(7)保证人丧失保证条件或者因不履行义务被取消保证人资格,不能在规定期限内提出新的保证人的;(8)其他违反有关法律、行政法规和监督管理规定,情节严重的情形。当暂予监外执行类社区矫正对象出现上述情形之一,需要及时收监执行。

收监执行需要遵守一定的程序。暂予监外执行的社区矫正对象具有上述收监情形的,社区矫正机构应当向执行地或者原社区矫正决定机关提出收监执行建议,并将建议书抄送人民检察院。如果原社区矫正决定机关与执行地县级社区矫正机构在同一省、自治区、直辖市的,可以向原社区矫正决定机关提出建议。社区矫正决定机关应当在收到建议书后30日内作出决定,将决定书送达社区矫正机构和公安机关,并抄送人民检察院。社区矫正机构的收监执行建议书和决定机关的决定书,应当同时抄送执行地县级人民检察院。

暂予监外执行的社区矫正决定机关不同,收监执行的程序也有所不同。根据《社区矫正法实施办法》第50条的规定,人民法院裁定撤销缓刑、撤销假释或者决定暂予监外执行收监执行的,由执行地县级公安机关本着就近、便利、安全的原则,送交社区矫正对象执行地所属的省、自治区、直辖市管辖范围内的看守所或者监狱执行刑罚。公安机关决定暂予监外执行收监执行的,由执行地县级公安机关送交存放或者接收罪犯档案的看守所收监执行。监狱管理机关决定暂予监外执行收监执行的,由存放或者接收罪犯档案的监狱收监执行。

【典型案例】

辽宁省鞍山市铁西区对暂予监外执行社区矫正对象秦某依法提请收监执行案例[①]

社区矫正对象基本情况:

社区矫正对象秦某,女,1986年9月出生,户籍地、居住地均为

① 《辽宁省鞍山市铁西区对暂予监外执行社区矫正对象秦某依法提请收监执行案例》,载中国法律服务网(12348中国法网),http://alk.12348.gov.cn/Detail?dbID=83&dbName=SJJCZZ&sysID=1142。

辽宁省鞍山市铁西区。2017 年 11 月,因犯组织卖淫罪被山东省郯城县人民法院判处有期徒刑 5 年,并处罚金人民币 30 万元。因其系怀孕、哺乳期妇女,分别于 2018 年 9 月 12 日、2019 年 9 月 10 日、2020 年 4 月 30 日被郯城县人民法院决定暂予监外执行。从 2018 年 9 月 19 日起在执行地受委托的司法所接受社区矫正。

对社区矫正对象依法解除和终止社区矫正的情况:

(一)发现、认定行为

在社区矫正期间,秦某分别于 2018 年、2019 年两次怀孕,生下两个孩子,2020 年第三次怀孕。2020 年 12 月 1 日秦某到受委托的司法所报到,工作人员与其沟通确认预产期是 2020 年 12 月。12 月 18 日工作人员与秦某联系询问其身体情况,秦某口述 12 月 5 日已经在家把孩子生下。工作人员要求其提供与孩子合影的照片时,秦某说孩子刚出生就送人了,并且已经找不到该人。受委托的司法所工作人员认为秦某口述情况的真实性值得怀疑,立即报告铁西区社区矫正机构,决定开展调查取证工作。

(二)调查取证情况

对秦某做正式询问笔录时,其改口说 12 月 5 日孩子刚出生时就已经死亡,放在黑色塑料袋里扔进垃圾箱,但是上述情况无人能够证明。工作人员带秦某到铁西区人民医院进行妇科彩超、妇科内检、HCG 验血等一系列检查,医生根据检查结果得出结论,秦某体内未检测出自然分娩的相关指标。

经查,从 2020 年 5 月开始,秦某每月向执行地受委托的司法所提交妊娠检查的医学材料,出具材料的医院为居住地医院和居住地某镇卫生院。12 月 22 日至 23 日,铁西区司法局和司法所工作人员到居住地医院、居住地某镇卫生院进行走访调查,没有发现秦某在 2020 年的彩超检查记录。12 月 25 日,居住地医院和居住地某镇卫生院分别出具证明材料,证实秦某向受委托的司法所提供的 7 张超声医学影像报告单系伪造材料。此外,工作人员对秦某的丈夫、母亲、姐姐、表哥等利害关系人进行了询问,了解到秦某 2019 年已经流产的事实。

在这些有力的证据面前，秦某承认其在 2019 年 7 月就已经流产，交给司法所的体检报告都是伪造的，目的是逃避刑罚的执行。

（三）决定收监执行情况

根据以上事实证据，秦某为了逃避刑罚伪造材料，性质恶劣，目前既不属于怀孕期妇女，也不属于正在哺乳自己婴儿的妇女，其暂予监外执行的情形消失，且刑期未满。铁西区社区矫正机构决定立即启动收监执行程序，制作提请收监执行审核表、收监执行建议书，与询问笔录、微信记录、医院检查材料、医院证明材料、详细情况说明等证据材料一并组卷，邮寄给郯城县人民法院，并将收监执行建议书抄送铁西区人民检察院。为防止秦某在此期间脱逃脱管，工作人员要求其每天到司法所报到，不定时拨打其定位手机，随时掌握秦某的动态行踪。

2021 年 1 月 5 日，郯城县人民法院做出了对秦某进行收监执行的决定，并将有关法律文书送达铁西区社区矫正机构，以及铁西区公安分局、铁西区人民检察院。1 月 14 日，铁西区社区矫正机构配合公安机关对秦某执行收监，将秦某押送至看守所隔离羁押。

【案例解读】

个别暂予监外执行社区矫正对象为了逃避刑罚，会绞尽脑汁地想出各种手段和方法。该案例是在 2020 年 7 月 1 日《社区矫正法》施行后，鞍山市铁西区第一件收监执行案例，公检法相关单位也都是首次适用新的法律依据开展收监执行工作，为今后社区矫正监督管理工作的开展提供了范本和宝贵经验。

试题演练

一、选择题

1. 下列不属于社区矫正对象行政惩罚措施的是____。（单选）

A. 警告　　B. 训诫

C. 治安管理处罚　　D. 撤销缓刑收监执行

2. 下列不属于社区矫正对象司法惩罚措施的是____。（单选）

A. 治安管理处罚

B. 撤销缓刑收监执行

C. 撤销假释收监执行

D. 暂予监外执行的收监执行

3. 社区矫正对象不按规定时间报到或者接受社区矫正期间脱离监管，超过10日的，应当给予____。（单选）

A. 训诫 B. 警告

C. 治安管理处罚 D. 拘留

4. 缓刑犯违反禁止令，情节严重的，应当给予____。（单选）

A. 治安管理处罚 B. 拘留

C. 撤销缓刑收监执行 D. 警告

5. 社区矫正机构提请人民法院决定逮捕社区矫正对象时，应当提供相应的证据，移送人民法院审查。人民法院应当在____内作出是否逮捕的决定。（单选）

A. 24小时 B. 48小时

C. 3日 D. 7日

6. 执行地县级社区矫正机构应当给予训诫的情形有____。（多选）

A. 不按规定时间报到或者接受社区矫正期间脱离监管，未超过10日的

B. 违反关于报告、会客、外出、迁居等规定，情节轻微的

C. 不按规定参加教育学习等活动，经教育仍不改正的

D. 其他违反监督管理规定，情节轻微的

7. 治安管理处罚的类型可以分为____。（多选）

A. 警告 B. 罚款

C. 行政拘留 D. 吊销公安机关发放的许可证

8. 被提请撤销缓刑的社区矫正对象可能逃跑或者可能发生社会危险的，社区矫正机构可以提请人民法院决定对其予以逮捕。这里的社会危险包括____。（多选）

A. 具有危害国家安全、公共安全、社会秩序或者他人人身安全现实危险的

B. 可能对被害人、举报人、控告人实施报复行为的

C. 可能对社区矫正机构工作人员等实施报复行为的

D. 可能实施新的犯罪的

二、判断题

1. 训诫一般不会导致社区矫正对象监管等级的变化。(　)
2. 警告是一种行政处罚,其严厉程度较训诫低。(　)
3. 社区矫正对象受到社区矫正机构两次训诫,仍不改正的,应该收监执行。(　)
4. 缓刑犯在考验期限内犯新罪,应当撤销缓刑、收监执行。(　)
5. 假释犯受到社区矫正机构两次警告,仍不改正的,应当撤销假释,收监执行。(　)
6. 暂予监外执行犯的暂予监外执行情形消失后,刑期未满的,应当收监执行。(　)
7. 暂予监外执行犯受到社区矫正机构三次警告的,应该收监执行。(　)
8. 保证人丧失保证条件或者因不履行义务被取消保证人资格,不能在规定期限内提出新的保证人的,暂予监外执行犯应当收监执行。(　)

三、个人感悟

____

____

____

____

____

____

签名:

年　　月　　日

第十章

自 我 保 护

社区矫正是一种开放性的刑事执行制度。社区矫正对象在社区中接受改造,在正常的工作、学习和生活中也会不可避免地遇到自身权利受侵害的情况。那么,在权利受到侵害时,我们应如何做呢?是保持逆来顺受的态度,或是采取暴力手段对抗,还是运用法律武器维护权益呢?在维护合法权益时,社区矫正对象要注意维护权利的限度,及时采取行动,并学会保存证据,选择合适的维权途径,等等。

目前,我国禁毒斗争取得显著成效。通过深入实施"清源断流"战略,严厉打击毒品犯罪,广泛开展禁毒宣传教育,不断提高毒品戒治效果,我国毒品滥用人数持续减少。截至2022年年底,现有吸毒人员112.4万名,连续5年呈下降趋势;戒断三年未发现复吸的人员379万名,连续10年呈上升趋势。毒品滥用治理成效持续显现。但是,社区矫正对象仍面临着毒品的引诱,特别是有过吸毒经历或实施过毒品犯罪的社区矫正对象。了解毒品的种类、滥用方式、毒性及滥用症状,知道毒品的特性与危害,学会拒绝毒品的方法,对于社区矫正对象远离毒品至关重要。

另外,随着科技的发展,特别是手机与网络的普及,不法分子借助手机、固定电话、网络等通信工具和现代技术等实施的非接触式诈骗迅速蔓延,给人民群众造成了巨大的损失。虽然社区矫正对象受到手机定位或电子定位监管,但其仍在工作、学习和生活中使用手机或网络,可能成为受害对象。了解电信诈骗的常见类型,掌握预防电信诈骗的方法,对于社区矫正对象远离电信诈骗至关重要。

重点提示:

1. 公民维护权益时,为什么不能超过一定限度?
2. 公民维护权益时,为什么要及时采取保护行动?
3. 公民维护权益时,为什么要学会保存证据?
4. 公民维护自身合法权益的途径有哪些?
5. 传统毒品、合成毒品和新精神活性物质的种类及毒性是什么?
6. 毒品的特点与危害有哪些?
7. 拒绝毒品的方法有哪些?
8. 电信诈骗的常见类型有哪些?
9. 预防电信诈骗的方法有哪些?

一、依法维护权利

在现实生活中,我们会经常遇到自身权利受到侵害的情况。在权利受到侵害时,我们应如何做呢?以下提供几点建议,供社区矫正对象在权利遇到侵害时参考。

(一)公民对违法侵害行为不应采取逆来顺受的态度

当自己的合法权利已受到侵害或将受到侵害时,法律赋予了公民保护个人权益的权利,即你完全有权利去保护自己的合法权益。公民要改变自己是弱小的、无助的、无权利的观念,法律、执法机关、国家是你强大的后盾,法律可以保护你,逆来顺受并不能解决问题。当然,以暴制暴或采取其他非法手段更不能解决问题,甚至可能将自己引入歧途。

法律为保护公民的合法权益提供了坚实的保障。我国《刑法》第20条规定:"为了使国家、公共利益、本人或者他人的人身、财产和其他权利免受正在进行的不法侵害,而采取的制止不法侵害的行为,对不法侵害人造成损害的,属于正当防卫,不负刑事责任。"第21条规定:"为了使国家、公共利益、本人或者他人的人身、财产和其他权利免受正在发生的危险,不得已采取的紧急避险行为,造成损害的,不负刑事责任。"《社区矫正法》第34条规定:"社区矫正对象认为其合法权益受到侵害的,有权向人民检察院或者有关机关申诉、控告和检举。受理机关应当及时办理,并将办理结果告知申诉人、控告人和检举人。"

(二)公民应在一定限度内保护自己的合法权利

每个公民的合法权利都受到国家的保护,并且权利具有平等性。我国《宪法》第33条规定,中华人民共和国公民在法律面前一律平等。在维护自身权利时,不能侵害他人的合法权利。因此,当你采取行动维护自身权利时，一定要注意行动是否合法，并要掌握行动的限度。

【典型案例】

别人先动手打我，我还手，难道不是正当防卫吗[①]

案情回顾：小王和朋友小张一起在开发区某饭店吃饭喝酒，两人都喝得有点多，开始以谁更有钱、生意做得更大吹嘘起来，互不相让进而发生争吵。小王先将一个酒瓶摔在地上，小张见状一拳打在小王面部，小王随即还手和小张打了起来。但因为喝得太多被小张打倒在地，小王恼羞成怒，捡起刚才摔碎的啤酒瓶一下子扎到小张的颈部，小张的脖子顿时鲜血直流。民警赶来后立即把小张送到医院救治，小王则被传唤到派出所接受讯问。面对民警，小王理直气壮地说："是对方先动手我才还手，我是正当防卫，不应该抓我。"后经法医鉴定，小张的伤势已经构成轻伤，小王因涉嫌故意伤害罪被刑事拘留。小张的行为涉嫌殴打他人，被给予行政拘留处罚。

评案说法：正当防卫的本质在于制止不法侵害，保护合法权益。而别人先动手打你，你还手，通常被认定为互殴行为，斗殴双方都在积极追求非法损害对方的结果，因而在根本上不存在正当防卫的意图，不能构成正当防卫。互相斗殴，是指双方或多方在主观上均具有不法侵害的故意，客观上均实施了不法侵害对方的行为，是互殴各方均有对对方加害的行为。根据《刑法》的相关规定，在互相斗殴的过程中一般不存在正当防卫的行为。

上述案例中，小王的行为明显不构成正当防卫。因为对方殴打的行为不属于明显的暴力行为，且未严重危及生命安全，其主观上也不是为制止对方。小王本人先挑衅摔酒瓶，对案件的发生也有过错。两人的行为应属于互相殴斗。因此，两人都要承担相应的法律后果。

---

① 参见承德市中级人民法院：《别人先动手打我，我还手，难道不是正当防卫吗》，载澎湃新闻网 2023 年 1 月 9 日，https://www.thepaper.cn/newsDetail_forward_21488343?commTag=true。

【解读】

正当防卫是法律赋予公民的一项重要权利，是鼓励公民同违法犯罪行为做斗争的重要制度。“该出手时就出手，但切记不要乱出手、出重手”，一定要结合实际情况作出正确判断，否则就要承担相应的刑事责任。也就是说，公民在维护自身权利时，不能超越法律的规定，不能侵害他人的合法权益。

法条链接：

《刑法》(2023年12月29日修正)

第二十条 为了使国家、公共利益、本人或者他人的人身、财产和其他权利免受正在进行的不法侵害，而采取的制止不法侵害的行为，对不法侵害人造成损害的，属于正当防卫，不负刑事责任。

正当防卫明显超过必要限度造成重大损害的，应当负刑事责任，但是应当减轻或者免除处罚。

对正在进行行凶、杀人、抢劫、强奸、绑架以及其他严重危及人身安全的暴力犯罪，采取防卫行为，造成不法侵害人伤亡的，不属于防卫过当，不负刑事责任。

第二十一条 为了使国家、公共利益、本人或者他人的人身、财产和其他权利免受正在发生的危险，不得已采取的紧急避险行为，造成损害的，不负刑事责任。

紧急避险超过必要限度造成不应有的损害的，应当负刑事责任，但是应当减轻或者免除处罚。

……

(三)公民应及时采取保护行动

法谚有言，过期的权利不受法律保护。当民事权利受到侵害时，公民需要在法律规定的时间内请求保护，否则将视为放弃了相应的权利。为及时结束权利义务关系的不确定性，降低成本，稳定法律关系，安定法律秩序，法律设立了诉讼时效制度。诉讼时效，又称消灭时效，是能够引起民事法律关系发生变化的法律事实,是指权利人在一定期间内不行使权利,即在某种程度上丧失请求利益的时效的制度。因此,当社区矫正对象的权利受到侵害时,应当及时维权,不能拖延,否则可能不受法律保护。

例如,甲向乙借款时承诺 1 年后偿还,5 年之内乙一直没有向甲催要借款,5 年过后乙虽然仍可以催要借款,但如果甲以已经超过 3 年诉讼时效期间为由拒绝还款,法院就只能判决驳回乙的诉讼请求,而不能判决借款人还款。但是,义务人如果以诉讼时效期间届满为由进行抗辩拒绝还款,其个人信誉必将受损。因此,在诉讼时效期间届满的情况下,如果义务人遵守诚信,仍然承诺履行义务,那么就视为义务人放弃了诉讼时效抗辩权,义务人不能再以诉讼时效期间届满为由进行抗辩。例如,虽然过了 3 年的诉讼时效期间,但借款人同意还款并出具了书面的还款书,起诉后如果借款人再以诉讼时效期间届满为由拒绝还款,法院就不能再支持借款人。举轻以明重,如果仅仅是承诺履行义务就可以视为义务人放弃了诉讼时效抗辩权,那么,义务人自愿履行义务,是其以实际行动表明放弃诉讼时效抗辩权的意思,此时该义务就与诉讼时效期间届满前的义务一样,义务人应当继续履行。因此,如果义务人已经自愿履行的,就认为其放弃了诉讼时效抗辩权,当然不能再以诉讼时效期间届满为由要求返还。例如,借款人自愿归还了借款后又知道超过了诉讼时效期间,向法院起诉要求出借人将钱还给他,法院不能再支持借款人的请求①。

法条链接:

《民法典》(2020 年 5 月 28 日公布)

第九章　诉讼时效

第一百八十八条　向人民法院请求保护民事权利的诉讼时效期间为三年。法律另有规定的,依照其规定。

---

① 《以案说“典”丨诉讼时效的一般规定(中)》,载临朐县人民法院网 2022 年 11 月 3 日,http://www.sdcourt.gov.cn/wflqfy/443866/443840/8983026/index.html。

诉讼时效期间自权利人知道或者应当知道权利受到损害以及义务人之日起计算。法律另有规定的，依照其规定。但是，自权利受到损害之日起超过二十年的，人民法院不予保护，有特殊情况的，人民法院可以根据权利人的申请决定延长。

第一百八十九条　当事人约定同一债务分期履行的，诉讼时效期间自最后一期履行期限届满之日起计算。

第一百九十条　无民事行为能力人或者限制民事行为能力人对其法定代理人的请求权的诉讼时效期间，自该法定代理终止之日起计算。

第一百九十一条　未成年人遭受性侵害的损害赔偿请求权的诉讼时效期间，自受害人年满十八周岁之日起计算。

第一百九十二条　诉讼时效期间届满的，义务人可以提出不履行义务的抗辩。

诉讼时效期间届满后，义务人同意履行的，不得以诉讼时效期间届满为由抗辩；义务人已经自愿履行的，不得请求返还。

第一百九十三条　人民法院不得主动适用诉讼时效的规定。

第一百九十四条　在诉讼时效期间的最后六个月内，因下列障碍，不能行使请求权的，诉讼时效中止：

（一）不可抗力；

（二）无民事行为能力人或者限制民事行为能力人没有法定代理人，或者法定代理人死亡、丧失民事行为能力、丧失代理权；

（三）继承开始后未确定继承人或者遗产管理人；

（四）权利人被义务人或者其他人控制；

（五）其他导致权利人不能行使请求权的障碍。

自中止时效的原因消除之日起满六个月，诉讼时效期间届满。

第一百九十五条　有下列情形之一的，诉讼时效中断，从中断、有关程序终结时起，诉讼时效期间重新计算：

（一）权利人向义务人提出履行请求；

（二）义务人同意履行义务；

（三）权利人提起诉讼或者申请仲裁；

（四）与提起诉讼或者申请仲裁具有同等效力的其他情形。

第一百九十六条　下列请求权不适用诉讼时效的规定：

（一）请求停止侵害、排除妨碍、消除危险；

（二）不动产物权和登记的动产物权的权利人请求返还财产；

（三）请求支付抚养费、赡养费或者扶养费；

（四）依法不适用诉讼时效的其他请求权。

第一百九十七条　诉讼时效的期间、计算方法以及中止、中断的事由由法律规定，当事人约定无效。

当事人对诉讼时效利益的预先放弃无效。

第一百九十八条　法律对仲裁时效有规定的，依照其规定；没有规定的，适用诉讼时效的规定。

第一百九十九条　法律规定或者当事人约定的撤销权、解除权等权利的存续期间，除法律另有规定外，自权利人知道或者应当知道权利产生之日起计算，不适用有关诉讼时效中止、中断和延长的规定。存续期间届满，撤销权、解除权等权利消灭。

（四）公民应当学会保存证据

在维护权利过程中，除了要注意诉讼时效外，公民还要学会用证据维权。德国学者罗森贝克曾言："证明责任乃诉讼的脊梁。""谁主张，谁举证"是民事诉讼中的重要原则，也就是说，权利人提出权利诉求时负有举证责任。这与行政诉讼、刑事诉讼中的举证责任具有差异之处。

延伸阅读：

你会维护自己的权益吗[①]

刚刚9岁的小黎，两年前在父母租住的一家民房的房顶玩耍时，从没有护栏的七楼楼顶摔到四楼阳台，造成胸椎多发性骨折并截瘫。小

① 参见《你会维护自己的权益吗？——从法律援助精品案件看维权要点》，载大河网，http://newpaper.dahe.cn/hnrb/html/2010-05/13/content_316790.htm。

黎的父母在万般无奈下向郑州市金水区法律援助中心求助。河南文中律师事务所刘自林律师受到指派，为小黎家提供民事法律援助。

当时，除了医疗费票据，小黎家没有任何向房东寻求赔偿的证据。但律师在查看现场时发现，房东的楼顶天井一侧没有安装护栏，天井上仅覆盖了一层薄薄的遮阳薄膜，和楼顶连成一片，且未设置任何警示标志，因此认为房东应该承担主要责任。

几天后，政府下发拆迁通知，小黎家租住的村庄房屋要进行拆迁。一旦涉案房屋被拆，没有实物证据的小黎一家很难胜诉。律师协助小黎家人紧急对涉案房屋的房顶现场进行了录像，并提取了拆迁通知。随后律师代理小黎向郑州市金水区人民法院提起了民事诉讼，并递交了证据保全申请，请求法院勘验现场，固定证据。法官进行证据保全时，房东却以拆迁的名义将天井护栏全部锯掉，毁灭了关键证据。但法官们拍摄到的房顶画面，与小黎家人自行拍摄的画面背景是一致的，印证了小黎家人录像证据的真实性。

经过多方取证，小黎家人终于拿到了关键性的证据：如支付房租的收据，暂住证等；小黎从房顶摔伤的证人证言、与房东的谈话录音等；房东房顶天井存在安全隐患的现场录像、照片等；小黎身体受伤害的事实和与所受经济损失相关的住院病历、医疗费票据、护理证明、交通费票据等。

最终，法院认定房东没有对其出租房屋的安全管理尽到足够的安全防范义务，且其房屋存在安全隐患，应当对小黎的损失承担主要责任，遂判决房东承担小黎损失的60%，共计44,778.90元。

维权启示：打官司，在很大程度上打的是证据。证据是能够证明民事案件真实情况的各种事实，也是法院认定有争议的案件事实的根据。证据是一个案件成功与否的根本，小黎一家从最初没有任何证据，到在律师的帮助下找到开庭时需要的充分证据，从而讨回了合法权益。本案律师的专业知识起到了至关重要的作用。但是依然有很多案件因为当事人没有证据意识或失去了取证机会，最终不能维护自己的合法权益。在侵权事件发生后，当事人要有强烈的证据意识，在第一时间保存各种证据，才有利于权益的维护。

证据是证明(案件)事实的材料。证据问题是诉讼的核心问题。全部诉讼活动实际上都是围绕证据的收集和运用进行的。证据是法官在司法裁判中认定过去发生事实存在的重要依据。在任何一起案件的审判过程中,都需要通过证据和证据形成的证据链再现还原事件的本来面目。因此,在日常生活中,我们要养成保存证据的习惯,如购物开发票,乘车留票据,特别是涉及劳动关系时,更要保留劳动合同、工资单、出勤记录,以及与用人单位存在事实劳动关系的证明材料等相关证据,以防纠纷。

当然,若想成功维护自身权益,除了知道诉讼时效和保全证据还是不够的。因为,在维护权益的过程中,更需要专业的法律知识为指导。如果你是一个对法律规定并不十分精通的人,那么当权益受到侵害时,还是建议向专门的社会机构寻求帮助,这样才能保证受侵害的权益能及时、有效地得到维护和救济。例如,法律服务所可以代写文书;律师事务所可以代为处理法律事务,辩护;公证处可以依据法律和事实证明合同、遗嘱、身份等情况的真实性、合法性。

(五)公民应正确选择维护自身合法权益的途径

我国法律保护公民的合法权利,但这并不意味着公民为维护自己的权利可以随心所欲。公民维护自身权益的途径要合法。现实中公民维护自身合法权益的途径很多,归纳起来主要有诉讼途径、非诉讼途径和寻求法律帮助。公民在自己的合法权益遭受不法侵害时,应当根据实际情况有针对性地选择保护途径,以便及时、有效地维护自身的合法权益。

1. 诉讼途径

诉讼俗称“打官司”。诉讼途径就是指受害人或案件的其他当事人依法向人民法院起诉、上诉或申诉,由人民法院按照法定程序处理案件,保护有关当事人的合法权益的途径。诉讼途径包括刑事诉讼、民事诉讼和行政诉讼。刑事诉讼是指审判机关、检察机关和侦查机关在当事人以及诉讼参与人的参加下,依照法定程序解决被追诉者刑事责任问题的诉讼活动；民事诉讼是指当公民的民事权益受到了非法侵害时，依法向人民法院提起的诉讼。公民进行民事诉讼起诉时应向人民法院递交起诉状，书写起诉状有困难的，可以口头起诉，由人民法院记入笔录，并告知对方当事人。当然公民也可以聘请律师进行起诉；行政诉讼，即通常说的“民告官”，是在公民、法人或者其他组织认为行政机关和行政机关工作人员的具体行政行为侵犯其合法权益时，依照行政诉讼法向人民法院提起诉讼，由人民法院进行审理并作出裁决的活动。

2. 非诉讼途径

非诉讼途径是指受害人或者其他有关人员请求国家行政机关或其他有关单位处理、解决问题，保护自身的合法权益的途径。非诉讼途径很多，主要有投诉、申请调解、申请裁决、申请仲裁、申请复议、申请复审、复核、申请行政复议和申诉等。

（1）投诉

投诉是指公民就民事、经济、行政等方面的违法、违纪问题，向主管机关、有关群众性组织或其他单位反映并要求处理和解决的行为。可投诉的内容较多，主要有以下几种：产品质量问题投诉、商业信用问题投诉、服务质量问题投诉、行政管理问题投诉。投诉可以用书面形式，也可以用口头形式。书面形式没有格式上的限制，说明情况、提出要求即可。口头形式既可以到有关部门当面陈述，也可以电话投诉。

【典型案例】

不按宣传提供服务消协调解及时解决①

案情简介：2021 年 1 月 14 日，昆明安宁市消费者李先生投诉称：其通过美团购买了青龙峡景区的 28 张优惠套票，网页宣传其中

① 参见《315 刚过，安宁市民维权成为典型案例！赶快来学习一下》，载微信公众号“安宁微生活”2022 年 3 月 16 日，https://mp.weixin.qq.com/s?__biz=MzAxMzAxNDI4NA==&mid=2656104619&idx=2&sn=eb864d9fffb7c43e46d59010122fc3c4&chksm=800d54c8b77adddec1c9348ee488c705090f9446fefe0d10e23b4fce372f360f257a00a0aa76&scene=27。

包含门票、拓展训练及小火车项目。但到达景区后,景区称不提供拓展训练及小火车游玩服务,李先生遂请求消费者协会帮助处理。

处理过程及结果:接到投诉后,安宁市消费者协会青龙分会即开展调查,经了解,消费者反映情况属实,消协工作人员现场向景区工作人员宣讲《消费者权益保护法》等法律法规。沟通调解后,景区当日即重新提供了套票包含的服务项目,并承诺今后将改进服务质量,消费者对结果无异议,投诉圆满解决。

案例评析:《广告法》第4条规定,“广告不得含有虚假或者引人误解的内容,不得欺骗、误导消费者。广告主应当对广告内容的真实性负责”,第28条第1款第1项规定,“广告以虚假或者引人误解的内容欺骗、误导消费者的,构成虚假广告。广告有下列情形之一的,为虚假广告,(一)商品或者服务不存在的”,第56条第1款规定:“违反本法规定,发布虚假广告,欺骗、误导消费者,使购买商品或者接受服务的消费者的合法权益受到损害的,由广告主依法承担民事责任。”

本案中,经营者发布广告应当真实,不得欺骗、误导消费者,对广告中承诺的服务项目,应当按照承诺内容为消费者提供服务,不得发布虚假广告,欺骗、误导消费者。

(2)申请调解

申请调解是指一般的民事纠纷或者一般的治安违法案件发生以后,当事人一方或者双方向人民调解委员会提出申请,请求用调解的方式处理案件、解决纠纷的行为。可以申请调解处理的案件主要是一般的民事纠纷,如宅基地纠纷、一般的治安违法案件及比较轻微的打架斗殴等。另外,刑事自诉案件,被害人没有起诉的,也可以申请调解处理。申请调解既可以用书面形式申请,也可以用口头形式申请。

【典型案例】

徐闻县高某与陈某邻里纠纷调解案①

2020年3月初，徐闻县某乡某村的陈某购买了一台渔网编织机，将其安置于自家院子用于编织渔网出售。隔壁民宿房主高某找到陈某，表示近日接连有房客反映陈某家的渔网编织机作业时噪声较大，干扰其正常休息。高某要求陈某将渔网编织机搬走，陈某予以拒绝，高某遂向某乡人民调解委员会申请调解。

调解员经过现场调查，建议高某让陈某免费在民宿住一晚，陈某家属通宵开机编织渔网，由陈某亲身体验后再进行调解。第二天，陈某向调解员表示，在机器噪声影响下心里烦躁，难以入睡。调解员适时展开调解工作，指出根据《民法典》的规定，不动产权利人不得违反国家规定排放噪音等有害物质。侵权行为危及他人人身、财产安全的，被侵权人有权请求侵权人承担停止侵害、排除妨碍、消除危险等侵权责任。陈某对此表示认可。鉴于出售渔网为陈某家庭的唯一经济来源，调解员建议陈某在与高某的民宿之间修建隔音围墙，在渔网编织机底部加装防震装置，中午和晚上以及国家法定节假日期间停止渔网编织机工作。高某和陈某一致表示同意，并达成调解协议。

(3)申请裁决

申请裁决是指治安行政违法案件发生以后，受害人或者其他有关人员及时向公安机关报案并请求处理的行为。治安违法案件的处理权属于公安机关。治安违法行为发生以后，公安机关不一定知道，受害人要保护自己的合法权益，应当及时报案，请求处理。申请裁决时，应提供有关的证据材料或证人。

① 参见《司法部发布人民调解工作指导案例》，载司法部官网，http://www.moj.gov.cn/pub/sfbgw/gwxw/xwyw/szywbnyw/202208/t20220802_461069.html。

【典型案例】

河津市公安局城区中心派出所成功调解两起治安案件[①]

案例1:

8月24日6时许,河津市公安局城区中心派出所接到市民米某报警,称其经营的公寓大厅物品被人损坏。接警后,值班民警立即带队赶赴现场调查。经查,薛某杰与李某玲因感情问题,喝酒后在该公寓一楼大厅发生争吵,薛某杰将大厅内的花盆、电扇、电脑显示屏、电梯等物品损毁,并与李某玲发生肢体冲突。民警了解完事情经过后,将二人带回所内给双方做思想工作,并对薛某杰的一系列错误行为予以严厉批评,并告知其应当承担的法律责任。之后,民警又耐心细致地做双方的思想工作,通过民警教育,三方当事人最终达成和解,一场因感情纠纷引发的治安案件成功化解。

案例2:

9月24日,河津市公安局城区中心派出所值班室接到110指令:市民张某鹏在河津市职中对面被人殴打要求查处。接警后,值班民警迅速赶赴现场。经查,当天张某伟经营的饭店开业请客,张某鹏酒后与张某伟发生口角,张某伟在其胸前打了两拳。鉴于违法情节轻微,民警考虑双方是朋友关系,且均有调解意愿,即根据《治安管理处罚法》第9条之规定,对该案作调解处理,双方握手言和。

(4)申请仲裁

申请仲裁是指经济合同纠纷、劳动争议或海事纠纷发生以后,当事人一方或双方向有关仲裁机构提出申请,请求对其纠纷或争议居中调解、进行裁决的行为。当事人对仲裁裁决不服的,在收到裁决书15日

① 参见《我为群众办实事:河津市公安局城区中心派出所成功调解两起治安案件》,载微信公众号"河津公安"2022年9月30日,https://mp.weixin.qq.com/s?__biz=MzIyMzI1Mjg4NA==&mid=2652821954&idx=4&sn=75905d978a89047d41732e6631376bb1&chksm=f3cb6139c4bce82fb3de7fbe21d0d87b40b34accdf445cecf1c117a0367523acc2d1b09d2fcf&scene=27。

内可以向人民法院起诉，逾期不起诉的，裁决书发生法律效力。

【典型案例】

劳动者与用人单位订立放弃加班费协议，能否主张加班费①

基本案情：张某于2020年6月入职某科技公司，月工资20,000元。某科技公司在与张某订立劳动合同时，要求其订立一份协议作为合同附件，协议内容包括“我自愿申请加入公司奋斗者计划，放弃加班费”。半年后，张某因个人原因提出解除劳动合同，并要求支付加班费。某科技公司认可张某加班事实，但以其自愿订立放弃加班费协议为由拒绝支付。张某向劳动人事争议仲裁委员会（以下简称仲裁委员会）申请仲裁。

申请人请求：请求裁决某科技公司支付2020年6月至12月加班费24,000元。

处理结果：仲裁委员会裁决某科技公司应支付张某2020年6月至12月加班费24,000元。

案例分析：本案的争议焦点是张某订立放弃加班费协议后，还能否主张加班费。《劳动合同法》第26条规定：“下列劳动合同无效或者部分无效：……（二）用人单位免除自己的法定责任、排除劳动者权利的。”《最高人民法院关于审理劳动争议案件适用法律问题的解释（一）》（法释〔2020〕26号）第35条规定：“劳动者与用人单位就解除或者终止劳动合同办理相关手续、支付工资报酬、加班费、经济补偿或者赔偿金等达成的协议，不违反法律、行政法规的强制性规定，且不存在欺诈、胁迫或者乘人之危情形的，应当认定有效。前款协议存在重大误解或者显失公平情形，当事人请求撤销的，人民法院应予支持。”加班费是劳动者延长工作时间的工资报酬，《劳动法》第44条、《劳动合同法》第31条明确规定了用人单位支付劳动者加班费的责任。约定放弃加班费的协议免除了用人单位的法定责任、

① 参见《劳动人事争议典型案例（第二批）》，载最高人民法院官网2021年8月26日，https://www.court.gov.cn/zixun-xiangqing-319151.html。

排除了劳动者权利，显失公平，应认定无效。

本案中，某科技公司利用在订立劳动合同时的主导地位，要求张某在其单方制定的格式条款上签字放弃加班费，既违反法律规定，也违背公平原则，侵害了张某工资报酬权益。故仲裁委员会依法裁决某科技公司支付张某加班费。

(5)申请复议

申请复议是指公民、法人或者其他组织认为行政机关的具体行政行为违法或不当，在法定期限内要求复议机关撤销或者变更原具体行政行为，以保护自己合法权益的行为。根据《行政复议法》的精神，我国的行政复议采取“不告不理”的形式，即没有申请，行政复议就不能开始，复议申请是启动行政复议程序的前提和基础。申请行政复议是法律赋予公民、法人和其他组织的一项权利，当公民认为行政机关的行为侵犯了自己的权利时，可以申请复议。

【典型案例】

工作时间内，职工由于来往于多个与其工作职责相关的工作场所之间的合理区域因工受伤，认定为工伤，复议机关予以维持①

李某系被申请人某管理所职工，负责绿化、修剪、打药及淌水工作。2020 年 3 月 16 日下午，李某到负责的绿化带片区上班，随后李某驾驶电动车在某路段处(事故地点在绿化带与管理所中间靠北的位置)由南向北通过人行横道时与一小型汽车相撞被送医，3 月 23 日医院下达死亡通知。2021 年 10 月 15 日，工伤认定部门作出认定

① 参见《宁夏发布十起行政复议典型案例》，载微信公众号“海原妇女之声”2022 年 12 月 16 日，https://mp. weixin. qq. com/s? __biz = MzI2Nzc0NTU2Nw = = &mid = 2247502189&idx = 2&sn = 4457bec910ffc166841f53e5bd37a790&chksm = eaf8a91ddd8f200b6d8852003db5a758433ebbda165063cd088f621f6ceea05dac424ac96b75&scene = 27。

李某为工伤的决定。管理所不服，申请行政复议。复议机关认为，职工在工作时间内，来往于多个与其工作职责相关的工作场所之间的合理区域因工死亡，应适用《最高人民法院关于审理工伤保险行政案件若干问题的规定》第4条之规定，认定为工伤，遂作出复议决定，维持原工伤认定决定。

(6)申请复审、复核

申请复审是指国家行政机关工作人员或国家行政机关任命的其他人员因对监察机关的监察决定不服而向作出决定的监察机关提出申请，请求复审的行为。申请复核是指国家行政机关工作人员或国家行政机关任命的其他人员对复审决定不服而向上一级监察机关提出申请，请求复核的行为。申请复核后，上一级监察机关应当在2个月内作出复核决定。

(7)申诉

申诉是指公民对行政处罚或党纪、政纪处分不服，向有关机关、组织、单位提出申诉，要求复查和裁决的行为。在社区矫正过程中，如果社区矫正对象对社区矫正机构的纪律处分不服，可以向上一级社区矫正机构或司法行政机关申诉，请求审查处理或重新审查处理。

【典型案例】

浙江孙某刑事申诉案①

(一)基本案情

2012年4月22日，王某在浙江省慈溪市某牛排馆约见网友，即申诉人孙某。其间，被王某丈夫俞某发现，当即发生争执，俞某纠集多人在牛排馆门口聚集。王某到门口向俞某解释无果，就打电话让孙某离开。孙某从二楼窗户向一楼攀爬过程中不慎坠地，导致颅脑

① 参见《浙江孙某刑事申诉案》，载最高人民检察院官网，https://www.spp.gov.cn/spp/jctzrgpzygjkckgkx/202010/t20201020_489130.shtml。

重伤，被评定为二级伤残。

孙某要求公安机关追究俞某故意伤害的刑事责任。2014 年 8 月 6 日，慈溪市公安局以没有犯罪事实为由作出不予立案决定，后经复议，维持不立案决定。孙某遂于同年 8 月 26 日向慈溪市检察院申请立案监督。慈溪市检察院经审查于同年 9 月 28 日作出答复函，不支持立案监督申请。孙某不服，通过检察机关信访途径主张权利长达 6 年。其间，在检察机关建议下，孙某于 2016 年 6 月向慈溪市法院提起民事诉讼，法院判决俞某负次要责任，承担孙某摔伤各项损失的 20% 和精神损害抚慰金，共计 12 万余元。但孙某心中症结仍然未解开，先后几十次信访。

（二）听证程序

该案属于多年信访积案，慈溪市检察院按照有关要求将该案逐级上报最高人民检察院。2020 年 6 月 4 日最高人民检察院有关厅局主要负责同志在慈溪市检察院组织公开听证会，并担任听证会主持人。

一是细致调查走访，认真准备听证会。最高人民检察院有关厅局主要负责同志带案下访，参与矛盾化解，指导慈溪市检察院承办检察官下村镇走访，当面了解申诉人诉求，全面听取各方意见，为听证会的顺利召开打下良好基础。

二是以四级联播方式，形成公开听证示范。听证会通过浙江省检察院连线最高人民检察院，在全国四级检察机关进行网络直播。会场及听证设备严格按照有关规定布置。听证过程中的案件情况和听证问题说明、听证参加人提问、听证员评议等环节规范进行，起到了很好的示范作用。

三是听取各方意见，澄清争议问题。听证会邀请人大代表、政协委员及村镇基层群众等 5 人担任听证员，确定申诉人、公安机关办案人员参加。相关参加人就案件事实和法律依据充分发表了意见，检察机关说明了申诉人孙某受伤与俞某行为之间不存在刑法上的因果关系。

四是听证员充分发表意见，促成申诉人解开心结。听证会上，5 名听证员认真提问，经过评议程序后发表意见，一致同意检察机关不予立案监督的处理意见。申诉人孙某彻底解开心结，表示愿意息诉息访，回归正常生活，并当场提交息诉息访承诺书。

五是进行司法救助评议，解除申请人后顾之忧。因申诉人孙某丧失劳动能力，生活困难，听证会设置专门议题讨论申诉人司法救助事项。承办检察官就司法救助的合法性、可行性进行了说明，拟通过宁波市两级检察机关进行救助，听证员一致同意检察机关的司法救助方案。2020 年 6 月 18 日，慈溪市检察院作出国家司法救助决定，并将所作决定和相关理由及时告知听证员。

（三）典型意义

办理申诉信访案件，打开当事人心结、化解积怨至关重要。承办检察官在听证会召开前，当面了解当事人诉求，全面听取各方意见，做好各项准备。邀请人大代表、政协委员、当事人所在村委会代表、公安机关承办人等人员参加听证会。听证会上，申诉人、公关机关案件承办人、检察机关案件承办人充分发表意见，全面展示案件事实和理由，消除各方疑虑，最终赢得了申诉人的理解与支持，圆满化解了信访积案。同时，通过司法救助等方式解除申诉人后顾之忧，切实维护了申请人的合法权益，推动案结事了人和。

3. 寻求法律援助

公民在遇到权利被侵害而又不知道如何处理时，可以去法律服务机构获取帮助。符合一定条件的，可以申请法律援助。法律援助，是国家建立的为经济困难公民和符合法定条件的其他当事人无偿提供法律咨询、代理、刑事辩护等法律服务的制度，是公共法律服务体系的组成部分。县级以上人民政府司法行政部门应当设立法律援助机构。法律援助机构负责组织实施法律援助工作，受理、审查法律援助申请，指派律师、基层法律服务工作者、法律援助志愿者等法律援助人员提供法律援助，支付法律援助补贴。

由于社会分工、文化程度、专业知识的不同,决定了人们的法律水平不尽相同,甚至有很大的差异,部分社会成员还缺乏必要的法律知识以及运用法律武器进行自我保护的能力。即使是有较高的法律水平的社会成员,也可能由于种种原因需要他人提供法律帮助。在当代社会,法律服务机构无疑发挥着重要的社会作用。我们在处理与法律有关的问题时,可以寻求法律援助。

根据我国《法律援助法》第22条的规定,法律援助机构可以组织法律援助人员依法提供下列形式的法律援助服务:法律咨询;代拟法律文书;刑事辩护与代理;民事案件、行政案件、国家赔偿案件的诉讼代理及非诉讼代理;值班律师法律帮助;劳动争议调解与仲裁代理;法律、法规、规章规定的其他形式。

为了保障经济困难的公民获得必要的法律服务,《法律援助法》第31条规定,下列事项的当事人,因经济困难没有委托代理人的,可以向法律援助机构申请法律援助:依法请求国家赔偿;请求给予社会保险待遇或者社会救助;请求发给抚恤金;请求给付赡养费、抚养费、扶养费;请求确认劳动关系或者支付劳动报酬;请求认定公民无民事行为能力或者限制民事行为能力;请求工伤事故、交通事故、食品药品安全事故、医疗事故人身损害赔偿;请求环境污染、生态破坏损害赔偿;法律、法规、规章规定的其他情形。

【典型案例】

对赵某某离婚财产纠纷提供法律援助案①

基本案情:2020年"五一"假期刚过,吉林省长春市宽城区法律援助中心接到赵某某的咨询电话,其称已年过六旬,年轻时跟丈夫一起办企业,因过度操劳落下一身毛病,如今丈夫又有了外遇,欲将她抛弃。赵某某想起诉离婚,请求宽城区法律援助中心帮她主持公道。

① 《司法部发布12起法援惠民生典型案例(一)》,载最高人民检察院官网2021年3月1日,http://www.moj.gov.cn/pub/sfbgw/jgsz/jgszjgtj/ggflfwglj/ggflfwgljtjxw/202103/t20210301_349653.html。

宽城区法律援助中心经审核，认为赵某某的情况符合法律援助条件，决定为其提供法律援助，并指派律师承办此案。受新冠疫情影响，承办律师帮助赵某某通过网上立案。案件庭前第一次调解过程中，被告不承认家中有90万元共同存款的事实，使案件调解陷入僵局。

开庭当天，法官给双方先行协商的机会，承办律师通过出示结婚证和企业的营业执照等证据，证明企业是在夫妻关系存续期间成立和经营的，是夫妻二人的主要生活来源，其收益应当作为夫妻共同财产进行分割。在承办律师的努力下，被告终于承认双方在共同经营企业过程中积攒下90万元存款的事实，同意存款对半分割，但要求分割房产时应扣除分割财产45万元的份额。承办律师向被告讲解分割财产男女平等，债权债务应平均分配，指出原告失去劳动能力没有生活来源，分割财产时理应对其有所照顾。

最终，被告答应放弃分割住房款，原告也不追究被告出轨的责任，放弃了自己要求多分5万元的诉讼请求。至此，双方就财产分割达成一致，案件调解成功。

案件点评：这是一起法律援助维护妇女合法权益的典型案例。本案中，法律援助承办律师充分利用法理和情理对被告进行感化，使被告接受调解并认可调解结果。这种方式节约了当事人的时间，减轻了其诉累，实现了较好的社会效果。

公民申请法律援助的一般程序是：公民因民事、行政法律事项申请法律援助，应当向义务人或义务机关所在地的法律援助机构提出。对诉讼事项的法律援助，由申请人向办案机关所在地的法律援助机构提出申请；对非诉讼事项的法律援助，由申请人向争议处理机关所在地或者事由发生地的法律援助机构提出申请。

总之，公民应正确选择维护自身权利的途径，当你的权利受到侵害，而你又不知道应选择何种途径维权时，应当到律师事务所找律师进行咨询。

试题演练

一、选择题

1. 向人民法院请求保护民事权利的诉讼时效期间为____。(单选)
   A. 1年　B. 2年　C. 3年　D. 无期限
2. 公民就民事、经济、行政等方面的违法、违纪问题,向主管机关、有关群众性组织或其他单位反映并要求处理和解决的行为属于____。(单选)
   A. 投诉　B. 申请调解
   C. 申请裁决　D. 申请仲裁
3. 治安行政违法案件发生以后,受害人或者其他有关人员及时向有关公安机关报案并请求处理的行为属于____。(单选)
   A. 投诉　B. 申请调解
   C. 申请裁决　D. 申请仲裁
4. 当事人对仲裁裁决不服的,在收到裁决书____内可以向人民法院起诉,逾期不起诉的,裁决书发生法律效力。(单选)
   A. 7日　B. 15日　C. 30日　D. 1年
5. 诉讼途径包括____。(多选)
   A. 刑事诉讼　B. 民事诉讼
   C. 行政诉讼　D. 法律诉讼
6. 法律援助机构可以组织法律援助人员依法提供的法律援助服务包括____。(多选)
   A. 法律咨询
   B. 代拟法律文书
   C. 刑事辩护与代理
   D. 民事案件、行政案件、国家赔偿案件的诉讼代理及非诉讼代理

二、判断题

1. 为了使国家、公共利益、本人或者他人的人身、财产和其他权利免受正在进行的不法侵害,而采取的制止不法侵害的行为,对不法侵害人造成损害的,属于正当防卫,不负刑事责任。(　)
2. 为了使国家、公共利益、本人或者他人的人身、财产和其他权利免受

正在发生的危险，不得已采取的紧急避险行为，造成损害的，不负刑事责任。（　）

3. 社区矫正对象认为其合法权益受到侵害的，有权向人民检察院或者有关机关申诉、控告和检举。受理机关应当及时办理，并将办理结果告知申诉人、控告人和检举人。（　）

4. 中华人民共和国公民在法律面前一律平等。（　）

5. 正当防卫明显超过必要限度造成重大损害的，应当负刑事责任，但是应当减轻或者免除处罚。（　）

6. 证据问题是诉讼的核心问题。（　）

7. 申请调解是指一般的民事纠纷或者一般的治安违法案件发生以后，当事人一方或者双方向人民调解委员会提出申请，请求用调解的方式处理案件、解决纠纷的行为。（　）

8. 在社区矫正过程中，如果社区矫正对象对社区矫正机构的纪律处分不服，可以向上一级社区矫正机构或司法行政机关申诉，请求审查处理或重新审查处理。（　）

9. 法律援助，是国家建立的为经济困难公民和符合法定条件的其他当事人无偿提供法律咨询、代理、刑事辩护等法律服务的制度，是公共法律服务体系的组成部分。（　）

10. 因经济困难没有委托代理人的，可以向法律援助机构申请法律援助。（　）

三、个人感悟

签名：

年　　月　　日

二、拒绝毒品引诱

毒品是人类社会的公害，我们必须对毒品的危害保持高度警惕。目前，毒品变换了各种包装和样式，伪装越来越隐蔽，危害性也越来越大。我们在日常生活中必须要加以辨别，远离诱惑。

(一)什么是毒品

1. 毒品的定义

根据我国《刑法》第357条、《禁毒法》第2条规定，毒品是指鸦片、海洛因、甲基苯丙胺(冰毒)、吗啡、大麻、可卡因以及国家规定管制的其他能够使人形成瘾癖的麻醉药品和精神药品。这是我国法律对毒品的明确界定。不难看出，我国对毒品定义采取的是“列举+概括”模式。在毒品定义表述中，首先列举了常见的毒品种类，其次又对毒品进行了概括性的表述，我国配套了相应的毒品目录来说明何为“其他”毒品。具体而言，我国在毒品定义表述中列举了6种毒品，分别为鸦片、海洛因、甲基苯丙胺(冰毒)、吗啡、大麻和可卡因；但毒品的范围并不限于这6种毒品，除此之外，符合下列条件的物质也属于毒品：第一，国家规定管制的；国家没有管制的物质，成瘾性再强都不能当作毒品，例如烟草、酒精没有被国家当作毒品管制，所以不能被认定为毒品。第二，能够使人形成瘾癖的物质；某些化学品可能被国家管制，但不具有成瘾性，也不能当作毒品看待。第三，属于麻醉药品和精神药品。三个条件缺一不可，同时满足三个条件的，则属于我国法律意义上的毒品。

2. 毒品的分类

毒品的分类是指按照不同的标准，对毒品类型进行科学划分，以便更加全面、客观地认识毒品。按照不同的标准可以将毒品分为不同的种类。

(1)天然毒品、半合成毒品以及合成毒品

以毒品的来源为标准,可以分为天然毒品、半合成毒品以及合成毒品三类。天然毒品就是指直接从毒品原植物中提取的毒品,这类毒品一般都需要一定的生长周期,对气候、湿度、土壤等条件都有一定的要求。天然毒品最常见的就是鸦片,其来自毒品原植物——罂粟。

半合成毒品是指那些由天然毒品与化学物质合成的毒品,比如海洛因,它是从天然毒品鸦片中提取出植物碱,然后再加入醋酸酐等化学物质,最后合成为海洛因。

合成毒品是指完全用有机合成的方法制造出来的毒品。它和天然毒品在形成方式上具有明显的区别。最常见的合成毒品就是冰毒,其完全用化学物质合成而来。

(2)抑制剂、兴奋剂和致幻剂

按照药理作用来划分,可以将毒品分为抑制剂、兴奋剂和致幻剂三类。抑制剂类的毒品会减弱中枢神经系统活动,能够让人镇静和放松,这类物质常常会有催眠的作用,比如被称为“迷药”的三唑仑,就属于抑制剂。

兴奋剂类的毒品会刺激中枢神经系统,使人兴奋,常常会呈强迫性地持续某种行为,摇头丸就属于兴奋剂。服用摇头丸后,大脑皮层会感到兴奋,会随着音乐的节拍手舞足蹈、疯狂地摇头,这就是兴奋后的结果。

致幻剂类的毒品在服用后往往会使人产生幻觉,行为人服用致幻剂后甚至会出现思维分裂的症状,比如大麻。滥用大麻可严重损害人的精神状况,有些人在服用大麻后还会产生幻觉,认为自己变成了猪、牛等动物,还可能会激发一些怪异的行为,如傻笑、哭泣、大喊大叫等。

(3)麻醉药品和精神药品

按照毒品的自然属性来划分,可以将毒品分为麻醉药品和精神药品。麻醉药品是指对中枢神经有麻醉作用,容易使人产生生理依赖的物质。一般来讲,鸦片和大麻类的物质都属于麻醉药品。麻醉药品在严格管理下合理使用,具有一定的临床价值。

精神药品是指直接作用于中枢神经系统,能够引起兴奋或抑制的物质。苯丙胺类的物质一般都属于精神药品。在我国,精神药品分为一类精神药品和二类精神药品。

(4)传统毒品和新兴毒品

按照流行时间来划分,可以将毒品分为传统毒品和新兴毒品。传统毒品就是那些流行时间较早的毒品,比如鸦片、海洛因,从20世纪就开始流行,所以称传统毒品。

新兴毒品是近期流行的毒品,或者说流行开始时间较晚的毒品。比如冰毒、摇头丸、致幻蘑菇等,都是后来才流行开来的,所以被叫作新兴毒品。实践中也有采用"新型毒品"的叫法。我们认为,所谓的"新型毒品"中有许多也含有传统毒品的成分,只是在包装、形状等方面进行了改进,所以并非"新型"的毒品,而是当下时期兴起的毒品。所以,整体而言,"新兴毒品"的提法更适宜。

(5)软性毒品和硬性毒品

按照作用程度来划分,毒品还可以分为软性毒品和硬性毒品。软性毒品,是指那些毒性相对较小的毒品种类,比如大麻,有极个别的国家基于此原因,实施了"大麻合法化"政策。

硬性毒品,是指那些毒性较大、较强的毒品,服用这类毒品对身体产生的危害较大,如冰毒、海洛因等。需要指出的是,无论是软性毒品还是硬性毒品都会使人成瘾,切勿相信"软性毒品不上瘾"的说法。

3. 常见的毒品种类

(1)鸦片

鸦片这种毒品类型对于每一个中国人而言,都具有特殊的警示意义。中华民族曾经在很长一段时间内饱受鸦片的侵害,1840年至1842年,英国对中国发动了一场非正义的侵略战争——鸦片战争,这也是中国近代屈辱历史的开端。著名的虎门销烟事件中的"烟"就是鸦片。

鸦片,又称阿片,俗称"大烟""烟土"等。它是从罂粟植物中提取出来的,外观上一般呈黑色或褐色。可以说,鸦片是最传统的毒品类型之一,是传统毒品的代表。鸦片的主要产地为"金三角地区"和"金新月地区"。"金三角地区"是位于泰国、缅甸和老挝三国边境地区的一个三角形地带;另一个主要产地"金新月地区",位于阿富汗、巴基斯坦和伊朗三国的交界地带,因地形与月亮相似,故被叫作“金新月地区”。

鸦片的药理作用主要是由吗啡、可待因及那可汀所引起的。鸦片具有镇静、止痛、止泻及止咳功效,但必须控制在药用剂量内。吗啡、可待因都具有较强的成瘾性,属于国家管制的麻醉药品,长期滥用会严重成瘾,并且会引发一系列中毒症状。鸦片中毒有不同的表现,一般而言,轻度中毒表现为极度兴奋,继而产生口渴、心烦、疲乏、嗜睡等现象,与此同时瞳孔缩小。如果是中度中毒,症状一般表现为深睡,唤醒后意识不清并伴有恶心现象。重度中毒的症状比较危险,表现为脉搏变慢、昏睡不醒、体温下降、反射消失、呼吸变慢等,最终可能会因呼吸中枢麻痹而导致死亡。鸦片的致死量为 2 克至 5 克。

如何判断鸦片成瘾以及戒断症状呢?一般而言,吸食鸦片成瘾的人,通常面无血色、肌体消瘦、目光无神、瞳孔缩小、失眠,其整天无所事事,先天免疫功能逐渐丧失,易并发多种疾病,在实践中应结合具体情况予以辨别。戒断症状一般在停药后 4 小时至 8 小时内出现,于 36 小时至 48 小时达到顶峰。典型症状最开始是流涎、流涕、流泪、出汗、焦虑、频繁打哈欠、失眠等;继而出现厌食、瞳孔扩大、皮肤起鸡皮疙瘩、恶心、呕吐、腹绞痛等症状;最后血压升高,肌肉和关节酸痛,出现脱水,全身性不适加重。

(2)海洛因

海洛因是当今世界被滥用得最为广泛的毒品类型之一。海洛因也是传统毒品中毒性最强的,因此被称为“毒品之王”。

海洛因又叫作二乙酰吗啡,俗称“白粉”“白面”。从外观上看,海洛因是白色柱状结晶或结晶性粉末,有点类似洗衣粉和碱面。海洛因按照纯度和成分可以分为五大类,分别叫作一号、二号、三号、四号、五号。号数越高,表示纯度越高,也就是二乙酰吗啡盐酸盐的浓度越高。

作为“毒品之王”的海洛因具有非常强的毒性。吸食海洛因的初期会有短暂的欣快感,疼痛会消失,但随后会迅速出现头昏、乏力、眼花、心慌、呼吸困难、肢体湿冷、瞳孔缩小、对光反射消失等症状。海洛因的致死量为 0.12 克至 0.15 克。滥用海洛因是非常危险的,稍有不慎,就会付出生命的代价。

现实生活中，如何判断一个人吸食海洛因成瘾呢？一般来讲，滥用者会出现瞳孔缩小、畏光、肌体消瘦、说话含混不清、皮肤发痒、免疫功能降低等症状；由于许多滥用者经常采用注射的方式吸毒，因此也常常会感染一些并发症，包括艾滋病、肝炎、梅毒、肺炎及肺水肿等。毒瘾发作时的症状表现为流涎、流涕、流泪、出汗、焦虑、频繁打哈欠、失眠等；继而出现厌食、瞳孔扩大、恶心、呕吐、腹绞痛等症状。

海洛因严重影响身心健康，会给神经系统造成不可逆的损伤，长期吸食者往往会人格解体、心理变态，此外还会缩减寿命，感染艾滋病等疾病。

(3)冰毒

冰毒又称甲基苯丙胺、去氧麻黄碱、甲基安非他明。从外观上看，无色、透明，形状似冰，所以叫作“冰毒”，它是合成毒品的典型代表。冰毒最早来源于日本。从全球范围来看，冰毒也是当前被滥用得较为广泛的毒品类型之一。

冰毒的毒性较强，长期滥用会产生一系列不良症状。少量服用一般会表现为精神振奋、清醒、话多、兴致勃勃、情绪高涨，而且长时间工作或学习无疲劳感、无饥饿感。但千万别把这些症状当好事，其背后是对身体机能的严重损耗，长期滥用可造成慢性中毒、体重下降、消瘦、溃疡、脓肿、指甲脆化和夜间磨牙等。静脉注射方式滥用者可引起各种感染并发症，包括肝炎、败血症和艾滋病等，严重者会出现精神错乱、性欲亢进、焦虑、烦躁、幻觉等状态；思维方面从最开始的多疑、敏感发展为偏执或妄想，并伴有相应的情绪变化；在妄想支配下的滥用者可能因冲动出现自杀或杀人等暴力行为。过量使用冰毒可导致急性中毒甚至死亡。

【典型案例】

2019 年 10 月 4 日，郑某在家中吸食冰毒。次日 1 时许，郑某无端怀疑妻子陈某有外遇，遂与其发生争执。4 时许，郑某来到父母卧室称其欲离婚，遭到其母范某某(被害人，殁年 66 岁)的责骂，即持随身携带的仿制军刀捅刺范某某头部、面部、颈部等处数刀，后又持刀捅刺瘫痪在床的其父郑某某(被害人,殁年76岁)颈部等处数刀。陈某劝阻郑某,郑某遂持刀威胁陈某下跪。后郑某见范某某未死,遂脚踢范某某头部,并再次捅刺范某某、郑某某数刀,致二人死亡。就是在冰毒的作用下,犯罪嫌疑人失去了理智,对他人和社会安全造成了严重的危害。

(4)大麻

近年来,部分国家宣布大麻合法化。有人认为,大麻在有的国家都合法了,是不是证明大麻没有什么危害,没有想象中可怕呢?在全球毒品形势日益复杂的现实背景下,大麻问题成为备受关注的世界性毒品问题。

大麻的生命力极强,属于一年生草本植物,通常在五六月间播种。成熟的大麻一般高1~3米,叶子一般有5片或者7片,顶部一般是暗绿色,边缘为锯齿形。在大麻植物中可以提炼出400多种化合物,但主要有效成分是四氢大麻酚。实践中,大麻的价格以及药用价值主要取决于四氢大麻酚的含量。

下面是几种关于大麻的谎言,社会公众特别是青少年必须认清真相,不要上当。

谎言一:"吸食大麻不上瘾"。很多人在被教唆吸食大麻时都听过"这玩意儿不上瘾"的说辞。请注意,这是彻彻底底的谎言。实际上,大麻具有较强的成瘾性。大麻是一种能对中枢神经系统产生强烈刺激的物质,长期滥用大麻会使人成瘾,引起对精神系统和身体机能的损伤。吸入大麻后会对外界刺激更加敏感,精神激动,并且常常产生幻想和幻觉,严重时观念分辨不清,判断力和注意力受损,动作机械,有一种魂不附体、飘飘然的感觉。此外,长期服用大麻也会导致精神异常,丧失工作能力,甚至会导致精神病发作。

谎言二:"吸食大麻不受处罚"。这也是错误的说法。大麻是我国法律明确列管的毒品类型,在我国,吸食大麻的行为属于吸毒行为,将会受到行政拘留、罚款等处罚。一些留学生或者游客曾在加拿大等大麻合法化的国家吸食大麻，虽然在国外不会受到处罚，但是其回国以后，如果被警方查出有吸食大麻的行为，依然要接受相应的处罚。此外，如果携带大麻入境、贩卖，就可能涉嫌走私、贩卖、运输毒品罪，还将承担相应的刑事责任。

(5)芬太尼

芬太尼是1960年由比利时结构活性药理学家保罗·杨森首次合成的。芬太尼是一种强效麻醉性止痛剂，它的药理作用与吗啡类似，但是其镇痛效果比吗啡强100倍，常常用于缓解各种疼痛及外科、妇科等手术过程中和手术后的镇痛。可以说，芬太尼是麻醉科医生工作中经常会使用的镇痛药。

芬太尼这类药物具有两面性，一面是天使，另一面是魔鬼。芬太尼在正规医院医生的指导下，在临床上使用芬太尼没有什么严重危害，但是作为药物如果被滥用，则会变成毒品。作为毒品被滥用的芬太尼及其衍生物一般由非法实验室合成，由于其成分、纯度、含量都不清楚，且加工制造过程和工艺都极不规范，药效差异巨大，吸食者往往把握不好剂量，大多根据原海洛因的剂量吸食，但芬太尼的效力要比海洛因强烈得多，很容易吸食过量导致中毒身亡。因此，芬太尼被称为吸毒人群的“大规模杀伤性武器”。有数据显示，只要0.02克芬太尼类物质，就足以使一个成年人毙命。

我国在1996年就已将芬太尼列入《麻醉药品品种目录》进行管制，并陆续采取措施建立和完善管制机制。2015年10月1日起实施的《非药用类麻醉药品和精神药品列管办法》一次性列管了116种国际上发生滥用的新精神活性物质，其中就有多种芬太尼及其衍生物。2017年，卡芬太尼、呋喃芬太尼等4种芬太尼被列入《非药用类麻醉药品和精神药品管制品种增补目录》。自2019年5月1日起，芬太尼类物质被列入《非药用类麻醉药品和精神药品管制品种增补目录》，标志着我国正式整类列管芬太尼类物质，这是我国禁毒法治建设历程中的重大创新性举措。所谓整类列管，即不再单一列管某一种芬太尼类物质，而是对与芬太尼化学结构、效果类似的物质都进行管制，这将有效应对新型毒品变异快、打击难的问题，解决芬太尼类案件打击滞后的问题。

(6)“聪明药”

【典型案例】

小杰是一名小学生,进入六年级后,学习压力大了不少,他觉得有些吃力,成绩也下降了。眼看着就要升学考试了,小杰妈妈急得不行,偶然从网上看到有一种进口药可以让人提升学习状态,就代购了几盒。没想到,这药果然神奇,吃药2个月后,小杰的成绩确实有所提高。但事情并没有这么简单。很快,小杰就开始觉得不舒服,出现了脱发、彻夜失眠等症状。发现小杰不对劲后,妈妈让他停了药,但没想到小杰的身体状况更糟糕了。停药后,小杰开始心慌、烦躁、食欲不振,甚至出现了濒死感。妈妈赶紧带小杰到医院检查,这才知道小杰吃的药物中含有利他林。医生说,这哪是什么“聪明药”!这是毒品!

目前,市面上的所谓“聪明药”大多由三种物质组成:阿德拉、莫达非尼、利他林。这三种药品原本是用来帮助多动症患者保持镇定的处方药,现在却被某些不法分子卖给学生用作考前突击的兴奋剂,刺激大脑保持注意力,增强短期记忆力,还美其名曰“聪明药”“学习药”。翻看我国《精神药品品种目录》,“聪明药”的成分就在目录之中,也就是说,这些物质是法律意义上的毒品。

“聪明药”并不会让我们变得更聪明。一些同学就是在不知情的情况下,盲目相信“聪明药”能够提高学习成绩的谎言,最终导致服用此类物质成瘾。“聪明药”的危害很大,许多服用者都抱着侥幸心理,觉得偶尔吃一片并不会有什么副作用。但是,这类药品如果被滥用,极易导致抑郁和情绪不稳定,还会出现心律不齐和停药期间的急性衰竭反应以及精神失常等。

已经有案例显示,部分使用者从一开始服用“聪明药”逐步发展到对止痛剂上瘾,最后转向海洛因、冰毒等硬性毒品,对身体和精神造成极大损害。含有利他林的这类“聪明药”,服用初期会产生欣快感,能够保持一定的注意力集中,但具有严重的副作用。滥用成瘾后,会产生抑郁情绪，突然停用的代价则是精神呆滞、昏睡、易怒、烦躁不安、忧虑，甚至会出现自杀的倾向。长期服用可能会诱发突发性心脏病或精神疾病，不知不觉中，你已经成了“聪明药”的奴隶！

(7)毒品“邮票”

当前，在严厉打击毒品犯罪的高压态势下，一些毒品被伪装得越来越隐蔽，毒品的迷惑性也越来越强。近年来，全国多地发现了一种外观像邮票的毒品，一些青少年在不知情的情况下滥用成瘾。那么，“邮票”到底是一种什么样的毒品呢？

实际上，毒品“邮票”早在20世纪就被发现了，其主要成分是LSD(麦角酸二乙酰胺)。这是一种常见的致幻剂，也是毒性较强的物质。LSD常以药片、小块明胶或者纸片等方式出售，刚好符合邮票的样式，所以才被称为“邮票”。“邮票”的毒性很强，口服或者注射吸收过程中效果显现很快，几微克就足以让人产生幻觉，使用后通常会心跳加速、血压升高，并出现急性精神分裂和强烈的幻觉，造成极大的心理落差。目前一般在非法市场上发现的LSD剂型是纸型(如邮票型)或胶囊。口含约1平方厘米的“邮票”就能使人产生强烈的幻觉，严重的会产生轻生念头，甚至有人服用“邮票”后跳楼自杀。

【典型案例】

2018年，广东警方破获了全国首例网络贩卖毒品“邮票”(LSD)案件。广东省内共抓获了贩卖毒品“邮票”的分销人员18人、吸毒人员31人，缴获毒品“邮票”482张，该案涉及全国27个省市的180多个涉案对象。该案的侦破截断了一条从国外“暗网”用比特币支付直接购买“邮票”并通过邮寄回国，利用互联网和快递进行分销的新兴毒品走私、分销通道。

也是在2018年，杭州上城警方破获了杭州市首例贩卖毒品“邮票”案。该案的线索来源于警方抓获的一名涉嫌贩卖毒品人员。当时，警方从该男子身上查获8张可疑纸片，经送往上级禁毒部门鉴定，在纸片里发现了毒品“邮票”。警方继续追踪，发现该案中贩卖“邮票”的是“00后”，有的还是在校大学生，他们把“邮票”做成卡通纸片，把目标对准了喜欢新奇事物的青少年。可见，毒品“邮票”的销售往往借助网络手段，而青少年正是网络世界的主力，极易成为受害人群。此外，在校学生参与贩毒的案例时有发生，因为同学之间更具有说服力，一些不明真相的学生在同学的误导、引诱下，开始接触“邮票”，进而染上毒瘾。

对于毒品“邮票”，我们必须提高警惕。一方面，必须抵制诱惑，不要被“非常嗨”“爽不停”等词所诱惑。“邮票”虽小，但产生的危害却很大。所以不要盲目追求短暂的刺激和虚无的快乐。另一方面，必须注意分辨，“邮票”这种毒品的迷惑性强，分辨难度大，许多服用者甚至根本不知道这些东西就是毒品。面对新类型的物质，我们在接触的时候，必须加强防范，谨慎分辨，不要存在任何侥幸和麻痹心理。

(8)新精神活性物质

为了更好地区分毒品，有效地治理毒品问题，在禁毒实践中，我们将毒品按照流行的时间分为第一代毒品、第二代毒品和第三代毒品。第一代毒品主要是以鸦片为代表的传统毒品；第二代毒品主要是以冰毒为代表的合成毒品；第三代毒品则一般是指新精神活性物质，也被称作“实验室毒品”“策划药”等。

关于新精神活性物质，联合国毒品和犯罪问题办公室提出，新精神活性物质是未被国际禁毒公约(主要包括《1961 年麻醉品单一公约》和《1971 年精神药物公约》)管制，但存在滥用的情况，并会对公众健康构成威胁的物质。

新精神活性物质具有以下三个特点：第一，新精神活性物质与管制毒品相比具有相似或者更强的兴奋、致幻、麻醉等效果。也就是说，新精神活性物质的毒性可能比海洛因、冰毒等管制毒品更强。第二，多数新精神活性物质未列入毒品管制目录。一些犯罪嫌疑人为了逃避法律责任，专门生产、策划毒品目录之外的物质，这类物质毒性强，但是因为不在毒品目录里，涉及这些物质的犯罪不能按照毒品犯罪处理，因此，生产制造此类物质的行为不会按照制造毒品罪被追究法律责任。第三，新精神活性物质的危害巨大。由于该类物质具有强烈的兴奋和致幻作用，吸食后会引起偏执、焦虑、恐慌、被害妄想等反应，由此诱发的恶性暴力犯罪案件也屡有发生，其社会危害巨大。

新精神活性物质可以分为合成大麻素类、卡西酮类、苯乙胺类、哌嗪类、氯胺酮、芬太尼类、植物类等多个类别。

常见的新精神活性物质包括以下几种：

氯胺酮。氯胺酮又称K粉，是甲基苯丙胺类兴奋剂中的一种，是由冰毒衍生物及其他化学物质合成而来的，具有强烈的中枢神经兴奋作用。滥用氯胺酮后性冲动较强烈，易引发不当性行为，增加性传播疾病的传播机会，容易导致暴力犯罪、聚众淫乱、艾滋病感染等一系列问题。

"浴盐"。"浴盐"是一种致幻剂，又称"丧尸剂""喵喵""象牙""光环""香草的天空"等，所含物质为甲卡西酮、MDPV等。实践中，滥用此类药物导致精神错乱、自残及暴力攻击他人的案例已有很多。

恰特草。恰特草原产于非洲及阿拉伯半岛，其主要活性成分为卡西酮，具有兴奋和轻微致幻作用。由于卡西酮易降解，恰特草一般以新鲜植物的形式出售，但也有卖干叶子和酒精提取物的，其吸食方式一般是咀嚼恰特草的叶子和嫩芽，或者将恰特草沏茶饮用。

"小树枝"。"小树枝"是含有新精神活性物质的一种形状类似树枝的条状毒品，又称"雅典娜小树枝""维也纳香薰""派对小树枝"等。实际上，它含有国家规定管制的合成大麻素MDMB－CHMICA的成分。

"蓝精灵"。这种物质含有氟硝西泮成分，而氟硝西泮有安眠、镇静、遗忘等作用，其中遗忘和催眠的作用最为明显。当这种成分和酒精合用时，会令肌肉过度镇静并产生精神运动损害，有时甚至会出现兴奋、精神错乱等反应。大量吸食"蓝精灵"会引起偏执、焦虑、恐慌、被害妄想症等反应，严重的会精神错乱，甚至抽搐、休克、脑卒中和死亡。

（二）毒品的危害

1. 毒品对个人的危害

一旦染上了毒瘾，可能终身难以戒除。毒品对个人的危害主要表现在生理伤害和心理伤害两个方面。生理伤害方面，吸毒会对人体的生理机能造成严重的损伤，影响呼吸系统、消化系统、心血管系统以及免疫系统等，带来一系列疾病。吸毒人员极易染上急性肺炎、肝炎、艾滋病等。除了会带来一系列疾病外，毒品还有可能导致死亡。有资料显示，吸毒人群的平均寿命较正常人群短10年至15年。在吸毒导致死亡的案例中，有的人因为吸毒而感染并发症死亡，有的人因为吸毒过量而猝死，也有的人因幻觉或者痛苦难忍而自杀身亡。

心理伤害方面，吸毒行为会对我们的心理造成严重伤害，如精神障碍、行为失控等，吸毒人员往往伴有精神障碍，通常比较偏执、多疑，并且有十分明显的强迫症。这种心理伤害往往是不可逆的，需要长时间的恢复和治疗。

2. 毒品对家庭的危害

毒品对家庭的危害是直接的。“一人吸毒，全家遭殃”。吸毒不仅伤害自己，还会给家人带来无尽的痛苦。毒品会破坏稳定的家庭关系与和谐的家庭氛围。许多吸毒人员耗尽了父母的积蓄，编造各种谎言欺骗父母，甚至还有一些人失去理智使用暴力殴打家庭成员；对子女而言，如果父母吸食毒品，那么子女在生理和心理上也会发生巨大的变化。父母吸毒后情绪不稳定，极易频繁地责备、谩骂孩子，甚至对他们施暴。长此以往，这些孩子往往会性格孤僻、缺乏安全感等，甚至会出现攻击性和反抗性的性格，难以与同龄人相处。还有一些孩子可能会效仿父母吸毒，从而染上毒瘾，甚至会为了筹集毒资而实施盗窃、抢劫、卖淫等违法犯罪行为，毁掉自己美好的一生。

3. 毒品对社会的危害

毒品对社会的危害表现在多个方面。第一，毒品会败坏社会风气。我们常常把“黄赌毒”三个字放在一起，因为涉黄、涉赌、涉毒的行为都是严重败坏社会风气的行为。在禁毒实践中，聚众吸毒的违法行为，对周边居民造成了严重影响，严重损害社会风气。第二，毒品也会危害公共安全。毒品是诱发犯罪的重要因素，由吸毒人员实施的盗窃、抢劫、抢夺等行为时常发生；一些吸毒人员吸食毒品后产生幻觉，实施毒驾、故意伤害他人等肇事肇祸行为，也严重危害公共安全。第三，毒品阻碍社会发展。毒品消耗了大量社会财富,造成巨额经济损失,吸毒会导致部分群众身体素质下降,损耗了大量的社会劳动力,并且加大了艾滋病等传染性疾病的传播风险,引发一系列公共卫生问题。

(三)拒毒的方法

面对层出不穷的新毒品及变化多端的毒品犯罪手段,我们该如何有效防范,真正做到远离毒品呢?请牢记“五要”和“五不要”口诀:“五要”指的是:要增强对毒品的认知,要抵制不良诱惑,要树立正确的三观,要及时寻求帮助,要保持健康的交际。“五不要”指的是:不要随便相信陌生人,不要听信关于毒品的谎言,不要追求刺激享乐,不要自我孤立、自暴自弃,不要结交损友、坏友。

1. 要增强对毒品的认知,不要随便相信陌生人

现实中,社会公众特别是青少年对于毒品的知识了解甚少,不知道什么是毒品,不知道毒品的危害。正是这种不了解使毒贩钻了空子。只要我们充分了解毒品,加强防范,一定能够在很大程度上让毒品远离我们。此外,不要随便相信陌生人。现实社会是复杂的,我们无法猜测陌生人的真实意图。在社会活动中,一定要做到不喝陌生人的饮料,不帮陌生人提行李,不帮陌生人取快递。这样看似苛刻的交往准则,实际上是对我们最大的保护。

2. 要抵制不良诱惑,不要听信关于毒品的谎言

不少人被关于毒品的谎言所迷惑,这类谎言往往类似“吸毒能减肥、吸毒能消除烦恼、吸毒能提高记忆力、吸毒能治病、吸毒不上瘾”等具有诱惑性的说法。要知道,所有美化吸毒感受的都是谎言,都是骗局。我们必须对毒品的危害保持清醒、深刻的认识,自觉抵制社会上那些不良诱惑。

3. 要树立正确的“三观”,不要追求刺激享乐

平凡、真实的生活就是幸福的生活,我们并不需要毒品作为生活的“添加剂”。我们要做一个对社会有用的人、对他人负责的人,必须具有积极向上的世界观、人生观、价值观。毒品带给我们的只有灰暗和消沉。无论你是什么身份、从事什么职业，都不应该过度追求刺激和享乐。毒品带来的快乐只是暂时的，而它带来的痛苦却是长久的，甚至会让人付出生命的代价。

4. 要及时寻求帮助，不要自我孤立、自暴自弃

人生是美好的，我们有温暖的家庭，有疼爱我们的家人，有关心我们的朋友，我们的烦恼有许多健康的排解渠道。在生活中，遇到烦心事时要学会倾诉，而不是孤立自己，更不要选择吸毒等方式来排解。如果发现自己不小心沾上了毒品或者染上了毒瘾，第一时间寻求帮助是保护自己的有效方式。此时，应当积极采取戒毒治疗手段，可以前往戒毒医疗机构或者强制隔离戒毒所寻求帮助，防止毒品带来更大的危害，早日摆脱毒品的折磨。

5. 要保持健康的交际，不要结交损友、坏友

社会学上有一种理论叫“伙伴效应”，即好的伙伴是你前进的动力和榜样，坏的伙伴则会把你“拉下水”，成为你前进路上的绊脚石。在日益复杂的毒品形势下，我们要构建健康向上的朋友圈，远离损友和坏友。在毒品面前，必须敢于说“不”，敢于和“毒友”绝交。

在日常交往中，我们还应当注意不要混迹于“高危场所”，如迪厅、舞厅、酒吧、会所等，这些娱乐场所往往是毒品犯罪和违法行为的高发场所，一些别有用心的人正等待着你踏入“陷阱”。所以，一定要自觉远离这些场所。

毒品是隐蔽的，毒贩是狡猾的，我们无法穷尽防范毒品的措施。但只要我们提高警惕，增强防范意识，享受正常的生活，就一定能远离毒品圈。希望我们所有人都能够免遭毒品的危害，拥有绿色无毒的健康人生。

法条链接：

《治安管理处罚法》(2012年10月26日修正)

第七十一条　有下列行为之一的，处十日以上十五日以下拘留，可以并处三千元以下罚款；情节较轻的，处五日以下拘留或者五百元以下罚款：

（一）非法种植罂粟不满五百株或者其他少量毒品原植物的；

（二）非法买卖、运输、携带、持有少量未经灭活的罂粟等毒品原植物种子或者幼苗的；

（三）非法运输、买卖、储存、使用少量罂粟壳的。

有前款第一项行为，在成熟前自行铲除的，不予处罚。

第七十二条　有下列行为之一的，处十日以上十五日以下拘留，可以并处二千元以下罚款；情节较轻的，处五日以下拘留或者五百元以下罚款：

（一）非法持有鸦片不满二百克、海洛因或者甲基苯丙胺不满十克或者其他少量毒品的；

（二）向他人提供毒品的；

（三）吸食、注射毒品的；

（四）胁迫、欺骗医务人员开具麻醉药品、精神药品的。

第七十三条　教唆、引诱、欺骗他人吸食、注射毒品的，处十日以上十五日以下拘留，并处五百元以上二千元以下罚款。

《刑法》(2023年12月29日修正)

第三百四十七条　走私、贩卖、运输、制造毒品，无论数量多少，都应当追究刑事责任，予以刑事处罚。

走私、贩卖、运输、制造毒品，有下列情形之一的，处十五年有期徒刑、无期徒刑或者死刑，并处没收财产：

（一）走私、贩卖、运输、制造鸦片一千克以上、海洛因或者甲基苯丙胺五十克以上或者其他毒品数量大的；

（二）走私、贩卖、运输、制造毒品集团的首要分子；

（三）武装掩护走私、贩卖、运输、制造毒品的；

（四）以暴力抗拒检查、拘留、逮捕，情节严重的；

（五）参与有组织的国际贩毒活动的。

走私、贩卖、运输、制造鸦片二百克以上不满一千克、海洛因或者甲基苯丙胺十克以上不满五十克或者其他毒品数量较大的，处七年以上有期徒刑，并处罚金。

走私、贩卖、运输、制造鸦片不满二百克、海洛因或者甲基苯丙胺不满十克或者其他少量毒品的，处三年以下有期徒刑、拘役或者管制，并处罚金；情节严重的，处三年以上七年以下有期徒刑，并处罚金。

单位犯第二款、第三款、第四款罪的，对单位判处罚金，并对其直接负责的主管人员和其他直接责任人员，依照各该款的规定处罚。

利用、教唆未成年人走私、贩卖、运输、制造毒品，或者向未成年人出售毒品的，从重处罚。

对多次走私、贩卖、运输、制造毒品，未经处理的，毒品数量累计计算。

第三百四十八条　非法持有鸦片一千克以上、海洛因或者甲基苯丙胺五十克以上或者其他毒品数量大的，处七年以上有期徒刑或者无期徒刑，并处罚金；非法持有鸦片二百克以上不满一千克、海洛因或者甲基苯丙胺十克以上不满五十克或者其他毒品数量较大的，处三年以下有期徒刑、拘役或者管制，并处罚金；情节严重的，处三年以上七年以下有期徒刑，并处罚金。

第三百四十九条　包庇走私、贩卖、运输、制造毒品的犯罪分子的，为犯罪分子窝藏、转移、隐瞒毒品或者犯罪所得的财物的，处三年以下有期徒刑、拘役或者管制；情节严重的，处三年以上十年以下有期徒刑。

缉毒人员或者其他国家机关工作人员掩护、包庇走私、贩卖、运输、制造毒品的犯罪分子的，依照前款的规定从重处罚。

犯前两款罪，事先通谋的，以走私、贩卖、运输、制造毒品罪的共犯论处。

第三百五十一条　非法种植罂粟、大麻等毒品原植物的，一律强制铲除。有下列情形之一的，处五年以下有期徒刑、拘役或者管制，并处罚金：

（一）种植罂粟五百株以上不满三千株或者其他毒品原植物数量较大的；

（二）经公安机关处理后又种植的；

（三）抗拒铲除的。

非法种植罂粟三千株以上或者其他毒品原植物数量大的，处五年以上有期徒刑,并处罚金或者没收财产。

非法种植罂粟或者其他毒品原植物,在收获前自动铲除的,可以免除处罚。

第三百五十三条　引诱、教唆、欺骗他人吸食、注射毒品的,处三年以下有期徒刑、拘役或者管制,并处罚金;情节严重的,处三年以上七年以下有期徒刑,并处罚金。

强迫他人吸食、注射毒品的,处三年以上十年以下有期徒刑,并处罚金。

引诱、教唆、欺骗或者强迫未成年人吸食、注射毒品的,从重处罚。

第三百五十四条　容留他人吸食、注射毒品的,处三年以下有期徒刑、拘役或者管制,并处罚金。

第三百五十六条　因走私、贩卖、运输、制造、非法持有毒品罪被判过刑,又犯本节规定之罪的,从重处罚。

第三百五十七条　本法所称的毒品,是指鸦片、海洛因、甲基苯丙胺(冰毒)、吗啡、大麻、可卡因以及国家规定管制的其他能够使人形成瘾癖的麻醉药品和精神药品。

毒品的数量以查证属实的走私、贩卖、运输、制造、非法持有毒品的数量计算,不以纯度折算。

试题演练

一、选择题

1. 毒品,是指鸦片、海洛因、甲基苯丙胺(冰毒)、吗啡、大麻、可卡因以及国家规定管制的其他能够使人形成瘾癖的____。(多选)

   A. 麻醉药品　　B. 精神药品

   C. 成瘾药品　　D. 有毒药品

2. 根据毒品来源,毒品可分为____。(多选)

   A. 硬性毒品　　B. 合成毒品

   C. 新精神活性物质　　D. 天然毒品

3. 下列属于合成毒品的是____。(多选)

   A. 冰毒　　B. 摇头丸　　C. 麻古　　D. 开心水

4. 新精神活性物质(New Psychoactive Substance,NPS)又称第三代毒品,主要包括____。(多选)

A. 氯胺酮　　B. 合成大麻　　C. 恰特草　　D. 氟硝西泮

5. 下列属于我国管制毒品的是____。(多选)

A. 大麻　　B. 冰毒　　C. 烟草　　D. 芬太尼

二、判断题

1. 大麻是软性毒品,所以吸食大麻不上瘾。(　)
2. 海洛因的致死量为 0.12 克至 0.15 克。(　)
3. 吸食大麻的人不会出现严重的健康问题。(　)
4. 冰毒最早来源于日本。(　)
5. 毒品带来的快乐只是暂时的,而它带来的痛苦却是长久的,甚至会让人付出生命的代价。(　)
6. 毒品可以伪装成"奶茶""运动饮料""巧克力""邮票"等物品,让人防不胜防。(　)
7. 毒品只对个人有危害,对社会的危害并不大。(　)
8. 一旦染上了毒瘾,可能终身难以戒除。(　)
9. "吸毒能减肥、吸毒能消除烦恼、吸毒能提高记忆力、吸毒能治病"都是毒品的谎言。(　)
10. 教唆、引诱、欺骗他人吸食、注射毒品的,处 10 日以上 15 日以下拘留,并处 500 元以上 2000 元以下罚款。(　)

三、个人感悟

____

____

____

____

____

____

签名:______________

年　　月　　日

三、远离电信网络诈骗

（一）什么是电信网络诈骗

电信网络诈骗，是指以非法占有为目的，利用电信网络技术手段，通过远程、非接触等方式，诈骗公私财物的行为。

随着科技的发展，特别是随着手机与网络的普及、新技术工具的开发和使用，不法分子借助手机、固定电话、网络等通信工具和现代技术等实施的非接触式的诈骗迅速蔓延，给人民群众造成了很大的损失。

2022 年以来，全国共发生利用固定电话号码实施的电信网络诈骗案件 5200 余起，涉案金额高达 5 亿元，危害十分严重。公安部对此高度重视，立即部署上海公安机关开展深入研判、精准打击。经深挖扩线，公安机关共拓展发现涉案线索 4300 余条，涉及全国 31 个省、区、市。为坚决打击此类违法犯罪、斩断电信网络诈骗犯罪链条，公安部会同工信部曾进行专项部署，组织各地公安机关和工信部门迅速行动、重拳出击，集中开展收网行动。北京、天津、河北等 15 个省、区、市公安机关成功抓获了一批违规代理商工作人员及与境外诈骗团伙勾连人员，打掉了一批违法犯罪窝点，狠狠打击了电信网络诈骗分子及黑灰产关联犯罪团伙的嚣张气焰。为有效遏制电信网络诈骗，2022 年 9 月 2 日，第十三届全国人民代表大会常务委员会第三十六次会议通过了《反电信网络诈骗法》。

（二）电信诈骗的常见类型[①]

当前，电信网络诈骗犯罪形势严峻，已成为发案最多、上升最快、涉

---

① 参见《注意防范！公安部公布五类高发电信网络诈骗案》，载环球网百度百家号 2022 年 5 月 11 日，https://baijiahao.baidu.com/s?id=1732507830272466919&wfr=spider&for=pc。

及面最广、人民群众反映最强烈的犯罪类型，其中刷单返利、虚假投资理财、虚假网络贷款、冒充客服、冒充公检法 5 种诈骗类型的发案占比近 80%，成为最为突出的五大高发类案。

1. 刷单返利类诈骗

刷单返利类诈骗由于返利周期短、引流成功率高，已逐步演变为当前变种最多、变化最快的诈骗类型，并与其他电信网络诈骗手法相互"融合"，成为电信网络诈骗的主要引流方式。诈骗分子的主要犯罪手法为：第一步，前期引流。通过网页、短信、社交软件、短视频平台等渠道发布兼职广告，打着"足不出户、高额佣金"的旗号，或以色情内容和免费礼物为诱饵，招募"刷单客""点赞员""推广员"，一旦有受害人"上钩"，即将其拉入"做任务"的聊天群。第二步，小额返利。加入聊天群后，诈骗分子会让受害人在群内领取"新手任务"，"任务"主要是提高平台商家、网店的交易量、信誉度，关注相关公众号、账号，为短视频点赞、评论、刷粉丝等。受害人完成"新手任务"后，诈骗分子会快速返还小额佣金，用以骗取受害人的信任。第三步，诱导下载刷单 App。在受害人完成前期任务并获利的基础上，诈骗分子通常会安排专人在微信群中散布其获得高额佣金的截图，引诱受害人下载虚假刷单 App 做"进阶任务"。随后，诈骗分子以"充值越多、抢单越多、返利越多"为诱饵，诱骗受害人在刷单 App 中垫资充值，实际是将受害人资金转入其提供的银行账户，而受害人的 App 账户中显示的金额仅仅是虚拟数字。第四步，完成诈骗。当受害人完成任务想要提现时，诈骗分子将设置重重障碍，以"任务未完成""卡单""操作异常账户被冻结"等各种借口，拒不支付本金和佣金，甚至诱导受害人加大投入，进而骗取更多资金。一旦受害人识破骗局，诈骗分子将切断一切联系。

【典型案例】

2022 年 5 月，湖北咸宁部某某在微信群内看到"固定底薪、点赞评论返佣金"的信息及二维码。部某某通过扫码加上客服，在客服诱导下下载了某刷单 App。安装 App 后，部某某在 App 内联系上"接待员"，由其指导做刷单任务。最初，"接待员"在部某某完成评论任务后返了20元佣金到其支付宝账号。郜某某见佣金确实到账了,便根据对方的提示进入App内任务大厅认购任务单。认购任务单需缴纳相应的本金,缴纳金额越高,返还佣金越高。郜某某先后完成了5单任务,认购本金100元至1000元不等,每次的佣金都返还至其App账户,后由郜某某提现到自己的银行卡中。由于到账速度很快,其进一步放松了警惕。随后,为了获得更多佣金,郜某某开始认购金额更大的复合任务单。此类任务需连续完成多单且中途不能退出,郜某某先后投入本金达11万元。但当郜某某按要求完成任务后却发现无法提现,便赶快联系"接待员",对方告知其操作有误造成"卡单",需要再做一次复合任务才能提现。郜某某此时已觉察被骗,向对方索要本金时发现对方已删除联系方式,且App已无法登录。

警方提示:刷单行为涉嫌违法,凡是需要先行充值或垫付资金的刷单行为都是诈骗。

2. 虚假投资理财类诈骗

虚假投资理财类诈骗的受害人多为具有一定收入和资产的单身群体或热衷投资、理财、炒股的人群。诈骗分子主要犯罪手法为:首先,诈骗分子会通过多种渠道锁定受害人并骗取其信任。锁定受害人的方式包括通过社交软件寻找受害人并建立联系、发布股票外汇等投资理财信息网罗目标人群、通过婚恋交友平台确定婚恋关系骗取信任等。其次,在获得受害人信任后,诈骗分子采用冒充投资导师、金融理财顾问,或谎称有特殊资源可获得高额理财回报等方式,引诱受害人加入"投资"群聊、听取"投资专家"直播课、接受"股票大神"的投资指导。最后,诈骗分子将诱导受害人在其提供的虚假网站或App上投资,前期小额投资试水可获得返利,一旦受害人加大资金投入后,就会发现无法提现或全部亏损,并被诈骗分子拉黑,且虚假网站、App无法登录。

【典型案例】

2022年4月，北京于某在某直播平台上观看炒股知识直播时，与一个自称该主播的账号私聊后添加其为微信好友。对方自称“甄军”，在微信上让于某扫码进入炒股交流群。随后，该群管理员向于某发送App安装包，让其下载安装并注册账号。一周时间里，于某按照“甄军”和该群管理员要求，先后向对方账户分10笔转账347万元，其间按照对方的“投资指导”，在App内进行买入、卖出股票操作，并成功提现37.3万元。于某感觉这样炒股获利丰厚，便继续在App内加大资金投入。直至4月底，于某发现App内307万元余额已无法提现。在其询问下，“甄军”及该群管理员称平台出问题被突击检查，要求于某缴纳120余万元罚款后才能将其账户内余额提现。于某不愿缴纳罚款，继续向对方索要投资本金后被对方拉黑，同时发现App无法登录，从而发现被骗。

警方提示：投资理财需谨慎，警惕虚假投资理财网站、App。

3. 虚假网络贷款类诈骗

诈骗分子通过网络媒体、电话、短信、社交软件等发布办理贷款、信用卡、提额套现等广告信息，打着“无抵押”“免征信”“无息低息”“快速放款”“免费提额套现”等幌子，以事先收取手续费、保证金、验资、交税等为由，或以检验还贷能力、调整利率、降息、提高征信等为借口，诱骗具有贷款需求或曾办理贷款业务的受害人转账汇款，甚至骗取受害人的银行账户和密码等信息直接进行转账、消费，从而实施诈骗。

【典型案例】

2022年5月，广东东莞樊某接到陌生来电，对方自称某平台客服，询问樊某是否有贷款需求。樊某因近期生意不景气，需要资金周转，便称想要贷款。在添加对方企业微信账号后，樊某按照对方要求下载了某贷款App，并按照提示在App上申请贷款。随后，对方以交会员费、解冻金、证明还款能力等为由要求转账，樊某通过手机银行进行了4笔转账共13.7万元，但对方仍称贷款条件不满足不能放贷。樊某此时已萌生放弃贷款的想法，向对方索要之前转账的资金。对方告知其需等贷款审核通过才能返还资金，随后便失去联系，其App无法登录。

警方提示：任何声称“无抵押、无资质要求、低利率、放款快”的网贷平台都有极大风险。

4. 冒充客服类诈骗

冒充客服类诈骗的受害人群通常为网购用户。诈骗分子事先大肆非法窃取、收购买家网购信息及快递面单信息，以退款、理赔等为由对买家或平台商家实施精准诈骗。诈骗分子的主要犯罪手法为：一是冒充电商平台或者物流快递企业客服，谎称受害人网购商品出现问题，以退款、理赔、退税等为由，诱导受害人提供银行卡和手机验证码等信息，对受害人实施诈骗。二是声称误将受害人升级为贵宾会员、授权为代理、办理商品分期业务等，以不取消上述业务将产生额外扣费为由，诱导受害人支付手续费，从而实施诈骗。三是以受害人电商平台会员积分、支付宝芝麻信用积分不足为由，让受害人申请贷款从而提高会员积分，并诱骗受害人将贷款汇入其指定账户，从而实施诈骗。

【典型案例】

2022年4月，福建泉州张某接到电话，对方自称是某购物平台客服。对方告知张某购买的商品快递包裹丢失，现在可以进行理赔，并说出其具体订单编号、订单时间及商品物流单号。张某信以为真，在其指导下添加为好友，并下载某云会议App进行语音联系。张某按对方提示操作，在自己支付宝内透支了备用金所有额度，后将透支的钱款转入对方提供的银行账户。对方承诺后期会将备用金和理赔金一起返还，并让张某继续下载网贷App透支额度转账。张某不愿配合，随后发现对方已无法联系，从而发现被骗，共损失金额2.5万元。

警方提示：接到自称电商、物流客服电话，务必到官方平台核实。

5. 冒充公检法类诈骗

冒充公检法类诈骗紧跟社会热点、不断迭代升级，造成的损失金额往往较大，被广大群众深恶痛绝。此类诈骗让受害人深信不疑的重要原因之一，就是诈骗分子通过非法获取公民个人信息的方式，在诈骗过程中准确说出受害人姓名、工作单位、住址、身份证号等，具有极强的迷惑性。诈骗分子主要犯罪手法为：冒充公检法等机关工作人员，谎称受害人名下银行账户、电话卡、社保卡、医保卡等被冒用，或者身份信息被泄露，或者涉嫌洗钱、非法出入境、快递包裹藏毒等违法犯罪，以此要求受害人将资金转入“安全账户”配合调查或接受监管，进而实施诈骗。为增加可信度，一些诈骗分子会向受害人展示虚假公检法网站上发布的假通缉令等法律文书。为远程获取受害人手机上的个人信息，诈骗分子常常要求受害人下载具有屏幕共享功能的App。为使受害人处于完全被操控状态，诈骗分子还会诱骗受害人到酒店等封闭空间，阻断所有短信、来电等外界联系。公安机关在工作中发现，一些诈骗分子还会冒充不同部门的政府机关工作人员，以领取补助补贴、奖学金，或医保卡、证券、金融账户被冻结，或出入境证件异常、失效等为由实施诈骗。特别是一些诈骗分子以受害人涉嫌散布疫情谣言、贩卖假口罩、违反疫情防控规定等为由进行诈骗，影响恶劣。

【典型案例】

2022年4月，广东深圳刘某某接到自称是深圳市防疫中心的陌生电话，对方称要带其去强制隔离，原因是刘某某一个电话号码曾在3月16日扫描了长沙市某医院的行程码。刘某某表示自己没有去过长沙，对方又称其身份信息可能被盗用，可帮其将电话转接到“长沙市公安局”。接通“长沙市公安局”电话后，一名自称“陈警官”的男子对刘某某进行询问，并告知刘某某账户涉嫌洗黑钱，让刘某某添加其QQ号码。随后,“陈警官”发给刘某某一个账号让其登录后,提交了银行卡号、密码等相关信息,并录制了人脸操作视频。在“陈警官”的引导下,刘某某银行账户被分4次转走6万余元。发现银行账户资金被转走后,刘某某意识到自己被骗。

警方提示:自称公检法等国家机关工作人员并要求把钱款转到“安全账户”的一定是诈骗。

(三)预防电信诈骗的方法

1. 提高防范意识

贪图利益是被电信网络诈骗的主要原因之一。我们要时刻保持警惕,不能轻信电话、网络中的“陌生人”,不轻信花言巧语,控制贪欲,世上没有免费的午餐,更不会天上掉馅饼。不接听陌生人的、不显示号码的电话,特别对“400”“00”“+”开头的电话号码要谨慎,不随意点击、回复含有不明链接的短信,不向任何机构或个人透露验证码等。同时,我们要经常学习反诈骗知识,提高防骗意识,增强识骗能力,不能出售、出租、出借个人的电话卡、银行卡信息,不出售、转让、出租、分租、出借或者购买支付账户(微信、支付宝等)。要下载国家反诈App,它是公安部推出的一款有效预防诈骗、快速举报诈骗的软件。

2. 保护个人信息

个人信息一旦遭到泄露或被贩卖,可能会接到诈骗电话、“钓鱼”短信、虚假链接,甚至遭到“人肉搜索”“网络暴力”等。

个人信息是以电子或者其他方式记录的与已识别或者可识别的自然人有关的各种信息,不包括匿名化处理后的信息。个人信息的处理包括个人信息的收集、储存、使用、加工、传输、提供、公开、删除等。个人信息包括姓名、出生日期、身份证件号码、个人生物识别信息、住址、联系方式、通信记录和内容、账号密码、财产信息、征信信息、行踪轨迹、住宿信息、健康生理信息、交易信息等。敏感个人信息是指一旦被泄露或被非法使用,容易导致自然人的人格尊严受到侵害或者人身、财产安全受到危害的个人信息,包括生物识别、宗教信仰、特定身份、医疗健康、金融账户、行踪轨迹等信息,以及不满14周岁未成年人的个人信息。

为保护好个人信息,我们要时刻保持安全意识,不随意连接公共场所的免费网络,不随意访问未验证小程序,不随意登录非官方网站,不随意扫描二维码,不随意注册个人信息,不随意加陌生人好友,不随意参加投票、拼单、砍价等网络活动,不随意丢弃或发布火车票、飞机票等含有个人信息的票据,不随意发布家庭位置、孩子与老人照片等,不随意开启获取地理位置等功能,不随意下载非官方应用的App,不随意丢弃身份证等重要证件的复印件,等等。总之,我们使用手机及互联网时务必保持时刻警惕,避免个人信息被泄露、被窃取、被非法使用。

3. 克服恐慌心理

遇到被恐吓或其他类似银行账户、电话卡、社保卡、医保卡等被冒用,涉嫌洗钱、非法出入境、快递包裹藏毒等编造的“违法犯罪事件”,以及遇到家人、朋友紧急求助的短信、电话时,我们要保持稳定心态,克服恐慌、畏惧心理,要多方调查、印证,仔细核对身份,多咨询亲朋好友或警察。任何时候在转账汇款前都要再仔细思考,为什么要转账?正在转账给谁?账户信息来源可靠吗?如果发现任何信息不可靠,就要及时中止转账汇款行为。另外,“96110”是全国反诈专线。接到“96110”电话,说明你或你的家人可能正遭遇电信网络诈骗,又或者属于易受骗高危人群,请务必接听。如果遇到疑似电信网络诈骗的情况或已经被骗,请立即拨打“96110”!

万一上当受骗或听到亲戚朋友被骗,请立即向公安机关报案,可直接拨打“110”,并提供骗子的账号和联系电话等详细情况,以使公安机关开展侦查破案。特别需要注意的是,为了逃避打击,现在不法分子会快速将资金进行转移,所以报警速度一定要快。同时,我们要保存好相关证据,例如,ATM自动柜员机转账凭条、手机银行(网银)转账截图、银行流水单等转账凭证,以及与不法分子联系的相关证据,例如,通话记录、短信(微信、QQ)截图等。这些资料会为警方开展侦查工作、串并案件提供重要依据。案件侦破后,这些资料也会作为证据使用,可以对犯罪嫌疑人的定罪量刑以及追缴赃款起到很重要的作用。

试题演练

一、选择题

1. 电信诈骗的常见类型有____。(多选)

A. 刷单返利类诈骗
B. 虚假投资理财类诈骗
C. 虚假网络贷款类诈骗
D. 冒充客服类诈骗
E. 冒充公检法类诈骗

2. 预防电信诈骗的方法有____。(多选)

A. 提高防范意识
B. 保护个人信息
C. 克服恐慌心理
D. 不使用手机、网络

3. 个人信息包括____。(多选)

A. 姓名、出生日期、身份证件号码、个人生物识别信息
B. 住址、联系方式、通信记录和内容
C. 账号密码、财产信息、征信信息
D. 行踪轨迹、住宿信息、健康生理信息、交易信息等

4. 为保护好个人信息,我们要时刻保持安全意识,____。(多选)

A. 不随意连接公共场所免费无线网络,不随意访问未验证小程序,不随意登录非官方网站,不随意扫描二维码
B. 不随意注册个人信息,不随意加陌生人好友,不随意参加投票、拼单、砍价等网络活动
C. 不随意丢弃或发布火车票、飞机票等含有个人信息的票据,不随意发布家庭位置、孩子与老人照片等
D. 不随意开启获取地理位置等功能,不随意下载非官方应用的App,不随意丢弃身份证等重要证件的复印件

二、判断题

1. 电信网络诈骗,是指以非法占有为目的,利用电信网络技术手段,通过远程、非接触等方式,诈骗公私财物的行为。( )
2. 2022年9月2日,第十三届全国人民代表大会常务委员会第三十六次会议通过《中华人民共和国反电信网络诈骗法》。( )
3. 万一上当受骗或听到亲戚朋友被骗,我们应立即联系家人。( )
4. 投资理财需谨慎,警惕虚假投资理财网站、App。( )

5. 接到自称电商、物流客服电话，务必到官方平台核实。(　)

6. 自称公检法等国家机关工作人员并要求把钱款转到“安全账户”的可能是诈骗。(　)

7. 任何声称“无抵押、无资质要求、低利率、放款快”的网贷平台都有极大风险。(　)

8. 刷单行为涉嫌违法，凡是需要先行充值或垫付资金的刷单行为都是诈骗。(　)

9. 贪图利益是被电信网络诈骗的主要原因之一。(　)

10. 国家反诈 App，它是公安部推出的一款有效预防诈骗、快速举报诈骗的软件。(　)

三、个人感悟

____

____

____

____

____

____

签名：

年　　月　　日